Europas Juden im Mittelalter

Ipericon

ognia cauallina

Die Ausstellung »Europas Juden im Mittelalter« steht unter der Schirmherrschaft des Bundespräsidenten der Bundesrepublik Deutschland, Professor Dr. Horst Köhler, und Seiner Majestät Juan Carlos, König von Spanien.

Europas Juden im Mittelalter

Herausgegeben vom
Historischen Museum der Pfalz Speyer

Mit Beiträgen von

Alfred Haverkamp
Javier Castaño
Werner Transier
Renate Engels
Pia Heberer
Martha Keil
Frederek Musall
Markus Wener

Historisches Museum der Pfalz Speyer
Hatje Cantz Verlag

Dieser Katalog erscheint anlässlich der Ausstellung »Europas Juden im Mittelalter«
im Historischen Museum der Pfalz Speyer vom 19. November 2004 bis zum 20. März 2005
im Deutschen Historischen Museum Berlin vom 23. April bis 28. August 2005

Der Ausstellungskatalog wurde durch die großzügige Förderung
der Klaus Tschira Stiftung gemeinnützige GmbH realisiert

KTF
The Klaus Tschira Foundation gGmbH

Wir danken den Sponsoren, Förderern und Medienpartnern der Ausstellung

Stiftung Rheinland-Pfalz für Kultur

BASF
The Chemical Company

KTF
The Klaus Tschira Foundation gGmbH

Gefördert aus Mitteln des Beauftragten der Bundesregierung für Angelegenheiten der Kultur und der Medien durch die KulturStiftung der Länder

ZDF

DIE RHEINPFALZ
Wissen, was läuft

Inhalt

Goldglasboden
3.–4. Jahrhundert u. Z.
Katakombe der Vigna Randanini, Rom
Glas, Goldfolie, D 10 cm
Skulpturensammlung und Museum für
Byzantinische Kunst, Staatliche Museen zu Berlin

Vorwort

Mit der Ausstellung »Europas Juden im Mittelalter« gedenkt das Historische Museum der Pfalz des 900. Jahrestags der Einweihung der mittelalterlichen Synagoge von Speyer.
Die mittelalterliche jüdische Gemeinde von Speyer, für die dieser Bau mehr als 400 Jahre Zentrum ihres religiösen Lebens war, spielte eine bedeutende Rolle in der Geschichte des aschkenasischen Judentums. Mit ihren Nachbargemeinden in Worms und Mainz machte sie das Rheinland zu einem der religiösen Zentren des Judentums im Mittelalter, das vielfältige Beziehungen zu den Juden auch anderer europäischer Gebiete unterhielt.
Mit dieser Ausstellung will das Historische Museum der Pfalz an die bedeutende Judengemeinde von Speyer erinnern, gleichzeitig aber auch die europäische Dimension des Judentums dieser Epoche verdeutlichen. Über 80 Museen, Bibliotheken und Sammlungen aus zwölf Staaten stellen uns dazu mehr als 300 Objekte zur Verfügung, darunter Stücke, die noch nie in Deutschland zu sehen waren. Ins Blickfeld des Vergleichs rücken vor allem das auf der Iberischen Halbinsel unter ganz anderen Einflüssen und Voraussetzungen entstandene sephardische Judentum und schließlich das Judentum Italiens.
Einen Schwerpunkt der Ausstellung bilden die jüdischen Gemeinden und ihre Einrichtungen. Einen Höhepunkt stellt die virtuelle Rekonstruktion des Synagogenkomplexes von Speyer dar. Wertvolle religiöse Handschriften sind Ausdruck der tiefen Frömmigkeit ihrer einstigen Besitzer. Mit ihren zahlreichen Illustrationen vermitteln sie ein lebendiges Bild des jüdischen Fest- und Alltagslebens im Mittelalter.
Schatzfunde – nicht nur in jüdischem Zusammenhang Ausdruck unruhiger Zeiten – geben Aufschluss über die wirtschaftlichen Beziehungsräume jüdischer Bankiers und Kaufleute. Handschriften belegen die wissenschaftliche Tätigkeit jüdischer Gelehrter, Instrumente und Geräte deren praktische Umsetzung und Anwendung. Mobilität und Flexibilität zeigte die aus Speyer stammende und in Italien, Griechenland, der Türkei und Ägypten wirkende Druckerfamilie Soncino. Deren Geschichte beweist, dass mit den Vertreibungen des späten Mittelalters die jüdische Geschichte Europas nicht endete, sondern in neuen, teilweise auch außerhalb Europas liegenden Lebensräumen ihre Fortsetzung fand.
Allen, die zur Realisierung dieser Ausstellung beigetragen haben, den Förderern, Sponsoren und Partnern, den leihgebenden Institutionen sowie den dort tätigen Kolleginnen und Kollegen, den Mitgliedern des wissenschaftlichen Beirats und des Kuratoriums, möchte ich an dieser Stelle herzlich danken. Mein besonderer Dank gilt den Kolleginnen und Kollegen im Historischen Museum der Pfalz, insbesondere Karin Birk, Werner Transier und Markus Wener, die mit außerordentlichem Engagement und viel Liebe zum Thema dieses wichtige Projekt realisiert haben. Dem Bundespräsidenten der Bundesrepublik Deutschland, Herrn Professor Dr. Horst Köhler, und Seiner Majestät, König Juan Carlos von Spanien, danke ich ganz besonders für die Übernahme der Schirmherrschaft dieser Ausstellung.

Cornelia Ewigleben

Direktorin
Historisches Museum der Pfalz Speyer

Grußworte

Ich freue mich sehr darüber, dass es gelungen ist, die Ausstellung »Europas Juden im Mittelalter« in Rheinland-Pfalz zu realisieren, verdeutlichen doch Ausstellung, Katalog und wissenschaftlicher Begleitband die große Bedeutung dieses Landes für die Geschichte des europäischen Judentums. Dass sich die Stiftung Rheinland-Pfalz für Kultur für dieses Ausstellungsprojekt ganz besonders engagiert hat, liegt auf der Hand.

Die jüdischen Theologen der »SchUM«-Städte Speyer, Worms und Mainz spielten vom 11. bis 13. Jahrhundert eine entscheidende Rolle für die Entwicklung eines eigenen jüdischen – des aschkenasischen – Traditionskreises. Vom Rhein aus verbreitete sich dieser noch im Mittelalter weit über die Grenzen des Heiligen Römischen Reiches hinaus bis nach Osteuropa und Italien.

Zahlreiche jüdische Zeugnisse des Mittelalters im Gebiet von Rheinland-Pfalz zeugen von der Intensität jüdischen Lebens und Wirkens: Ich erinnere an die Synagogenkomplexe in Speyer und Worms und ihre monumentalen Frauenbeträume, die Selbstverständnis und Selbstbewusstsein der jüdischen Frauen zum Ausdruck bringen. Unser Land beherbergt die jüdischen Ritualbäder von Andernach, Kaiserslautern, Speyer und Worms und den jüdischen Friedhof von Worms, der als einziger seinen mittelalterlichen Charakter bewahren konnte.

Dankbar denke ich an die Beiträge jüdischer Menschen zur geistigen, kulturellen, wissenschaftlichen und wirtschaftlichen Entwicklung dieses Raumes. Gleichzeitig erinnere ich aber auch an die jüdischen Opfer unserer Geschichte, die wir nicht vergessen dürfen und die auch heute noch von uns Toleranz und Achtung der Menschenwürde einfordern.

Mein Dank gilt allen, die dieses sicher nicht immer ganz einfache Projekt mit sehr viel Engagement auf den Weg gebracht haben, allen voran dem Team des Historischen Museums der Pfalz in Speyer.

Mein Dank gilt aber auch den Leihgebern im In- und Ausland und den Sponsoren und Förderern, ohne die ein solch ambitioniertes Vorhaben kaum denkbar gewesen wäre.

Ich wünsche der Ausstellung, dass sie ein großer Erfolg wird und dass man über sie spricht – in Rheinland-Pfalz und weit darüber hinaus.

Kurt Beck

Ministerpräsident von Rheinland-Pfalz

Seit über tausend Jahren lebt mitten unter uns eine Minderheit, gewaltfrei und im Grunde immer integrationsbereit. Bis zur Gründung der Bundesrepublik konnte sie jedoch nie sicher sein, dass die Mehrheit sie in Frieden ihre religiösen Bräuche vollziehen ließ und die wenigen Rechte, die ihr gelegentlich eingeräumt wurden, auch garantierte. Bei der »Rechtfertigung« der Unterdrückung erwies sich die Mehrheit im Laufe der Jahrhunderte als recht innovativ – und war sie ausnahmsweise einmal geneigt, einzelnen Personen dieser Gruppe eine gleichberechtigte Stellung einzuräumen, dann zumeist nur um den Preis der Aufgabe ihrer tradierten religiösen Überlieferung. Aber nicht einmal dann konnte sich die Minderheit in Sicherheit wiegen.

Dies ist zwar mittlerweile Vergangenheit, aber der Präsident des Zentralrates der Juden in Deutschland, Paul Spiegel, hat Recht mit seiner Ansicht, dass in unserem Land jüdische und nichtjüdische Mitbürger noch nicht selbstverständlich miteinander umgehen. Seine Begründung ist so einfach wie überzeugend: »Nur das, was man nicht kennt, macht Angst.«

Die Klaus Tschira Stiftung in Heidelberg möchte mit vielen ihrer Fördermaßnahmen mithelfen, in der Bevölkerung Ängste abzubauen. So ermutigt sie Wissenschaftler, ihre Forschungsergebnisse in einer verständlichen Sprache vorzulegen, um einerseits Ängste vor wissenschaftlich-technischen Neuerungen erst gar nicht entstehen zu lassen, um andererseits aber auch eine breite Diskussion über die Grenzen der einzelnen Disziplinen hinaus zu ermöglichen.

Dieser Ausstellungskatalog dient dem Abbau von Ängsten durch Informationen über vielfältige Aspekte der jüdisch-europäischen Kultur. Er macht deutlich, dass allen Anfeindungen und Verfolgungen zum Trotz die jüdische Minderheit bereits in dem von der Ausstellung abgedeckten Zeitraum einen herausragenden Beitrag zur Entwicklung der Naturwissenschaften und der Medizin geleistet hat.

Klaus Tschira

Geschäftsführer der Klaus Tschira Stiftung gemeinnützige GmbH

Siegfried Englert

Kurator der Klaus Tschira Stiftung gemeinnützige GmbH

Der mittelalterliche Synagogenkomplex von Speyer
Blick von Südosten auf Frauenbetraum,
Synagoge und gotischen Anbau
1. Hälfte 14. Jahrhundert
3-D-CAD-Rekonstruktion: Architectura Virtualis GmbH
Kooperationspartner der TU Darmstadt

Grußwort

Mit der Ausstellung »Europas Juden im Mittelalter« präsentiert das Historische Museum der Pfalz der Öffentlichkeit einen herausragenden Aspekt der deutschen und europäischen Vergangenheit: Es geht um die kulturellen, intellektuellen und persönlichen Leistungen und Beiträge des Judentums zu unserer gemeinsamen Geschichte. In diesem Projekt werden die Rolle und die Verdienste der Juden für die Geistesgeschichte, für die Wissenschaft insgesamt sowie für die Gestaltung des Wirtschafts- und Soziallebens in Europa gewürdigt. Die Ausstellung dokumentiert eindrucksvoll die Bedeutung des jüdischen Erbes für die Entwicklung moderner Staatswesen.

Zu diesem bedeutsamen kultur- und gesellschaftspolitischen Faktum von europäischer Dimension kommt ein weiterer Gesichtspunkt eher lokalen Kolorits hinzu, der gleichwohl große Bedeutung hat: Die jüdischen Gemeinden in Speyer, Worms und Mainz haben auf die späteren jüdischen Zentren in Frankfurt am Main, Prag, Wien, Wilna, Lemberg und sogar New York ausgestrahlt und deren Entwicklung wesentlich beeinflusst. Dass diese Leistungen des Judentums, die internationales und nationales Kulturgut darstellen, gerade in unserer Region verwurzelt sind, ist allein schon bemerkenswert. Gerne tragen wir dazu bei, diese Leistungen durch die Erinnerung an sie zu bewahren.

Und so soll diese Ausstellung durch den Blick zurück für Bewegung im Hier und Heute sorgen und positive Prozesse in unserer Gesellschaft in Gang setzen. Sie wird nach unserer Überzeugung ein bedeutendes kulturelles Ereignis im Rhein-Neckar-Dreieck darstellen und weit über diese Region hinaus Wirkung entfalten.

Ich wünsche der Ausstellung einen guten Verlauf und große Publikumsresonanz.

Eggert Voscherau

Stellvertretender Vorstandsvorsitzender der BASF Aktiengesellschaft

Grußworte

Die besondere Aufmerksamkeit der Kulturstiftung der Länder gilt seit der Aufnahme ihrer Tätigkeit der Förderung von Ausstellungen von gesamtstaatlicher Bedeutung. Diese Förderaktivitäten ergänzen in hervorragender Weise die engen Beziehungen der Kulturstiftung zu den Museen und Kulturinstitutionen der Republik. Herausragende Werke aus Kunst und Kultur für Deutschland zu bewahren, sie in Museen, Archiven und Bibliotheken, oft sogar am Ort ihrer Entstehung zu erhalten, gehört zu den vorrangigen Aufgaben der 1988 gegründeten Kulturstiftung der Länder. Sie ist jedoch auch beratend tätig, bei Rückforderungsansprüchen oder Vertragsverhandlungen. So greift sie wichtige kulturpolitische Themen auf und initiiert Tagungen, Diskussionsrunden und Hintergrundgespräche.

Leider sind die von großen Hoffnungen getragenen Bemühungen, die Kulturstiftungen von Bund und Ländern zu fusionieren, vorerst gescheitert, und eine bedauerliche Nebenfolge dieser Entwicklung ist, dass der Bund seine enge Verbindung mit der Kulturstiftung der Länder über das so genannte Mitwirkungsabkommen, zu der auch die Ausstellungsförderung gehört, zum 31. Dezember 2005 beenden wird. Die Förderung wird danach in die alleinige Verantwortlichkeit des Bundes zurückfallen.

In den vergangenen 16 Jahren bildeten neben den bedeutenden Kunstausstellungen jene mit kulturhistorischer Ausrichtung einen Schwerpunkt der Förderung durch die Kulturstiftung der Länder. Exemplarisch sind zu nennen: »Das Reich der Salier 1024–1125«, Speyer 1992; »Das keltische Jahrtausend«, München 1993; »Die Franken. Wegbereiter Europas. Vor 1500 Jahren: König Chlodwig und seine Erben«, Mannheim 1996; »Die Alamannen«, Stuttgart 1997; »1848 – 150 Jahre Deutsche Revolution«, Karlsruhe 1998; »799 – Kunst und Kultur der Karolingerzeit. Karl der Große und Papst Leo III.«, Paderborn 1999; »Die Römer zwischen Alpen und Nordmeer«, Rosenheim 2000; »Europas Mitte um 1000«, Mannheim 2001; »Otto der Große, Magdeburg und Europa«, Magdeburg 2001; »Welt – Macht – Geist. Das Haus Habsburg und die Oberlausitz 1526–1635«, Zittau 2002; »Spuren deutsch-russischer Geschichte«, Bonn 2003; »Die Kreuzzüge«, Mainz 2004. Diesen Ausstellungsprojekten gemeinsam ist der Anspruch, einen Beitrag zur profunderen Kenntnis und zum besseren Verständnis unserer Geschichte zu leisten.

Die besondere Herausforderung an die Ausstellung »Europas Juden im Mittelalter« ist es gewesen, nicht nur die alltäglichen sozialen und ökonomischen Beziehungen sowie den kulturellen Austausch zwischen Juden, Christen und Muslimen zu beleuchten, sondern umfassend die Geschichte des mittelalterlichen Judentums mit seinen Verdiensten für die Geistesgeschichte, die Wissenschaften und das Wirtschafts- und Sozialleben Deutschlands und Europas darzustellen – ein wichtiger Beitrag zur Verständigung zwischen den Völkern.

Britta Kaiser-Schuster

Kulturstiftung der Länder

Das Historische Museum der Pfalz präsentiert die weltweit erste Ausstellung zum mittelalterlichen Judentum in Europa. Anlass ist der 900. Jahrestag der Weihe der mittelalterlichen Synagoge von Speyer am 21. September 2004. Die Reste der Synagoge von 1104 und des nach 1230 angefügten Frauenbetraums gelten als älteste sichtbare Zeugnisse jüdischer Sakralarchitektur nördlich der Alpen. Das noch vor 1128 erbaute jüdische Ritualbad in Speyer vereint sich als älteste erhaltene Mikwe in Mitteleuropa mit dem Synagogenkomplex zu einem Kulturdenkmal ersten Ranges.

Die Stadt Speyer versteht ihre große jüdische Geschichte als verpflichtendes Erbe. Nach jahrzehntelangen Bemühungen war es 1999 gelungen, die Grundstücke von Synagoge und Frauenbetraum zu erwerben und mit dem Gelände der Mikwe zu einem einmaligen Ensemble zu verbinden. Mit dieser Erwerbung war die archäologische Untersuchung der Innenräume des Synagogenbereichs und die bauliche Konservierung ihrer Mauern möglich geworden. Synagoge, Frauenbetraum und Mikwe sind somit die größten Objekte dieser Ausstellung.

Die genannten Maßnahmen wurden in den vergangenen Jahren von vielfältigen Publikationen zur jüdischen Geschichte der Stadt begleitet, die ein breites Bemühen widerspiegeln, die Verdienste Speyerer Juden zu würdigen und der Opfer des Anti-Judaismus der vergangenen Jahrhunderte zu gedenken. Die Tatsache, dass sich Speyer auf seine jüdischen Wurzeln besinnt, das düstere Kapitel seiner Stadtgeschichte nicht ausblendet und 1998 bewusst eine Partnerschaft mit der israelischen Stadt Yavne besiegelt hat, war Ermutigung, zu Beginn des 21. Jahrhunderts wieder eine jüdische Gemeinde in Speyer zu gründen. Die Einrichtung eines Betraums ist sichtbares Zeichen der Hoffnung, dass die jüdische Geschichte dieser Stadt weitergeht.

Die Ausstellung »Europas Juden im Mittelalter« wird auf anschauliche Weise verdeutlichen, dass die mittelalterliche Judengemeinde von Speyer als eine der »SchUM«-Gemeinden das geistige und kulturelle Leben des abendländischen Judentums maßgeblich prägte und europäische Bedeutung erlangte.

Neben der Vermittlung von Wissen erhoffe ich mir von der Ausstellung und ihrem Begleitprogramm viele menschliche Begegnungen, aber auch Impulse zum Dialog zwischen den Religionen. Die Erkenntnis verbindender, gemeinsamer Werte bietet einen guten Boden für die Schaffung eines gemeinsamen Wertesystems im zusammenwachsenden Europa.

Werner Schineller

Oberbürgermeister der Stadt Speyer

צדקה
לא כחטאינו תעשה לנו
תחשב לנו

Alfred Haverkamp

Leitbegriffe und Vorurteile

Die drei Leitbegriffe des Themas haben schillernde Bedeutungen. Dahinter verbergen sich zugleich viele Vorurteile, die sich im Verbund der Vorstellungen über »Juden«, »Mittelalter« und »Europa« ergänzen und steigern. Wegen der geringen Sachkenntnisse über die Geschichte der Juden vor dem 19. Jahrhundert, wozu mit einer Geltung von mehr oder weniger 1.000 Jahren (um 500 bis 1500) auch das »Mittelalter« gerechnet wird, werden die öffentlichen Meinungen über die Geschichte der Juden im Mittelalter stark durch die vorherrschenden Bilder über das Mittelalter bestimmt. Dabei bleibt zumeist unberücksichtigt, dass die Epochenkonstruktion des Mittelalters – und somit auch der Antike und der Neuzeit – sich erst seit dem späten 18. Jahrhundert durchsetzte. »Mittelalter« ist also für die dem Mittelalter zugerechneten Jahrhunderte selbst unzeitgemäß. Unter den Christen war und ist vielmehr unbestritten, dass die Menschwerdung des Gottessohnes und dessen Auferstehung die letzte bis zur Wiederkunft Christi beim Jüngsten Gericht am Ende aller Zeiten reichende Phase der Heilsgeschichte eingeleitet hat. Für die Juden bildeten und bilden die Zerstörung des Zweiten Tempels (70 nach unserer Zeitrechnung) und der damit verknüpfte Beginn des Exils einen wesentlichen Einschnitt innerhalb des weiten Zeitraums zwischen der Erschaffung der Welt und der erhofften Ankunft des Messias.

Ungeachtet des unterschiedlichen Zeitverständnisses von Christen und Juden dient die Charakterisierung »mittelalterlich« – in Fortführung von Wertungen seit der Aufklärung – in der öffentlichen Meinung verstärkt seit einigen Jahrzehnten geradezu als Inbegriff von Grausamkeit, religiösem Wahn, Intoleranz, zivilisatorischer Primitivität und abgrundtiefer Rückständigkeit. Als »mittelalterlich« werden immer wieder äußerst negativ eingeschätzte Zustände, Einstellungen und Verhaltensweisen bewertet, die weit von der üblicherweise dem Mittelalter zugeordneten Zeitspanne entfernt sind und sogar der jüngsten Vergangenheit oder der Gegenwart angehören können. Das Unerwünschte wird so über das vom Fortschrittsglauben bestimmte Bild vom Mittelalter zum Relikt einer angeblich längst überwundenen Vergangenheit deklariert: als Gegenteil dessen, was human, fortschrittlich und generell modern sein soll.

Diesem Bündel von üblichen Vorurteilen wird gemeinhin auch die Geschichte der Juden während des Mittelalters untergeordnet. Zumindest in Deutschland werden am ehesten die Verfolgungen der Juden als typisch mittelalterlich wahrgenommen – und dies trotz der Tatsache, dass auch in der Neuzeit viele Judenverfolgungen stattgefunden haben und die schlimmsten Verbrechen an den Juden von Deutschen im 20. Jahrhundert verübt worden sind. So werden die Beziehungen der Juden zu ihrer Umwelt während des Mittelalters auf die passive Rolle der Juden als Opfer verkürzt; ihr eigenes Denken, Fühlen und Handeln, also der Kernbereich ihrer eigenen Geschichte, bleiben ausgeschlossen. Damit verbunden werden Vorstellungen über die Juden nicht etwa als Andere, die innerhalb einer von vielen Andersartigkeiten bestimmten Umgebung lebten, sondern als Fremde in ihrer nicht-

Abraham vor Nimrod und seine Rettung
durch Gott aus den Feuern der Chaldäer
Machsor Lipsiae (Leipziger Machsor)
1. Drittel des 14. Jahrhunderts,
Südwestdeutschland
Pergament, 2 Bände, 404 Blätter, ca. 49 x 36 cm
Inv.-Nr. Ms Vollers 1102, 2. Band, fol. 164 recto
Universitätsbibliothek Leipzig

jüdischen Umgebung. Letztere wird als die ausschließlich christliche Gesellschaft und Kultur des Mittelalters verstanden und *den* Juden oder – noch weiter vereinfacht – *dem* Judentum als Widerpart gegenübergestellt.

Demgemäß konzentrieren sich die Vorstellungen von Nichtjuden, nicht selten auch von Juden, von der »mittelalterlichen« Geschichte vor der so genannten Assimilation und Emanzipation seit dem 19. Jahrhundert auf das Stereotyp des von seiner nichtjüdischen Umgebung isolierten »Ghettojuden«. Die dadurch fixierte angebliche Absonderung der Juden wird bei vielen noch durch die Auffassung verstärkt, dass *der* Jude seinen Lebensunterhalt in erster Linie von dem den Christen verbotenen Geldwucher bezogen habe und auf diese Weise reich geworden sei. Die derart unterstellte Fremdheit der Juden dient zugleich als wesentliche Erklärung für ihre Verfolgung. Damit ist der Zirkelschluss der historischen Vorurteile perfekt. Die fatalen Wirkungen dieser falschen Einschätzungen *des* Mittelalters und *der* Juden im Mittelalter bestimmen die Auffassungen über Juden auch noch gegenwärtig umso nachhaltiger, wenn – wie dies vor allem in Deutschland zutrifft – auch die neuere Geschichte der Juden auf die Verfolgungen im Nationalsozialismus, auf die Schoah, den Holocaust, verkürzt wird.

Die eng miteinander verknüpften Stereotypen über *das* Mittelalter und *die* Juden stehen im scharfen Gegensatz zu den aktuellen Forschungen über die weite Zeitspanne des Mittelalters. Wie dies neulich von einem kompetenten Historiker formuliert worden ist, gilt die Regel: »Wenn heutzutage etwas als ›mittelalterlich‹ bezeichnet wird, handelt es sich nicht um Zustände, die sich zwischen 500 und 1500 finden lassen« (E. Schubert). Ausnahmslos ist festzuhalten, dass keine der erwähnten Auffassungen über die Juden während des Mittelalters den historischen Gegebenheiten entspricht. Dass sie dennoch so stark bis in die Gegenwart weiter wirken, ist auch auf das Versagen der weitaus meisten Historiker nichtjüdischer Herkunft zurückzuführen. Sofern sie überhaupt Juden erwähnten, begnügten sie sich mit verstreuten Hinweisen, mit denen vielfach antijüdische, wenn nicht antisemitische Stereotype begünstigt oder sogar unter dem Deckmantel der Wissenschaftlichkeit verbreitet wurden. In der deutschsprachigen Forschung über Mittelalter und frühe Neuzeit wurden erst in den letzten Jahrzehnten des 20. Jahrhunderts vor allem durch die Vermittlung ehemals deutscher Historiker jüdischer Herkunft – vornehmlich aus Israel – Ansätze zu einer vertieften Beschäftigung mit der Geschichte der Juden im Mittelalter wirksam. Doch sind diese Impulse bis an die Wende zum 3. Jahrtausend noch keineswegs für alle Darstellungen richtungsweisend geworden.

Die geringe Beachtung, wenn nicht die Ausschließung der Juden aus der Geschichte wird auch durch konstitutive Sinngehalte des Epochenbegriffes Mittelalter nahe gelegt. Mit seiner Verwurzelung in historischen Sinndeutungen des Humanismus und der Aufklärung ist diese Epochenbezeichnung westeuropäisch geprägt und vor allem auf den Geltungsbereich der römisch-lateinischen Kirche ausgerichtet. Von dieser Sicht sind auch die Erörterungen über Anfang und Ende des Mittelalters bestimmt, wenn auch die diese Epoche begrenzenden Zeitspannen umstritten waren und sind. Mit dem so auf das westliche Christentum konzentrierten Mittelalterbegriff war und ist die Geschichte des oströmisch-byzantinischen Reichs und der damit verbundenen griechisch-orthodoxen Kirche kaum zu vereinbaren, was noch mehr für die Geschichte der muslimischen Herrschaftsgebiete und insgesamt für den Wirkungsbereich des Islam gilt.

Auch die räumliche Ordnungseinheit »Europa«, dessen Substanz und Reichweite erneut im Zentrum der Kontroversen über die Europapolitik steht, ist christlich und dazu noch mit einem deutlich lateinisch-christlichen Akzent fixiert. Bezeichnenderweise deckten sich die Vorstellungen von Christen über die Reichweite Europas während des Mittelalters und teils noch darüber hinaus weithin mit der jeweiligen Ausdehnung der Christenheit. So verstand Papst Gregor der Große (590–604) das ganze Gebiet des antiken Römischen Reiches rings um das Mittelmeer, dessen Anlieger damals noch überwiegend christlich waren, als Europa, in das so auch Teile der geografischen Kontinente Afrika und Asien einbezogen waren. Später verengten sich diese Vorstellungen auf die Geltungsbereiche des karolingischen Imperiums und des byzantinischen Reichs, das sich lange Zeit bis in den Vorderen Orient erstreckte. Selbst diese christlichen Sichtweisen während des Mittelalters erfordern also eine Offenheit des Europabegriffs für große Übergangszonen in Regionen, die geografisch zu Asien und Afrika gehören. Diese Selbsteinschätzungen berechtigen keineswegs zu der Generalisierung, dass Europa im Mittelalter nur »christlich« oder sogar in dieser langen Zeitspanne nur von christlicher Kultur bestimmt war, worauf zurückzukommen ist.

Jüdische Traditionskreise im mittelalterlichen Europa um 1250

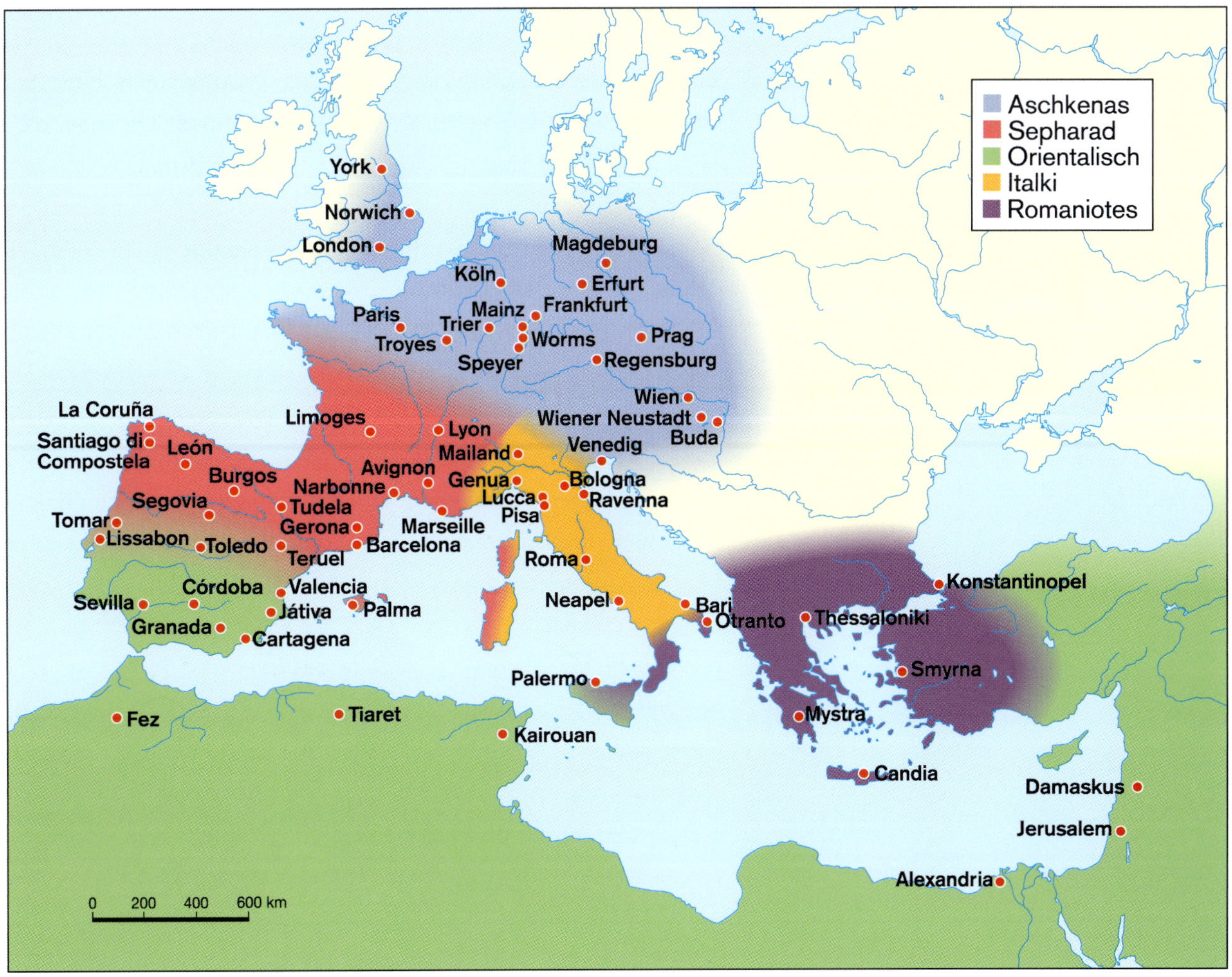

Für eine derart offene europäische Geschichte ist die historische Forschung freilich nicht gut gerüstet. Vielmehr dominiert nicht nur in Deutschland noch immer die nationale Geschichtsschreibung, wofür auf jüdischer Seite die inzwischen teilweise auch in Israel umstrittene zionistische Geschichtsforschung gewisse Parallelen bildet. Der große Nachholbedarf für eine Geschichte von »Europas Juden im Mittelalter« besteht insbesondere dann, wenn mehr angestrebt wird als die engere Religions- und Bildungsgeschichte des Judentums. Letztere ist mit ihren hervorragenden Forschungen einerseits ein wichtiger Leitfaden auch für das europäische Thema, doch bedarf sie andererseits der Einbettung in die weiteren historischen Zusammenhänge. Neuerdings bestehen gute Voraussetzungen, die Grenzen zu überwinden und zu einer Geschichte der Juden in Europa vorzudringen. Inzwischen ist unter den führenden Vertretern der auf das Judentum konzentrierten und der weiteren Geschichtswissenschaften unstrittig, dass die Kultur der Juden in Europa während des Mittelalters – und darüber hinaus – nicht weniger europäisch war als jüdisch. Die jüdische Geschichte in Europa ist also auch wesentlich europäische Geschichte einschließlich ihrer regionalen und lokalen Ausformungen. Die Beziehungen zwischen den Angehörigen der ältesten monotheistischen Religion, des Judentums, und des daraus in einem langen Prozess von Austausch und Abgrenzung hervorgegangenen Christentums offenbaren die Grundfesten, die Werthaltungen und Einstellungen der jeweiligen Individuen, aber auch von Gruppen und Gemeinschaften. Bemühungen um eine europäische Geschichte im Mittelalter bleiben daher ohne die Geschichte der Juden nicht nur in wesentlichen Bereichen unvollständig, sondern sie verfehlen geradezu existenzielle Komplexe und sind somit in hohem Maße revisionsbedürftig.

Religiöse Zusammenhänge und Gegensätze

Trotz der im Monotheismus vorgegebenen Tendenzen zur scharfen Abgrenzung bestanden teils enge Verbindungen zwischen Judentum, Christentum und Islam. Das Christentum ist im Judentum begründet. Es gewann im Verlaufe der ersten Jahrhunderte gleichsam im Schoße der verschiedenen Strömungen des Judentums und des Heidenchristentums sein besonderes Profil, das aber auch später immer wieder verändert wurde. Hingegen bildete das Judentum in seinen vielseitigen Ausprägungen für den Islam nur eine unter mehreren Grundlagen, darunter das in sich wiederum vielfältige Christentum. Die drei monotheistischen Religionen und ihre Beziehungen untereinander waren in wichtigen Bezügen für die Lebensgestaltung der Juden sowohl unter muslimischer als auch unter christlicher Herrschaft bestimmend.

Judentum und Islam

Der Islam entstand nicht nur Jahrhunderte nach dem Christentum, sondern auf der arabischen Halbinsel auch in einem besonderen kulturellen Umfeld. Von diesem Kernbereich breitete er sich, im Wesentlichen durch militärische Eroberungen, im Vorderen und Mittleren Orient wie auch am Mittelmeer rasch aus. Diese mediterranen Regionen waren von Juden und mehrheitlich von Christen bewohnt, die zunächst von einer relativ kleinen islamischen Führungsschicht dominiert wurden. Sie hatten längere Zeit zu christlichen Herrschaftsbereichen, vor allem zum oströmisch-byzantinischen Reich, gehört und zählten zu den ältesten, von griechisch-römischer Tradition geprägten, auf starken urbanen Fundamenten beruhenden Kulturlandschaften. Die kulturellen Unterschiede und die große Ausdehnung der muslimischen Herrschaftsbereiche machen auch verständlich, warum die Zahl der Juden im christlich beherrschten Europa lange Zeit erheblich niedriger war. Sie sind, wie noch zu verdeutlichen sein wird, für die Lebensformen der Juden während des Mittelalters ebenso zu beachten wie die Differenzen zwischen den Lebensbedingungen der Juden unter islamischer und christlicher Herrschaft.

Siegel des Salomon, Sohn des Isaak
1145, Andalusien
Bronze, 2,8 x 1 cm
Inv.-Nr. H.NM 51
National Museum of Scotland, Edinburgh

Salomon konvertierte in Andalusien unter dem politischen Druck der herrschenden Almohaden zum Islam.

Die Expansion des Islam in zentrale Räume des Mittelmeeres trug wesentlich dazu bei, dass die islamischen Herrscher sowohl Juden als auch Christen, wenn auch nicht ununterbrochen, einen Status einräumten, der zwar schlechter war als jener der Muslime, jedoch den Juden und Christen gegen Zahlung einer Kopfsteuer und unter weiteren Auflagen die Ausübungen ihres Glaubens in ihren Familien und in ihren religiösen Gemeinden mit eingeschränkten Selbstverwaltungsrechten ermöglichte. Unter den christlichen Reichen bot selbst das größte unter ihnen, das oströmisch-byzantinische Imperium, den Juden insbesondere in rechtlicher Hinsicht bei weitem ungünstigere Rahmenbedingungen; von verbreiteten antijüdischen Einstellungen vornehmlich im Mönchtum begleitet, gingen Gewalttaten gegen die Juden bis zum 10. Jahrhundert auch vom kaiserlichen Hof aus.

Die theologischen Barrieren zwischen Judentum und Islam waren geringer als die zwischen diesen beiden Religionen und dem Christentum. Die in wesentlichen Bezügen lange Zeit selbst unter den Christen überaus kontroverse christliche Trinitätslehre wurde von Juden und Muslimen als Abweichung vom Glauben an den Einen Gott betrachtet. Dies war einer der Gründe dafür, dass es Juden eher möglich war, sich den von Muslimen ausgeübten Zwängen, zum Islam zu konvertieren, dem Anschein nach zu beugen, tatsächlich aber weiter nach ihrem Glauben zu leben. Zudem bildeten die Juden zumindest während der islamischen Expansion, die im Westen während des frühen 8. Jahrhunderts auch die größten Teile der Iberischen Halbinsel einbezog, insgesamt eine kleinere Gruppe als die Christen, sodass sich die religiösen Gegensätze eher auf die Differenzen zwischen Muslimen und Christen konzentrierten. Hingegen waren die Juden in den meisten christlich beherrschten Ländern die einzige andersgläubige monotheistische Minorität. Juden wurden – anders als die Christen unter muslimischer und Muslime unter christlicher Herrschaft – in machtpolitische Konflikte zwischen Herrschern der konkurrierenden monotheistischen Religionen nicht unmittelbar verwickelt, da es in Europa keine Herrschaftsgebiete gab, die von Juden errichtet worden sind; einen Sonderfall bildeten die im 8. Jahrhundert zum Judentum konvertierten Chazaren-Fürsten und deren Führungsgruppe, die bis an die Wende zum 2. Jahrtausend größere Gebiete nördlich vom Schwarzen Meer und im Kaukasus dominierten. Die großräumige Herrschaft der Kalifen von Bagdad bot den Juden ein weites, von Persien bis nach Spanien reichendes Kommunikations- und Aktionsfeld, das auch ihrem Fernhandel förderlich war. Dies änderte sich zwar spätestens ab dem 11. Jahrhundert durch den Zerfall des Kalifats von Bagdad wie auch des Emirats, respektive Kalifats, von Cordoba in zahlreiche größere und kleinere Reiche, jedoch war damals die Stellung der Juden im islamischen Umfeld schon seit langem gefestigt.

Über die Qualität und Dauer der günstigeren Konditionen für die Juden unter islamischer Herrschaft besteht in der neueren Forschung keineswegs Konsens. Die Kontroversen äußern sich auch in divergierender Einschätzung des »Goldenen Zeitalters« der Juden im muslimischen Spanien zwischen dem 10. und 12. Jahrhundert. Unbestreitbar ist jedoch, dass die Beziehungen zwischen Juden und Muslimen sich immer wieder auf das Verhältnis zwischen Christen und Juden innerhalb der christlichen Herrschaften auch im lateinischen Westen auswirkten. So ging der im ägyptischen Fustat-Kairo residierende fatimidische Kalif al-Hakim (996–1021) sowohl gegen Christen und christliche Kirchen (darunter die Jerusalemer Grabeskirche) als auch gegen Juden und deren Einrichtungen gewalttätig vor. Diese Vorgänge im Vorderen Orient hinderten Christen im lateinischen Westen nicht daran, den Juden im Orient und im Okzident eine Verschwörung mit den Muslimen gegen Christen und das Christentum zu unterstellen. Derart wurden auch die heimischen Juden als Ungläubige mit den fernen Muslimen als Ungläubige gleichgestellt: eine Auffassung, die danach in Kreuzzugsstimmungen des Öfteren bei Verfolgungen der Juden in ihren westlichen Heimatorten ausgenutzt wurde.
Tatsächlich waren Juden auch sonst in anderen muslimischen Gebieten für längere Zeit akut bedroht und Verfolgungen ausgesetzt. Einige Aktionen der auf eine striktere Befolgung des Korans drängenden Dynastie der Almoraviden richteten sich während des 11. und frühen 12. Jahrhunderts nicht nur gegen missliebige Glaubensbrüder, sondern auch gegen Juden und Christen in Nordafrika und auf der Iberischen Halbinsel. Weit mehr litten Juden und Christen, aber auch Muslime anderer religiöser und politischer Richtungen unter der Herrschaft der fanatischen islamischen Sekte der Almohaden, die sich seit den ersten Jahrzehnten des 12. Jahrhunderts in Nordafrika durchsetzten, von dort seit etwa 1150 auch Vorstöße gegen die Almoraviden nördlich der Straße von Gibraltar unternahmen und sich auf der Iberischen Halbinsel bis 1227 behaupteten. Aufgrund einzelner Pogrome sowie der öfters wiederholten Vorschriften, sich in ihrer Kleidung von den Muslimen zu unterscheiden und beruflich einzuschränken, vor allem aber wegen der unter Androhung des Todes erzwungenen Bekehrungen zum Islam flüchteten damals Juden in andere muslimische Länder, aber auch in christliche Herrschaftsbereiche auf der Iberischen Halbinsel und vereinzelt wohl auch weiter in den Norden Frankreichs und in die deutschen Lande. Etwa zur selben Zeit wurden durch die nun weit ausgreifenden Eroberungen im Rahmen der Reconquista neben zahlreichen Muslimen auch viele Juden Angehörige christlicher Reiche. Dabei veränderte sich die bisherige Stellung der Juden im Gegensatz zu den Muslimen zunächst nicht grundlegend, was so insgesamt auch auf der Insel Sizilien nach der normannischen Eroberung der Fall war.

Judentum und Christentum

Für die Charakterisierung des Verhältnisses zwischen Judentum und Christentum passt vielleicht eher die Metapher von den Beziehungen zwischen Geschwistern als jene vom Mutter-Tochter-Verhältnis, weil auf diese Weise die Dynamik ihrer jeweiligen Ausrichtungen in Zeit und Raum und zugleich die damit oft verknüpften gegenseitigen Beeinflussungen besser erfasst werden. Mit dieser bildhaften Kennzeichnung soll nicht infrage gestellt werden, dass das Christentum aus den diversen Richtungen des Judentums erwachsen ist. Zugleich sind die tief greifenden Unterschiede zwischen beiden Religionen unstrittig, wozu auch die außerordentliche Bedeutung des Rechts als Charakteristikum des Judentums gehört. Trennend wirkte sich auf Dauer der Anspruch der Christen aus, dass die Auslegung des »Alten« Testaments nur im Sinne ihres »Neuen« Testaments erfolgen dürfe. Das Christentum stützte und stützt sich wie das Judentum nicht nur auf die biblischen Heiligen Schriften, sondern auch auf die Tradition. Bei den Christen wurde diese durch die Schriften der Kirchenväter, respektive Kirchenlehrer, geprägte Überlieferung erstmals im 5. Jahrhundert auf breiterer Grundlage näher fixiert. Freilich galten in den verschiedenen Kirchen des Christentums unterschiedliche Auffassungen über den Stellenwert und die Reichweite dieser Tradition. Im Judentum fanden die um 200 u. Z. in Palästina kodifizierte, aus der mündlichen Überlieferung schöpfende Mischna und deren Kommentierung in der Gemara Eingang in die im 5. Jahrhundert in Galiläa erfolgte Zusammenfassung der jüdischen Gesetzestradition im palästinischen Talmud. Diesem folgte der erstmals etwa um 700 im muslimischen Zweistromland redigierte wesentlich umfangreichere babylonische Talmud. Dieser wurde etwa seit dem 9. Jahrhundert als das verbindliche, dennoch interpretierbare und an die jeweiligen Gegebenheiten anpassbare Gesetzbuch von den weitaus meisten jüdischen Gelehrten und Gemeinden anerkannt. Den Talmud lehnten jedoch die Karäer ab; sie waren Angehörige einer vom »rabbinischen« Judentum als häretisch bewerteten jüdischen Gemeinschaft, die in vielen muslimischen Ländern am Mittelmeer, darunter in Palästina, verbreitet war. Andererseits wurde der Talmud ab 1240 im Zusammenwirken von Papsttum und französischem Königshof erstmals wegen Blasphemie und als häretisch bewerteten Abweichungen von der Tora verurteilt. Dies führte 1242 zur Verbrennung von zahlreichen Talmud-Exemplaren, was in der Folgezeit, zunächst im französischen Königreich, des Öfteren wiederholt wurde.

Enge religiöse Verbindungen und zugleich Konflikte zwischen Judentum und Christentum waren darin begründet, dass die Tora und die weitere jüdische Überlieferung, die in das Erste Testament übernommen wurde, im Bewusstsein der Christen während des Mittelalters tief verankert waren. Die in dieser biblischen Überlieferung enthaltenen, anschaulich erzählten Stoffe wirkten jahrhundertelang – insbesondere bis zur Jahrtausendwende – durch Lesen, Hören und Sehen noch intensiver auf die christliche Bevölkerung als Inhalte des Zweiten Testaments. Die im Ersten Testament verankerte jüdische Rechtstradition beeinflusste über christliche Vermittlung auch die schriftlichen Fixierungen des Rechts der Germanen erheblich, sodass also die lange Zeit auch in der Forschung als typisch »germanisch«, »nordisch« oder auch »deutsch« verherrlichten Rechtszeugnisse des frühen Mittelalters tatsächlich in wesentlichen Bezügen jüdischen Ursprungs waren. Unter den großen politischen Auswirkungen des Ersten Testaments seien nur die Einführung der Salbung christlicher Könige seit dem 7. Jahrhundert und auch die Selbstauffassung und Darstellung von christlichen Geistlichen und Weltlichen als Erneuerer des alttestamentarischen König- und Priestertums hervorgehoben. Bezeichnenderweise bildeten die Psalmen die Hauptbestandteile der Gebetbücher von Juden und von Christen. Sie hatten dennoch für Juden und Christen unterschiedliche, wenn nicht gegensätzliche Sinngehalte.

So nahe die epochalen Ereignisse im jeweiligen heilsgeschichtlichen Zeitbewusstsein der Juden und der Christen – die Geburt oder auch die Auferstehung Christi einerseits und die zweite Zerstörung des Jerusalemer Tempels andererseits – auch zueinander lagen, so trennten sie doch beide Religionen tiefgreifend voneinander. Bereits in der Antike deuteten Christen diesen Einschnitt in der jüdischen Geschichte als Strafe Gottes für die Kreuzigung Christi. Darauf stützten sie den Anspruch des Christentums auf die Unterwerfung des Judentums, auf das Heilige Land und insbesondere auf Jerusalem, nunmehr *die* Heilige Stadt des Christentums. In diesem minderen Status sollten die Juden entsprechend der lange maßgeblichen Lehre des Kirchenvaters Augustinus (354–430) im Christentum als Zeugen der biblischen Prophetien bis zu ihrer am Weltenende erwarteten Konversion toleriert werden. Auf diese Weise wurden die Juden entgegen ihrem Selbstverständnis zugleich in die christliche Heilsgeschichte eingebunden. Auch in dem das Leben Tag für Tag bestimmenden Zeitrhythmus der Liturgie bestand eine formale Nähe zwischen Juden und Christen. Dafür seien nur die »Entsprechungen« zwischen den den einzelnen Tag gliedernden Gebetszeiten und zwischen den den Jahresverlauf bestimmenden Festen wie Chanukka und Weihnachten, Purim und Fastnacht, Pessach und Ostern hervorgehoben. Juden und Christen gaben – in Kenntnis voneinander – den analogen Zeiten im Verlaufe vor allem der ersten Jahrhunderte unterschiedliche, ja gegenteilige Sinngehalte.

זבח פסח הוא ליי אשר
פסח על בתי בני ישראל
במצרים בנגפו את
מצרים ואת בתינו הציל
ויקד העם וישתחוו:
מצה זו שאנו
אוכלין

Drachen-Haggada (Ausschnitt)
1280–1320, Italien
Pergament, 116 Blätter,
18,1–18,8 x 13,3–13,6 cm
Inv.-Nr. Cod. hebr. 155, fol. 40
Staats- und Universitätsbibliothek, Hamburg

Ähnliches geschah mit den jeweils heiligen Stätten und somit kultischen Zentren. Auf denselben Ort, auf Jerusalem, konzentrierten Juden und Christen, die jeweils ihre wichtigsten kultischen und kulturellen Mittelpunkte in denselben größeren urbanen Orten hatten, den Kernbestand ihrer jeweiligen religiösen und damit zugleich, im umfassenden Sinne, politischen Identifikation. Für die Juden wurde die alle anderen Orte überragende Stadt Jerusalem als Stätte des zerstörten Tempels zum Zentrum der eschatologischen Verheißung der Wiederherstellung des Tempels und des jüdischen Volkes in seinem Land; derart blieben auch die in der »Zerstreuung« (Diaspora) lebenden Juden mit Jerusalem und den jüdischen Gemeinden in Eretz Israel verbunden. Entsprechend waren die in der Diaspora errichteten Synagogen in ihrer sakralen Ausstattung Verkörperungen des Jerusalemer Tempels. Das Ansehen der größeren, sich selbst oft als heilig verstehenden jüdischen Gemeinden wurde legendenhaft mit der Herkunft ihrer Gründungsväter möglichst nahe aus dem Kreise jener abgestützt, die nach der Zerstörung des Tempels aus Jerusalem und Eretz Israel vertrieben worden waren. Dem entsprach das Bemühen der Christen vor allem seit dem 10. Jahrhundert, in den älteren Kathedralstädten, die sich zumeist am frühesten und noch lange Zeit am stärksten durch urbanes Leben auszeichneten, ihre Christianisierung möglichst nahe auf die von Jerusalem ausgehenden Apostel und damit auf das Ur-Christentum zurückzuführen. Zugleich wurden dieselben Zentren der westlichen Christenheit, die als heilige Städte galten, nach dem Urbild der heiligen Stadt, nach Jerusalem und – in dessen Folge – nach der Petrus-Stadt Rom ausgestattet und gestaltet, was am sinnfälligsten in Heilig-Kreuz- und in Heilig-Grab-Kirchen Ausdruck fand. Dies war wiederum darin begründet, dass das vom Christentum in Anspruch genommene, derart »neue« Jerusalem bei den Christen in Konkurrenz zu den Juden als Ort der Wiederkehr Christi in der Vorstellung vom Ende aller Zeiten, also in der »endgültigen« Zukunft, eine zentrale Rolle im Heilsgeschehen besaß. Mit diesen religiösen Einstellungen verbunden waren bereits in der Spätantike einsetzende Wallfahrten nach Jerusalem, die im 11. Jahrhundert noch vor den ersten Kreuzzügen geradezu massenhafte Formen annahmen.

Die auf Jerusalem und das Heilige Land zielenden Kreuzzüge sind nur eine, wenn auch besonders aufschlussreiche Äußerungsform für die tief greifenden Veränderungen vor allem im lateinischen Christentum. Hervorgehoben sei dafür die seit dem 11. Jahrhundert verstärkte Hinwendung zum menschgewordenen Gottessohn und dessen am Kreuze endendem Martyrium, wofür seitdem mehr als zuvor *die* Juden verantwortlich gemacht wurden. Diese neuen, teils mit verbreiteten Vorstellungen über das bevorstehende Weltenende verbundenen Einstellungen und Verhaltensweisen waren ein wesentlicher Antrieb für die Kreuzzüge. Mit ihnen wurde die Bereitschaft der Teilnehmer zum Martyrium um Christi willen propagiert. Kreuzzüge waren zugleich »Brutstätten« für Judenverfolgungen. Dafür bildeten die Pogrome von 1096 im Zusammenhang des Ersten Kreuzzugs, unter denen die Judengemeinden an Rhein und Mosel und in Prag am schlimmsten litten, ein fatales Grundmuster. Die ihnen damals vornehmlich von Kreuzzüglern zugefügten Grausamkeiten verstanden die davon betroffenen Jüdinnen und Juden als Martyrium. Mit dieser Deutung ihrer Leiden verbreitete und verfestigte sich vor allem bei den Juden in den deutschen Landen eine bis dahin im Judentum nur vereinzelt nachweisbare religiöse Einstellung, die viel tiefer im Christentum verankert war und durch Kreuzzüge aktualisiert und zugespitzt wurde. In den von rheinischen Juden verfassten hebräischen Kreuzzugsberichten des 12. Jahrhunderts wird die aktive Rolle von jüdischen Frauen im Erleiden des Martyriums hervorgehoben. Ab dieser Zeit wirkten die Frauen in der westlichen Christenheit mehr als je zuvor an der Gestaltung religiöser Lebensformen mit, was auch Ausdruck im zunehmenden Marienkult fand. Die Marienverehrung war dem jüdischen Verständnis noch schwerer zugänglich als die christliche Lehre von der Dreifaltigkeit Gottes, die in Details zwischen West- und Ostchristentum umstritten blieb und auch als Begründung für die Verschärfung der Differenzen zwischen der römisch-lateinischen und der griechisch-orthodoxen Kirche ab dem 11. Jahrhundert diente.

Wie vornehmlich in der westlichen Christenheit wirkten auch im Judentum seit dem 12. Jahrhundert unterschiedliche, teils gegensätzliche Strömungen zwischen Mystik und rational fundiertem Verständnis religiöser Sinngehalte. Die divergierenden, wenn auch sich keineswegs gegenseitig ausschließenden Einstellungen führten im Judentum wie auch im Christentum zu einem größeren Eigengewicht der Philosophie gegenüber der Theologie. Diese Ausrichtung wurde durch die Rezeption antiker Texte gefördert, die im arabischen Sprachraum von Muslimen und Juden überliefert, kommentiert und seit dem 12. Jahrhundert teils im Zusammenwirken mit Christen im muslimischen Spanien, aber auch in anderen mediterranen Ländern ins Lateinische übersetzt wurden. Einen hohen Rang besaßen darunter die bis dahin in der westlichen Christenheit weithin unbekannten Werke des Aristoteles. Die durch Übersetzungen auch im Westen verbreiteten Impulse führten aber auch zu Konfrontationen innerhalb desselben Glaubens. Die Kontroversen steigerten sich im Judentum wie im Christentum zu Verurteilungen von »Rationalisten« als Abtrünnige oder Ketzer. Derartige Auseinandersetzungen unter Juden spitzten sich vornehmlich auf der

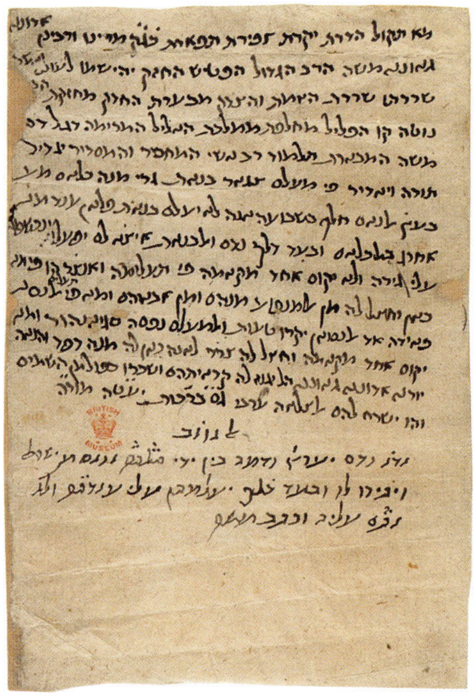

Moses Maimonides (1135–1204)
Responsa
12. Jahrhundert, Kairo
Inv.-Nr. Or MS 5519B
The British Library, London

Iberischen Halbinsel und im Süden Frankreichs während des 13. Jahrhunderts zu. Im Zentrum standen darin die Auffassungen des herausragenden, aus den mediterranen Kulturtraditionen schöpfenden jüdischen Gelehrten Maimonides (1135 im andalusischen Cordoba geboren, gestorben 1204 – also vor 800 Jahren – in Fustat-Kairo, begraben in Tiberias am See Genezareth), der sich auch auf die Werke des Aristoteles stützte. Mehreren höchst wirkungsvollen christlichen Gelehrten – darunter dem Franziskaner Alexander von Hales (um 1185–1245) und den Dominikanern Albertus Magnus (um 1200–1280) und Thomas von Aquin (1224/25–1274) – galten einzelne der zunächst in arabischer Sprache verfassten, dann ins Hebräische und teils auch ins Lateinische übersetzten Werke des Maimonides als Autorität; andere einflussreiche christliche Geistliche verboten, allerdings mit wenig Erfolg, die Lektüre aristotelischer Schriften.

Die seit dem 13. Jahrhundert zunehmende Verehrung des Altarssakraments schuf neue Barrieren zwischen Christentum und Judentum, die sich über den unberechtigten Vorwurf des Hostienfrevels auch zu weiteren antijüdischen Einstellungen und zu Verfolgungen von Juden steigerten. Andere Veränderungen innerhalb des lateinischen Christentums gingen mit der Entstehung und Verbreitung der Bettelorden einher, die sich in ihrer intensivierten Seelsorge auf die stark angewachsene Bevölkerung der viel zahlreicher gewordenen Städte konzentrierten, in denen auch die weitaus meisten Juden lebten. Einige ihrer Mitglieder vertraten in ihren Schriften wie auch Predigten, mit denen sie möglichst viele Menschen erreichen wollten, weshalb sie sich »einfacher« Kommunikationsmittel bedienten, die völlige Ausgrenzung der Juden aus der christlichen Heilsgeschichte. Dies kam der Aufhebung der augustinischen Doktrin einer Duldung der Juden gleich und zielte auf deren Vertreibung. Diese Tendenzen begünstigten die seit dem ausgehenden 13. Jahrhundert einsetzenden Judenvertreibungen aus französischen Fürstentümern wie auch aus dem englischen und dem französischen Königreich.

Derartige, keineswegs von allen Christen geteilte antijüdische Einstellungen standen im Zusammenhang mit weiteren Ausgrenzungen auch von Christen, die wegen abweichender Glaubensauffassungen oder auch nur wegen fehlender Bereitschaft, sich in ihrem politischen Verhalten dem Willen vornehmlich der kirchlichen Hierarchie zu unterwerfen, verketzert wurden. Verstärkt wurden solche Einstellungen seit den insgesamt gescheiterten Versuchen der Kirchenreform während und nach dem Großen Abendländischen Schisma (1378–1417) insbesondere durch radikale Angehörige der Orden, die in ihren Predigten antijüdische Stimmungen und Stereotype verbreiteten. Hinzu kamen Tendenzen von Königen, Fürsten und auch Stadträten, unter Berufung auf ihre religiöse Aufgaben, ihre Untertanen auf dieselben Normen festzulegen, deren Lebensformen im Detail zu regulieren und insgesamt ihre Machtbereiche auch in religiöser Hinsicht zu vereinheitlichen, was sich während der frühen Neuzeit nochmals steigerte. Die mit religiösen Motiven durchsetzten Maßnahmen wirkten sich in erster Linie gegen Gruppen aus, die nicht konform waren, und noch nachhaltiger gegen Andersgläubige, vor allem gegen die Juden.

So wurden die Juden trotz ihrer Nähe zu den Christen umso ungehemmter als feindliche Fremde dargestellt und – keineswegs nur während des Mittelalters – als »Sündenböcke« für vermeintliche oder tatsächliche Gefahren der christlichen Mehrheitsbevölkerung ver-

antwortlich gemacht. Für die Juden wirkte sich diese »Fremdeinschätzung« am schlimmsten in den katastrophalen Pogromen während der existenziellen Bedrohung durch die Pest, die in ihren verheerenden Ausmaßen bis dahin unbekannt war und seitdem immer wieder auftrat, in vielen Orten und Regionen Westeuropas aus, in denen Juden noch – wie vor allem in den deutschen Landen – in größerer Zahl lebten (1348–1350). In dem so gesteigerten Konfliktpotenzial waren viele christliche Verantwortliche in den Gemeinden wie auch andere Herrschaftsinhaber nicht bereit oder auch nicht fähig, die Juden zu schützen. Seitdem litten viele Juden unter der Verschlimmerung ihrer Lage und weiteren Verfolgungen. Darunter verschlechterten die Pogrome von 1391 die Situation der Juden in den christlichen Reichen auf der Iberischen Halbinsel tief greifend, zumal ab diesem Zeitpunkt zunehmend die Inquisition gegen die zwangsgetauften, dennoch an ihrem Glauben festhaltenden Juden eingesetzt wurde. Daneben häuften sich ab dem ausgehenden 14. Jahrhundert die Vertreibungen auch in Mitteleuropa, wobei sie hier zumeist gegen den Willen der machtpolitisch schwachen Könige und Kaiser durchgeführt wurden. 1492 wurde hingegen mit Willen des »katholischen« Königtums die jahrhundertelange, wechselvolle Geschichte der Juden in Spanien beendet. Nicht wenige Juden suchten Zuflucht in Italien, noch mehr erhielten vornehmlich im Westen des Osmanischen Reichs, in den ehemaligen Kernbereichen des oströmisch-byzantinischen Imperium, auf lange Dauer neue Heimstätten.
Im inzwischen durch die osmanischen Eroberungen erheblich eingeschränkten Wirkungsbereich christlicher Herrschaft waren Juden am Ende des Mittelalters nur noch in wenigen Regionen präsent. Dazu gehören die mediterrane Zentrallandschaft Italien, wo Juden im päpstlichen Herrschaftsgebiet für lange Zeit die relativ günstigsten Lebensbedingungen hatten, einige Reliktzonen im Süden Frankreichs wie auch innerhalb des »Heiligen Römischen Reichs deutscher Nation«, wo die Juden zudem aus fast allen größeren Städten vertrieben waren, und weiter östlich gelegene Länder, insbesondere Polen und Litauen. So verschoben sich die Schwerpunkte jüdischen Lebens weiter zum Osten hin und damit ins-

Schatzfund vom Stadtweinhaus in Münster
Um 1350
Silber
Inv.-Nr. V-1109 LM bis 1143 LM
Westfälisches Landesmuseum für Kunst und Kulturgeschichte, Münster

gesamt in Gebiete, die erst relativ spät in das lateinische Europa einbezogen worden waren. Der Zustand am Ende des Mittelalters änderte sich bis zum 19. Jahrhundert nur partiell.

Thronender König mit Judenhut
Um 1400
Stein, 55 x 26 cm
Inv.-Nr. SP 456
Musée d'Unterlinden, Colmar

Teilhabe der Juden an der Kultur in Europa

Schon wegen der skizzierten religiösen Faktoren und insbesondere der vielfältigen Wechselbeziehungen zwischen den drei monotheistischen Religionen waren Juden im christlichen und islamischen Umfeld Europas während des Mittelalters alles andere als eine Randgruppe. Ihre Mitwirkung äußerte sich ebenso in ihren Organisationsformen, in Familie und Gemeinde, wie auch in ihren Beziehungen zu Andersgläubigen ihrer Umgebung, ihren wirtschaftlichen Aktivitäten und insgesamt in ihren kulturellen Verhaltens- und Ausdrucksformen. Aus der immer noch verbreiteten Auffassung der kulturellen Fremdheit der Juden gegenüber ihrer jeweiligen, insbesondere der christlichen Mehrheitsbevölkerung drängt sich die ebenso falsche Folgerung geradezu auf, dass die jüdische Minderheit ihre vermeintliche Absonderung nur durch möglichst weitgehende Übernahme der so verstandenen »christlichen« oder »islamischen« Kultur – also durch »Akkulturation«, »Adaption« oder »Integration« – überwinden konnte. Diese Annahmen resultieren aus der sachlich unzulässigen Gleichsetzung von Religion und Kultur. Zwar machte die jeweilige religiöse Prägung auch der Juden einen Kernbestandteil ihrer Kultur aus, jedoch waren sie deswegen während der mittelalterlichen Jahrhunderte keineswegs von dem kulturellen Leben ihrer Umgebung separiert. So sind auch die verbreiteten Generalisierungen vom »christlichen Abendland« fragwürdig: Dagegen sprechen die lange Zeit der Missionierung, die sich im späteren römisch-deutschen Reich über mehr als ein Jahrtausend erstreckte, und damit die Prägungen durch die verschiedenartigen »Heidentümer« wie auch »heidnischen« Vorstellungen und Praktiken, die Jahrhunderte dauernde Wirksamkeit des Islam und der Muslime vornehmlich auf der Iberischen Halbinsel und nicht zuletzt der hohe Stellenwert des Judentums für das Christentum und das über große Zeiträume anhaltende Wirken vieler Juden inmitten der christlichen Bevölkerung, deren Lebensformen ihrerseits keineswegs nur von den Normen christlicher Dogmatik und Ethik bestimmt waren. Schließlich bestanden auch unter den Christen tief greifende kulturelle Unterschiede, die sich aus der Zugehörigkeit zu diversen Geschichts- oder Kulturlandschaften ergaben. Ähnliches gilt auch für Muslime und für Juden.

Wie angedeutet, blieb der weit ausgreifende, die drei Kontinente verbindende Mittelmeerraum – mit einem Schwerpunkt zunächst in den östlichen Anrainergebieten – für die Juden in Europa während des Mittelalters prägend. Sie hatten in unterschiedlicher Weise Anteil an den dort vorherrschenden griechischen und lateinischen und später auch islamisch-arabischen kulturellen Traditionen. Diese waren sprachlich fundiert, erhielten aber seit der Spätantike durch das oströmisch-byzantinische Imperium, durch die Nachfolgeherrschaften im weströmischen Reich und durch die islamische Expansion zusätzlich herrschaftlich-politische und auch religiöse Fixierungen. Auf diese Weise ergaben sich stärker profilierte Kulturräume. Zwischen diesen war jedoch insbesondere über das Mittelmeer intensive Kommunikation auch auf weiten Strecken möglich und wurde auch vielfach von Juden praktiziert, wozu im 12. Jahrhundert beispielsweise enge Kontakte zwischen Juden in Sizilien und Nordafrika bis nach Indien gehörten. Trotz der auch hier, vornehmlich im westlichen Mittelmeergebiet, in der Spätantike und im frühen Mittelalter eingetretenen Verluste an urbaner Substanz bewahrten die mediterranen Kulturlandschaften ihren Vorsprung, der sich ebenfalls in der Schriftkultur äußerte, noch bis weit in die mittelalterlichen Jahrhunderte hinein, teils noch darüber hinaus, vor allem gegenüber dem »jüngeren« Europa, das sich außerhalb der mediterranen Länder und jenseits der Grenzsäume des antiken Römischen Reichs formierte. Die jenseits des römischen Limes gelegenen nord-, mittel- und osteuropäischen Länder näherten sich dem hohen mediterranen Niveau erst im Mittelalter auf verschiedenen Wegen und in unterschiedlicher Intensität an, wobei die Christianisierung ein wesentliches Netzwerk bildete. An diesem Vorgang waren wiederum Juden beteiligt.

Die kulturlandschaftlichen Unterschiede zwischen dem mediterranen Großraum und den weiteren Gebieten Europas spiegelten sich in spezifisch jüdischen Gliederungen wider. Diese erhielten seit dem 11. und 12. Jahrhundert in religions- und bildungsgeschichtlicher Sicht schärfere Konturen. Gründe dafür waren die wirtschaftliche, politische und kulturelle Bedeutungssteigerung des Okzidents in mehreren, regional differenzierten Schüben, die damit zusammenhängende Ausbreitung jüdischer Niederlassungen auch in den nördlichen und östlichen Gebieten, die Verselbstständigung der jüdischen Rechtsauslegung im Westen Europas gegenüber den »babylonischen« Autoritäten in Bagdad, die vornehmlich in Südfrankreich auch durch Übersetzungen ins Hebräische geförderte Rezeption der in arabischer Sprache verfassten philosophisch-wissenschaftlichen Überlieferung wie auch deren Kommentierung und eigenständige Vertiefung. Dafür wurden in neuen Zentren jüdischer Gelehrsamkeit, die vor allem im Norden Frankreichs im 12. und frühen 13. Jahrhundert als attraktive Hochschulen wirkten, innovative Denkweisen und Methoden erprobt. Diese glichen in dieser Hinsicht den hohen Schulen der christlichen Scholastik, mit denen sich damals im städtischen Umfeld die ersten Universitäten der Weltgeschichte etablierten. Begünstigt durch diese Gemeinsamkeiten arbeiteten einige jüdische und christliche Gelehrte insbesondere bei der Erschließung von textlichen Überlieferungen zusammen, die für beide Religionen relevant waren.

An der Schwerpunktverlagerung jüdischer Gelehrsamkeit und literarischer Bildung aus dem arabischen Bereich in den lateinischen Westen hatten die Juden in Süditalien – einer Brückenlandschaft zwischen der griechisch-orthodoxen und der lateinischen Christenheit und somit auch zwischen der griechischen und lateinischen Sprache und Tradition – früh einen führenden Anteil, wobei auch römische Juden mitwirkten. Sie standen in enger Verbindung zum griechisch-byzantinischen Judentum (Javan), was auch in ihrer bis zum ausgehenden 11. Jahrhundert währenden Zugehörigkeit zum byzantinischen Imperium begründet war.

Hingegen pflegten die sizilischen Juden, die noch lange nach der normannischen Eroberung der Insel die arabische Sprache beibehielten, weiterhin engere Kontakte zum nahen muslimischen Nordafrika wie auch zur Iberischen Halbinsel; ihre wissenschaftlichen und literarischen Leistungen wiesen jedoch nur wenige Höhepunkte auf.

Die Juden im muslimischen Spanien bildeten die Basis des sephardischen Judentums. Dieses wurde im Rahmen der Reconquista auch für die weitere Iberische Halbinsel bestimmend, trat aber zugleich im christlichen Umfeld mehr als zuvor in Wechselbeziehungen zu den Juden in Frankreich und in den anderen Ländern mit lateinisch-christlicher Mehrheitsbevölkerung. Unter dem Einfluss der traditionellen Offenheit des sephardischen Judentums im islamischen Umfeld blieb das Spannungsfeld zwischen Theologie und Philosophie für die sephardischen Gelehrten auch in den christlich beherrschten Regionen der Iberischen Halbinsel aktuell und wurde zu einem Charakteristikum des sephardischen Judentums im späteren Mittelalter. Bei der Vermittlung zwischen den kontroversen Positionen zeichnete sich etwa ein Jahrhundert nach Maimonides der in Barcelona lebende, überaus bedeutende Talmud-Gelehrte Salomo ibn Adret (um 1235 – um 1310) aus. In seinen zahlreichen Responsen reagierte er auf Anfragen von Juden aus Frankreich, Deutschland, Böhmen, Sizilien, Marokko, Algerien, Kreta und Palästina.

Die Juden im mittelmeernahen Süden Frankreichs, wo sie bereits seit der Antike, kontinuierlich freilich wohl nur in wenigen Städten, präsent waren, wirkten in vielerlei Hinsicht als Brückenbauer zwischen Süden und Norden, insbesondere zwischen den Sepharden und den Glaubensgenossen im Norden Frankreichs (Zarfat). Letztere bildeten auch die Ausgangsbasis und den Rückhalt der Juden in der nur gut zweihundert Jahre währenden Geschichte im Königreich England. Zwischen den Juden im nördlichen Frankreich, in England und im ostfränkisch-deutschen Reich waren die religiösen und weiteren Verbindungen so eng, dass sie unter dem Oberbegriff des aschkenasischen Judentums zu fassen sind. An dessen religiösen und damit untrennbar verknüpften rechtlichen Grundlagen wirk-

Modell der Judería von Gerona
Holz, 37 x 150 x 122 cm
Inv.-Nr. MHJ097
Museu d'Història dels Jueus,
Patronat Municipal Call de Girona

Das jüdische Viertel von Gerona ist seit dem Jahr 1160 dokumentiert. Es befindet sich mitten in der historischen Altstadt. Bis zum 14. Jahrhundert war das Viertel ein offener Raum der Koexistenz mit fast 800 Einwohnern und öffentlichen Gebäuden wie Synagogen, Bädern, Schulen und Fleischereien. Ab 1492, nach der Vertreibung der Juden aus Gerona, wurde das Viertel vollständig in die christliche Stadt integriert.

ten Juden aus Italien und dem weiteren mediterranen Süden maßgeblich mit. Eine Leitfigur war Rabbi Salomo ben Isaak, genannt Raschi (um 1040–1105). Nach Studien in Mainz und Worms verfasste er in seiner Heimatstadt Troyes einen bis heute maßgeblichen Kommentar zum babylonischen Talmud wie auch einen überaus populär gewordenen Bibelkommentar, den auch der berühmteste christliche Bibelexeget des Mittelalters, Nikolaus von Lyra (gestorben 1349), benutzte. In Troyes begründete Raschi um 1070 eine attraktive Hochschule. Die von ihm und seinen Schülern ausgehenden Impulse prägten nachhaltig die jüdische Gelehrsamkeit in Frankreich und Deutschland während des hohen Mittelalters. Unter ihnen ragt Jakob ben Meir Tam (Rabbenu Tam, um 1100–1171), der Enkel Raschis, hervor. Innerhalb des römisch-deutschen Reichs besaßen die jüdischen Gelehrten und Gemeinden am Oberrhein – in Mainz, Worms und Speyer – längere Zeit eine Führungsrolle. Sie äußerte sich auch im Leben und Wirken von Meir ben Baruch, dem bedeutendsten Gelehrten unter den deutschen Juden während der zweiten Hälfte des 13. Jahrhunderts. Um 1220 in Worms geboren, studierte er zeitweise in Frankreich, erlebte dort die Verbrennung des Talmuds (1242), setzte danach seine Studien in Würzburg fort, wirkte für mehrere Jahrzehnte in Rothenburg ob der Tauber, kehrte um 1280 in seine Heimatstadt Worms zurück, wurde 1286 auf dem Weg nach Eretz Israel gefangen genommen und starb 1293 in der Haft im Elsass.
Für die lange nachwirkenden engen Verbindungen insbesondere zum östlichen Frankreich ist bezeichnend, dass dort wie auch in anderen jüdischen Gemeinden im Westen des Reichs das Französische noch bis ins 13. Jahrhundert zur Umgangssprache der Juden gehörte. Dort wurden aber seit dem 11. Jahrhundert auch die Grundlagen für die jiddische Sprache geschaffen und damit für jenes Medium, das zur größten unter den kleineren germanischen Sprachen wurde; das Verbreitungsgebiet des Jiddischen war vor 1914 größer als das der deutschen Sprache. Das derart vielfältig geprägte aschkenasische Judentum wurde in religiöser, geistiger, rechtlicher und, über das Westjiddische, auch in sprachlicher Hinsicht schließlich für das Judentum im östlichen Mitteleuropa und in Osteuropa – bis nach Litauen und Weißrussland – maßgeblich. Für die nordöstlichen Länder sind die Impulse, die von Juden aus dem byzantinisch-slawischen Südosten Europas ausgingen, nicht sicher nachzuweisen und noch weniger gegenüber den zweifellos starken westlichen Prägungen des aschkenasischen Judentums zu gewichten. Aschkenasische Einwanderer aus dem nordalpinen Raum, die seit dem ausgehenden 14. Jahrhundert in größerer Zahl in Oberitalien, vereinzelt auch in Mittelitalien nachzuweisen sind, hatten einen erheblichen Anteil an der Entstehung des »italienischen« Judentums, in dem jedoch weitere starke Einflüsse aus dem Süden, darunter aus dem »päpstlichen« Rom, und aus dem sephardischen Spanien zum Tragen kamen.
Diese im Wesentlichen mit den europäischen Kulturlandschaften übereinstimmenden regionalen Besonderheiten des Judentums sind zugleich ein Spiegelbild der sprachlichen Vielfalt unter den Juden. Über die jeweiligen Volkssprachen kommunizierten die Juden mit der nichtjüdischen Bevölkerung, aber auch untereinander, was vor allem für Frauen und Kinder galt. So hatten sie zugleich Zugang zu mündlich tradierten Erzählstoffen und viele von ihnen auch zur schriftlich fixierten Literatur. Daran waren Juden und auch Jüdinnen

anscheinend in größerer Zahl interessiert, sofern es sich – wie beim Nibelungenlied oder bei den Epen von »Parzival«, »Lancelot« oder auch »Dukus Horant« – nicht um ausgeprägt christliche Inhalte handelte. Zur Überwindung sprachlicher Barrieren über weite Entfernungen war das Hebräische unter den Juden insgesamt noch besser geeignet als das Lateinische oder auch das Griechische unter den Christen. Die Schriftkultur war bei den Juden intensiver verbreitet als bei den Christen. Freilich war auch in dieser Hinsicht der Abstand zwischen Juden und Christen in den mediterranen Regionen geringer als in den nördlichen Gebieten Europas, in denen bis zum 13. Jahrhundert fast ausnahmslos nur die Geistlichen mehr oder weniger gut lesen und schreiben konnten.

Die Vertrautheit der Juden mit der Schriftkultur war aus religiös-kultischen Gründen erforderlich und wurde daher auch von den Gemeinden in Schulen gefördert. Das Fundament der jüdischen Gemeinde war die lokale Kultgemeinschaft, die auch für die Bildung der Juden substanziell war. Doch wurde der Kult nicht nur in der Synagoge vollzogen, sondern auch in den jüdischen Familien. Innerhalb der Familie hatten die jüdischen Frauen am religiös-kultischen Leben einen hohen, in wesentlichen Bereichen sogar entscheidenden Anteil. Er bildete die umfassend wirksame Grundlage für die große Autorität, aber auch für die rechtliche Position der jüdischen Frauen. Die religiöse und die weitere literarische Bildung, die hohes Ansehen vermittelte, erfolgte am nachhaltigsten innerhalb und mithilfe der Familie. In den Familien, in denen auch die notwendigen Bibliotheken tradiert wurden, wurde Gelehrsamkeit über Generationen gepflegt. Diese Zusammenhänge trugen wesentlich dazu bei, dass der Anteil von Gelehrten in Familien, die in den jeweiligen Gemeinden führend waren, oft hoch war.

Es war ebenfalls eine Langzeitfolge der antiken Stadtkultur, dass sich die größeren Judengemeinden im mediterranen Raum in Städten befanden, die zumeist sowohl in den muslimischen als auch in den christlichen Herrschaftsbereichen erheblich bevölkerungsreicher waren als in den nördlicher gelegenen Regionen Europas. Demgemäß war dort auch die Zahl der jüdischen Gemeindemitglieder größer. Die Juden waren in den Ländern am Mittelmeer auch während des Mittelalters in einem breiten Spektrum von Berufen tätig, wozu in einigen Gebieten, wie der Insel Sizilien, auch die Landwirtschaft, offenbar aber für lange Zeit nicht die Geldleihe gehörte. Entsprechend differenziert war die wirtschaftliche Lage der Juden, unter denen das soziale Spektrum zwischen reich und arm ähnlich gegliedert war wie in der Mehrheitsbevölkerung. Entsprechend hatte die Fürsorge für die Armen einen hohen Stellenwert in der jüdischen Ethik und somit in den Pflichten der Juden als Individuen innerhalb von Haus und Familie und ebenso in der Gemeinde.

In den nördlichen, von den Juden insgesamt später besiedelten Regionen waren die Tätigkeitsfelder schmaler. Die Gründe dafür sind vielseitig. Dazu gehört die geringere Größe sowohl der städtischen Gesamtbevölkerung als auch der Judengemeinden, sodass auch der Bedarf für arbeitsteilige Beschäftigung unter den Juden selbst und innerhalb ihrer Gemeinde niedriger war. Dort besaßen viele Juden aufgrund ihrer hoch entwickelten Schriftkultur, wegen ihrer ursprünglichen Herkunft aus dem mediterranen Raum, mit dem sie auch durch Bewahrung und Pflege ihrer Tradition und durch weitläufige Familienbeziehungen länger verbunden blieben, und wegen der damit verknüpften Erfahrungen wie auch

Lehrer und Studierende
Ashkenazi-Haggada (Ausschnitt)
1460, Süddeutschland
Pergament, 48 Blätter, 37,7 x 27,7 cm
Inv.-Nr. Ms. Add. 14762
The British Library, London

Kompetenzen in manchen typisch urbanen Bereichen bessere Qualifikationen als die meisten Christen. Dies galt für den Handel insbesondere mit hochwertigen Waren aus dem Mittelmeerraum, für die damit verflochtene Geldwirtschaft, die in den mediterranen Ländern im Kontext der ausgeprägten Schriftkultur einen viel höheren Stand hatte, aber beispielsweise auch für das weite, mit Naturwissenschaften teils eng verbundene Spektrum der Medizin; bezeichnenderweise lagen die ersten medizinischen Hochschulen wiederum im Süden, in Süditalien und in Südfrankreich.

Innerhalb dieser Tätigkeitsfelder waren entsprechend die Juden in den nördlichen Gebieten, also auch in Deutschland, bevorzugt tätig. Es war eine Konsequenz der geldwirtschaftlichen Situation, aber auch – keineswegs nur während des Mittelalters – in der Handelstätigkeit selbst begründet, dass zwischen Handel und Geldleihe fließende Übergänge bestanden. Nach den überlieferten Zeugnissen scheint seit dem 13. Jahrhundert bei den Juden in diesen Regionen der Warenhandel gegenüber der Geldleihe zurückzutreten. Diese zweifellos wiederum regional unterschiedliche Verschiebung der Schwerpunkte war auch im gestiegenen, aus der zunehmenden Marktwirtschaft resultierenden Bedarf an verfügbaren Finanzmitteln begründet. Bei der Beurteilung dieser Vorgänge muss bedacht werden, dass im Wesentlichen nur die Leihe von größeren Summen Quellen mit relativ guten Überlieferungschancen hervorbrachte, während die Handelstätigkeit bei Juden wie bei Christen nur ganz vereinzelt in der schriftlichen Überlieferung des nördlichen Europa erkennbar wird. Es ist zudem zu beachten, dass unsere Kenntnis über das breitere berufliche Tätigkeitsfeld der Juden in den südlichen Ländern auf Quellenarten – wie vor allem den Notariatsurkunden – beruht, die im Norden nicht oder bei weitem nicht so zahlreich »produziert« und noch weniger überliefert wurden als im Süden.

So ist die noch immer selbst in der Forschung vorherrschende Auffassung, dass die Juden nördlich des Mittelmeerraumes spätestens seit dem 13. Jahrhundert nur die den Christen verbotene, freilich von vielen unter ihnen dennoch praktizierte Geldleihe betrieben, äußerst fragwürdig. Sicher wissen wir allerdings nur aus wenigen Quellen, dass Juden und Jüdinnen keineswegs nur größere Geldgeschäfte betrieben, sondern auch kleine und kleinste Summen verliehen, sodass auch minderbemittelte und arme Christinnen und Christen zu den Kunden der jüdischen Gläubiger zählten, die ihrerseits wirtschaftlich sehr unterschiedlich situiert waren. Seit dem ausgehenden 14. Jahrhundert mehren sich auch in den überlieferten Quellen aus dem nordalpinen »deutschen« Reich die Hinweise auf eine breiter gestreute berufliche Tätigkeit der Juden. Obwohl die meisten jüdischen Gemeinden nach den Pogromen um die Mitte des 14. Jahrhunderts kleiner waren und über geringere wirtschaftliche Ressourcen verfügten, mehren sich im Zusammenhang der besseren Quellenüberlieferung die Zeugnisse über die diversen Gemeindebediensteten (darunter Schreiber und Lehrer) und über die Gehilfinnen und Gehilfen in den besser situierten jüdischen Familien. Obwohl inzwischen die Zahl der christlichen Mediziner auch in den nordalpinen Gebieten zugenommen hatte, sind die Belege über jüdische Ärzte und Ärztinnen – darunter Augen-, Zahn- oder auch Viehärzte – viel zahlreicher als früher. Das weitere berufliche Spektrum von Juden reichte damals mit regionalen Differenzierungen vom Handel mit Wein, Getreide, Vieh, Tuchen, Kleidern und Heilmitteln bis hin zu handwerklichen Tätigkei-

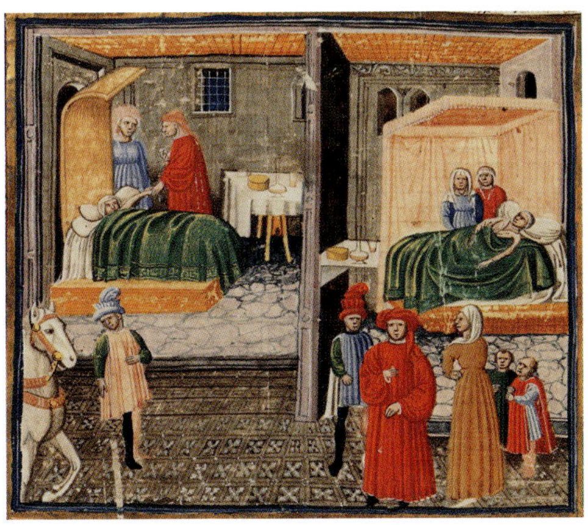

Arztvisite bei Kranken
Kanon des Avicenna (980–1037; Ausschnitt)
15. Jahrhundert, Oberitalien
Inv.-Nr. Ms. 2197, fol. 402 recto
Biblioteca Universitaria di Bologna

ten als Buchbinder, Färber, Lederverarbeiter, Glaser und Fenstermacher, Schneider, Maler (Spielkartenmaler), Würfelmacher, Gold- und Silberschmiede unter Einschluss von »Ingenieuren« für den Bergbau, für Mühlen und andere kompliziertere Techniken. Vereinzelt ist ein jüdischer Buchdrucker nachweisbar, was südlich der Alpen sehr viel öfter gerade bei Angehörigen jüdischer Familien, die aus Aschkenas stammten, nachzuweisen ist. Die Beteiligung von Juden an der Herstellung von Waffen ist nur eines unter mehreren Argumenten gegen die verbreitete Auffassung, dass Juden das Tragen und der Gebrauch von Waffen generell untersagt worden sei.

Aufgrund der bisherigen Darlegungen erübrigt es sich wohl auch, das Vorurteil über den »mittelalterlichen Ghettojuden« detailliert zu widerlegen. Es genügt darauf hinzuweisen, dass vereinzelt schon früher vorgenommene Versuche, die bisherigen städtischen Wohngebiete der Juden gegen ihren Willen nach außen abzuschließen oder sie in abgeschiedene Wohngebiete umzusiedeln, erst im späteren 15. Jahrhundert vereinzelt durchgesetzt wurden. Das Ghetto war insoweit erst eine danach, also in der Neuzeit, üblichere, freilich auch dann keineswegs allgemein verbreitete Einrichtung. Ähnliches gilt für die Durchsetzung der Vorschriften über die Kennzeichnung der Juden. Vielmehr ist für die Jahrhunderte, die allgemein dem Mittelalter zugerechnet werden, insbesondere für die deutschen Lande typisch, dass die Juden um ihre Synagogen und ihre anderen gemeindlichen Einrichtungen in Gassen oder Vierteln inmitten der städtischen Zentren lebten, die nahe den urbanen Mittelpunkten der Marktplätze und in der Nähe der Hauptkirchen lagen. So waren Synagoge und Kirche – die kultischen Zentren von Judentum und Christentum – und die öffentlichen Mittelpunkte von Juden und Christen oft eng benachbart, sodass eine alltägliche Begegnung zwischen Juden und Christen nahe lag.

In den muslimischen Städten herrschte ein anderes Grundgefüge vor. Darin hatten die öffentlichen Straßen und Plätze gegenüber den von Familienverbänden bestimmten Wohngebieten nur eine geringe Bedeutung, was auch gewisse Parallelen in den von Juden bevorzugten Wohnlagen hatte. Dementsprechend war das jüdische Gemeindeleben in den zu Europa gehörenden muslimischen Herrschaftsgebieten ebenfalls stärker als innerhalb der Regionen mit christlicher Mehrheitsbevölkerung vom Vorrang einzelner Persönlichkeiten und Familien bestimmt. Aber auch innerhalb der christlich beherrschten Länder unterschieden sich die Organisation und die Funktion der jüdischen Gemeinden erheblich voneinander. Als Regel kann gelten, dass sie in jenen Regionen am stärksten nach innen und nach außen wirksam waren, in denen dies auch für die christlichen Gemeinden, in erster Linie die Stadtgemeinden, zutraf. Diese Gebiete lagen aus vielfältigen Gründen im lateinischen Westen und dort vorzüglich in den Geltungsbereichen des ehemaligen Karolingerreichs, unter denen langfristig das römisch-deutsche Imperium für die Entfaltung des Gemeindelebens von Christen und von Juden die besten Rahmenbedingungen bot. Hier waren jeweils vor Ort auch die Beziehungen zwischen der christlichen und der jüdischen Gemeinde am intensivsten. In diesen Orten gewannen die Juden am häufigsten den Status als Bürger. Der damit garantierte Schutz durch die christliche Gemeinde bewahrte jedoch ihr Leben und ihr Gut des Öfteren nicht vor Verfolgungen und anderen schweren Rechtsverletzungen.

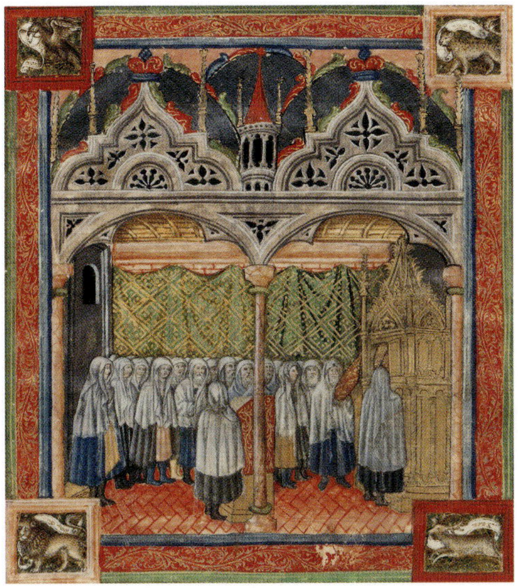

Verschließen der Tora-Rollen in den
Aron ha-kodesch (Tora-Schrein)
Arba'a turim von Jakob ben Ascher
(1269–1343; Ausschnitt)
Abschrift von 1435, Mantua
Pergament, 443 Blätter, 33,1 x 23,7 cm
Inv.-Nr. Cod. Rossian 555, fol. 12 verso
Biblioteca Apostolica Vaticana, Vatikanstadt

Einordnungen

Die sich im späten Mittelalter häufenden Gräueltaten von Christen an den Juden dürfen nicht darüber hinwegtäuschen, dass sie keineswegs in allen Regionen Europas und zu allen Zeiten stattfanden. Die Beziehungen zwischen Christen und Juden waren insgesamt in den mediterranen Regionen innerhalb des lateinischen Westens offenbar konfliktfreier als in den nördlichen Gebieten. Hier, aber auch weiter im Norden gab es mehrere Gebiete und zahlreiche Orte, in denen Juden Jahrhunderte lang ohne Gewaltanwendung seitens der Christen lebten, oft länger als in der Neuzeit. Derartige mehr oder weniger friedliche Beziehungen werden in den überlieferten Quellen eher übergangen als die unmenschlichen Gräuel, die andere Christen den Juden zufügten; sie lassen sich in der Regel nur indirekt aus christlichen und jüdischen Zeugnissen erschließen.

Dessen ungeachtet ist festzuhalten, dass die Juden trotz ihrer relativ geringen Zahl zuvor Jahrhunderte lang im mediterranen Europa – mancherorts kontinuierlich seit der Antike – und ebenfalls in den nördlicheren Ländern, wenn dort auch zumeist für kürzere Zeiten, die Geschichte Europas in zentralen Kulturlandschaften und in wesentlichen Lebensbereichen mitgestalteten. Der Beitrag der Juden zur europäischen Geschichte war während des Mittelalters umfassender und intensiver als in den ersten neuzeitlichen Jahrhunderten und muss selbst für das 19. und frühe 20. Jahrhundert den Vergleich in wichtigen Bezügen nicht scheuen. Ungeachtet solcher Wertungen fand in den unterschiedlich gestalteten Beziehungen zwischen den Angehörigen der drei monotheistischen Religionen und insbesondere in jenen zwischen Christen und Juden auch während des Mittelalters ein weites Spektrum von Einstellungen und Verhaltensweisen Ausdruck, das tiefe Einblicke in Menschen, in das Menschliche und das Unmenschliche, ermöglicht.

Europas Juden im Mittelalter sind, wie unsere »Streifzüge« hoffentlich erkennen lassen, ein unverzichtbarer Bestandteil der europäischen Geschichte, des Wissens über Europa und des Gewissens der Europäer.

משה
ותעל הצפרדע
אהרן
ותהי הכנם באדם ובבהמה

Von der Grenze zu Sepharad bis zur Vertreibung
Die Juden unter der kastilischen Krone vom 11. bis zum 15. Jahrhundert

Javier Castaño

Zu Beginn des 16. Jahrhunderts zeichnet Abraham ben Samuel Zacuto (1452–1515) in seinem Werk *Sefer ha-Juchasin* (Das Buch der Genealogien) ein topografisches Bild seines Ursprungslandes, in dem er die Grabstätten der geistigen Führer des Jerusalemer Exils in Sepharad aufführt. Es ist der Versuch, die jüdische Erinnerung an das verlassene Land zu bewahren, eine Erinnerung, die im Jahre 1492 auf unwiderrufliche Weise beendet wurde. Sie stellt ein weiteres Kapitel der jüdischen Geschichte dar und fand in anderen Ländern ihre Fortsetzung. Kastilien, ein rasch anwachsendes Territorium mit vielfältigen Regionen, Kulturen und Rechtshoheiten, erreichte in den 1490er Jahren eine Größe von etwa 385.000 Quadratkilometern. In diesen sehr heterogenen Gebieten, die sich nach und nach zusammenschlossen, um allmählich das Königreich von Kastilien zu bilden, gab es seit Ende des 10. Jahrhunderts eine dauerhafte, rechtlich geordnete und organisierte jüdische Präsenz.

Es ist nicht leicht, die reiche jüdische Tradition in Kastilien auf wenigen Seiten zusammenzufassen. Ein Grund hierfür ist die starke und stetige Expansion des Reiches nach Süden. Sie ging einher mit der fortschreitenden Eingliederung größerer Gruppen jüdischer Flüchtlinge, die sich an der Wiederbesiedlung und Kolonisierung dieser Territorien beteiligten. Ein weiterer, wenngleich weniger ausschlaggebender Grund war der Zuzug von Juden aus den Gebieten jenseits der Pyrenäen. Ein Phänomen übrigens, das schon in früher Zeit urkundlich belegt ist und sich im 13. und 14. Jahrhundert noch verstärkte, als sich die Lebensbedingungen der Juden jenseits der Pyrenäen verschlechterten. Schon gegen Ende des 14. Jahrhunderts änderte sich jedoch das Ziel jüdischer Einwanderer, die nun eher in das iberische Königreich im Westen, nach Portugal oder in andere Gegenden des Mittelmeerraums auswanderten. Ein weiterer Grund für die Schwierigkeit einer zusammenfassenden Darstellung ist die außerordentliche Kreativität der Juden in verschiedenen Bereichen. Aus all diesen Gründen kann hier nur eine knappe Skizzierung einiger grundsätzlicher Gedanken und notwendigerweise unvollständiger Angaben geleistet werden, die dazu dienen können, sich in diesem zeitlich wie räumlich weiten Feld zu orientieren.

Nördlich von Sepharad
Die Zeit der Grenze vom 11. bis zum 12. Jahrhundert

Frühe Erwähnungen bezeugen die zeitweilige Ansiedlung von Juden in den Gebieten nördlich des Flusses Duero. Dauerhafte urkundliche Erwähnungen gibt es aber erst ab dem Jahre 1000. Wie der Andalusier Abraham ibn Daud in der zweiten Hälfte des 12. Jahrhunderts schreibt, wurde der Duero zur nördlichen Grenze des Hoheitsgebietes des Exilarchen (Nasí) von Sepharad (Al-Andalus). Dieser war ein jüdischer Exilarch, dessen Macht Ende des 10. Jahrhunderts, zumindest theoretisch, bis zu den Grenzen des umayyadischen Kalifats reichte. Jüdisch-andalusische Einwanderer kamen schon früh in die Fürstenreiche des christlichen Nordens der Iberischen Halbinsel. In Al-Andalus findet sich die größte,

Plagen über Ägypten
Golden Haggada
1320, Barcelona
Pergament
Inv.-Nr. 52240 Add 27210 12, fol. 12 verso
The British Library, London

jedoch nicht die einzige Quelle für die im christlichen Nordwesten etablierten jüdischen Gemeinden.

Bis zum 12. Jahrhundert bezeichnen mehrere jüdische Autoren einstimmig ein iberisches Territorium unter islamischer oder arabischer Herrschaft mit dem komplexen und vielschichtigen Ausdruck des biblischen Sepharad. Der Begriff Sepharad dient jedoch nicht so sehr als Bezeichnung eines geografischen Raumes mit veränderlichen Grenzen, sondern spiegelt vielmehr die idealisierte Vorstellung einer jüdisch-andalusischen Kultur und Gesellschaft wider, die durch starke Akkulturation geprägt war. An der Gestaltung dieser Kultur beteiligten sich Dichter wie Mose ben Jakob ibn Esra oder Philosophen wie Abraham ibn Daud. Gemeint ist die Begegnung der jüdisch-arabischen Kultur von Al-Andalus mit der am Beginn stehenden romanischen Welt. Eine Darstellung von Sepharad ist in Abraham ibn Dauds paradigmatischem Werk *Sefer ha-Kabbala* enthalten, das er im politisch zwar kastilischen, kulturell aber andalusischen Toledo schrieb. Es beginnt mit der literarischen Episode von vier gefangenen Juden, die den Beginn des so genannten andalusischen Goldenen Zeitalters kennzeichnet. Zu Beginn des 11. Jahrhunderts ließ sich eine kleine Gruppe von Juden in der Hauptstadt des Königreichs León nieder (nach Barcelona eine der wichtigsten jüdischen Gemeinden der christlichen Fürstentümer). Außerdem siedelten sie sich in Burgos und in den im Entstehen begriffenen Städten entlang dem Jakobsweg an. Dieser verläuft parallel zum Fluss Duero (der Grenze zwischen christlichen und muslimischen Gebieten) und wurde später zur wirtschaftlichen und kulturellen Verbindungsachse zum europäischen Nordwesten der Halbinsel. Der Sonderstatus der Juden, der in geistiger Unterordnung seinen Ausdruck fand, wurde durch die Fürsten aufgrund des jüdischen Beitrags zur Kolonialisierung rechtlich anerkannt, auch wenn diese Festschreibung keineswegs eine echte Akzeptanz bedeutete. Die neuen gesellschaftlichen, politischen und wirtschaftlichen Rahmenbedingungen gingen über die im westgotischen *Liber Iudicorum* festgelegte Bestimmung hinaus, sodass neue gesetzliche Regelungen der Beziehungen zwischen Juden und Christen erforderlich wurden: So bestimmte etwa im Jahr 974 der Graf von Kastilien in der Territorialgesetzgebung von Castrojeriz, dass die Höhe des Sühnegeldes für einen Mord an einem Juden genauso hoch sein sollte wie für den an einem Christen. Der Monarch von León verfügte in der Territorialgesetzgebung von León, dass zwei Christen und zwei Juden gemeinsam mit der Schätzung des Wertes eines zum Verkauf stehenden Hauses betraut werden sollten, das innerhalb der Stadt León stand. Im Jahr 1091 legte der König von León und Kastilien für das gesamte Königreich León das Gottesurteil oder einen gerichtlich geregelten Kampf durch so genannte Bastonarios (Kämpfer) bei den Gerichtsverfahren zwischen Juden und Christen fest, für den Fall, dass eine Straftat weder vom Kläger noch durch eine Ermittlung nachgewiesen werden konnte. Der Schutz durch die Fürsten stärkte die jüdische Präsenz, die noch im Entstehen begriffen, aber nichtsdestoweniger auf Dauer angelegt war. Gleichzeitig kamen Einwanderer aus Gegenden jenseits der Pyrenäen hinzu, die sich in Städten wie Estella, Nájera, Burgos, Monzón de Campos, Carrión, Sahagún und León niederließen.

Wie ungeschützt die Juden jedoch waren, wird bei Ausbrüchen von Gewalt deutlich. Dazu kam es in königlichen Territorien zu Zeiten des Interregnums, zum Beispiel im Jahr

1035, als nach dem Tod von Sancho III. dem Großen die Einwohner von Castrojeriz bei einem Aufstand einige königliche Offiziere und mehrere Dutzend Juden töteten – ähnliche Übergriffe geschahen zwischen 1109 und 1230 an anderen Orten. Solche sporadischen, im gesellschaftspolitischen Kontext zu betrachtenden Gewaltausbrüche gingen mit einer anderen systemimmanenten und dauerhaften Gewalt einher, die paradoxerweise mit der mittelalterlichen Toleranz zusammenhing, welche den Juden einen Platz in dieser christlichen Gesellschaft gewährte. So heißt es Jahrhunderte später in den Gesetzbüchern des Königs Alfons X. des Weisen:

»Und der Grund dafür, dass die Kirche und die Kaiser und die Könige und andere Fürsten die Juden litten [tolerierten], die unter den Christen lebten, war dieser: dass sie wie in Gefangenschaft lebten für immer und den Menschen als Erinnerung daran dienen sollten, dass sie vom Geschlecht jener abstammen, die unseren Herren Jesus Christus kreuzigten.« (Partida 7, Titel 24, Gesetz 1)

Dies waren antijüdische Doktrinen, die unabänderlich zu sein schienen und Eingang in die Werke kirchlicher Autoren wie des heiligen Martin von León (erste Hälfte des 12. Jahrhunderts) fanden. Die tatsächliche Haltung gegenüber den Juden dürfte nicht konstant gewesen sein, sondern abhängig von den politischen und sozialen Entwicklungen der Zeit, unter anderem von der sozialen Heterogenität der christlichen Bevölkerung (unterschiedliche ethnische und kulturelle Zusammensetzung, etwa Mozaraber und Franken) sowie von der Haltung dieser einzelnen Gruppen gegenüber den Juden.

Im Lauf des 11. Jahrhunderts entstanden die ersten jüdischen Gemeinden, wie die von Nájera und Burgos, deren Führer mit der Gemeinde von Narbonne familiäre Beziehungen unterhielten. Oder auch die jüdische Gemeinde von Castrum Iudaeorum in León, von der eine Sammlung von Grabstelen erhalten ist, eines der ersten Zeugnisse einer jüdischen Kultur in den hispanisch-christlichen Königreichen. Ferner gibt es aus der Zeit vor dem Ersten Kreuzzug Hinweise auf Kontakte mit Palästina, über andalusisches Territorium hinweg, belegt durch einen Bericht über die Pilgerfahrt eines Juden aus León nach Jerusalem. Die Zahlung einer jährlichen Abgabe an den König von León war, zumindest seit 1063, eine Gegenleistung für die rechtliche Anerkennung als Gemeinde und für eine gewisse Befähigung, sich eine innere Giederung zu geben. In diesen frühen jüdischen Gemeinden gab es eine herrschende Schicht von Nesiim, deren gesellschaftspolitische Rolle, abgesehen von ihren richterlichen Funktionen, noch nicht klar definiert war, zumindest zu dieser Zeit und in diesen Regionen. Es sind Gemeinden, von denen wir zumindest wissen, dass ihre Mitglieder handwerklichen Tätigkeiten nachgingen und Landbesitz zum Weinanbau hatten.

Es ist überflüssig, die Heterogenität dieser jüdischen Gemeinden zu betonen, die sich in sozialer, aber auch in ethnischer und sogar religiöser Hinsicht unterschieden. Denn aus den urkundlichen Quellen im Zusammenhang mit der Einwanderung aus Frankreich geht hervor, dass in den zwei letzten Dritteln des 11. und während des gesamten 12. Jahrhunderts jüdische Einzelpersonen und Familien aus den Gebieten jenseits der Pyrenäen ins Land kamen, angezogen von den Möglichkeiten außerhalb der Heimat. In den Urkunden der *Genisa* von Kairo zum Beispiel wird von Juden, darunter einer Proselytin, berichtet, die aus den Gebieten jenseits der Pyrenäen stammten, mit dem Nasi Todros aus Narbonne verwandt waren und die sich in einer Festung in der Nähe von Burgos und in Nájera niederließen. Eine Ansiedlung von karäischen Juden in Carrión, einer Gemeinde im Grenzstreifen zwischen León und Kastilien, wurde in den Jahren 1088, 1148 und 1178 durch rabbanitische Juden (Einzelheiten sind nicht bekannt) unterdrückt. Sie verschwand schließlich im letztgenannten Jahr endgültig aufgrund der Repressionen durch die Nesiim andalusischer Abstammung.

Die jüdische Bevölkerung in den nördlichen Gebieten ließ sich in dieser Zeit zum großen Teil innerhalb von Befestigungen unter der Regentschaft königlicher Statthalter nieder. Dort, etwa in León, Mayorga, Arnedo, Haro und Nájera, lebten Juden und Christen unter dem Schutz des Monarchen zusammen. Dies erklärt sich aus der Sicherheit, die solche königlichen Festungsanlagen angesichts eines noch unsicheren Städtenetzes boten, und aus der Tatsache, dass die Bestimmung über die Juden als königliches Regal betrachtet wurde. Nach 1148 flohen aufgrund politischer Instabilität und systematischer Verfolgung durch die Almohaden zunehmend Einwanderergruppen aus südlichen Territorien unter islamischer Herrschaft. Die Zerstörung des Castrum Iudaeorum von León im Sommer 1196 durch die gegen den König von León verbündeten Könige von Kastilien und Aragón nach der gescheiterten Belagerung der Hauptstadt sowie die Gefangennahme der jüdischen Bewohner bedeuteten das Ende einer wichtigen jüdischen Ansiedlung. Sie lenkt unsere

Bedeutende jüdische Gemeinden auf der Iberischen Halbinsel am Ende des 13. Jahrhunderts

Aufmerksamkeit auf Juden, die sich in den kurz zuvor eingegliederten südlichen Gebieten niederließen. Das 12. Jahrhundert stellt eine Wende in der Geschichte der Juden auf dem Weg von einer islamischen zu einer christlichen Zivilisation dar.

Toledo – das wieder geborene Jerusalem? Der Übergang von Al-Andalus zum christlichen Kastilien vom Ende des 12. bis zum 13. Jahrhundert

Durch die Eroberung von Toledo im Jahre 1085 verschob sich die Grenze des christlichen Einflussgebietes nach vorne. Dies ermöglichte eine kastilisch-leonesische Besiedlung der Extremaduras, der Gebiete zwischen dem Duero und dem Zentralmassiv sowie die Gründung neuer Gemeinden.

Diese Neugründungen wurden von diskriminierenden Vorschriften gegen Juden in den Territorialgesetzgebungen begleitet. Die Vergrößerung des königlichen Herrschaftsgebiets muss berücksichtigt werden, wenn man die verschiedenen jüdischen Gemeinden bezüglich ihrer gesellschaftspolitischen, wirtschaftlichen und kulturellen Unterschiede untersucht. Neben dieser Vielfalt gibt es jedoch auch homogenisierende Faktoren, einige sehr alte, wie die Versprengung jüdischer Einwanderergruppen oder ihrer Nachfahren in Andalusien, die den Keim der kulturellen Hochsprache (Koiné) trugen. Hinzu kamen spätere Faktoren, wie die demografischen und geografischen Neustrukturierungen der Gemeinden seit dem Ende des 14. Jahrhunderts oder auch die vereinheitlichende Rolle einflussreicher Gemeinden, sei es durch ihren Bevölkerungsreichtum oder durch die Bedeutung ihrer rabbinischen, politischen und intellektuellen Führerschaft.

In der alten westgotischen Stadt Toledo bildete sich eine starke jüdische Gemeinde heraus, die das glanzvolle Erbe des Judentums in Al-Andalus antrat. Ihre Bedeutung verdankte sie nicht allein dem Bekanntheitsgrad ihrer Vertreter oder ihrem Beitrag zum Erhalt der jüdisch-andalusischen Traditionen, sondern auch ihrer Rolle als Vermittler zwischen der jüdisch-andalusischen und der im christlichem Westen entstandenen jüdischen Kultur. Denn die Eingliederung neuer Räume führte zu einer sehr engen Beziehung – durch familiäre und kulturelle Bande – zwischen den jüdischen Gemeinden von Burgos und Toledo. Eine Verbindung, die sich noch verstärkte, als Flüchtlinge hinzukamen. Laut Abraham Ibn Daud kamen sie dank der Fürsorge, die ihnen der Nasi Jehuda ibn Esra von seinem Sitz auf der Festung Calatrava aus gewährte. Die Verfolgung durch die Almohaden bedeutete einen gewaltigen Schlag gegen das andalusische Judentum, das aber nicht ganz unterging, sondern sich an neuen spanischen, provenzalischen und nordafrikanischen Orten ansiedelte. Die hispanisch-christlichen Eroberungen um 1150, auch die kurzzeitigen, wie im Fall von Almería, unterstützten die Wanderungsbewegung.

In den Jahren um 1200 erstand die jüdische Gesellschaft des christlichen Toledo im alten Glanz wieder, wie ein Phönix aus der Asche, was jüdische Dichter wie Jehuda al-Charisi (1165–1225) beobachteten und beschrieben. Die politische Macht und die literarischen Errungenschaften der aristokratischen Elite verbanden sich dort mit den wissenschaftlichen und philosophischen Erkenntnissen der Intellektuellen. Jehuda al-Charisi, der Toledo als Ort der Zufluchtsuchenden beschreibt, verwendet hierzu bewusst einen auf Jerusalem bezogenen Vers aus den Psalmen (122,4):

»Ich kam zu der gekrönten Stadt, nach Toledo, Hauptstadt des Königreichs, die mit der Gnade der Herrschaft und der Vornehmheit ihrer Verzierungen ausgestattet ist und dem Volk und den Fürsten ihre [unvergleichliche] Schönheit darbietet. *Dort stiegen die Stämme auf, die Stämme des Herren!* Wie viele Paläste in ihr von unvergleichlicher Schönheit, [die] durch die Herrlichkeit ihrer Schönheit und ihres Glanzes die Gestirne vor Scham erblassen lassen! Wie viele Synagogen in ihr, deren Schönheit keinen Vergleich kennt, und in denen alle den Ewigen preisen! In ihrem Inneren eine heilige Saat, geschmückt mit der Zierde der Aufrichtigkeit und so zahlreich wie das Gras des Feldes.«
(*Tahkemoní*, Kapitel 46)

Diese Beschreibung bezieht sich auch auf die damals neu errichtete Synagoge, heute zur Kirche umfunktioniert und Santa María la Blanca genannt. Das heutige Gebäude ist wohl das Ergebnis von Umbauten aus der zweiten Hälfte des 13. Jahrhunderts. Der toledanische Dichter Jehuda al-Charisi, der dieses Gebäude verherrlichte, stand ganz unter dem Einfluss des Kontrastes zu den jüdischen Gemeinden im Orient, die er dank seiner Reisen nach Ägypten, Syrien-Palästina und Irak (seit 1215 über die Provence) kannte und von denen er schriftliche Zeugnisse in jüdisch-arabischer Sprache hinterließ. Jehuda al-Charisi gibt Zeugnis von der lebendigen Verwirklichung des geistigen jüdischen Lebens. Doch er schweigt über die Wiedergeburt einer talmudischen Tradition andalusischen Ursprungs (Lucena) in Toledo, die über eine Generation hinweg erloschen war und die nun in eine fruchtbare dialektische Beziehung zu der Tradition trat, die sich in anderen europäischen Zentren entwickelt hatte. Die vorübergehende oder dauerhafte Präsenz von europäischen halachischen Autoritäten in Toledo ist – zumindest seit dem Ende des 12. Jahrhunderts – ein wiederkehrendes Phänomen. In den ersten Jahrzehnten des 13. Jahrhunderts entfaltete Rabbi Meir ha-Levi Abulafia (bekannt unter dem Akronym Ramah, gestorben 1244) seine Tätigkeit in dieser Stadt. Mit seiner konservativen Haltung spielte er eine entscheidende Rolle in den Streitigkeiten von 1203/04 und in den 1330er Jahren, die um die Interpretation des Werkes von Maimonides unter den französischen, provenzalischen, katalonischen und kastilischen Juden entbrannten. Um den Rabbi scharrten sich in Toledo Nesiim, Dichter, Philosophen und Talmudisten. Sie prägten das Leben dieser Gemeinde in den ersten Jahrzehnten des 13. Jahrhunderts.

Es war eine jüdische Gemeinde, die sich bis ins 14. Jahrhundert hinein deutlich arabische Einflüsse bewahrte, trotz eines fast gänzlich fehlenden islamischen Bevölkerungsanteils in der Stadt, aber dank einflussreicher mozarabischer Christen und vor allem dank dem Zustrom andalusischer, jüdischer und mozarabischer Flüchtlinge seit der Mitte des 12. Jahrhunderts. Daher rührten auch die sprachlichen Besonderheiten, welche die aus den europäischen Ländern stammenden halachischen Autoritäten in dieser Anfangszeit akzeptieren mussten. Wie der Provenzale Abraham ha-Jarchi ließen sie sich seit Ende des 12. Jahrhunderts dauerhaft in der Stadt nieder. Toledo übte – wenn auch nur für kurze Zeit – als Begegnungsstätte der Kulturen eine mächtige Anziehungskraft auf Juden aus, die ihre intellektuellen und religiösen Erkenntnisse vermehren wollten (Samuel ibn Tibbon). Die Beherrschung der arabischen Sprache war von großer Bedeutung für diejenigen Juden, die in der königlichen Verwaltung Ämter bekleideten. Dies geschah trotz wiederholter Proteste aus Rom und vom IV. Lateranskonzil von 1215 (in einem später in die *Partidas*, das Gesetzeswerk Alfons X. des Weisen, aufgenommenen Kanon). Von Rom aus wurde den Juden die Ausübung öffentlicher Ämter, die ihnen Macht über Christen verleihen konnten, verboten. Doch zumindest bis 1280 hatten diese Verbote nur begrenzte Folgen in Kastilien. Belegt sind jüdische Botschafter wie Abraham Alfakar zu Beginn des 13. Jahrhunderts und jüdische königliche Schatzmeister wie Josef ibn Schuschan, die eine beispielhafte Karriere in der Verwaltung durchliefen; ähnliche Fälle gab es auch in anderen christlich-hispanischen Herrschaftsgebieten. Ohne Nachteile für die Autonomie und die kulturellen Besonderheiten unterhielten die Führungseliten von Toledo und Barcelona seit Beginn des 13. Jahrhunderts sehr enge und intensive Beziehungen durch Briefwechsel und sogar durch familiäre Allianzen. Aus künstlerischer Sicht ist, zumindest seit Beginn des 13. Jahrhunderts, die Existenz zweier Schulen von Kopisten und Illustratoren biblischer Kodizes in Toledo und Burgos erwähnenswert. In Burgos wurde 1260 die für die masoretischen Studien sehr wichtige Bibelhandschrift *Krone von Damaskus* von Kopisten und Illuminatoren fertig gestellt, die orientalisch-ornamentale Einflüsse aufweist. Kurze Zeit später aber finden sich in Kastilien in illuminierten hebräischen Handschriften sporadische Einflüsse französisch-italienischer Ornamentik, wie zum Beispiel in Katalonien bei der *Bibel von Cervera*, die nach 1300 in Toledo von einem Juden aus den Gebieten jenseits der Pyrenäen ausgemalt wurde.

Sarajevo-Haggada
1350, Aragon
Pergament, 23,5 x 17 cm
Fol. 62 recto
Zemaljski Muzej, Sarajevo

Die christlichen Quellen verzeichnen eine allmähliche Integration der Juden in die kastilische Gesellschaft, die, abgesehen von der spanischen Sonderstellung, eine parallele Entwicklung zu anderen westlichen Ländern nahm. Auf steuerlicher Ebene wurde zumindest seit dem 13. Jahrhundert die Zahlung eines jährlichen Kopfgeldes der Juden an die Krone von Kastilien eingeführt. Diese Zahlung begründete den politischen Status der Juden als königlichen Besitz (Regalía; Servi regis). Sie gehörten zum Reichsgut, was im Jahr 1189 zum ersten Mal die Stadtgesetzgebung von Cuenca belegt (»Nam iudei servi regis sunt et fisco deputati«). Andere Territorialgesetze des 12. Jahrhunderts nahmen die Geltung hebräischer Urkunden auf, den Schwur auf die jüdische Tora (in Cuenca) – obwohl dies eine Praxis früherer Zeiten war – und sogar die Anerkennung des jüdischen Gesetzes sowie den Schutz der Gläubigen durch die Möglichkeit der Intervention jüdischer Richter bei gemischten Verfahren (in Salamanca und Cuenca). Im 13. Jahrhundert wurde die rechtliche Situation der Juden in verschiedenen privaten Territorialgesetzbüchern (*Libro de los fueros de Castilla, Fuero Viejo y Leyes del Estilo*) systematisch festgeschrieben. Antijüdische Tendenzen, wie sie im gesamten Westen vorkamen, zeigen sich auch an einigen Details der Gesetzbücher von Kastilien, wie zum Beispiel im Falle einiger Vorschriften gegen den Nahrungsmittelhandel zwischen Christen und Juden: vom Verbot des Verkaufs an Christen von koscherem (kašer) oder für den jüdischen Verbrauch aus rituellen Gründen nicht geeignetem Fleisch (terefá; Ledesma, beziehungsweise Madrid) – mit Ausnahme von Sevilla (1337–1347), wo dieser Handel explizit gestattet war – bis hin zum völligen Ausschluss der Juden vom Lebensmittelhandel (Peñafiel, 1345).

In den Jahrzehnten zwischen 1250 und 1270 kam es unter dem Schutz von Alfons X. dem Weisen in den Territorien Kastiliens zu einer kulturellen und wirtschaftlichen Blüte des

Judentums, zu der verschiedene, gleichzeitig auftretende Phänomene beitrugen: 1.) die Eroberung und Annexion der wichtigsten andalusischen städtischen Zentren und die Teilhabe einiger Juden an den darauf folgenden großzügigen Güterverteilungen in den eroberten Gebieten (Sevilla, Puerto de Santa María, Jerez und Murcia); 2.) Phänomene geistiger und mystischer Leidenschaft in bestimmten, nur wenigen zugänglichen Kreisen (zu einem dieser Kreise, der durch den Financier Don Yuçaf von Ávila unterstützt wurde, gehörten Rabbi Mose ben Schem Tov de León und Rabbi David von Pancorbo), die aus den ehrwürdigen Quellen der jüdischen Tradition schöpften und der Nachwelt unter anderem ein kollektives Monument der Spiritualität, das Buch *Zóhar* (Lichtglanz), hinterließen; 3.) das kulturelle Mäzenatentum von König Alfons X., ein wichtiger Faktor für den Gewinn und die Vermittlung wissenschaftlicher Erkenntnisse sowie für die Anfertigung von Übersetzungsarbeiten (eine Weiterführung der Arbeit, die von den ersten Erzbischöfen von Toledo begonnen und gefördert wurde); 4.) eine wieder auflebende poetische Kreativität, die, von der Troubadourdichtung inspiriert, mit neuen Stilmitteln experimentierte, ohne dabei das jüdisch-andalusische Erbe aufzugeben (*Diwán* von Todros ben Jehuda Abulafia, 1247–1306). Juden, deren Beruf eine Kenntnis der arabischen Sprache verlangte, sowie Ärzte und Finanziers waren im Dienste von Alfons X. tätig und erfüllten »halböffentliche« Funktionen. So auch im Fall des alten Schatzmeisters Don Çuleman (Salomon ibn Zadok) aus Toledo (gestorben 1273), der vom Dichter Todros ben Jehuda Abulafia besungen wurde und dessen Nachfolge sein Sohn Sak de la Malecha antrat. Saks Hinrichtung auf Befehl des Königs im Jahre 1280 fiel mit dem Beginn einer langen Periode politischer Instabilität zusammen.

Wenig ist bekannt vom Leben eines großen Teils der jüdischen Bevölkerung, von den Juden, die in den Kerngebieten lebten, und von denen, die sich in den neu eroberten Gebieten ansiedelten. Jeder Versuch einer demografischen Erhebung kann nur zu einer Schätzung gereichen, da generell keine zuverlässigen Angaben zur Verfügung stehen. Aus der Zeit von Sancho IV. (1284–1295) sind Steuerzählungen über die Kopfgelder, die von den Juden an den König von Kastilien gezahlt wurden, erhalten. Obwohl sie nicht vollständig erhalten sind, führen sie die jüdischen Gemeinden und die Höhe der bezahlten Steuern auf, was zwar keinen Aufschluss über die Bevölkerungsverteilung gibt, aber dennoch über die zu besteuernde Wirtschaftskraft: In der Steuererhebung von 1289 werden 21 jüdische Gemeinden im Königreich León und zwölf weitere in der dazugehörigen Trassierra, den Territorien südlich des Zentralmassivs, registriert. In der Steuererhebung von Huete von 1290 wurden noch 84 im Königreich Kastilien und seiner Trassierra niedergelassene Gemeinden aufgeführt. Insgesamt sind es 117 Gemeinden verschiedener Größe, zu denen ab 1293 auch die neun von Andalusien sowie die vom Königreich Murcia und von Molina kamen, die in diesen Aufstellungen nicht erscheinen. Diese Zahlen geben uns eine ungefähre Vorstellung von der Anzahl der jüdischen Bewohner in den verschiedenen Reichsgebieten. Details sind nur über die Situation in einzelnen Orten bekannt, zum Beispiel in Jerez, wo in der Güterverteilung von 1266, nach der kastilischen Eroberung der Stadt, 90 Gebäude aufgeführt wurden, die der König an Juden übergeben hatte. Die Namen von 101 jüdischen Eigentümern wurden vollständig aufgeführt. Zu den vor den großen Vertreibungen institutionalisierten jüdischen Gemeinden (Aljamas), die an die königliche Staatskasse Kastiliens die höchsten Abgaben leisten mussten – es waren nicht unbedingt die mitgliederstärksten Gemeinden –, gehörten im Jahre 1290 Toledo (11,1 Prozent der Gesamtsumme), Burgos (4,5 Prozent), Carrión (3,8 Prozent), Cuenca (3,6 Prozent), Valladolid (3,6 Prozent) und Ávila (3,06 Prozent). Eine kartografische Darstellung dieser Steuerdaten würde zeigen, dass es zumindest in den beiden Hochebenen von Kastilien eine stärkere Präsenz von Juden gab.

Kastilischer Bauplatz
Maurische Haggada (Ausschnitt)
Um 1300, Kastilien
Pergament, 94 Blätter, 16,2 x 12,2 cm
Inv.-Nr. Ms. Or. 2737, fol. 62 verso
The British Library, London

Auch hinsichtlich der gesellschaftlichen und beruflichen Struktur der jüdischen Gemeinden verschweigen die erhaltenen Quellen Einzelheiten. In wichtigen städtischen Zentren wie Jerez, Sevilla, Murcia oder Toledo sind die Berufe Schneider, Fleischer, Seiler, Geldwechsler und Geldverleiher, Gold- und Silberschmied, Makler, Händler, Arzt und Schuster bezeugt. Es darf nicht vergessen werden, dass eine Person zuweilen auch mehrere Tätigkeiten ausübte, wie der Talmudist Rabbi Jonathan von Cuenca (frühes 13. Jahrhundert), der seinen Studien gegebenenfalls weniger Zeit einräumte, um sich Kreditgeschäften zu widmen, mit denen er seinen Lebensunterhalt bestritt. In späteren Zeiten kommen in kleineren Ortschaften häufiger handwerkliche Berufe in Verbindung mit der Textilproduktion und der Lederbearbeitung vor. Wenn Juden Weinberge oder sonstige bebaubare Böden besaßen, so bedeutete dies weder, dass sie diese selbst bewirtschaften, noch dass die Bodenbewirtschaftung ihre Hauptbeschäftigung war.

Hinsichtlich ihrer politischen Organisation wird in den Quellen zwischen Aljamas und Juderías unterschieden. Der erste Ausdruck bezeichnet eine jüdische Gemeinde, die von außen als juristische Einheit anerkannt war, auch wenn die Gemeinde nach jüdischer Sichtweise eigentlich keine juristische Person, sondern nur eine Gruppe von Individuen ist. Dies entspricht dem Gemeinderat christlicher Gebietskörperschaften. Der Ausdruck »Judería« ist vieldeutig und bezeichnet vor allem den Raum, in dem vornehmlich Juden leben – in Valladolid als Cal de los Judíos (Judenviertel) bezeichnet. Im 13. Jahrhundert ist in einigen Dörfern und Städten die Existenz von eigenen Vierteln belegt, manchmal durch örtliche Gesetze verordnet, doch gab es noch keine absolute Trennung.

In der Zeit Alfons' X. stand den institutionalisierten jüdischen Gemeinden (Aljamas) ein Exilarch (Rab) für das ganze Königreich vor, Vorgänger des seit dem 14. Jahrhundert bezeugten Rab de la Corte, wie zum Beispiel im Fall von Don Todros ben Josef Abulafia (um 1220–1298). Beide Ämter sind jedoch eigentlich der jüdischen Tradition fremd, die einer lokalen Autonomie den Vorrang gibt. Einige Aljamas wie die von Toledo oder Sevilla wurden durch Älteste und Vorsteher (Adelantados) geleitet, die Aufgaben der Verwaltung und Rechtsprechung wahrnahmen und die Steuerverteilung beaufsichtigten. Sie wurden aus den Mitgliedern einer kleinen Gruppe von Familien gewählt, welche die öffentliche Gemeindeversammlung bildeten, wenngleich ihre Ernennung dem König oblag. So wird 1255 bezeugt, dass die Vorsteher mit juristischer Funktion von Sahagún und die des nahen Carrión durch die Rabbinen (Rabes) von Burgos ernannt werden sollten, die sich das Recht auf Einspruch vorbehielten. Der örtliche Gerichtsvorsteher (Albedin), dessen Funktion bislang noch wenig erforscht ist, wurde durch die herrschaftliche oder königliche Autorität des jeweiligen Ortes gewählt. Sein niederes, jedoch wichtiges Amt beinhaltete Steuer- und

Kontrollaufgaben. Wäre dieses Amt in Kastilien mit den gleichen Vorrechten wie in Aragón und Navarra ausgestattet gewesen, dann hätte auch die Marktüberwachung zur Steuerkontrolle von Transport und Konsum bestimmter Waren zu diesen Aufgaben gehört. Die Einführung von indirekten Steuern auf Konsumgüter und Dienstleistungen (Almahona oder Sisa) – ein System, das mit der Zeit ausgeweitet wurde und immer klarere Zielsetzungen verfolgte –, diente dem finanziellen Unterhalt der Gemeinden, wenngleich es Ursache von internen Konflikten wurde.

Es gibt keine Indizien für eine substanzielle Veränderung der traditionellen gesellschaftlichen Strukturen innerhalb der von Familiengruppen beherrschten jüdischen Gesellschaften in Kastilien während des 13. Jahrhunderts, die um Gemeindeämter wetteiferten und ein bestimmtes Modell gesellschaftspolitischer Organisation tradierten. Es gab Möglichkeiten zu gesellschaftlichem Aufstieg mit dem Erwerb von Vermögen, dem Dienst an der Krone und der Erlangung von intellektueller und geistlicher Reputation. Letztere Möglichkeit stand besonders Juden aus den Gebieten jenseits der Pyrenäen offen, wie wir sehen werden. Einige Formen der Solidarität und Unterstützung in der Gemeinde waren zu dieser Zeit schon geregelt: Es gab zum Beispiel Hilfsbruderschaften und Herbergen für die Betreuung armer oder fahrender Juden. Das Armenhaus des Judenviertels von Jerez, eine Stadt an der Grenze des Nasriden-Reichs von Granada, bot fahrenden oder aus der Versklavung geretteten Juden Unterstützung und Obdach.

Die letzten Jahre der Regierung von Alfons X. (1252–1284) markieren den Beginn einer langen Krise der königlichen Macht als Konsequenz von aufeinander folgenden minderjährigen Thronfolgern, trotz der Bemühungen von Königin María de Molina, der Witwe Sanchos IV. (gestorben 1321), die den größten Teil dieser Epoche Herrscherin des Landes war. Dies bedeutete für die Juden eine fatale Instabilität, die bis 1325 parallel zum politischen Machtaufstieg der Städte fortdauerte. Es war eine Zeit, in der das Parlament zur Plattform judenfeindlicher Positionen in den Städten wurde. Insbesondere wurde den Juden Wucherei vorgeworfen. Dennoch gab es noch keine gewalttätigen Ausschreitungen von Seiten der Bevölkerung wie in anderen Königreichen der Halbinsel. Es gibt Akten über Verhandlungen auf lokaler Ebene zwischen den christlichen Gemeinderäten und den institutionalisierten jüdischen Gemeinden, die wirtschaftliche Streitigkeiten hinsichtlich der jüdischen Kreditvergabe auf den lokalen Märkten beilegen sollten. Die Einstellung von Juden in steuerliche und diplomatische Staatsämter wurde nicht unterbrochen, wie im Falle von Don Abraham Barchilon, Schatzmeister unter Sancho IV., oder von Don Samuel, Schatzmeister und Botschafter unter Ferdinand IV. Außerdem waren bedeutende jüdische Finanzleute tätig, unter anderem Jehuda Abravanel aus Sevilla, Abraham ibn Xuxen (Schuschan), der Alte aus Toledo, Don Mose ibn Turiel aus Murcia oder Don Samuel aus Belorado.

Im religiösen Leben sind rabbinische Persönlichkeiten in Toledo erwähnenswert, die eine energische Reform der Religion und der Sitten anstoßen wollten. Den Bemühungen des Katalanen Rabbi Jona Gerondi (gestorben 1263) folgten die von Rabbi Todros ben Josef Abulafia, der in seiner bekannten Rede von 1281 eine strenge Reform der Institutionen und der Sitten forderte, die sich auf die Etablierung von getrennten gesellschaftlichen

Kreisen stützte. Andere Autoren teilten scheinbar auf den ersten Blick seine Haltung, obwohl ihre Ergebnisse und ihre Effizienz nur von vorübergehender Natur waren. Eine größere langfristige Wirkung, wenn auch nur innerhalb kleinerer Gruppen, zeitigte die in mystisch-kabbalistischen Kreisen entfaltete spirituelle Tätigkeit, an der Juden aus anderen Gegenden Europas und aus dem Heiligen Land beteiligt waren. In dieser Atmosphäre regen geistigen Lebens, auch als Folge einer bereichernden Verschmelzung von Kulturen, ist für das Jahr 1295 das Auftreten eines Pseudo-Messias wie im Fall des Abraham von Sevilla belegt, das von den rabbinischen Autoritäten allerdings als unglaubwürdig angesehen wurde.

Von ganz wesentlicher Bedeutung scheint die Ankunft von Juden gewesen zu sein, die vor Verfolgung und Vertreibung aus ihren Heimatländern flohen und die trotz ihres Flüchtlingsstatus und offensichtlicher kultureller und sprachlicher Unterschiede aufgrund ihres halachischen Wissens Anerkennung fanden. Dies war zum Beispiel bei Rabbi Ascher ben Jechiel (gestorben 1327) der Fall, einem Schüler von Rabbi Meir von Rothenburg, der nach den so genannten Rindfleischverfolgungen von 1298 aus Worms emigrierte. Mit Unterstützung der höchsten rabbinischen Autorität seiner Zeit in den hispanischen Königreichen ließ sich 1305 auch der ehrwürdige Rabbi Salomo ben Adret aus Barcelona in Toledo nieder, wo er bis zu seinem Tod wirkte. Er wurde dort gut aufgenommen, auch wenn einige Kreise der lokalen Gemeinde gelegentlich seine sprachlichen Unzulänglichkeiten und seine Unkenntnis der lokalen Gebräuche (Minhag) hervorhoben. Respektvoll äußerte er seine Verwunderung angesichts der gelegentlich auftretenden Unterschiede zum jüdischen Leben seiner Heimat. Zu diesen Differenzen gehörten die unterschiedlichen Interpretationen der in den lokalen Verordnungen (Taqqanot) eingeführten Neuerungen bezüglich der Erbgesetze, die die traditionellen rabbinischen Regelungen veränderten und den Witwen umfangreichere wirtschaftliche Rechte einräumten. Und obwohl die wirtschaftlichen Interessen der Frau in der Ehe gewahrt wurden, vertrat die jüdische Gemeinde eine sehr restriktive Haltung gegenüber außerehelichen Praktiken der Frau, die streng bestraft wurden. Der Einfluss der talmudischen Methodologie von Rabbi Ascher, seiner Arbeit an der halachischen Kodifizierung (*Pisqé ha-Rosch* und später die *Arba Turim*, ein Werk von Jakob ben Ascher) und seiner moralischen Lehren ist auch bei den nachfolgenden Generationen noch zu spüren.

»Wenn die Rose verblüht und hinüberscheidet, von ihr der Duft des Rosenwassers bleibt, das ihren Wert vermehrt«: Wege zu einer jüdisch-kastilischen Kultursymbiose (1325–1369)

Mit der Metapher der verblühten Rose und des Rosenwasserduftes aus den *Proverbios Morales* (um 1350), die Don Santó de Carrión König Peter I. (1350–1369) widmete, drückte der jüdische Dichter seine Erwartungen und Wünsche aus, die neue Regierung möge für die Juden die Fortsetzung der Prosperität bedeuten, die Peters Vater Alfons XI. (1312–1350) gebracht hatte. Doch die Zuversicht und die anfängliche Kontinuität zur vorherigen Regierung wurden von Schwierigkeiten abgelöst, die die letzten Jahrzehnte des 14. Jahrhunderts prägten. Parallel dazu verliefen verschiedene gesellschaftliche und kulturelle Transformationsprozesse, und eine kulturelle jüdisch-kastilische Symbiose bildete sich heraus. In bestimmten jüdischen Gemeinden in Kastilien hielt sich, neben der religiösen Auseinandersetzung mit dem Islam und neben politischen und sozialen Zusammenstößen zwischen Juden und Mauren, ein kulturelles, gelegentlich auch arabisierendes Sprachmuster, das nach und nach schwächer wurde. Die antiislamische Polemik fand ihren Niederschlag in rabbinischen und literarischen Schriften – wie die kastilische Adaptation der arabischen Quelle des *Libro de la Escala de Mahoma* durch einen Juden in der Mitte des 13. Jahrhunderts – sowie in sozialen Konflikten, die das Verhältnis zwischen den beiden Minderheiten unter christlicher Herrschaft in dieser entscheidenden Phase der Reconquista gefährdeten. Die individuellen Kontakte zwischen den jüdischen und arabischen Autoren, bisweilen dieselben, die besagte Polemik schürten, rissen dabei jedoch nicht ab. Solche Kontakte bestanden nicht nur im engen Rahmen eines intellektuellen Zirkels, wie das Musterbeispiel der Mitglieder der jüdischen Familie Ibn Wakar bezeugt, deren medizinische, philosophische, politische und historiografische Tätigkeiten sich unter dem Schutz der kastilischen Monarchie entfalteten, wie es der Infant und Schriftsteller Don Juan Manuel hervorhebt. Sie sind auch im Kontext der politischen und kulturellen Kontakte zwischen Kastilien und dem nasridischen Granada zu sehen, die in der bürgerlichen und religiösen Architektur christlicher, jüdischer oder islamischer Prägung aus dem zweiten Drittel des 14. Jahrhunderts einen lebendigen Ausdruck fanden.

Ein Offiziant auf der Bima präsentiert die geschmückte Tora-Rolle
Barcelona-Haggada (Ausschnitt)
Nach 1350, Spanien
Pergament, 161 Blätter, 25,3 x 18,3 cm
Inv.-Nr. 296 Add. 14 769, fol. 65 verso
The British Library, London

Die königliche Macht wuchs nach 1325 unter Alfons XI. Gleichzeitig entwickelten sich die jüdischen Gemeinden in Gebieten des Landes, in denen sich wichtige wirtschaftliche und politische Entscheidungszentren befanden, zum Beispiel in den Gegenden um Sevilla und Valladolid. Die demografische und geografische Bedeutung der jüdischen Gemeinden und ihre enge Beziehung zur Krone im letztgenannten Gebiet erklären die Präsenz der renommierten hebräischen Dichter Samuel ibn Sasson in Frómista und Schem Tov ben Isaak (ibn) Ardutiel, dem Autor der kastilischen *Proverbios morales,* in Carrión. Die Existenz anderer bedeutender institutionalisierter jüdischer Gemeinden, wie die von Valladolid, Ávila, Segovia und Guadalajara, ist seit der ersten Dekade des 14. Jahrhunderts mit weiteren Einzelheiten belegt. Die Gemeinde von Sevilla, das größte städtische Zentrum der Krone, war im letzten Jahrzehnt des 14. Jahrhunderts nach einer neueren Schätzung mit etwa 450–470 Familien am dichtesten bevölkert. Es lebten dort politisch einflussreiche Kaufleute und Schriftsteller wie Rabbi David Abudarham, der 1340 einen wichtigen Kommentar zur Liturgie *(Sefer Abudarham)* schrieb.

Ein anderer Sevillaner, Yuçaf ben Schabbat von Écija, königlicher Schatzmeister zwischen 1324 und 1331, ist ein Beispiel für einen Kaufmann, der zum Hofjuden wurde. Er setzte sich politisch für seine Glaubensbrüder ein und stiftete im Jahre 1332 einen Synagogen- und Studienhauskomplex in Écija, der bis 1391 fortbestand. Unter seinem Patronat, ähnlich wie unter dem anderer angesehener Männer, entstanden sowohl Synagogenbauten, etwa durch Isaak Mocheb 1315 in Córdoba oder Samuel ha-Leví Abulafia im Jahre 1357 in Toledo, als auch Zivilbauten wie für Don Sak ben Maleke und Doña Bellida im Jahre 1381 am Reinosa-Tor in Aguilar de Campóo, von denen Gedenkinschriften überliefert sind.

Siegel
14. Jahrhundert, Sevilla
Bronze, 3,2 x 1,5 cm
Inv.-Nr. ROD 3063
Museo Arqueológico, Sevilla

Das Siegel zeigt einen Baum mit sieben Ästen, an denen Früchte hängen. Am Rand verweist eine zweisprachige Inschrift auf Hebräisch und Latein auf den Besitzer: »Senior, Sohn des Rabbi Don Samuel«.

Siegel des Abraham bar Sa' adia
14. Jahrhundert
Bronze, 3,2 x 2,7 cm
Inv.-Nr. ROD 2981
Museo Arqueológico, Sevilla

In der Mitte des Siegels ist in eine Lilie dargestellt. In jedem der vier Halbkreise, die sich um die Lilie anschließen, sind drei hebräische Buchstaben gefasst, die den Namen »Abraham bar Sa' adia« ergeben.

Hervorzuheben sind stilistische Parallelen zwischen den Überresten der Synagogen von Cuenca und Molina de Aragón und der Synagoge von Córdoba, denen ein Baustil islamischer Prägung gemeinsam ist. Die in Toledo von Samuel ha-Leví Abulafia, dem Schatzmeister von Peter I., errichtete Synagoge (heute: Nuestra Señora del Tránsito) symbolisiert den Höhepunkt eines aristokratischen Kultur- und Gesellschaftsmodells. Hier wurden nasridische Verzierungen mit den königlichen Symbolen Kastiliens in einem Mudéjar-Bauwerk verwoben. Es kam der Hofstil der Paläste von Astudillo, Tordesillas und Sevilla, die von nasridischen Handwerkern ausgeführt worden waren, zur Anwendung, mit der sich die kastilische Monarchie in ihrer königlichen Würde und Größe und mit ihren Vorstellungen von Reichtum, Macht und künstlerischer Verfeinerung im granadinischen Stil präsentierte. Hinzu kommt ein komplexes epigrafisches Programm, das dem Bauwerk eine liturgische und politische Symbolik verleiht und in dem die Lobpreisung des Stifters einen zentralen Platz einnimmt:

»Seit der Verbannung Ariels gab es keinen anderen [als Samuel ha-Levi] in Israel [...]. Er tritt vor die Könige, bleibt standhaft im Kampf und bei der Suche nach dem Wohl seines Volkes. Führer der Gefangenschaft Ariels, auserwählt von den Fürsten [...]. Zu ihm kommen die Leute aus allen Ecken und Enden des Landes [...]. Er hat die Gnade und Barmherzigkeit vor den Augen des erhabenen Adlers mit den riesigen Flügeln gefunden, Kriegsfürst und Anführer, dessen Schreckensherrschaft alle Völker überzogen hat [...] der große Monarch, unser Herr und Gebieter, der König Don Pedro [...]. Der König hat ihn verherrlicht und gepriesen und hat seinen Thron über alle Fürsten erhoben, die mit ihm sind, und hat in seine Hände gelegt, so viel er hat [...]. Seit dem Tag unserer Gefangenschaft hat niemand in Israel seine Erhabenheit erreicht.« (Historische Inschrift, Synagoge des Samuel ha-Levi)

Die Architektur, die Verzierungen und die Inschriften übermitteln eine politische Botschaft: Samuel empfindet sich als Teil der jüdischen Gemeinde, die sich mithilfe einer islamischen Stiltradition ausdrückt; ein Stil, der sich durch den Gebrauch der prachtvollen Symbolik des kastilischen Königshauses auszeichnet und auf diese Weise den Schutzherr mit dem König gleichsetzt. Darüber hinaus verleiht ihm das Gebäude eine privilegierte Stellung innerhalb seiner Gemeinde. Doch die Hinrichtung Samuels im Jahre 1360 auf Befehl des Königs und die Ermordung des Königs im Jahre 1369, der der Tyrannei bezichtigt wurde, markieren den Anfang vom Ende einer Welt, die von schwerwiegenden Veränderungen geprägt war.

Jahre zuvor, 1336, fand in Kastilien der erste uns überlieferte öffentliche theologische Disput zwischen Christen und Juden statt, angeführt von Alfons von Valladolid, der vor seiner Konversion (um 1321) unter dem Namen Abner von Burgos bekannt war. Alfons, ein Gelehrter seines alten jüdischen Glaubens, hatte mehrere Werke in hebräischer Sprache geschrieben. Das wichtigste darunter, *Mostrador de Justicia,* ist in kastilischer Übersetzung erhalten, ein Werk, mit dem er der religiösen Auseinandersetzung wichtige neue Impulse verleiht.

Aus diesen Jahren sind Ausschreitungen gegen Juden in Arjona (1350), Sevilla (1354), Toledo und Cuenca (1355) bekannt. Mit Ausnahme der Unruhen von Toledo als Folge des sich anbahnenden Bürgerkriegs, dessen Grausamkeit der provenzalische Flüchtling Rabbi

Mose Narboni, ein Intellektueller, detailliert beschrieb und dabei die Beteiligung von Muslimen bei dem Überfall hervorhob, kennen wir weder die Ursachen für diese Ausschreitungen noch den Bezug zu den ersten Wellen der Schwarzen Pest. Diese hatte 1349 in Kastilien die gleichen katastrophalen Auswirkungen auf die jüdische wie auf die übrige Bevölkerung. Den erhaltenen Grabinschriften zufolge muss sie in Toledo schlimm gewütet haben: Unter den dortigen Grabinschriften sind 25 Mitglieder bedeutender Familien der jüdischen Gemeinde zu finden, die alle – außer einem – zwischen Mai und August dieses Jahres durch Ansteckung starben. Im gleichen Jahr starb der Rabbiner der nahe gelegenen und bedeutenden jüdischen Gemeinde von Alcalá de Henares, Josef ibn Alaisch. Sein Nachfolger wurde Rabbi Menachem ben Serach (gestorben 1385), Sohn französischer Juden, die 1306 nach Navarra gekommen waren und denen dank ihrer halachischen Vorbildung ein beispielhafter sozialer Aufstieg gelang, wie es auch bei anderen Flüchtlingen der Fall war. Als Schüler von Rabbi Jehuda ben Ascher aus Toledo hebt Menachem ben Serach in seinem autobiografischen Bericht die schrecklichen Folgen des Bürgerkriegs von 1366 bis 1369 hervor, Folgen von verheerendem, in Kastilien nie zuvor gekanntem Ausmaß. Seine Einschätzung der Auswirkungen dieses Krieges, eine Ausweitung des Hundertjährigen Krieges auf die Iberische Halbinsel, teilten Mose ha-Kohen aus Tordesillas und Samuel (ibn) Sarsa aus Palencia. Letzterer berichtete 1368 von der Vernichtung jüdischer Gemeinden im Norden des Landes (Briviesca, Paredes, Palencia) durch französische Truppen unter Heinrich von Trastámara. Diese Situation sozialer Instabilität führte, geschürt durch die wirtschaftliche Notlage, zu weiteren Übergriffen auf jüdische Viertel (in Segovia und Ávila), die durch die antijüdische Propaganda noch gefährdeter waren (in Valladolid). Bedeutende jüdische Gemeinden wie die von Burgos oder Toledo wurden mit schweren Strafen belegt, andere (Villadiego, Aguilar) wurden schließlich von englischen Truppen und von mit Peter I. verbündeten Truppen aus Granada (Jaén) angegriffen. Die Folgen eines zwei Jahre andauernden Krieges hätten für die Juden nicht verheerender sein können.

Vom jüdischen Problem zum jüdischen Problem: und dennoch eine Ära der Erneuerung (1370–1492)

Der Aufstieg der neuen Dynastie Trastámara wurde als Kehrtwende in den Beziehungen der Monarchen von Kastilien zu den Juden angesehen, und in der Tat ist die erste Zeit von 1378 bis 1417, die mit dem Kirchenschisma zusammenfällt, für die kastilischen Juden die konfliktreichste Zeit in ihrer gesamten Geschichte. Auch wenn die Thronbesteigung von Heinrich II. mit dem Exil von Höflingen des Königs Peter I. einherging, unter ihnen Samuel ibn Sasson, genossen einige Flüchtlinge aus Portugal um 1384 den Schutz des Königs Johann I., wie zum Beispiel David Negro, der vorübergehend das Amt des obersten Rabbiners ganz Kastiliens innehatte. Gewiss gab es nun antijüdische Stereotype, wie die des offiziellen Chronisten López de Ayala, doch finden sich weiterhin am Hofe Kaufleute wie Yuçaf Picho aus Sevilla, der große Schatzmeister von Heinrich II. (beide gestorben 1379), Samuel Abravanel oder auch Ärzte wie Josef ibn Wakar und Don Meir Alguadix, der 1386 zum Rab de la Corte ernannt wurde. Der epigonale Charakter, der mit dieser letzten Periode in Verbindung gebracht wird, verschleiert jedoch eine historische Realität, die, wenn auch anfänglich von Schwierigkeiten gekennzeichnet, eine Phase zahlreicher religiöser und intellektueller Neuerungen einleitete, die sich nach 1492 in der sephardischen Diaspora manifestierten.

Schüler vor einem Lehrer, der als Zeichen seiner Autorität eine Rute schwingt
Sarajevo-Haggada (Ausschnitt)
1350, Aragon, Spanien
Pergament, 23,5 x 17 cm
fol. 25 recto
Zemaljski Muzej, Sarajevo

Rechtlich fand eine territoriale Hierarchisierung der Juderías nach Gebieten (Kastilien, Andalusien, León, Extremadura usw.) statt, in denen immer ein Rabbiner des Sprengels agierte, der vielleicht mit dem im *Espéculo* und in den *Partidas,* den Gesetzbüchern Alfons X., des Weisen, erwähnten Ältesten vergleichbar war und dessen Aufgabe darin bestand, bei besonderen Angelegenheiten die Berufungsanträge vor den örtlichen Gerichten anzuhören. Die gesetzlichen Reformen in Kastilien um 1380 bis 1386 führten nicht dazu, dass die jüdischen Gemeinden ihre eigene Strafrechtsprechung aufgeben mussten, wie sie für das jüdische Gerichtssystem in Kastilien (das in den *Leyes del Estilo* garantiert war) typisch war; ausgenommen war nur die Verhängung der Todesstrafe durch ein jüdisches Gericht, die zwischen 1411 und 1418 zeitweilig und 1476 endgültig ausgesetzt wurde. Die Rechtsprechung wurde von den jüdischen Autoritäten genutzt, um die moralische und religiöse Disziplin der Gemeinschaft aufrechtzuerhalten und ihre politische Integrität zu bewahren. Die gesellschaftliche Disziplin wurde durch die Anwendung außergerichtlicher Sanktionen – Bann (Herem) oder Bannfluch – durchgesetzt.

Über die entscheidenden Jahre der Unruhen und Massaker von 1391 gibt es noch keine gesicherten Erkenntnisse. In Ávila gab es um 1373/74 einen öffentlichen Disput, in dem der Rabbiner Mose ha-Kohen aus Tordesillas zwei zum Christentum konvertierten Juden gegenüberstand. Überall herrschte ein militanter christlicher Geist, der 1378 in Sevilla nicht nur offen in den judenfeindlichen, von späteren Monarchen als agitatorisch verurteilten Predigten des Ferrán Martínez, dem Erzdiakon von Écija und Autor eines verschollenen antijüdischen Traktats, zutage trat, sondern sich auch in der Haltung weniger prominenter Figuren zeigte. Eine davon war Leonor Fernández aus Córdoba, deren tiefer religiöser Eifer – wie sie selbst in ihren Memoiren schrieb – sie dazu brachte, im Jahre 1391 ein jüdisches Waisenkind zu adoptieren und zu taufen. Knapp ein Jahr zuvor waren einzelne Juden konvertiert, die am Hof sehr einflussreich waren, wie zum Beispiel Rabbi Salomo ha-Leví aus Burgos, der von Johann I. als Mitglied einer kastilischen Gesandtschaft nach London entsandt wurde (der spätere Pablo de Santa María, Bischof von Burgos) oder der Kaufmann Samuel Abravanel aus Sevilla (der spätere Juan Sanchez von Sevilla), früherer Schutzherr von Rabbi Menachem ben Serach. Die einschneidendsten sozialen Umwälzungen dieser Zeit ereigneten sich zwischen 1391 und 1417 anlässlich der gewalttätigen Ausschreitungen, der Predigtkampagnen und der mit legalen Mitteln durchgeführten Segregation, die darauf abzielten, Judenbekehrungen zu fördern. Zum Machtvakuum im politischen und kirchlichen Bereich während der Minderjährigkeit von Heinrich III. (gestorben 1406) kamen weitere Faktoren wie soziale Aufstände, Aufwieglerei und religiöse Exzesse. Dies führte im Juni und Juli des Jahres 1391 zu gewalttätigen Übergriffen gegen die wichtigsten jüdischen Viertel des Reiches. Die Unruhen überschwemmten das Land wie eine Welle, die von Sevilla ausging und sich dann auf das Königreich Aragon ausbreitete. Viele Juden waren gezwungen, zum christlichen Glauben zu konvertieren, vor allem in den südlichen Territorien (in Córdoba, Jaén, Úbeda, Baeza, Carmona, Cuenca, Ciudad Real, Sevilla, Madrid und so weiter). Die Zahl derer, die getötet wurden, weil sie sich weigerten zu konvertieren, war geringer als die der Konvertiten. Die Zahl der Getöteten dürfte in Sevilla zusammen mit den Geflohenen ein Sechstel der jüdischen Bevölkerung betragen haben. Die große Anzahl der Akten über »Heiligung des Namens [Gottes]« (Santification del Nombre, gemeint ist Selbsttötung aus religiösen Gründen) vor allem bei Frauen zur Verhinderung einer Bekehrung zum Christentum wie in Toledo ist ein Anzeichen für die große religiöse Hingabe der Juden. Diese apokalyptische Stimmung herrschte auch 1392 bei den Rumores proféticos in Cisneros, Nachrichten über die Geburt eines Messias in dieser Stadt nahe Palencia, und bei den Versuchen, der Christianisierung Widerstand zu leisten. Die Erinnerung an die Getöteten blieb in den liturgischen Elegien (Qinot) erhalten. Bis 1395 gab es vorübergehend keine rechtlichen Garantien und keinen wirksamen königlichen Schutz mehr. Danach begannen die Juden mit dem Wiederaufbau zerstörter Gemeinden. Einige von ihnen verschwanden für immer, und ihr Grundbesitz fiel den neuen Besitzern zu.

Die zweieinhalb Jahrzehnte währende schwierige Situation der kastilischen Juden nach den Unruhen von 1391 führte nach anfänglicher Erstarrung zur Veränderung ihrer gesellschaftlichen und politischen Strukturen (Aufstieg neuer Familien), ihrer geografischen Verteilung und der kulturellen und religiösen Normen. Allmählich entstand eine neue Landkarte der jüdischen Ansiedlungen in Kastilien, die sich, mit Ausnahme einiger freier und nur der Krone unterstellten Städte, immer weniger in den großen städtischen Zentren befanden. Die Entstehung zahlreicher Gemeinden in kleineren Ortschaften wurden durch wiederholt auftretende Situationen politischer Schwäche unter dem minderjährigen König Johann II. (1406–1418) begünstigt.

In den Jahren 1411/12 fand die Kampagne des Wanderpredigers Vicente Ferrer statt, die zu einer zweiten Welle der Konversion von Juden führte. Der politische Einfluss dieses Dominikaners auf die Regenten des Reiches und die städtischen Behörden ebnete den Weg für die Verfügung von Valladolid, eine von 1412 bis 1418 geltende streng segregierende Gesetzgebung, die eine Trennlinie zwischen Juden und Konvertiten zum Nachteil der Erstgenannten zog. Diese Verfügung wurde jedoch im Lande unterschiedlich gehandhabt. Die Flucht der Juden in landständische Territorien und nach Portugal geht erstmalig deutlich aus einem 1429 an Johann II. gerichteten Steuerbericht hervor, obgleich das Phänomen schon älter ist.

Die Erkenntnisse über die jüdische Bevölkerung von Kastilien beruhen auf bruchstückhaften Zeugnissen. Geht man davon aus, dass die jüdische Bevölkerung trotz gewisser Besonderheiten denselben Schwankungen unterworfen war wie die Gesamtbevölkerung, so würde dies bedeuten, dass die Ansiedlung der jüdischen Gemeinden bis 1492 von einer bedeutenden demografischen Erholung begleitet war. Nach einem halben Jahrhundert wirtschaftlicher und demografischer Expansion erreichte die Gesamtbevölkerungszahl im Reichsgebiet in den 1480er Jahren 4.300.000 Einwohner, die Zahl der Juden betrug nach vorsichtigen Schätzungen über 100.000 Einwohner (etwa drei Prozent der Bevölkerung). Nach der Steuerberechnung wurden in der letzten Hälfte des 15. Jahrhunderts insgesamt 239 jüdische Gemeinden gezählt; hinzu kommt eine ähnlich große Zahl von Orten, in denen Juden lebten, die von den jüdischen Gemeinden abhängig waren – eine bedeutende Zahl

im Vergleich zu anderen Königreichen der Iberischen Halbinsel. Nimmt man die Größe der Steuerbeiträge als Grundlage für den Reichtum einer Gemeinde, so waren am Ende des 15. Jahrhunderts die Gemeinden von Ávila, Almazán, Soria, Segovia, Guadalajara, Trujillo, Toledo, Ocaña und Murcia die bedeutendsten im Gebiet der Krone von Kastilien.
Die demografische Verteilung zeigt eine Konzentration entlang von drei geografischen Achsen: Eine erste zentrale Achse von dicht bevölkerten Gemeinden von Nordosten nach Südwesten (von Soria und Almazán bis Plasencia und Trujillo) in herrschaftlichen Ortschaften und königlichen Städten an beiden Hängen des Zentralmassivs. Die zweite Achse verläuft nord-südlich, parallel zur portugiesischen Grenze (von Ponferrada bis Jerez de los Caballeros) und die dritte Achse parallel zum Duero (von Almazán bis Zamora). Zusammenfassend könnte man sagen, dass neue jüdische Gemeinden vor allem in den Bergen, den Grenzgebieten und kleinen Zentren von Fürstentümern entstanden. Die zwei Städte mit der stärksten Handelsdynamik unter der Herrschaft der Krone, Burgos und Sevilla, verzeichneten einen drastischen Rückgang der jüdischen Bevölkerung. Die jüdischen Ansiedlungen der bedeutenden Städte (Cuenca, Ciudad Real, Jaén) verschwanden. Ausgenommen waren Städte, die unmittelbar mit dem Monarchen in Beziehung standen – wie Segovia, Ávila oder Valladolid, Medina del Campo – Zentren der kastilischen Politik oder der politischen und gesellschaftlichen Macht der Aljamas. Andere große Gemeinden waren auch bedeutende geistige Zentren (Toledo, Zamora, Guadalajara, Almazán, León). Für die jüdischen Gemeinden kleinerer Orte (Herrera de Pisuerga, Frómista, Aguilar de Campos, Torrelobatón, Villalón, Coruña del Conde, Peñafiel, Madrigal, Bonilla de la Sierra, Barco de Ávila, Mayorga de Campos, Laguna de Negrillos, Almazán, Ocaña, Maqueda, Buitrago, Jerez de los Caballeros, Segura de la Orden) und mittlerer Orte (Béjar, Trujillo, Medellín, Cáceres, Plasencia, Benavente) war der herrschaftliche Schutz von entscheidender Bedeutung.
Es gibt jedoch keine umfassenden Zahlen, obwohl einige lokale Quellen bekannt sind, die gesichertes Zahlenmaterial liefern. Im Landesinneren war eine der größten und bekanntesten jüdischen Gemeinden die von Ávila. Dort waren im Jahr 1483 von den mehr als 1.000 Juden 264 steuerpflichtig, das entspricht 17 Prozent der gesamten steuerpflichtigen Bevölkerung.
In den 1470er Jahren hatte Cáceres 130 (1479), Talavera 168 (1477–1487) und Ciudad Rodrigo 76 steuerpflichtige jüdische Familien (neun Prozent der Gesamtbevölkerung im Jahre 1476); 1492 verzeichnete Hita 120 jüdische Immobilieneigentümer, Buitrago um die 100 und San Martín de Valdeiglesias ebenfalls um die 100 (20 Prozent der Immobilienbesitzer der Stadt waren Juden). In anderen Gegenden des Landes gab es jüdische Gemeinden wie die von Murcia mit 141 steuerpflichtigen Juden (7,7 Prozent der Gesamtbevölkerung) im Jahre 1482, von denen 42 eine hohe wirtschaftliche Position innehatten, 36 zum Mittelstand und 63 zur Unterschicht gehörten. Sechs Jahre später stieg die Zahl der Steuerpflichtigen jedoch schon auf 164. Ende des 15. Jahrhunderts gab es in Haro 48 und in Alfaro 70 jüdische Familien.
Bezüglich der Struktur der Gesellschaft berichten einige zeitgenössische Autoren übereinstimmend, dass nach der Zeit der Konversionen und Ansiedlungen eine schnell einsetzende gesellschaftliche Neustrukturierung stattfand, deren Ergebnis die Machtab-

lösung einiger Familien bedeutete, ein Phänomen, das noch genauer zu untersuchen ist hinsichtlich seiner Folgen für die gesellschaftliche, ökonomische, politische und religiöse Ordnung. Anscheinend ging die Mehrheit der Juden sehr vielfältigen handwerklichen Tätigkeiten nach. Von der gesellschaftspolitischen Struktur der Juden in den 1480er Jahren hat man ein wesentlich komplexeres Bild, da auch die Zeugnisse in dieser Zeit immer zahlreicher wurden. Einige städtische Gemeinden scheinen in rivalisierende Gruppen gespalten gewesen zu sein – Guadalajara, Soria, Ciudad Rodrigo, Segovia, Ávila und Murcia. Dadurch traten soziale Spannungen auf, die durch steuerliche Ungerechtigkeit motiviert und von Forderungen nach einer größeren Beteiligung an der politischen Macht begleitet waren.

Symptomatisch für diese politische Ablösung ist die Ernennung des Kaufmanns Don Abraham Bienveniste als Rab de la Corte im Jahre 1421 (gestorben Ende der 1440er Jahre), der sich mit anderen für die Widerrufung der bereits erwähnten *Provisión* von Valladolid im Jahre 1418 einsetzte. Er stammte aus Aragon und war eine ebenso strenge wie pietistische Persönlichkeit, wie auch seine Nachfahren – im Unterschied zu zeitgenössischen Höflingen wie Don Josef ha-Nasi aus Medina de Pomar (gestorben 1430), dessen vorgetäuschte Promiskuität zu einem Skandal führte, will man den Akten eines Prozesses glauben, der nach seinem Tod geführt wurde. Don Abraham Bienveniste scheint auch Kontakt mit rabbinischen Figuren seiner Zeit gehabt zu haben, die er in gewissem Maße protegierte. Seine Nähe zur königlichen Macht garantierte ihm eine politische Führungsrolle über die Juden. Im Jahre 1432 berief er eine Versammlung der jüdischen Gemeinden in Valladolid ein, in der Verordnungen zu verschiedenen Aspekten des gesellschaftlichen und gemeindlichen Lebens für das ganze Reich verabschiedet wurden – Erziehung, Richter und Amtsinhaber der jüdischen Gemeinden, Anzeigen von Denunzianten, Besteuerung und Kontrolle der Ausgaben für Luxus –, ein Modell einer zentralistischer Reformpolitik, die darauf abzielte, eine solide Basis für das jüdische Leben in Kastilien zu garantieren. Diese Versammlung und der Inhalt der Verordnungen zeigten Konzeptionen des gesellschaftlichen und politischen Lebens, die viele Berührungspunkte mit der kastilischen Gesellschaft hatten. Der Rab de la Corte wurde durch den Monarchen ernannt und übte steuerliche und gerichtliche Funktionen aus. Er richtete sich also nicht nach spezifisch jüdischen politischen Grundsätzen. Seine Einkünfte und seine Beziehungen mussten ihm eine gewisse allgemeine Akzeptanz sichern, die keineswegs selbstverständlich war, da die Gemeinden ihre lokale Autonomie eifersüchtig hüteten.

In den zwei Jahrzehnten nach dem Tod von Don Abraham Bienveniste um 1440 kam es zu einer Konsolidierung einer Gruppe von Kaufmannsfamilien aus Segovia und Ávila, die im königlichen Finanzwesen tätig waren und seit 1475 über die Gemeinde von Segovia herrschten. Diese Gruppe, deren Aufstieg durch das Auftreten eines »neuen Menschen«, Abraham Seneor, geprägt war, löste die jüdischen Ärzte in ihrer Funktion ab, die nie politische Anerkennung durch die jüdischen Gemeinden genossen hatten. Ihre Stellung hing ausschließlich vom Willen des Königs ab, von seiner Gunst im Austausch gegen Dienste, und nicht notwendigerweise von eigenen Verdiensten. Abraham Seneor versuchte, die Zentralisierungsbemühungen wieder zu beleben und Versammlungen der jüdischen Gemeinden einzuberufen (1477 in Valladolid und 1484 in Maqueda). Die traditionellen Beziehungen der Juden zum Monarchen scheinen in dieser Zeit einen letztendlich abgebrochenen Prozess durchgemacht zu haben, der als proto-nationale Bewusstseinsbildung bezeichnet werden könnte, ähnlich dem, den die Kirchen im Westen erlebten. Bereits bekannte liturgische Veranstaltungen (Gebete zum Wohle des Königs, Beteiligung an den Zeremonien bei Besuchen des Königs), apologetische Reden (Rechtfertigung der langjährigen jüdischen Niederlassung im Lande), Versuche zur Schaffung gemeindeübergreifender Strukturen (Versammlungen), die Notwendigkeit eines politischen Konsens' zur Lösung bestimmter, aktueller Probleme (etwa die Befreiung gefangener Juden in Málaga 1487) und die Etablierung eines Vertreters (Procurador) der jüdischen Gemeinden vor dem Monarchen beförderten die emotionale Identifizierung mit dem Staat.

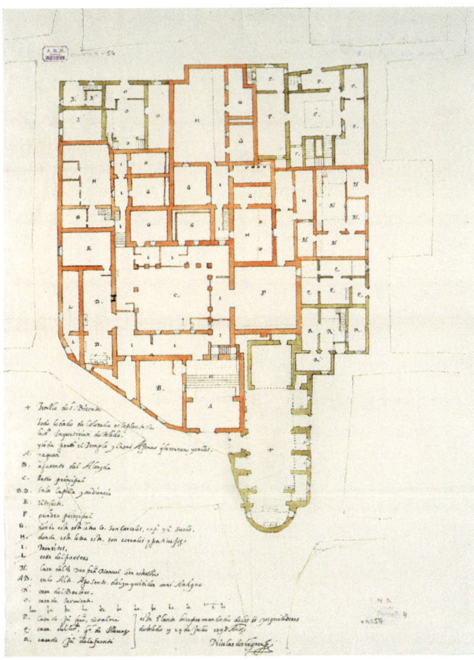

Plan des Inquisitionskerkers von Toledo
14. Juli 1598
Papier, 42 x 57,5 cm
Inv.-Nr. AHN, Inquisición, Mapas, Planos y Dibujos, n. 54
Archivo Histórico Nacional, Madrid

Juden nahmen kaum an der Finanzverwaltung des Staates (Contadurias) teil, doch bot das Ende des Systems der direkten Steuereinnahmen durch königliche Ministeriale ihnen eine Möglichkeit der Beteiligung in Form privater, bisweilen von der eigenen Familie geführter Unternehmen, die sich auf Steuerpacht verlegten. Die jüdische Beteiligung am Steuergeschäft war niedriger als gemeinhin angenommen. Nach zuverlässigen Recherchen waren von den 500 gemeldeten Steuerpächtern zwischen 1439 und 1469 nur 15 Prozent Juden, der ökonomische Prozentsatz ihrer Pacht überstieg nicht einmal einen Durchschnitt von 25 Prozent der gesamten Pachtsumme. Die wichtigsten Pächter wurden nach und nach zu Steuereintreibern von Bezirken, in denen sie als Pächter fungierten (eine »halböffentliche« Funktion). Ein Beispiel dafür ist Don Simuel aus Frómista, der 1466 als Eintreiber von Reichssteuern in Puente del Arzobispo lebte (»ein gesetzestreuer und vermögender Jude, dem jeder im Land vertraut und der sich dem Handel mit Viehzucht und der Bewirtschaftung seiner Landgüter widmet«). Er arbeitete vor allem als Viehzüchter und besaß große Besitztümer in der Umgebung von Toledo sowie Bienenstöcke, Schafherden, Getreideland und Immobilien.

Das alltägliche Zusammenleben, aber auch der geistige Austausch von Juden und Christen blieben erhalten oder intensivierten sich sogar durch einige Konvertiten, die gelegentlich als Kulturvermittler fungierten. Einige Geschlechter des Hochadels (Velasco, Mendoza, Guzmán, Pimentel) übernahmen auf ihren Gütern das königliche Modell und nahmen dabei häufig die Dienste jüdischer Ärzte und Schatzmeister in Anspruch. Die *Biblia de Alba,* ein illuminierter in Romance (Spanisch) geschriebener Kodex mit Kommentaren zum biblischen Text, die vom Großmeister des Calatrava-Ordens in Auftrag gegeben wurde, ist ein Beispiel für die enge Zusammenarbeit zwischen Rabbi Mose Arragel aus Guadalajara und dem Klostervorsteher der Franziskaner von Toledo (1422–1433). Im Gegensatz zu diesem guten Einvernehmen steht freilich die Kampagne des Wanderpredigers Alfons von Espina (1461), eines Minoriten, der einen neuen, vom Bekehrungsansatz des Vicente Ferrer grundsätzlich abweichenden Antisemitismus rassistischer Färbung propagierte. Denn die große Gemeinschaft konvertierter Juden (»neue Christen«) innerhalb der christlichen Gesellschaft wurde zum Objekt der Verfolgung und Segregation, bis hin zur Verabschiedung einer »Verordnung zur Reinheit des Blutes« (Estatutos de limpieza de sangre). Abgesehen von der »traditionellen Gewalt« gegen Juden, die kein Randphänomen war und punktuell von den lokalen Institutionen geschürt sowie in Prozessen wegen falscher Ritualmords-Anschuldigungen (Sepúlveda, 1468; La Guardia, 1491) oder wegen Hostienschändung (Segovia, 1412) institutionalisiert wurde, kam es nun auch zu Übergriffen, bei denen die Konvertiten bevorzugtes Ziel der politischen Propaganda waren (Toledo, 1449 und 1467; Andalusien, 1473). Die Konvertiten, deren Beziehung zu den Juden alten Glaubens in einigen Fällen eng blieb, stellten die kastilische, christliche Gesellschaft wie auch die Juden vor eine große Herausforderung.

Im Jahre 1480 wurden Segregationsmaßnahmen verabschiedet, die in den städtischen Zentren sofort Anwendung fanden. Der Aufenthaltsort der Juden wurde auf bestimmte abgetrennte Viertel beschränkt, und die Juden wurden zum Tragen einer Kennzeichnung auf der Kleidung gezwungen. Diese Maßnahme war keineswegs neu. Sie gehörte zu einer kohärenten traditionellen Logik der Marginalisierung der Juden, wobei dieses Mal der Unterschied in ihrer Wirksamkeit lag. Durch die Trennung von Juden und Konvertiten versuchte man, das Problem einer »jüdischen Häresie« zu lösen, die es in der Zeit der neu geschaffenen königlichen Inquisition (1478) »auszumerzen« galt. Als die Inquisitoren merkten, dass eine solche Maßnahme wenig wirksam war, beschlossen sie eine Vertreibung der Juden aus Andalusien (1483), die einer wesentlich härteren Logik gehorchte und einen Exodus hervorrief, der den Anteil der jüdischen Bevölkerung in der Extremadura ansteigen ließ.

Die Situation der Juden in den 1480er Jahren scheint aus heutiger Sicht durch Widersprüche geprägt zu sein, da trotz der Segregationsmaßnahmen eine große soziale und religiöse Dynamik zu beobachten ist. Wichtige jüdische Steuerpachtgesellschaften waren weiterhin bis 1492 für die königliche Finanzverwaltung tätig. Einige Juden am Hof hielten enge Beziehungen zu den Monarchen: Abraham Seneor wurde Schatzmeister der Hermandad (»Bruderschaft«, Vorläufer eines stehenden Heeres in Kastilien); Don Isaak Abravanel, der mit seiner Familie 1484 als politischer Flüchtling aus Portugal gekommen war, schaffte dank der Familie Mendoza einen kühnen politischen und ökonomischen Aufstieg. Die Segregation in Bezug auf die Ansiedlung muss sich negativ auf die wirtschaftlichen Tätigkeiten der Juden auf einigen Märkten ausgewirkt haben. Andererseits nahmen in abgelegenen ländlichen Gegenden die Konflikte im Bereich des jüdischen Geldverleihs aufgrund der komplexen gesellschaftlichen und ökonomischen Situation zu.

Die an einigen Orten feststellbare fortschreitende Marginalisierung ging jedoch offensichtlich einher mit der Einführung revolutionärer technologischer Neuerungen in die jüdische Kultur, wie etwa der Druckmaschine, deren Bedeutung von geistigen Persönlichkeiten wie Rabbi Abraham Saba aus Zamora nicht unbemerkt blieb. Die erste hebräische Druckerei auf der Iberischen Halbinsel wurde 1476 in Guadalajara eingeführt. Bis zum Beginn des darauffolgenden Jahrzehnts wurden dort Bücher gedruckt. Anfang und Mitte der 1480er Jahre gab noch zwei weitere hebräische Druckereien, in La Puebla de Montalbán und in Zamora. Es war eine aufstrebende Industrie, die Texte religiösen und liturgischen Inhalts für den Binnen- und Außenmarkt (Granada) produzierte. In Italien stellte Ende des 15. Jahrhunderts der sephardische Flüchtling Josef Jaabes Überlegungen über die Ursachen der Vertreibung auf der Iberischen Halbinsel an und hob hervor, dass »seit dem Altertum Sepharad nie so reich an rabbinischen Akademien und Studenten gewesen war wie im

Küche, Saal der Gemeinde und Schlachthaus
Brother-Haggada (Ausschnitt)
Um 1330, Katalonien
Pergament
Inv.-Nr. Ms. Or. 1404, fol. 8 recto
The British Museum and Library, London

Augenblick der Vertreibung selbst«. Ohne dass eine gewisse Idealisierung ausschlossen werden kann, stimmen die jüdischen Chroniken in dieser Beschreibung überein und heben die große Verbreitung der Tora hervor, unter anderem durch die Schüler der so genannten »letzten Exzellenz von Kastilien« Rabbi Isaak Canpanton (gestorben 1463): Rabbi Samuel Valenci (Zamora), Rabbi Isaak Aboab (Guadalajara) und Rabbi Isaak von León (Ocaña). Canpanton, den die Chroniken gewiss mit einem Heiligenschein versehen, hinterließ kaum schriftliche Zeugnisse, doch seine Schüler in Kastilien und in der sephardischen Diaspora beschrieben die mündlich überlieferten methodologischen Neuerungen, die eine Folge der religiösen und intellektuellen Veränderungen der letzten Jahrzehnte des 15. Jahrhunderts waren.

In dieser Situation und weit davon entfernt, eine ideale Gesellschaft zu bilden, teilten die Juden von Kastilien und einige ihrer religiösen und politischen Führer die Makel der kastilischen Gesellschaft, der sie angehörten: Machtmissbrauch und Intrigen, wirtschaftliche Streitigkeiten, politische Revolten, die in Gewalt münden konnten – bisweilen innerhalb der eigenen Synagogengemeinde – gewaltsame Streitigkeiten zwischen Eheleuten und so weiter. Diese vor dem königlichen Gericht wiederholt angezeigten Auseinandersetzungen vervollständigen ein noch wenig bekanntes, sehr komplexes gesellschaftliches Bild.

Im Jahr 1492 wurden die Juden von Kastilien durch die Könige vor die Wahl zwischen Konversion oder Exil gestellt. Obgleich viele Juden sich für die Taufe entschieden, wählte die Mehrheit die zweite Option. Es ist schwierig, hier die komplexen Gründe für die Vertreibung genau darzustellen, eine Vertreibung, die in den vorangegangenen Jahren nicht geplant worden war und die nach der Eroberung Granadas in einem Augenblick religiöser Exaltiertheit überstürzt begann, mitten in einem Jubel, in den viele Juden kurzzeitig eingestimmt hatten. Für diejenigen Juden, die sich dafür entschieden, das Land zu verlassen, begann ein langer und schmerzhafter Exodus, der dazu führte, dass sie in anderen Ländern ihre Geschichte fortschrieben. Josef ha-Kohen erzählt, dass Rabbi Isaak von León, begraben auf dem jüdischen Friedhof von Toledo, seiner Witwe ein Jahr vor der Vertreibung dreimal im Traum erschienen war und ihr die folgende Weisung gab: Sein Grabstein solle entfernt und sein Grab übergepflügt werden, damit seine Ruhestätte für alle Zeit unbekannt bleibe. Nachdem seine Witwe diesen Wunsch den Weisen von Toledo übermittelt hatte, entschieden diese nach einer Zeit des Fastens, der Bitte des Verstorbenen zu entsprechen. Bis heute ist der Ort seines Grabes, auch der von anderen, die ebenfalls dort begraben waren, unbekannt. Diese legendenhafte Geschichte kann als Metapher für eine jüdische Gesellschaft dienen, die 1492 aus Kastilien verschwand und deren materielle Spuren verwischt wurden, in dem vorsätzlichen, aber unnützen Bestreben, die Erinnerung an sie auszulöschen, denn sie lebt weiter im Gedächtnis der Menschen.

Literatur Assis 2000; Baer 1936; Baer 1982; Benito Ruano 2001; Cohen 1967; Dodds 1992; Gutwirth 1985; Herzog 1995; Kriegel 1996; Lacave 1992; Romano 1985; Septimus 1982

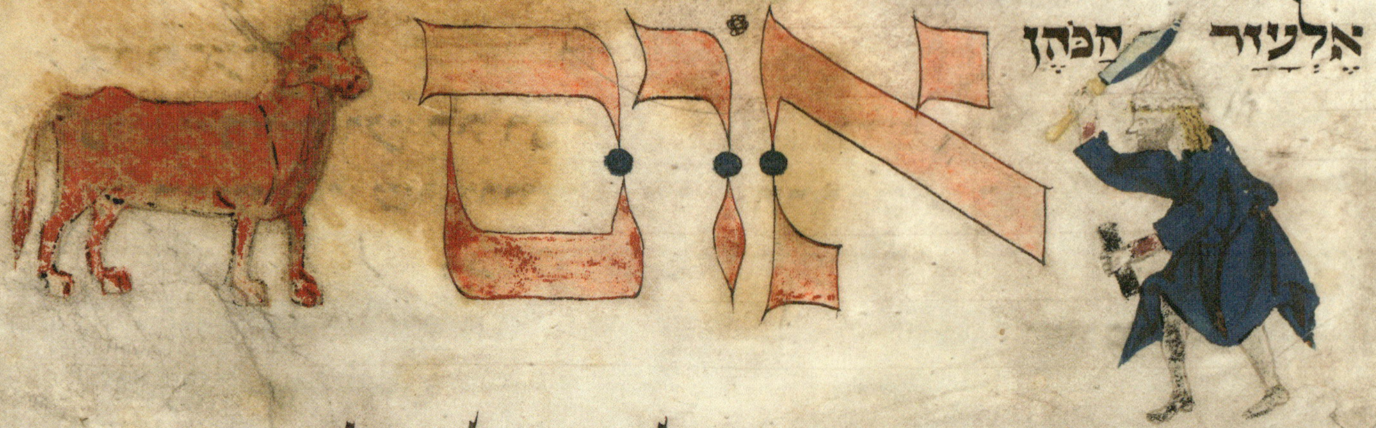

אשר בך דבוקה · חפצת ורצית לצדקה · להנחילה מדבש מת
מתוקה · בבאר ארוכה ועמוקה · בהם באהב לחשקה · כביר
לצואר לחבקה · גם היא כמאר מחוזקה · בחוקת וכתנאי נחקקה
מעמד בלי לכלקה ·

אשרי מי זאת · בהתחזקם בתורה זאת · בפתחי מזוזות קדוש

דרש בעד נוטרה · ונם להביא פרה · בערם עבור לכפרה · הלא
בחטאו בבן פרה · חרתה עליהם גזירה · והנם באמירה סוררה
וזה המקבל עתירה · חשך מהם עברה · בכל צוקה וצרה

זאת חקת התורה · ערוכה בכל ושמורה · בה להקדיש לנורא קדוש

זכרון פרה ארומה · בפי יונה תמה · לעד בלי לעלמה · חסדית
תמימה · יעטו בה להתרוממה · לפני יוצר נשמה · טעמיה בטוב
נעימה · בלי היות לשמה · הארץ הנשמה

יקרה והרבה תמימה · מכל מום שלימה · בנקיות ובטהרה מסוימה
כתב חקיק רשומה · לשמח נפש עגומה · למעלה לזכות ולרוממה
לטהר חט ואשמה · ולמחול עון ועגמה · עוד בלי להאשימה
מטהרת גוי אחד · לרצות שם המיוחד · אשר בכל
פה מיוחד · נפשם תוחשך מפחד · והגיונם כל יתכחד · בהתפלס
בלב אחד · שנאיהם ירדשו כאחד · בפחת ופח ופחד · לעובדים
ליציר שכם אחד · על יד כהן נתינתה · ולכבודו מס
מתנתה · ויקדק בכל פינתה · פעולתה והקרבתה · הוא יקריב אתה
והוא יוציא אותה · צופים הכל טובתה · ומתנים את ברכתה · כל

Die SchUM-Gemeinden
Wiegen und Zentren des Judentums am Rhein im Mittelalter

Werner Transier

Die SchUM-Gemeinden und das aschkenasische Judentum

Die drei benachbarten mittelalterlichen Judengemeinden von Speyer, Worms und Mainz sind als SchUM-Gemeinden in die Geschichte eingegangen. SchUM ist eine Abkürzung, die aus den Anfangsbuchstaben der hebräischen Ortsnamen der drei Städte zusammengesetzt ist: Schin für Schpira (Speyer), Vav für Warmaisa (Worms) und Mem für Magenza (Mainz). Die jüdischen Gemeinden dieser drei Städte gehörten zu den frühen jüdischen Niederlassungen im deutschen Raum. Sie entwickelten sich im 11. und 12. Jahrhundert zu Zentren jüdischer Gelehrsamkeit mit eigenen Ordnungen, Riten und Gebräuchen und trugen damit wesentlich zur Entstehung eines neuen jüdischen Traditionskreises bei. Die Angehörigen dieses Traditionskreises nennen sich nach Aschkenas, der hebräischen Bezeichnung für die Gebiete nördlich der Alpen, Aschkenasen. Vom Rhein strahlte dieser Traditionskreis noch im Mittelalter aus bis nach Ungarn, Polen und Litauen, aber auch nach Norditalien. Bis zur Schoah gehörte fast die gesamte osteuropäische Judenschaft dem aschkenasischen Traditionskreis an. Aschkenasische Juden lebten und leben aber auch in fast allen Staaten Nord- und Westeuropas, in Israel, Amerika, Südafrika und Australien.

Die Siedlungsgeschichte der Juden in den SchUM-Städten

Die Anfänge jüdischer Ansiedlungen am Rhein gehen zurück in die römische Epoche. Für das 4. Jahrhundert darf die Anwesenheit von Juden in Köln, der Hauptstadt der römischen Provinz Germania Inferior, und in Trier, der Hauptstadt der römischen Provinz Gallia Belgica und zeitweiligen Kaiserresidenz, angenommen werden. Auch in anderen römischen Zentren am Rhein wie Xanten, Bonn, Mainz, Worms, Speyer und Straßburg mögen sich Juden aufgehalten haben. Eine Kontinuität jüdischer Anwesenheit am Rhein über das 5. Jahrhundert hinaus ist jedoch unwahrscheinlich. Erst mit der Stabilisierung der politischen Verhältnisse im 9. und 10. Jahrhundert gelangten zuerst vereinzelt, dann immer häufiger jüdische Fernkaufleute an den Rhein. Diese kamen überwiegend aus Italien und Frankreich, einige auch aus Spanien. Sie entstammten der sozialen und geistigen Elite ihrer Herkunftsländer, waren meist vermögend und gebildet. Mainz gilt als die älteste jüdische Ansiedlung am Rhein. Vorteilhaft war ihre verkehrsgünstige Lage am Schnittpunkt wichtiger europäischer Handelsstraßen. Als Fernkaufleute waren die Juden auf ein Mindestmaß urbaner Strukturen und Organisation angewiesen. Diese fanden sie am Rhein vor allem in den Bischofsstädten. Im Verlauf des 10. und 11. Jahrhunderts entstanden nach Mainz weitere jüdische Gemeinden in Worms, Köln, Trier und Speyer. Dank der Förderung durch die Kaiser, die geistlichen, später auch die weltlichen Fürsten ließen sich Juden im 12. und 13. Jahrhundert auch in Reichsstädten und landesherrlichen Städten nieder. In der ersten Hälfte des 14. Jahrhunderts erreichte die Zahl jüdischer Gemeinden und Niederlassungen ihren Höchststand. Eine Zäsur bedeuteten die Pestpogrome der Jahre 1348 bis 1350, von der nahezu alle jüdischen Gemeinden und Siedlungsorte betroffen waren. In der Hälfte der

Wormser Machsor
1272, Worms
Pergament, 32 x 41,5 x 7 cm
Inv.-Nr. Ms.Heb. 4° 781/1, fol. 21 verso
The Jewish National & University Library, Jerusalem

betroffenen Städte und Orte siedelten im Mittelalter keine Juden mehr. Abgesehen von Speyer, Worms und Mainz erfolgte die Wiederbesiedlung durch Juden recht zögerlich, oft erst nach mehreren Jahrzehnten und in so geringer Zahl, dass die für die Bildung einer Gemeinde notwendige Zahl von zehn religionsmündigen Männern nicht vorhanden war. Im 15. Jahrhundert erlebten auch die Gemeinden von Speyer, Worms und Mainz ihren Niedergang.

Fenster-Mittelpfeiler, wahrscheinlich dem »Kalonymos-Haus« zugehörig
11. Jahrhundert, Mainz
Kalkstein, Pfeiler 59 x 18 x 17,5 cm, Kapitell 27 x 23 x 19 cm
Inv.-Nr. 53091
Landesmuseum Mainz

Die jüdischen Wohnbereiche

Die Lage der jüdischen Wohnbereiche in den drei Städten ist unterschiedlich. In Mainz lag das mittelalterliche Judenviertel in der Innenstadt, etwa 250 Meter nordwestlich des Domes. Es schloss westlich an ein bis zum Rhein reichendes, überwiegend von Händlern bewohntes Quartier an. Der jüdische Wohnbereich in Worms lag am nordöstlichen Rand der Innenstadt, ebenfalls in der Nähe des Händlerviertels und des Hafens, aber auch westlich an die Ausfallstraße in Richtung Mainz grenzend. Der erste Wohnbereich der Juden von Speyer, 1084 von Bischof Rüdiger zugewiesen, lag nördlich und außerhalb der Kernstadt und grenzte an die Handelsstraße von und nach Worms. Nach dem Willen des Bischofs sollte die Siedlung befestigt und von den Juden und Knechten verteidigt werden. Vor 1096 entwickelte sich jedoch in der Innenstadt ein zweiter jüdischer Siedlungsplatz, der nach dem Kreuzzugspogrom von den Juden so bevorzugt wurde, dass die jüdische Ansiedlung nördlich der Kernstadt aufgegeben wurde. Während der erste jüdische Siedlungsbereich von Speyer als früher Versuch der Einrichtung eines abgeschlossenen jüdischen Wohnbereichs zu werten ist, waren die jüdischen Siedlungsbereiche in Mainz, Worms und später auch in der Speyerer Innenstadt nicht ausschließlich den Juden vorbehalten. Nachweislich lebten dort auch Christen, und es gab Juden, die außerhalb dieser bevorzugten Siedlungsbereiche lebten.

Die jüdischen Gemeinden

In allen drei Städten war die Zahl der niedergelassenen Juden so groß, dass sie frühzeitig Gemeinden bilden konnten. Diese sind nicht nur als Kultusgemeinden zu verstehen, sondern auch als eigenständige Körperschaften innerhalb der Städte. Mit ihren Einrichtungen und Organen waren sie den sich erst allmählich entwickelnden städtischen Eigenverwaltungen weit voraus. Die Eigenständigkeit jüdischer Gemeinden wird deutlich in der zugunsten von Worms ausgestellten Urkunde Kaiser Heinrichs IV. aus dem Jahr 1074, wo von »Juden und übrigen Wormsern« die Rede ist. Eine vergleichbare Stellung erlangten die jüdischen Gemeinden auch in den christlichen Reichen der Iberischen Halbinsel. Mögen sich die Bezeichnungen der einzelnen Organe und ihre Zusammensetzung im Lauf der Zeit geändert haben, so bleibt festzuhalten, dass in den drei SchUM-Gemeinden jeweils ein Ratsgremium, meist aus zwölf Mitgliedern, bestand. Aus dessen Mitte wurde ein Vorsitzender bestimmt. Die für den Judenschutz zuständigen Autoritäten besaßen zu unterschiedlichen Zeiten in unterschiedlicher Weise Einflussmöglichkeiten auf die Zusammensetzung des Rates und die Ermittlung des Vorsitzenden. Im günstigsten Falle wählten die Männer der jüdischen Gemeinde aus ihrer Mitte die Mitglieder des Rates und diese wiederum aus ihrer Mitte den Vorsitzenden. Aus Mitgliedern des Rates wurde in der Regel das Richtergremium gebildet, das über die innerjüdischen Rechtsfälle entschied. Als weiterer Amtsträger ist der Gabbai belegt, der für die Abwicklung der finanziellen Angelegenheiten der Gemeinde verantwortlich war. Daneben gab es Gemeindeangestellte wie Synagogen-Diener, Vorsänger und später auch Rabbiner.

Die Einrichtungen der jüdischen Gemeinden

Alle drei Gemeinden verfügten über eine größere Zahl eigener Einrichtungen. Zu diesen gehört insbesondere die Synagoge. Der früheste Beleg einer Synagoge stammt aus Worms und datiert in das Jahr 1034. Eine Mainzer Synagoge ist 1093 belegt. In Speyer entstand zwischen 1084 und 1096 eine Synagoge. Als ältestes sichtbares Beispiel der Synagogen-Architektur nördlich der Alpen gilt die Ruine der 1104 ihrer Bestimmung übergebenen Synagoge des Innenstadtviertels von Speyer. Die in Worms 1174/75 errichtete Synagoge wurde 1938 im November-Pogrom von den Nationalsozialisten zerstört und 1942 ihre Ruine weitgehend abgerissen. Zwischen 1957 und 1960 wurde sie originalgetreu im Zustand von 1938 wieder aufgebaut. Von der mittelalterlichen Synagoge von Mainz sind keine baulichen Spuren erhalten geblieben. Die Synagogen von Worms und Speyer erfuhren im 13. Jahrhundert eine Erweiterung um einen großen Frauenbetraum. Frauenbeträume dieser Größe sind nur aus diesen beiden Städten bekannt.

Ebenso verfügten die drei Gemeinden über Ritualbäder. Das vor 1128 errichtete Ritualbad von Speyer ist das älteste seiner Art nördlich der Alpen. Es diente als Vorbild für das 1185/86 errichtete Ritualbad von Worms. Das mittelalterliche Ritualbad von Mainz ist nicht erhalten. In allen drei Gemeinden gab es zeitweise auch ein Warmbad zur hygienischen Reinigung des Körpers.

Die SchUM-Gemeinden unterhielten zeitweise auch Hochschulen zur theologischen Weiterbildung, hebräisch: Jeschiwot, wofür sie entsprechende Räumlichkeiten bereitzuhalten hatten, sofern der Unterricht nicht in der Synagoge oder ihren Nebenräumen stattfand. Für alle drei Gemeinden ist ein Tanzhaus belegt. Die Tanzhäuser waren mit einer Küche ausgestattet, dienten als Versammlungsorte, insbesondere für die Feste der Gemeinde, aber auch für die Feiern einzelner Gemeindemitglieder. Die Kellerräume des Wormser Tanzhaus blieben erhalten. Sie bilden das Kellergeschoss des 1982 errichteten Raschi-Hauses und enthalten heute Teile der Dauerausstellung des Jüdischen Museums. An weiteren Gemeindeeinrichtungen sind überliefert Hospital und Backhaus, darüber hinaus für Mainz ein Wohnheim für Studierende und ein Schlachthaus.

Alle drei Gemeinden unterhielten einen Friedhof. Allein schon dadurch hatten sie eine Zentralfunktion für die kleineren jüdischen Gemeinden und Siedlungsplätze ihres Umlandes, die keinen Friedhof unterhielten und deshalb die Friedhöfe von Mainz, Worms und Speyer nutzen mussten. Schon seit etwa 1000 nutzten die Mainzer Juden den Friedhof »Judensand«, dessen ältester datierter Grabstein in das Jahr 1049 datiert. Auf dem Areal dieses mehrfach geschändeten jüdischen Friedhofs wurden 1926 ein Denkmalfriedhof eingerichtet und etwa 200 im Mittelalter verschleppte Grabsteine aufgestellt, die in der Stadt als Baumaterial wieder verwendet aufgefunden worden waren.

Kleines Würfelkapitell
1. Hälfte 12. Jahrhundert,
mittelalterliche Synagoge, Speyer
Gelber Sandstein, H 17 cm,
D Säulenansatz 24,5 cm
Inv.-Nr. E 01/11-513
Leihgabe des Landes Rheinland-Pfalz,
Archäologische Denkmalpflege Speyer

Die geringe Größe des Kapitells weist es als Teil der Innenausstattung oder eines Fensters aus. Es gleicht einigen Würfelkapitellen am Speyerer Dom in der Galerie des Vierungsturms und in den Giebelarkaden des Südostturms.

»Heiliger Sand«, Jüdischer Friedhof in Worms
Der älteste erhaltene jüdische Friedhof Europas. Er datiert in das 11. Jahrhundert und wurde bis zum 20. Jahrhundert belegt. Zahlreiche namhafte jüdische Gelehrte fanden dort ihre letzte Ruhestätte.

Der »Heilige Sand« in Worms konnte als einziger der mittelalterlichen jüdischen Friedhöfe seinen ursprünglichen Charakter bewahren. Sein ältester datierter Grabstein stammt von 1077.
Das Gelände des jüdischen Friedhofs von Speyer wurde 1084 der jüdischen Gemeinde von Bischof Rüdiger geschenkt. Es lag in der Nähe der ersten jüdischen Ansiedlung nördlich der Kernstadt. Die Anlage wurde ebenfalls mehrfach geschändet und ihrer Steine beraubt. Das Areal ist seit dem Ende des 19. Jahrhunderts bebaut. In Speyer wurden bislang 45 jüdische Grabsteine aus dem Mittelalter gefunden, die in die Jahre zwischen 1112 und 1443 datieren.

Wirtschaft und Wissenschaft

Für die rheinischen Bischofsstädte war die Ansiedlung von Juden ein Gewinn, was Bischof Rüdiger in seiner Urkunde zugunsten der Speyerer Juden 1084 deutlich zum Ausdruck bringt: »Im Glauben, die Ehre unseres Ortes tausendfach zu mehren, habe ich Juden angesiedelt.« Die jüdischen Fernkaufleute versorgten das Rheinland mit den Luxusgütern des Orienthandels. Über ihre Glaubensbrüder im islamischen Teil der Iberischen Halbinsel, in Sizilien, Nordafrika und im Vorderen Orient lieferten sie Gewürze, Weihrauch, Seiden- und Brokatstoffe aus dem Orient. Sie waren die Verlängerungen der großen orientalischen Handelsstraßen, der Seidenstraße bis Indien und China und der Weihrauchstraße bis Jemen und Oman. Durch den Verkauf der Luxuswaren besaßen sie die notwendigen Geldmittel, um am Rhein Bankgeschäfte zu betreiben. Ihr Auftreten fiel mit einer Epoche zusammen, in der die Städte in Folge umfangreicher kirchlicher und profaner Baumaßnahmen ganz wesentlich ihr Aussehen veränderten und an Urbanität gewannen. Jüdische

Bankiers waren in der Lage, Geldmittel kurzfristig zur Verfügung zu stellen, um den Fortgang der Projekte zu sichern. Fernhandel und Bankgeschäfte sind die Tätigkeiten, die Ausschlag gebend für die Ansiedlung von Juden waren. Langfristig verhinderte dies jedoch die Ausübung anderer Tätigkeiten, insbesondere im Bereich der handwerklichen Berufe. Handwerkliche Tätigkeiten konnten Juden in der Regel nur ausüben, wenn diese sich auf die Herstellung und Versorgung mit Produkten bezogen, bei denen Reinheitsvorschriften des jüdischen Gesetzes einzuhalten waren. Dies waren Lebensmittel wie Fleisch und Wein oder Produkte aus Wolle oder Leder, die nur von rituell reinen Tieren gewonnen werden durften. Diese Produkte wurden nur an jüdische Kunden abgegeben, lediglich das nicht verwendbare Fleisch auch an christliche Käufer veräußert. Entsprechend war der Bedarf an Personen, die diese handwerklichen Tätigkeiten ausübten, sehr begrenzt. Das Berufsspektrum der Juden in Spanien und Frankreich war wesentlich breiter gefächert.
Die rheinischen Juden entstammten der gebildeten Oberschicht ihrer Herkunftsländer. Männer wie Frauen waren im Gegensatz zum überwiegenden Teil der christlichen Bevölkerung des Lesens und Schreibens kundig. Sie waren vertraut mit der Mathematik und sprachen meist mehrere Fremdsprachen. Die meisten Männer waren kundig in der religiösen Literatur des Judentums und konnten den Ehrentitel eines »rab« oder Rabbinen beanspruchen. Innerhalb des Judentums hatte und hat die Ausbildung junger Menschen einen großen Stellenwert. Viele der Gelehrten nutzten die Zeit zwischen den Handelsreisen und außerhalb ihrer Bankgeschäfte, um ihr Wissen in den religiösen Hochschulen der Gemeinden ehrenamtlich an junge Männer weiterzugeben. Einige betrieben auch privat eine Hochschule. Die Hochschulen der SchUM-Städte bildeten nicht nur Einheimische aus. Es kamen Studierende von weit her, auch von außerhalb des Heiligen Römischen Reiches, um bei Gelehrten der SchUM-Städte zu studieren. Es entwickelten sich dabei Dynastien von Gelehrten, besonders innerhalb der in allen drei Städten vertretenen Familie der Kalonymiden oder die aus Worms stammende und in Speyer lehrende Familie der beiden Isaak ben Ascher ha-Levi. Mit ihren Weisungen, religiösen Entscheidungen, ihren Schriften, liturgischen Dichtungen und Gesängen prägten die Gelehrten von SchUM entscheidend den neu entstehenden jüdischen Traditionskreis der Aschkenasen. Ihre Kollegien fungierten seit der Mitte des 12. Jahrhunderts als oberste religiöse Instanz des aschkenasischen Judentums. Sie korrespondierten mit ihren Kollegen nah und fern, bis nach Frankreich, England, der Iberischen Halbinsel und Italien. Mitglieder der Kalonymiden-Familie in Speyer begründeten in der zweiten Hälfte des 12. Jahrhunderts eine mittelalterliche jüdische Frömmigkeitsbewegung, die auch in Worms ihre Vertreter fand und über Regensburg bis nach Wien ausstrahlte.
Die wissenschaftliche Betätigung der SchUM-Juden ist im Vergleich zu den Juden der Iberischen Halbinsel eher auf die Theologie beschränkt. Eine Ausnahme bilden Medizin und Pharmazie. Die jüdischen Ärzte standen im Vergleich zu ihren christlichen Kollegen in der Tradition der wesentlich fortgeschritteneren griechisch-römischen Medizin der Antike, die Araber und Juden in den arabischen Teilen Spaniens tradiert und weiterentwickelt hatten. Besonders die Angehörigen der christlichen Oberschicht bevorzugten die Behandlung durch jüdische Ärzte.

Eleasar ben Jehuda (um 1165–1230)
Sefer ha-Rokeach
1452, Worms
Pergament, 34 x 24 x 6 cm
Inv.-Nr. ms hébr. 363, fol. 42v und 43
Bibliothèque Nationale de France, Paris

Das »Buch des Salbenmischers« wurde ursprünglich von Eleasar ben Jehuda, einem Mitglied der Kalonymos-Familie, geschrieben. Es gehört zu den Hauptwerken über die Mystik der »Frommen aus Aschkenas« und wurde häufig kopiert.

Die rechtliche Situation der Juden in den SchUM-Städten

Durch ihre Niederlassung in den SchUM-Städten begaben sich die Juden in eine Rechtsbeziehung zu den jeweiligen Stadtherren, in Speyer und Worms dem Bischof, in Mainz dem Erzbischof. Die Gemeinde und ihre Organe waren die jeweiligen Vertragspartner des Stadtherren. Die rechtliche Stellung der Juden als verfasste Gemeinde innerhalb der Stadt war wesentlich besser als die der meisten christlichen Einwohner. Bischof Rüdiger von Speyer wies in seiner Urkunde von 1084 darauf hin, dass »er den Juden ein Gesetz verliehen, das besser ist, als es das jüdische Volk in irgendeiner anderen Stadt des Deutschen Reiches besitzt«.

Der König oder Kaiser als Zentralgewalt des Heiligen Römischen Reiches trat erst an zweiter Stelle in eine Rechtsbeziehung zu Juden in SchUM. Hier unterschied sich die Situation der Juden des Heiligen Römischen Reiches generell von der Lage der Juden in England, Frankreich und in den christlichen Reichen der Iberischen Halbinsel, wo der Judenschutz zuerst vom König ausging und Adel und Klerus allenfalls unbedeutende Rechtsbeziehungen zu Juden unterhielten. In Speyer waren es dagegen Bischof Rüdiger und die Juden selbst, die eine Rechtsbeziehung zu Kaiser Heinrich IV. anstrebten und 1090 die gewünschte Urkunde erhielten. Fast gleichzeitig erhielten im Jahr 1090 auch die Wormser Juden ein Schutzprivileg Kaiser Heinrichs IV. Dort wurde die rechtliche und insbesondere die fiskalische Zuordnung der Wormser Juden zur kaiserlichen Zentralgewalt formuliert »ad cameram nostram pertinentes« (»Die [Juden], die unserer Kammer angehören«).

Unter den Herrschern der staufischen Dynastie kam es im 12. und 13. Jahrhundert zu reichsweit gültigen Regelungen bezüglich des kaiserlichen Judenschutzes vor allem unter Betonung des fiskalischen Aspekts. Gleichzeitig begann in dieser Epoche die Aushöhlung des reichsweiten Judenschutzes, in dem der Kaiser dazu überging, das Judenregal auf den jeweiligen Territorialherr zu übertragen, wie 1209 im Falle der Juden in Mainz durch Otto IV. auf den Erzbischof. Die Tendenz der teilweisen oder völligen Abtretung der Einkünfte aus dem Judenschutz und damit der Schutzfunktion selbst nahm im Verlauf des 13. und 14. Jahrhunderts zu und führte zu einer wesentlichen Verschlechterung der Rechtsstellung der Juden in den SchUM-Gemeinden. Eine einheitliche Entwicklung in den drei Städten gab es nicht. Die Schwierigkeiten der jüdischen Gemeinden bestand darin, dass sie in einem Gewirr der Zuständigkeiten von Reich, Bischof oder Erzbischof und Stadt und bei deren wachsenden fiskalischen Ansprüchen einen Mittelweg des Überlebens finden mussten. Dies gelang keineswegs immer. Bisweilen waren auch schmerzliche Zugeständnisse notwendig.

Neben zunehmenden fiskalischen Belastungen verschlechterte die anwachsende christliche Konkurrenz in den erlaubten Betätigungsfeldern die wirtschaftliche Situation der Juden. Aus dem Fernhandel allmählich verdrängt, bildete Geldverleih gegen Zinsen die hauptsächliche Möglichkeit des Einkommens für die jüdische Bevölkerung, wobei die Juden nur mittelbar Einfluss auf die Höhe der Zinsen hatten. Schuldner waren weltliche und geistliche Fürsten, Städte, Angehörige des Niederadels und Bürger. Teilweise bildeten Juden Konsortien, um ihren Kreditnehmern die gewünschten Summen zur Verfügung stellen zu können.

Verpfändungsurkunde
22. Juni 1298, Speyer
Pergament, 20 x 27 cm
Inv.-Nr. 1 U 23
Stadtarchiv Speyer

König Adolf verpfändete der Stadt Speyer seine Einkünfte von den Speyerer Juden als Ersatz für den Schaden, der von seinen Soldaten auf dem Weg zur Schlacht von Göllheim angerichtet wurde.

Juden und Christen

Im Verhältnis von Juden und Christen in den SchUM-Städten gab es lange Epochen eines friedlichen Miteinanders. Juden mussten Dinge ihres täglichen Bedarfs, besonders aus der handwerklichen Produktion, bei den Christen kaufen, christliche Dienerinnen und Diener arbeiteten in jüdischen Haushalten, Christen waren Abnehmer der Luxusgüter, die Juden ins Land brachten, und als Kreditnehmer Vertragspartner jüdischer Geldverleiher. Angehörige der christlichen Oberschicht konsultierten jüdische Ärzte. Juden gehörten zum alltäglichen Bild in den Straßen der Städte. Die Kontakte zwischen Juden und Christen waren teilweise enger, als den religiösen Autoritäten beider Seiten lieb war. In Teilen der christlichen Bevölkerung herrschte eine feindliche Grundhaltung gegenüber Juden. Durch äußere Einflüsse, aber auch durch Entwicklungen und Vorfälle im Innern der Städte konnte diese weitere Teile der Bevölkerung erfassen. Mehrmals entlud sich Judenfeindlichkeit in den SchUM-Städten in blutigen Pogromen. Die erste Pogromwelle wurde ausgelöst durch die Kreuzzugspropaganda 1096. Prediger der Kreuzzugsbewegung, meist ohne Autorisierung durch die offizielle Kirche, richteten ihren Hass gegen die Juden mit dem seit der frühchristlichen Antike immer wieder kultivierten, aber falschen Vorwurf, sie seien die Nachfahren der Mörder Christi. Mehrere, teils unabhängig voneinander operierende Gruppen der Kreuzzugsbewegung überfielen, von Teilen der städtischen Bevölkerungen unterstützt, im Mai 1096 die Juden in Speyer, Worms und Mainz. Der bischöfliche Schutz der Judengemeinde funktionierte nur in Speyer, wo Bischof Johannes die Juden in seine Burg aufnahm und verteidigte, wodurch hier die Zahl der Opfer mit elf Ermordeten am niedrigsten blieb. In Worms und Mainz, wo an den Überfällen maßgeblich Emicho von Flonheim, ein

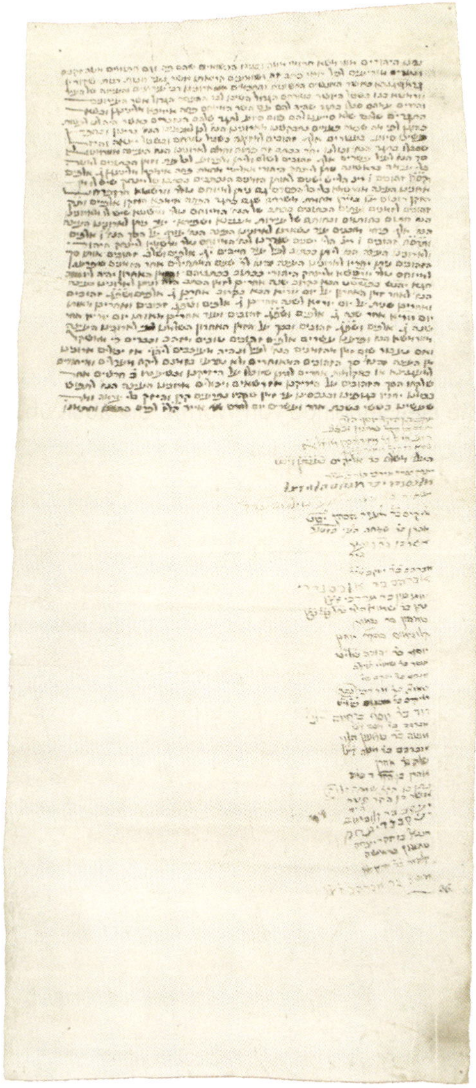

Urkunde der Wormser Juden
über eine Kriegssondersteuer
Mai 1377, Worms
Pergament, 50 x 21,5 cm
Inv.-Nr. Abt. 1,1 AI, Nr. 217
Stadtarchiv Worms

Nach den kriegerischen Auseinandersetzungen von 1376 zwischen der Reichsstadt Worms und dem Grafen Emich von Leiningen mussten die Wormser Juden 1377 eine Sonderzahlung von 20.000 Gulden an die Stadt Worms leisten.

Graf aus dem nahen Nahegau, beteiligt war, ging die Zahl der Opfer jeweils in die Hunderte. Auch vor dem Zweiten Kreuzzug 1146/47 und nach dem Scheitern des Dritten Kreuzzugs nach 1192 war die Stimmung gegen die Juden aufgeheizt, was zu Pogromen in Speyer 1195 und 1196 in Worms führte. Regionale Judenverfolgungen außerhalb der SchUM-Gemeinden am Ende des 13. und in der ersten Hälfte des 14. Jahrhunderts waren die Vorboten der Pestpogrome von 1348 bis 1350, bei denen mit den meisten jüdischen Gemeinden auch die SchUM-Gemeinden faktisch ausgelöscht wurden. Mit den Pestpogromen ging die Blütezeit der drei SchUM-Gemeinden zu Ende.

Der Niedergang der SchUM-Gemeinden

Im Gegensatz zu den meisten anderen Städten des Reiches, wo sich nach 1349 keine oder nur mit großer Verzögerung wenige Juden niederließen, erfolgte in den drei SchUM-Städten zwischen 1352 und 1357 eine frühe Wiederansiedlung von Juden. Nur vereinzelt waren darunter Überlebende, die in ihre Heimatstadt zurückkehrten. In den drei Städten war die Zahl der sich niederlassenden Juden jedoch ausreichend zur Wiedergründung jüdischer Gemeinden. Diese erreichten jedoch weder auf geistigem noch auf wirtschaftlichem Gebiet ihre frühere Bedeutung. Ebenso besaßen sie nicht mehr die unabhängige Rechtsstellung der Zeiten vor 1349. In Mainz und Speyer war jeweils die Stadt für den Judenschutz zuständig und so Nutznießerin der daraus resultierenden Einkünfte. In Worms befand sich die Judengemeinde weiterhin in der letztendlich vorteilhaften Lage die unterschiedlichen Interessen von Stadt, Bischof und Reich ausgleichen zu müssen. An die Stelle von Verträgen mit der jüdischen Gemeinde traten zunehmend individuelle Vereinbarungen mit jüdischen Einzelpersonen. Damit konnte die Zahl der in der Stadt lebenden Juden reguliert und eine soziale Auslese getroffen werden, die sicherstellte, dass nur vermögende Juden in die Stadt kamen. Nach wie vor war das Kreditwesen die Haupteinnahmequelle der jüdischen Bevölkerung. Die Finanzkraft der einzelnen Geldverleiher war nun aber geringer, sodass zur Finanzierung von Krediten vermehrt Konsortien mit Juden aus anderen Städten gebildet wurden. Verstärkt kam der Handel mit landwirtschaftlichen Produkten hinzu. Die Situation der jüdischen Gemeinden verschlechterte sich jedoch seit dem Ende des 14. Jahrhunderts. In der zweiten Hälfte des 14. Jahrhunderts wurde auch die Vergabe von Krediten gegen Zinsen durch christliche Geldverleiher üblich. Allmählich verringerten sich die Anteile der Juden an dem Kreditgeschäft, das sich bald nur noch auf die Vergabe kleinerer Kreditsummen an Privatleute beschränkte. Dadurch verloren sie ihren fiskalischen Nutzen. Nach den Verlusten durch die Pestpogrome verringerte sich in der zweiten Hälfte des 14. Jahrhunderts die Zahl der Juden durch die Abwanderung gerade der Vermögenderen nach Osteuropa, insbesondere in das Königreich Polen und das Großfürstentum Litauen. Auch Oberitalien wurde im 15. Jahrhundert Ziel jüdischer Einwanderer aus Aschkenas, wie die Geschichte der aus Speyer stammenden Bankiers- und Buchdruckerfamilie da Spira alias Soncino zeigt. Verweigerungen von Aufenthaltsverlängerungen für fiskalisch uninteressant gewordene Juden führte zur Abwanderung in die ländlichen Bereiche, vor allem in kleinere geistliche und in ritterschaftliche Territorien. Pauschale Vertreibungen über kürzere oder längere Perioden und Wiederansiedlungen bei entsprechendem fiskalischen Nutzen sind für Mainz und Speyer zu vermelden. Nach 1471 regulierten in Mainz die seit 1462 für den Judenschutz zuständigen Erzbischöfe die Zahl der Juden so, dass die Bildung einer Gemeinde für mehr als hundert Jahre ausgeschlossen war. Wie lange die 1467 in Speyer neu aufgenommenen Juden die für die Bildung einer Gemeinde notwendige Zahl von zehn religionsmündigen Männern aufbrachten, ist nicht bekannt. Der Untergang der jüdischen Gemeinde von Speyer vollzog sich ohne erkennbaren Niederschlag in den Quellen. Nachrichten über die Anwesenheit von Juden in Speyer aus den ersten beiden Jahrzehnten des 16. Jahrhunderts bestätigen keineswegs mehr die Existenz einer jüdischen Gemeinde.

Als einzige der drei SchUM-Gemeinden überlebte die Gemeinde von Worms, die auch über die folgenden Jahrhunderte den religiösen Mittelpunkt der Juden im nördlichen Oberrheingebiet darstellte. Nach fast 1.000 Jahren ihres Bestehens wurde sie als älteste noch bestehende jüdische Gemeinde von Aschkenas 1942 von den Nationalsozialisten ausgelöscht.

Literatur Debus 1990; Reuter 1984; Schütz 1978; Voltmer 1981; Ziwes 1994

Ostfassade des Männer- und Frauenbetraums der Speyerer Synagoge
Zustand 2004, nach den Konservierungsmaßnahmen des Landesamtes für Denkmalpflege Mainz

H
J
G
F
E
A
B
C
D
Stadthalle

Renate Engels

Die Lage der jüdischen Siedlungsplätze im hochmittelalterlichen Speyer

A Vorsalische Bischofsstadt
B Salischer Dom
C Wohngebiet mit starkem jüdischen Bevölkerungsanteil in der Kernstadt
D Jüdischer Gemeinschaftsbesitz mit Synagoge, Kultbad u. a.
E Gebiet der salisch-frühstaufischen Stadterweiterung
F Judenturm (1384) der spätsalisch-frühstaufischen Stadtmauer
G Gebiet der Villa Spira
H Vermutete Lage der Altspeyerer Judensiedlung
J Elendherbergsacker des 18. Jahrhunderts: mindestens 10 bis 12 der insgesamt 17 ³/₄ Morgen bildeten bis 1518/24 den Judenfriedhof.

Grabstein des Samuel ben Schemarja
12. September 1372, Speyer
Sandstein, 82 x 74 cm
Inv.-Nr. HMP-R 21
Historisches Museum der Pfalz Speyer

Die Judensiedlung des Bischofs Rüdiger

Die Judensiedlung des Speyerer Bischofs Rüdiger Huzmann (1073–1090) war nach Ausweis der Urkunde von 1084 auf einem durch den Bischof selbst erworbenen Hang (Clivus) und in einem Tal (Vallis) außerhalb der Wohnungen der anderen Bürger (also wohl außerhalb der damaligen Stadtmauern) angelegt und mit einer eigenen Mauer umgeben worden. Zur Lage dieser Siedlung gibt es eine Fülle von Literatur, die schon mit der spätmittelalterlichen und frühneuzeitlichen Chronistik einsetzt, die aber – soweit sie nur die Angaben der Urkunde selbst berücksichtigt – nicht zu einem eindeutigen Ergebnis kommen konnte. Hinweise in späteren Quellen sind überaus spärlich, einerseits wohl deshalb, weil die Siedlungskonzeption Bischof Rüdigers offenbar bereits unter seinem Nachfolger Johannes (1090–1104) weitgehend aufgegeben wurde, andererseits weil die Quellenlage zu den Speyerer Vorstädten insgesamt recht schlecht beziehungsweise kaum aufgearbeitet ist. Als spätere Hinweise auf die Lage der Siedlung von 1084 wurden gewertet: die Nennung von Judenhäusern als Gegenüber von (selbst allerdings nicht genau lokalisierbaren) christlichen Anwesen in Altspeyer 1337, die Erwähnung von vor 1358 Christen überlassenen Häusern und Höfen am (mit Sicherheit in Altspeyer liegenden) Judenfriedhof, die 1384 erstmals belegte Bezeichnung des nordöstlichen Eckturms der inneren Stadtbefestigung als Judenturm und der allerdings erst im 17. Jahrhundert belegte Name Judengasse für eine Gasse im Nordosten der Vorstadt Altspeyer. Alle Indizien weisen demnach auf eine Lage in der nördlichen, im 14. Jahrhundert ummauerten Vorstadt hin, deren Kern eine ab dem fortgeschrittenen 6. Jahrhundert archäologisch nachgewiesene, erstmals 1212 Alt Spira genannte Dorfsiedlung bildete. Für die genauere Lagebestimmung der Judensiedlung von 1084 innerhalb dieser späteren Vorstadt muss auf weitere archäologische Erkenntnisse oder auf die – allerdings unwahrscheinliche – Erschließung weiterer Schriftquellen gehofft werden.

Der jüdische Friedhof

Das ebenfalls von Bischof Rüdiger – in diesem Fall aus Kirchenbesitz – den Juden als Begräbnisplatz zur Verfügung gestellte Gelände behielt – anders als die Siedlung – bis zum Ende der mittelalterlichen Judengemeinde im frühen 16. Jahrhundert seine Zweckbestimmung, wenn auch unterbrochen durch mehrfache Profanierungen. Aufgrund dieser langen Nutzung ist die Quellenlage ungleich günstiger als für die Siedlung und die Lagebestimmung in der Vorstadt Altspeyer unbezweifelbar. Nach dem Pestpogrom übergab König Karl IV. am 29. März 1349 als Bestandteil des gesamten Individual- und Gemeinschaftsbesitzes der Juden in Stadt und Vorstadt auch deren Friedhof der Stadt Speyer. Nach einer Notiz in den städtischen Amtsbüchern überließ diese am Weihnachtsabend 1354 den seit 1352 wieder zugelassenen Juden einen näher bezeichneten, allerdings heute nicht mehr identifizierbaren Teil des früheren Judenfriedhofs als Begräbnisplatz und nach einer in Abschrift erhaltenen Urkunde dann 1358 für einen Pachtzins von jährlich 30 Gulden den Friedhof im vollen alten Umfang, ausgenommen die bereits genannten anstoßenden Häuser und Höfe. Ob es sich bei diesen um Reste der alten Judensiedlung oder zwischen 1349 und 1358 parzellierte Teile des Friedhofs gehandelt hat, muss wohl offen bleiben. Jeweils etwa sechs bis acht Jahre nach den Ausweisungsedikten von 1405, 1435 und 1518 wurde der »Judenkirchhof« 1413/1415, 1442 und 1524 an Christen zur gewerblichen oder landwirtschaftlichen Nutzung verpachtet, in den Zulassungsphasen ab 1421, ab 1467 und nach 1490(?) jedoch jeweils für weiterhin 30 Gulden jährlicher Pacht restituiert. Zur Lage- und Flächenbestimmung des Friedhofs wurden bislang vorwiegend Quellen zu Verlauf und Beschaffenheit der westlichen Vorstadtmauer herangezogen, der der »Judenkirchhof« nach späten Quellen im Bereich von drei, nach einer zuverlässigen älteren Beschreibung von 1546 im Bereich aller fünf Mauertürme innen anlag. Zeichnerisch rekonstruiert wurde daraus zuletzt ein etwa 360 m langer, aber nur 20 m breiter Streifen, für dessen Breitenbestimmung der Flächeninhalt des mittelalterlichen Wormser Judenfriedhofs als Anhaltspunkt diente. Dass der Speyerer Friedhof tatsächlich wesentlich größer war, ergibt sich aus den Quellen zum fraglichen Gelände selbst, insbesondere aus den zahlreich erhaltenen Pachtverträgen der Jahre 1413 bis 1601. Der Friedhof reichte vom Nordtor der Vorstadt im Norden bis zu privaten Gärten im Süden, die wohl zunächst dem Bereich des 1502 angelegten christlichen Gottesackers in der Südwestecke der Vorstadt vorgelagert, bei einer späteren Erweiterung in diesen einbezogen wurden, und von der Vorstadtmauer im Westen streckenweise bis an die alte, die Vorstadt von Südosten nach Nordwesten durchquerende Wormser Straße im Osten. Der Flächeninhalt des Geländes, das noch vor kurzem ein Judenfriedhof und Ödland war, wurde beim Streit um die Zehntpflicht des neu erschlossenen Ackerlandes 1533 mit 10 bis 12 Morgen, also etwa 3 bis 4 Hektar angegeben, was eine tatsächliche durchschnittliche Breite von etwa 100 m voraussetzt. Nachdem der »Judenkirchhof« 1617 von der Stadt an die Elendherberge abgetreten worden war und Letztere einige im Dreißigjährigen Krieg verödete Hausplätze hinzuerworben hatte, reichte der nunmehrige Elendherbergsacker in fast gesamter Länge bis an die Wormser Straße und beinhaltete 1729/1732 17¾ Morgen.

Die jüdischen Kultbauten in der Kernstadt

Als Konsequenz aus den Ereignissen des Jahres 1096 hatte vermutlich Bischof Johannes den schon damals auch innerhalb der Stadtmauern wohnenden und lehrenden Juden den Bauplatz für Kultbauten auch in der Kernstadt vermittelt oder überlassen. Die hervorragende Lage des innerstädtischen Gemeinschaftsbesitzes nur knapp 200 m westlich des Kaiserdoms und 100 m südlich der »großen Marktstraße« (heute: Maximilianstraße) wird in der Literatur ausreichend gewürdigt. Lateinische und deutsche Quellen zu einzelnen Bestandteilen des Kultareals sind spärlich. 1301 zeigt die Lagebeschreibung dreier Häuser auf der Westseite der »Meischergasse« (heute Judengasse) als »hinter den Schulen der Juden« gelegen erstmals die Mehrteiligkeit des Schulkomplexes. 1334 und 1340 werden außerdem ein Back- und ein (profanes?) Badehaus als Bestandteile des Gemeinschaftsbesitzes genannt. Nach der Übertragung des Gemeindebesitzes an die Stadt 1349

Die Ausdehnung des jüdischen Gemeinschaftsbesitzes in der Kernstadt

↓→ Nennung des jüdischen Gemeinschaftsbesitzes als Angrenzer oder Gegenüber

Nachgewiesene Gebäude im jüdischen Gemeinschaftsbesitz:
1 Männerschul (Synagoge)
2 Frauenschul (Frauenbetraum)
3 »Gebäude 3«
4 Kultbad
5 Vorhalle der Männerschul (Synagoge)

J Von Juden bewohnte Privathäuser

Kartengrundlage: ein auf der Grundlage der Stadtbeschreibung von 1772/73 rekonstruierter Grundstückskataster

und der Wiederzulassung von Juden 1352 gab der Stadtrat diesen am Weihnachtsabend 1354 die »Judenschule« zurück mit der Zusage, ihnen bei einer etwaigen Ausweisung die angefallenen Reparaturkosten für Einfriedung und Bedachung (nicht – wie bisweilen angenommen wurde – die Baukosten für ein weiteres Gebäude) zu erstatten. 1358 waren auch Backhäuser, Badehaus, Scheuern und Gärten wieder im Gemeindebesitz. Am Weihnachtsabend 1361 wurde den Juden schließlich auch der große Schulhof, genannt »der Juden Tanzhaus«, für 8 Gulden Jahrespacht verliehen. Die Gesamtheit der genannten Bestandteile weist darauf hin, dass auch der Gemeinschaftsbesitz um die Synagoge größer war als häufig angenommen. Mangels einer zeitgenössischen Beschreibung sind wir zur Abgrenzung allerdings allein auf die Auswertung von Lageangaben für gut lokalisierbare Grundstücke in der Nachbarschaft angewiesen (in der Abb. unten durch Pfeile gekennzeichnet). 1313 liegt das spätere »Rote Haus« auf der Nordseite der »Judengasse« (heute Kleine Pfaffengasse) gegenüber dem Cimiterium Judeorum (hier sicher Judenschulhof, nicht -friedhof), der demnach schon vor 1349 bis an diese Gasse heranreichte. Gegenüber der Judenschule beziehungsweise dem Schulhof, bisweilen genauer dem Tanzhaus oder der Synagoge, liegen im späteren 14. Jahrhundert auch drei weitere Anwesen der

Nordseite. Begrenzt wird der (große) Schulhof im Osten 1360/61 vom späteren Hof »zum Kirschbach«, im Westen 1361 vom kleinen Schulhof, wohl dem eigentlichen Synagogen-Vorplatz, dieser wiederum von zwei bis zur »Meischergasse« reichenden jüdischen Privatgrundstücken (später zum Hof »zum Eisengrein« vereinigt). Rückwärtig stießen an diese Eckgrundstücke wieder der Schulhof beziehungsweise ein Garten an der Judenschule sowie ein Gemeindehaus, in dem der »Schulkuffer« wohnte. Die Grenze des Schulhofs folgte dann offenbar der »Meischergasse«, wo sie schließlich (1354 und noch 1521) auf die gemeinschaftliche Mauer zwischen dem Schulhof und dem späteren Hof »zum Fasan« stieß. In der Südostecke entsprach die mittelalterliche Schulhofgrenze etwa dem Verlauf der noch erhaltenen Umfassungsmauer des späteren Judenbadgartens, wo »die Juden« als Angrenzer eines ursprünglich zum Schönauer Klosterhof gehörenden Gartenstücks schon 1285 genannt werden. Die topografische Gesamtsituation verdeutlicht, dass der eigentliche Kultbezirk seinen Hauptzugang im Norden von der »Judengasse« aus hatte, aber sicher auch ein direkter Zutritt von der »Meischergasse« aus möglich war.
Während der einzelnen Vertreibungsphasen im 15. Jahrhundert fiel der seit 1349 den Juden lediglich »verliehene« Gemeinschaftsbesitz jeweils an die Stadt zurück, ohne dass ein Gesamtkonzept für eine Umnutzung erkennbar wird, abgesehen von Verpachtung einzelner anscheinend auf den Schulhöfen gelegener Wohngebäude an Christen, häufig offenbar an städtische Bedienstete. In den Zulassungsphasen wurde das Schulhofgelände im Großen und Ganzen jedes Mal restituiert unter Beibehaltung der 1361 vereinbarten Pachtzahlung von 8 Gulden für den (großen) Judenschulhof. Eine dauerhafte städtische Nutzung neben der weiterhin nachweisbaren Verpachtung einzelner Bestandteile zu Wohnzwecken ist erst nach der endgültigen Ausweisung im Anschluss an das restriktive Ratsedikt von 1518 und die auch für Speyer geltenden Judenerlasse Bischof Georgs 1517 und 1519 nachweisbar. So diente die Synagoge spätestens 1529 und bis zur Stadtzerstörung 1689 als Zeughaus, Gebäude an der Kleinen Pfaffengasse als Salzhof (1544), Rossmühle, Heuwaage oder Pfarrhaus (1688). Durch Veräußerung des Teilgeländes an der ehemaligen »Meischergasse« an Bürger vor 1689, des Hauptteils des städtischen Besitzes an der Kleinen Pfaffengasse an Hartard von Rollingen 1702/03 (»Fürstengarten«) und schließlich 1755 des letzten kleinen straßenseitigen Restes an das Domstift wurde die Anlage der Judenbadgasse zur Erschließung der auf dem Gelände des zerstörten »Zeughauses« entstandenen, zunächst weiterhin städtischen Hüttenplätze erforderlich, die für lange Zeit die mittelalterliche Zugangssituation zu den jüdischen Kultbauten unkenntlich machte.

Die jüdischen Wohnhäuser in der Kernstadt

Für das 12. Jahrhundert besitzen wir noch keine Quellen, die Rückschlüsse auf die Dichte der privaten jüdischen Wohnhäuser in der Umgebung der Kultbauten erlauben. Die erhaltenen Urkunden aus dem 13. und der ersten Hälfte des 14. Jahrhunderts über etwa neun Häuser in der »Judengasse« (1241 platea Judeorum, 1273 vicus Judeorum, dann »Judengasse«, heute Kleine Pfaffengasse) stammen aus geistlichen Archiven, sodass nicht verwunderlich ist, dass es sich durchweg um Häuser von Christen handelt. Ein Jude wird dabei nur 1322 als Angrenzer eines Hauses gegenüber der Judenschule (Abb. S. 74 a: C), ein weiterer 1309 als Angrenzer im Eckbereich Herdstraße/»Judengasse« erwähnt. Bezeichnenderweise durch eine der spärlichen Notizen zu Immobilien in den Speyerer Ratsbüchern vor 1349 erfahren wir, dass 1343 ein Jude die Erlaubnis erhielt, ein »Christenhaus« in der »Judengasse« zu erwerben, obwohl dies ein Ratsedikt gerade erst verboten hatte. Schon diese Notiz verdeutlicht, dass die Spärlichkeit von Belegen für jüdische Bewohner der »Judengasse« aus der Zeit vor 1349 im erhaltenen Urkundenbestand ein falsches Bild vermittelt. Einen gewissen Ersatz für die 1349 vernichteten oder nach der pauschalen Überweisung auch des jüdischen Privatbesitzes an die Stadt entbehrlich gewordenen jüdischen Besitzurkunden bieten ab 1353 zahlreiche Nachweise für Grundstücksbesitz beziehungsweise -verkäufe der Stadt gerade in der »Judengasse« und ihrem Umfeld. Da die Stadt zuvor offenbar so gut wie keine Immobilien besessen hatte, handelt es sich dabei zweifellos um 1349 erworbene »Judenhäuser«. Auf der Nord- wie auf der Südseite der »Judengasse« lassen sich zwischen 1353 und 1361 Verkäufe jeweils dreier großer Grundstücke durch die Stadt nachweisen (Abb. S. 74 a: A, B, D, J, K und Q), wobei die Verkaufsurkunden vielfach den hohen Wohnkomfort dieser fast durchweg mit ein oder zwei Steinhäusern bebauten Anwesen erkennen lassen. Auf der Nordseite der »Judengasse« errichtete die Stadt außerdem um 1380 (auf einem ehemals jüdischen Anwesen?) ihr Kaufhaus (E). Um jüdischen Altbesitz handelt es sich wohl auch bei dem Haus, das die Stadt 1373 einem Juden wegen besonderer Verdienste zu Eigen gab (M) und vielleicht beim Wohnhaus eines zurückgekehrten Überlebenden des Pestpogroms (O). Der jüdische Besitz vor 1349 beschränkte sich jedoch keineswegs auf die »Judengasse«. In der Flachsgasse (Abb. S. 74: 1) behielt sich Engelhard von Hirschhorn, als er am 6. Mai 1349 auf die zunächst ihm zugesagten Speyerer Judenhäuser verzichtete, zwei einander benachbarte Anwesen vor, neben denen vor 1349 noch ein weiteres jüdisches Haus gelegen hatte. In der »Meischergasse« (Abb. S. 74: 4) verkaufte die Stadt auf der Ostseite 1354 ein größeres Anwesen (Nordteil des späteren Hofes »Zum Fasan«, vgl. Abb. S. 71) und verpachtete auf der Westseite 1354 und 1387 zwei oder drei wohl kleinere Häuser. In der Webergasse (Abb. S. 74: 5) verkaufte sie 1365 ein neues Haus wohl auf einem alten jüdischen Grundstück. Die Belege insgesamt zeigen, dass es jüdische Wohnhäuser vor 1349 in Gemengelage mit Christenhäusern beidseitig entlang der gesamten »Judengasse« (Abb. S. 74 a) und in bislang nicht genau zu ermittelnder Tiefenerstreckung an deren nördlichen und südlichen Seitengassen gab. Wie viele weitere alte Judenhäuser nicht erfasst werden können, weil ihre Besitzurkunden nicht in kirchliche oder städtische Archivbestände gelangten, lässt sich nicht abschätzen.

Nach der Wiederzulassung 1352 sollten den Juden durch Beschluss vom 18. August 1354 unter Vorbehalt des städtischen Eigentums Wohnsitze in einem festgelegten Bezirk zwischen der Webergasse und dem Schulhof angewiesen werden. Die Stadt strebte nun offenbar gemeinsame Ansiedlung der Juden in einem Teilbereich des alten Wohngebiets an, wobei jedoch das Zugeständnis einer späteren Ausweitung je nach Bedarf und die fehlenden – an dieser Stelle wohl auch undurchführbaren – Abgrenzungen im Norden und Süden eine Interpretation als beabsichtigte Ghettoisierung im eigentlichen Wortsinn nicht zulassen. Die ab April 1353 von der Stadt an Christen verkauften, auch später nie wieder

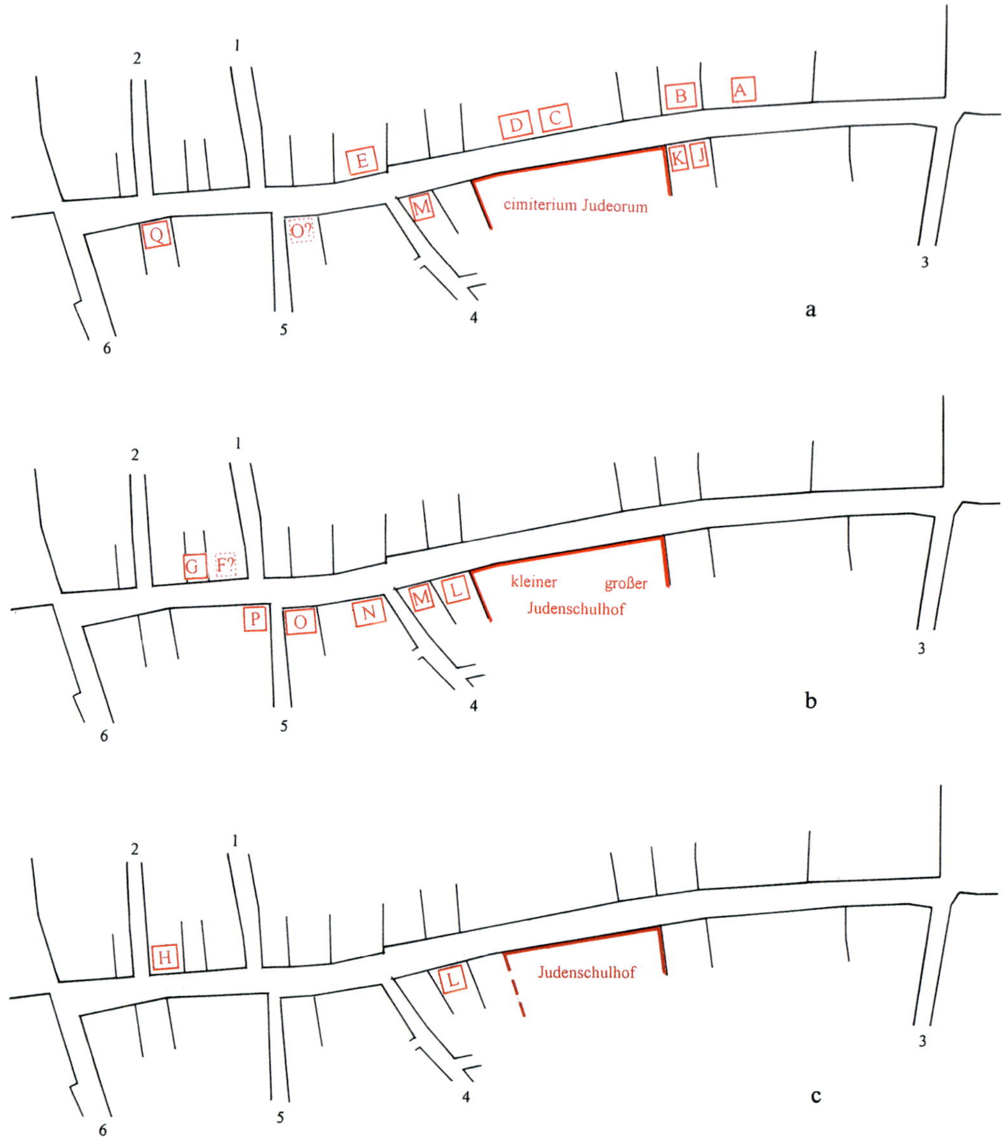

Die Entwicklung der jüdischen Besiedlung an der »Judengasse« (Kleine Pfaffengasse) im Mittelalter

a Vor dem Pestpogrom von 1349 (nachweislich vor 1349 von Juden bewohnt oder nach 1349 im Besitz der Stadt)
b Von der Wiederzulassung 1352/1354 bis zur Ausweisung 1405/1409
c In der Zulassungsphase 1421–1435

A–Q Zeitweise nachweisbar von Juden bewohnte Häuser

1–6 Die Nebengassen:
1 Flachsgasse
2 Grasgasse
3 Kerngasse (Engelsgasse)
4 »Meischergasse« (heutige Judengasse)
5 Webergasse
6 Herdstraße

Kartengrundlage: ein auf der Grundlage der Stadtbeschreibung von 1772/73 rekonstruierter Grundstückskataster

an Juden zurückgelangten Häuser lagen folgerichtig ganz überwiegend außerhalb, die relativ wenigen bekannten Judenwohnungen der zweiten Hälfte des 14. Jahrhunderts tatsächlich meist innerhalb dieses umgrenzten Wohngebiets, so 1365 und 1373 vier größere Anwesen auf der Südseite der »Judengasse« (Abb. S. 74 b: L, M, N und O) und 1365 und 1378 zwei Grundstücke an der »Meischergasse«, darunter das des Judenmetzgers Haissemann (hinter Haus N). Auf der Ostseite der Webergasse hinter Haus O lagen zwar 1365 noch christliche Häuser, als Besitznachfolger erscheinen dann aber auch hier ab 1378 Juden. Außerhalb des abgegrenzten Bezirks lassen sich in dieser Phase 1368 lediglich auf der Westseite der Flachsgasse zwei größere von Juden bewohnte Höfe nachweisen, vielleicht die beiden Hirschhorn-Häuser von 1349, deren Vergabe sich der städtischen Planung wohl entzog.

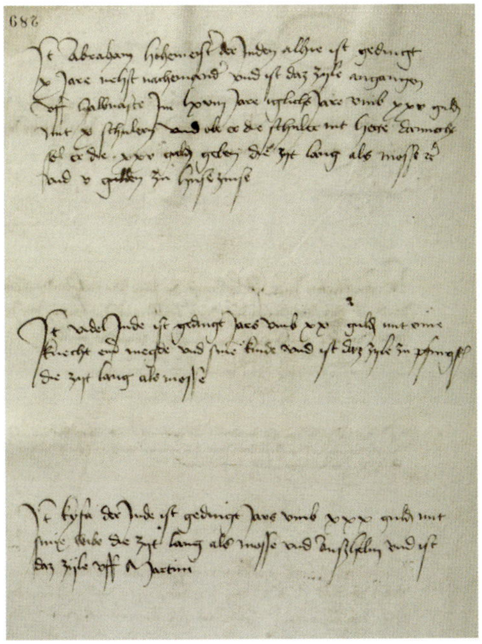

Aufnahmeverträge mit jüdischen Familien, unter anderem mit dem Hohen Meister Abraham
1468, Speyer
Reichsstädtische Akten, Rentherrenbuch, Papier
Inv.-Nr. 1A 843, fol. 289
Stadtarchiv Speyer

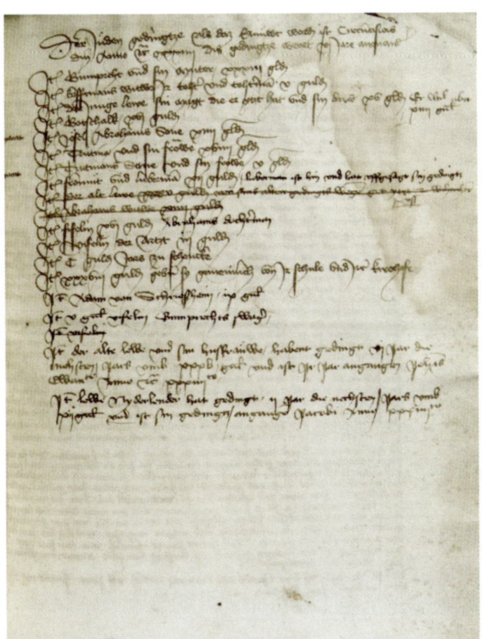

Erneuerung von 15 Aufnahmeverträgen mit jüdischen Haushalten auf zwei bis sechs Jahre
1434, Speyer
Reichsstädtischer Aktenbestand, Bestandsbuch 1411–1497, Papier
Inv.-Nr. 1A 845, fol. 79
Stadtarchiv Speyer

Offensichtlich wurde das Streben nach einem geschlossenen Wohnbezirk ohne erkennbaren Anlass schon gegen Ende des 14. Jahrhunderts wieder aufgegeben. Das erste erhaltene Kontraktenbuch der Stadt (1398–1409) zeigt eine deutliche Zunahme der jüdischen Häuser in der Flachsgasse (auf mindestens vier) sowie in der »Judengasse« westlich der Webergasse (Abb. S. 74 b: G, P und vielleicht F), während von den vier Anwesen auf der Südseite der »Judengasse« zwischen »Meischer«- und Webergasse mindestens zwei von Christen bewohnt wurden. Die genannten jüdischen Häuser lassen sich noch 1406/07 nachweisen, eines wurde sogar erst 1409, also vier Jahre nach dem überlieferten Ausweisungsjahr 1405 erworben. Die Modalitäten ihrer Veräußerung bleiben zumeist ungeklärt, da das Kontraktenbuch für 1410 bis 1419 fehlt. Beim Einsetzen des nächsten erhaltenen Bandes 1420 war jedenfalls offenbar kein jüdischer Hausbesitz mehr vorhanden. Obwohl für 1421 zunächst vier, für 1427/28 weitere elf von der Forschung bisher nicht beachtete »Judengedinge« (zeitlich befristete Aufnahmeverträge) mit zum Teil mehrere Erwachsene umfassenden Familien in städtischen Amtsbüchern aufgelistet sind, lassen sich im Kontraktenbuch für 1420 bis 1436 erst ab 1428 wieder vereinzelt jüdische Häuser nachweisen (die beiden alten Judenhäuser auf der Westseite der Flachsgasse, ein Haus in der Webergasse und zwei Häuser in der »Judengasse«, Abb. S. 74 c: L und H), von denen mindestens drei von ihren Besitzern unmittelbar nach der »ewigen« Ausweisung von 1435 an christliche Bürger verkauft werden. Ganz offenkundig wird also jetzt das Verbot jüdischen Hauseigentums strikter beachtet und das Ausweisungsedikt schneller befolgt. Über die Wohnungen der ab 1467 wieder zugelassenen Gruppe (mit etwa 19 überlieferten »Judengedingen«, darunter einem mit dem Hohen Meister Abraham samt zehn Schülern) konnte nichts ermittelt werden. Ob dies allein auf das Fehlen eines Kontraktenbuchs für diese Jahre zurückzuführen ist oder ob die Juden jetzt tatsächlich Hausbesitz gar nicht mehr erwerben konnten, muss offen bleiben. Für Letzteres könnten die häufigen Vermerke über Hauszinse in den Gedingen der Jahre 1467/1477 sprechen, falls es sich dabei um Mietzahlungen an die Stadt handelt.

Von den auch nach Ablauf dieser Gedinge (1477) bis mindestens 1518 in Speyer lebenden einzelnen Juden kennen wir namentlich nur noch einen, den Arzt Veihel (Videl?), der um 1495 in einem städtischen Haus in der »Meischergasse« wohnte. Dass diese schmale Seitengasse in der letzten Phase jüdischer Präsenz im mittelalterlichen Speyer vielleicht generell als letztes Rückzugsgebiet der Juden angesehen werden kann, darf vielleicht aus der bis heute fortdauernden Übertragung des Namens Judengasse in die bisherige »Meischergasse« erschlossen werden. Schriftlich überliefert ist er hier allerdings erst in der Quartierliste für den Reichstag von 1542, als nach Ausweis eben dieser Liste in dieser Gasse wie in der gesamten Stadt kein Jude mehr ständigen Wohnsitz hatte.

Der vorliegende Beitrag ist eine stark gekürzte Fassung von: Renate Engels, »Zur Topographie der jüdischen Kult- und Wohngebiete im Mittelalter«, in: *Die Juden von Speyer*, hrsg. von der Bezirksgruppe Speyer des Historischen Vereins der Pfalz, 3. Auflage, Speyer 2004. Für alle Quellen- und Literaturangaben sei auf diese Arbeit verwiesen.

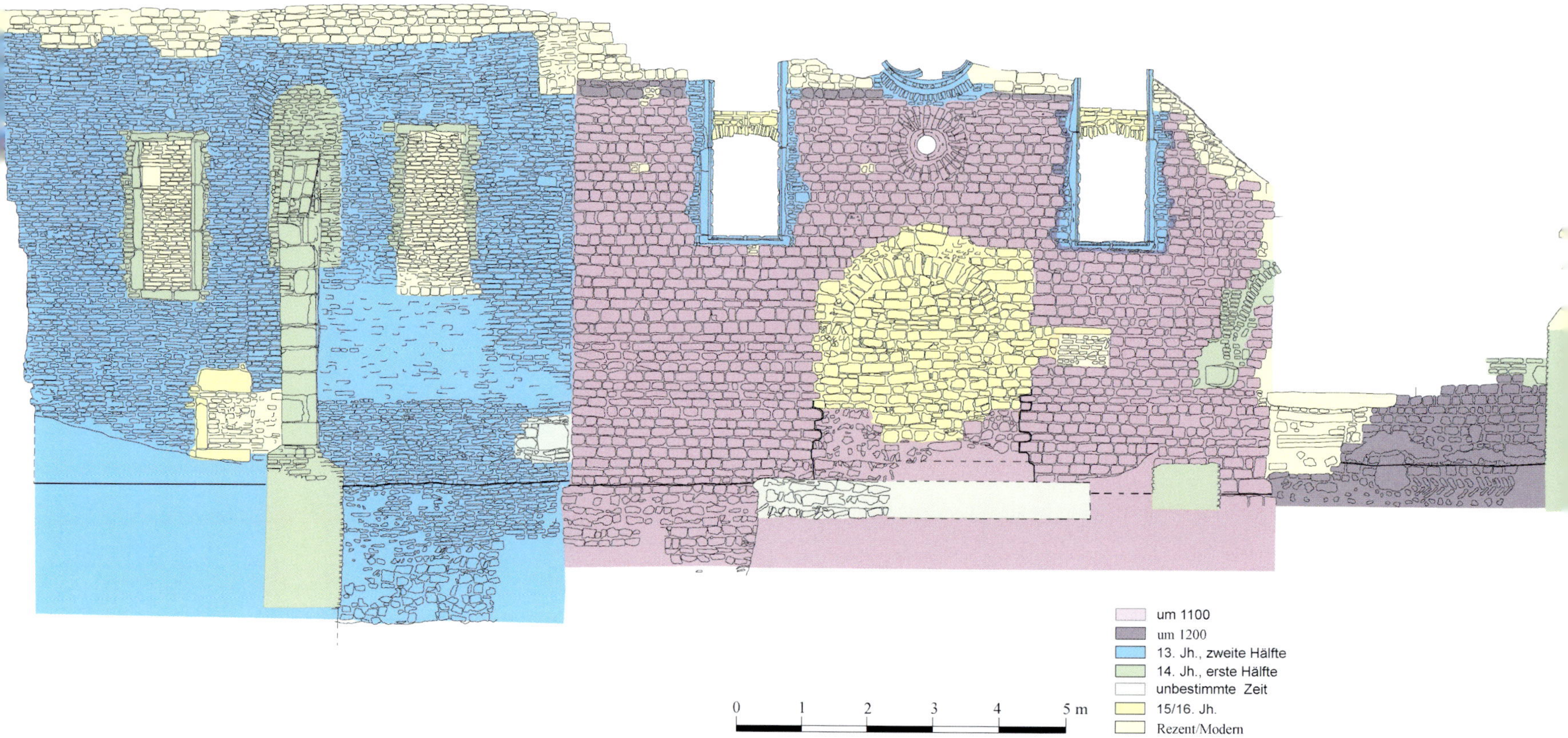

Die mittelalterliche Synagoge mit Frauenbetraum,
Speyer
Kartierung der Bauphasen
Ansicht von Osten
Landesamt für Denkmalpflege Rheinland-Pfalz

Die mittelalterliche Synagoge in Speyer
Bauforschung und Rekonstruktion

Pia Heberer

Die überlieferte mittelalterliche Geschichte der Juden in Speyer beginnt 1084 mit dem Judenprivileg des Speyerer Bischofs Rüdiger Huzmann (1073–1090). Dort werden den Juden besondere Selbstverwaltungsrechte zugestanden, die zu einem schnellen Aufstieg der Gemeinde führten (Monumenta Judaica 1963, S. 53). Eine Synagoge wird in archivarischen Quellen erstmals 1096 erwähnt. In der Nähe des Domes entstand zu Beginn des 12. Jahrhunderts das Ritualbad, die Mikwe. Die als Steinbau errichtete Synagoge konnte 1104 geweiht werden. In den folgenden Jahrhunderten den mehrfach wechselnden Bedürfnissen baulich angepasst, ist sie bis heute – trotz aller Veränderungen – noch so weit erhalten, dass wir uns ihr mittelalterliches Aussehen erschließen können. So entstand im Rahmen der Ausstellung in enger Zusammenarbeit des Historischen Museums der Pfalz, des Landesamtes für Denkmalpflege Rheinland-Pfalz (LAD), der Grabungsleiterin der archäologischen Untersuchung und der Architectura Virtualis GmbH, Darmstadt, eine Rekonstruktion der etwa 450-jährigen Baugeschichte im dreidimensionalen Raum.

Mit dem Untergang der jüdischen Gemeinde Speyer um 1500 endete die ursprüngliche Funktion von Synagoge und Frauenbetraum. Der Gebäudekomplex gelangte dann in den Besitz der Stadt, die dort das städtische Zeughaus einrichtete. Nachdem dieses der Zerstörung der Stadt 1689 zum Opfer gefallen war, lag das Gelände einige Jahrzehnte brach. Im 18. Jahrhundert begann man, auf dem Zerstörungsschutt neue Häuser und Stallungen zu errichten, die sich an die vorhandenen Ruinenmauern anlehnten. Georg Litzel fertigte 1758 eine *Beschreibung der alten jüdischen Synagoge* (Litzel 1759) an, der wichtige Hinweise für die Rekonstruktion entnommen werden konnten. Die innerhalb der Synagoge und des Frauenanbaus errichteten Gebäude überstanden den Zweiten Weltkrieg unbeschadet. Erst in den Folgejahren legte man sie nieder.

Der Stadt Speyer, die sich des historischen Wertes dieser Stätte immer bewusst war, gelang es 1999 die zu den Innenräumen gehörenden Grundstücke zu erwerben. Während die romanische Mikwe seit langem bekannt und für Besucher geöffnet ist, waren in den ehemaligen Beträumen umfangreiche bauhistorische Untersuchungen und Sicherungsarbeiten notwendig, bevor sie öffentlich zugänglich gemacht werden konnten. Eine im Frühjahr 2001 durchgeführte archäologische Grabung diente vorrangig der Klärung von Fragen zur ehemaligen Innenraumgestaltung und Ausstattung. Erneut auftretende Bauschäden an den vor einigen Jahrzehnten bereits sanierten Ostwänden machten Instandsetzungsarbeiten notwendig, mit denen 2003 begonnen wurde. Gleichzeit ergab sich die Möglichkeit einer begleitenden Bauforschung.

Die beiden romanischen Bauphasen der Synagoge

Die etwa 140 m² große romanische Synagoge war 5,90 m hoch und wohl durch eine Holzbalkendecke abgeschlossen. Ihr Portal lag auf der Nordseite im Bereich des zur Zeughauszeit erweiterten Durchgangs. Die zwei Fenster auf der West- und vermutlich auch der Ostseite waren aus einem Werkstein gearbeitet. Eine Mittelsäule mit attischer Basis und Würfelkapitell leitete zu gekuppelten Bögen über. Sie sind seit 1899 ausgebaut und befinden sich im Historischen Museum der Pfalz (siehe S. 130). Die Ostseite war im Innern betont durch eine in der Mitte der Wand liegende, nach Osten um Wandstärke ausspringende Nische, die der Aufbewahrung der Tora-Rollen diente. Die Tora-Nische lag etwa drei Stufen höher als der mittelalterliche Sandstein-Plattenboden. Ebenfalls im Osten markieren heute mit der Wand bündig abgeschlagene, etwa 15 cm hohe und bis zu 1,70 m lange Sandsteine die Stelle eines ehemaligen Gesimses, das der Aufstellung von Kerzen oder Öllampen diente. Die Bima stand, wie die Beispiele in Worms, Regensburg und der Altneuschul in Prag zeigen, im Zentrum des Raumes. In der Speyerer Synagogen-Ruine ist der ehemalige Standort der Bima in der Raummitte durch eine Flickstelle aus unregelmäßigen Pflastersteinen deutlich markiert (Porsche 2002, S. 201 f.).

Die mittelalterliche Synagoge von Speyer,
Ansicht von Nordwesten
Um 1104
3-D-CAD-Rekonstruktion:
Architectura Virtualis GmbH
Kooperationspartner der TU Darmstadt

Bisher ging man davon aus, dass die 1104 geweihte Synagoge bis in das 13. Jahrhundert hinein unverändert geblieben war. Grabungen und Bauuntersuchungen ließen jedoch sehr bald zwei romanische Bauphasen erkennen. Etwa 1,30 m vor der Ecke zur Westmauer waren an der Nord- und Südwand vertikale Baufugen zu erkennen. Vor den Wänden zeichnete sich die mit Erde verfüllte Baugrube, die Keramik der Zeit um 1200 enthielt, als dunkle Verfärbung ab. Erstaunlich ist, dass für den Wiederaufbau offensichtlich das gleiche Material einschließlich der Fenster noch einmal benutzt wurde. Die Fenster mit Mittelsäule und Würfelkapitell sowie das Rundfenster gehören nicht der Zeit um 1200 an, sondern entsprechen in ihrer Formensprache eher dem beginnenden 12. Jahrhundert (Porsche 2002, S. 200 f.).

Die Gründe für die Neuaufmauerung waren bisher unbekannt. Nachdem das Gerüst an der Ostwand gestellt und die schadhafte Ausfugung entfernt worden war, ließen sich die historischen Mörtel ermitteln. Etwa zwei Steinlagen oberhalb des kleinen Rundfensters zeigte sich eine horizontale Baufuge. Auf der ursprünglich obersten Steinlage der Synagogen-Wand von 1104 bildete eine dünne Schicht mit Resten von verbranntem Holz die Trennlinie zwischen zwei romanischen Phasen. Oberhalb der Baufuge veränderte sich das Format der Steine. Der Mörtel enthielt dort als Zuschlagstoff wesentlich mehr und gröberen Rheinkies.

Die mittelalterliche Synagoge von Speyer,
Blick von Nordosten auf Tora-Nische
und Vorhalle
Um 1200
3-D-CAD-Rekonstruktion:
Architectura Virtualis GmbH
Kooperationspartner der TU Darmstadt

Diese Befunde belegen, dass man bereits in romanischer Zeit die Synagoge nach einem Brand wiederherstellte. So liegt es nahe, dies auf den von Ephraim ben Jakob für 1195 erwähnten Brand der Synagoge zu beziehen (Germania Judaica 1963, S. 332). Auch die Neuaufmauerung der Westwand geht wohl auf diese Zeit zurück. Dass das vorhandene Material erneut verwendet wurde, könnte sich dadurch erklären lassen, dass die Christen, die zuvor die Häuser und die Synagoge der Juden zerstört hatten, diese auf königlichen Befehl wieder aufbauen mussten (Germania Judaica 1963, S. 332).

Durch die Brandschicht war die ehemalige Höhe des Mauerwerks der ersten Synagoge vorgegeben. Die Reste des verkohlten Holzbalkens auf der Schmalseite des Gebäudes belegen, dass kein gemauerter Giebel vorhanden war und wohl ein Walmdach die Synagoge abdeckte. Um 1200 errichtete man die Westwand einschließlich ihrer Fundamente und der Ansätze von Nord- und Südwand neu. Die Außenmauern wurden um etwa 50 cm

Albrecht Altdorfer (um 1482/85–1538)
Vorhalle der Regensburger Synagoge
1519, Regensburg
Radierung, 16,4 x 11,7 cm
Inv.-Nr. 75-1896
Staatliche Museen zu Berlin, Preußischer Kulturbesitz, Kupferstichkabinett

erhöht und erhielten einen gemauerten Giebel. Dieser ist heute völlig verschwunden, war aber wohl im 18. Jahrhundert noch erhalten, denn Litzel gibt seine Höhe mit 4,93 m an.

Die Vorhalle

Eine im Norden an die Synagoge anschließende Vorhalle konnte 1997 (Engels 2001) und 2001 (Porsche 2002) archäologisch erfasst werden. Ihre Wände waren in Sandstein-Quadertechnik errichtet und an die Synagoge angebaut. Die an die Mauer anschließenden Bodenschichten lassen vermuten, dass der Anbau in der zweiten Hälfte des 12. Jahrhunderts erfolgte. Ihre Ostwand war in Verlängerung der Ostwand der Synagoge errichtet, ihre Nordwand verlief im Abstand von 4,00 m parallel zur Synagoge und liegt unter der heutigen Hofmauer (Porsche 2002, S. 153). Eine den Raum begrenzende Mauer im Westen wurde nicht erfasst. Wie die gotischen Beispiele in Regensburg (Krautheimer 1927, S. 177) und Prag (Krautheimer 1927, S. 200) zeigen, waren Vorhallen nicht ungewöhnlich. Vergleicht man die Grundrisse, so kann in Speyer durchaus auf die Existenz einer romanischen Vorhalle geschlossen werden, auch wenn Vergleichsbeispiele für diese frühe Zeit bisher fehlen.

Die gotischen Bauphasen

In gotischer Zeit vergrößerte man die Fenster der Ostwand der Synagoge und fügte auf beiden Giebelseiten über dem romanischen Okulus ein größeres Rundfenster ein. Von der Nordwand, von der heute nur noch wenige Steinlagen erhalten sind, konnte Litzel noch berichten, dass sie insgesamt fünf Fenster hatte, von denen drei 1,15 m breit waren. Das Fenster über der Tür hatte eine Höhe von 1,70 m. Die beiden links der Tür waren 2,89 m hoch. Ihre Breite entspricht derjenigen der gotischen Ostfenster und auch die Fensterhöhen, die wir im Osten nicht mehr sicher bestimmen können, könnten identisch gewesen sein. Vom niedrigeren Fenster über der Türe, das wohl noch am besten erhalten war, erwähnt Litzel, dass es mit einem Mittelpfosten und oben mit einem Spitzbogen versehen war. Diese Beschreibung deckt sich gut mit dem Befund der schmalen hohen Fenster der Ostwand, die ebenfalls eine Teilung zeigen. Die Beschreibung von Litzel erlaubt es, die gotischen Fenster mit Spitzbogen zu rekonstruieren. Das Maßwerk folgt in seinen Formen dem gotischen Rundfenster, das noch so weit vorhanden war, dass sich ein Dreipass mit gekehlten Gewänden rekonstruieren ließ. Die Höhe des Giebels betrug nach Litzel 6,93 m. Im Innenraum blieb der Sandstein-Plattenboden erhalten. Entlang der Außenwände entstand ein gemauerter Unterbau für hölzerne Sitzbänke. In die Sandstein-Quader der Wände nachträglich eingearbeitete Dübellöcher, die vereinzelt noch Bleidübel enthalten, dienten der Verankerung der Rückenlehnen.

Für die Datierung bieten die erhaltenen Bauteile nur sehr wenige Anhaltspunkte. Einziger Hinweis sind die Sandstein-Gewände der Fenster. Die gotischen Maßwerkformen, zu denen auch der für die Synagoge zu rekonstruierende Dreipass gehört, hatten sich im deutschsprachigen Raum bis zur Mitte des 13. Jahrhunderts zuerst in den Kirchenbauten und später auch bei bedeutenderen Profanbauten durchgesetzt. Für den Umbau der Synagoge kann damit vorerst nur die Zeit um oder nach 1250 angegeben werden.

Fußboden aus Sandstein-Platten der mittelalterlichen Synagoge in Speyer während der Ausgrabung 2001. Im Hintergrund Reste einer ehemals mit Holz verkleideten Sitzbank

Der Frauenbetraum

Wohl zur gleichen Zeit entstand der in Backstein errichtete Frauenbetraum, der mit 95 m² fast so groß wie die eigentliche Synagoge ist. Von Süden ohne eigene Trennwand an diese angebaut, war der Raum ursprünglich flach gedeckt und besaß im Osten ein Fenster mit Spitzbogen. In der Westwand gibt es zwei, heute vermauerte Türöffnungen, die sich wegen der starken Flickungen im Backsteinmauerwerk zeitlich nicht einordnen lassen. Der Brand des Zeughauses 1689 hatte offensichtlich zu starken Schäden am Mauerwerk geführt. Dieses bestand aus zwei, in regelmäßigen Backsteinlagen gesetzten äußeren Schalen. Der Mauerkern ist sehr unregelmäßig mit viel Mörtel und Backsteinen gemauert. Im Frauenbetraum hatte sich durch die Hitzeeinwirkung die innere Mauerschale vom Kern gelöst und war fast vollständig eingestürzt. Daher ist heute im Innenraum lediglich das Kernmauerwerk zu sehen, das über mehrere Jahrhunderte immer wieder ausgebessert wurde. Im Norden, zur Synagoge hin, fügte man sechs »Hörfenster« in die Wand ein, von denen heute noch zwei erhalten sind. Sie ermöglichten den Frauen, dem Gottesdienst zu folgen. Die Funktion einer nur 70 cm breiten Tür zwischen Synagoge und Frauenbetraum ist bisher ungeklärt. Ob sie, wie Litzel meinte, dazu diente den Knaben zur Beschneidungszeremonie in die Synagoge zu reichen, lässt sich nur vermuten. Auch die Frauen hatten entlang der Wände hölzerne Sitzbänke, von denen die Unterkonstruktion einschließlich der Abdrücke des Holzes noch erhalten waren. Der Fußboden war vermutlich mit verzierten Fliesen ausgelegt, von denen sich einige im Zerstörungsschutt fanden (siehe S. 134).

Wohl noch vor dem Pestpogrom (1349), also in der ersten Hälfte des 14. Jahrhunderts, wurde der Frauenbetraum umgestaltet. Der bisher flach gedeckte Raum erhielt ein gemauertes Gewölbe. Die wandbündig abgearbeiteten Sandsteine der Gewölbekonsolen in der

Die mittelalterliche Synagoge von Speyer,
Blick von Südwesten auf den Frauenbetraum
1. Hälfte 14. Jahrhundert
3-D-CAD-Rekonstruktion:
Architectura Virtualis GmbH
Kooperationspartner der TU Darmstadt

Ostwand haben sich erhalten und belegen einen zweischiffigen Raum. Das Gewölbe, 1758 wohl noch in ruinösem Zustand erhalten, beschreibt Litzel als »Creutzgewölbe von 26 Schuh [7,51 m] hoch, mit untersetzten Säulen«. Bei den archäologischen Untersuchungen fand man im Zerstörungsschutt das Fragment eines Schlusssteins sowie einige Gewölberippen, die Reste einer Farbfassung aufwiesen. Die ocker gefassten Rippen zeigten einen roten Begleitstrich. Dass der Innenraum insgesamt farbig war, lassen auch die Aufzeichnungen von Litzel vermuten. Danach war der Raum »gezieret an den getünchten Mauern mit Gemählden, davon man die Spuren noch siehet«. Der Einbau des Gewölbes machte auch Veränderungen an der Fassade notwendig. Das in der Mittelachse der Ostseite sitzende Fenster wurde vermauert. Stattdessen entstanden in der Achse der Gewölbescheitel zwei neue hochrechteckige, pfostengeteilte Fenster. Außen fügte man als Widerlager für den Gewölbeschub Strebepfeiler hinzu.

Der gotische Anbau

Ebenfalls in gotischer Zeit entstand an die Nordostecke der Synagoge und an der Ostwand der Vorhalle ein kleiner annähernd quadratischer Bau aus Backsteinen. Funktion und Zeitstellung dieses Gebäudes konnten bisher noch nicht geklärt werden. Die Verwendung von Backsteinen belegt lediglich eine Errichtung nach 1230 (Engels 2001, S. 63 f.). Die Konsolsteine, die zum Teil nachträglich in die bereits vorhandenen Wände eingemauert wurden, und die Strebepfeiler an den Außenwänden beweisen, dass der Raum eingewölbt war. Seine Gewölbeform ließ sich an der Ostwand der Synagoge an den nachträglich eingefügten Backsteinen noch ablesen. Die Oberkanten der Konsolen liegen etwa 1,50 m über dem Fußboden. Das Gewölbe war nicht höher als 1,70 m, sodass der Raum sehr gedrungen gewirkt haben muss.

Die mittelalterliche Synagoge in Speyer entstand 1104 und wurde 1195 nach einem Brand wiederhergestellt. Damals entstand wohl auch die Vorhalle. Nach 1250 gestaltete man die Synagoge in gotischen Formen um und fügte den Frauenbetraum an, der wohl in der ersten Hälfte des 14. Jahrhunderts ein Gewölbe erhielt. Über die Bestimmung des in gotischer Zeit errichteten quadratischen Baus an der Nordostecke der Synagoge kann bislang nur spekuliert werden.

Bodenfliese mit Löwenmotiv
13. Jahrhundert
Keramik, 13,5 x 13,5 x 2,9 cm
Leihgabe des Landes Rheinland-Pfalz,
Archäologische Denkmalpflege Speyer

Literatur: Engels 2001; Germania Judaica 1963; Krautheimer 1927; Litzel 1759; Monumenta Judaica 1963, 53; Porsche 2001; Porsche 2002

ושותה

כל אחד כוסו ועושי׳ הסדר כ
כאשר כתוב׳׳

נטילת ידים

׳׳ ומברכין ׳ בא״י אמ״ה אשר
קדשנו במצותיו וצונו על
נטילת ידים׳׳

המוציא

יקח אחת משתי המצות השל׳
ויברך עליה׳ בא״י אמ״ה המוצ׳

»Und sie gibt Nahrung ihrem Haus«
Jüdische Geschäftsfrauen im spätmittelalterlichen Aschkenas

Martha Keil

»Zweifache Unterdrückung« – als Frau und als Jüdin – ist oft das jüdischen Frauen zugeschriebene Attribut, gleich, ob von jüdischer oder christlicher, männlicher oder weiblicher Seite. Viele haben die orthodoxe Ehefrau und Mutter vor Augen, die ihre Haare mit allerlei fantasievollen Kopfbedeckungen oder gar einer Perücke züchtig verhüllt, hochschwanger fünf Kinder um sich schart und in der Synagoge buchstäblich hinter Mauern oder Gittern sitzen muss, abgetrennt vom würdigen religiösen Geschehen im Hauptraum. Noch stärker überzeichnet wird dieses Bild auf das »finstere« Mittelalter rückprojiziert, wo Frauen nach landläufiger Meinung ohnehin beinahe Leibeigentum des Ehemannes waren, keinerlei Machtbefugnisse hatten und zu einem auf »Kinder, Küche, Kirche« beschränkten Leben verdammt waren. Wenn dies für Christinnen galt, umso mehr dann, so könnte man meinen, für die einer unterdrückten Minderheit angehörenden Jüdinnen.

Im Widerspruch dazu steht ein anderes Klischee, das jedoch die oben genannte Vorstellung ergänzt und vor allem durch die Literatur der Schtetl-Romantik wie die Romane von Isaac Bashevis Singer und anderen verbreitet wurde: das der Eschet Chail (der »starken Frau« aus Proverbia 31,10–31), der geschäftstüchtigen, realistischen Frau, die ihrem weltfremden Ehemann den Lebensunterhalt und damit die Hingabe an seine religiösen Studien ermöglicht. Dieses Ideal einer den üblichen Geschlechterordnungen entgegengesetzten Arbeitsteilung besteht seit Jahrhunderten. Der Lobpreis der »starken Frau«, die mit eigener Hände Arbeit ihre Familie ernährt, ist einer der meistzitierten Texte der hebräischen Bibel. Der Talmud (Ned. 59 a) berichtet über Rachel, die Frau des berühmten Rabbi Akiba, die während der 24 Jahre währenden Abwesenheit ihres lernenden Mannes die Familie ernährte, ohne die ihr zustehende Versorgung und ein geregeltes Eheleben einzufordern – ein wahrhaftiges Beispiel von Selbstaufopferung zugunsten der Erfüllung der männlichen religiösen Pflichten. Diese Ermöglichung wird einer Frau, wie mittelalterliche Rabbiner versicherten, in gleichem Maße als Verdienst angerechnet, als würde sie selbst geistliche Studien betreiben.

Auch im Mittelalter war dieses Frauenideal wirksam. In überaus poetischer und auch herzergreifender Form bringt einer der berühmtesten Gelehrten seiner Zeit, Rabbi Eleasar ben Jehuda von Worms, Verfasser des *Sefer ha-Rokeach* (um 1165–1260; siehe S. 64), seine Wertschätzung und Trauer für seine 1196 von christlichen Räubern ermordete Frau Dulce zum Ausdruck. Er greift dabei den biblischen Text der »Eschet Chail« aus Proverbia 31,10–31, auf und paraphrasiert ihn als gereimten Kommentar mit dem hebräischen Alphabet folgenden Zeilenanfängen (ediert in Haberman 1945, 164–167). Die Bibelzitate sind kursiv gesetzt:

»*Eine starke Frau, wer findet sie?* Wie meine Gattin, die fromme Frau Dulce.

Eine starke Frau, die Krone ihres Mannes, die Tochter von Wohltätern. Eine gottesfürchtige Frau, gepriesen für ihre guten Taten.

Frauen am gedeckten Tisch
Sarajevo-Haggada (Ausschnitt)
Nach 1350, Aragon
Pergament, 23,5 x 17 cm
fol. 65 recto
Zemaljski Muzej, Sarajevo

Hochzeitspaar
Wormser Machsor (Ausschnitt)
1272, Worms
Pergament, 32 x 41,5 x 7 cm
Inv.-Nr. Ms.Heb. 4° 781/1, fol. 72 verso
The Jewish National & University Library, Jerusalem

Das Herz ihres Mannes vertraut auf sie: Sie ernährte ihn und kleidete ihn in Ehre, *damit er sitze unter den Ältesten des Landes*, zur Lehre und zu guten Taten.
Sie tut ihm Gutes und niemals Böses, alle Tage seines Lebens mit ihr. Sie fertigte ihm mit eigener Arbeit Bücher; ihr Name ist: ›die Liebliche‹.
Sie suchte weiße *Wolle* für Schaufäden, *und schafft mit eifrigen Händen.*
Sie sann darauf, die Gebote zu erfüllen, und alle, die sie sahen, priesen sie.
Sie gleicht den Schiffen des Kaufmanns, um ihren Mann zu ernähren, damit er sich der Tora widmen konnte.
Ihre Töchter sahen sie und *priesen sie glücklich*, *denn gut war ihre Ware.*
Und sie gibt Nahrung ihrem Haus, und Brot den jungen Männern.«
Schon dieser nur ein Drittel umfassende Ausschnitt von Eleasar ben Jehudas Trauergedicht spricht alle klassischen Fähigkeiten und Tätigkeiten der Frau Dulce an: Sie ist aus gutem Hause, von edlem Charakter, fromm, bescheiden, wohltätig und gebildet, und sie ernährt ihren Mann und ihre Familie mit eigenen Händen sowohl durch traditionelle Handarbeit als auch durch Handelstätigkeit, damit er seinem Studium nachgehen kann. Die Frage ist nun: Entsprach diese Beschreibung der Realität einer jüdischen Frau des mittelalterlichen Aschkenas, oder müssen wir sie als liebevolle Übertreibung eines trauernden und poetisch begabten Ehemannes ansehen, der die Topoi der Literatur gut zu bedienen wusste?

Geschäftstätigkeit jüdischer Frauen

Die Geschäftstätigkeit jüdischer Frauen interessiert die historische Forschung erst ungefähr seit den achtziger Jahren des 20. Jahrhunderts, als sich die Fragen und Methoden der Frauen- und Geschlechtergeschichte auch auf die Geschichte des jüdischen Mittelalters auszudehnen begannen. Im Großen und Ganzen steckt die Erforschung der jüdischen Frauen im Mittelalter noch in den Kinderschuhen, und Fachliteratur erschien bisher vor allem im hebräischen und englischen Sprachraum (Grossman 2001; Grossman/Haut 1992).

Ausgehend von der Quellenlage – noch stärker als im christlichen Bereich fehlen im jüdischen von Frauen selbst verfasste Quellen – ist die Geschäftswelt am frühesten und besten erfasst, und der hohe Frauenanteil ist verblüffend: Die Hälfte aller Darlehen in Nordfrankreich im 13. und 14. Jahrhundert (Jordan 1978) und ein Drittel in 41 deutschen Gemeinden zwischen 1350 und 1500 (Toch 1993) wurden von Frauen vergeben. Für diese Angaben wurden nur die von Frauen alleine oder an der Spitze eines Konsortiums gewährten Darlehen herangezogen, also nicht die Mitnennungen mit Ehemann oder männlichen Verwandten, die ja über die Vermögensbeteiligung von Frauen keinen Aufschluss geben.

Die Analyse der Quellen zur jüdischen Wirtschaftsgeschichte in Österreich ergab ein differenziertes Bild (Keil 2003): Jüdische Frauen vergaben nur etwa ein Zwanzigstel der hochdotierten Darlehen an Adelige – und zwar ausschließlich als Witwen von Spitzenbankiers. Frauen dieser Schicht konnten sich aber in Lebensstil und Präsentation durchaus mit adeligen und ratsbürgerlichen Frauen vergleichen, wie die prächtigen Wandmalereien im Haus der Geldleiherin Minna in der Züricher Brunngasse um 1330 beweisen. Jüdische Oberschichtfrauen verwendeten eigene Siegel, konnten reiten und orientierten sich in Kleidung, Speisen, Musik und Buchmalereien an den Moden des Adels. Solche weiblichen »Topbankiers« waren auch innerhalb der jüdischen Gemeinde eine Minderheit, konnten aber beachtlichen Einfluss erringen, wie sich im Folgenden zeigen wird.

Im mittleren Bereich weisen die Darlehen an Ratsbürger und andere Bürger in Wien und Wiener Neustadt, den beiden größten jüdischen Gemeinden im mittelalterlichen Österreich, einen Frauenanteil zwischen einem Elftel und einem Siebentel auf. Die meisten Frauen – wie auch Männer – verliehen jedoch geringe Summen an Kleinbürger, Handwerker und Inwohner, was einen Frauenanteil von einem Drittel ergab. Der enge Geschäftskontakt von Jüdinnen mit den unteren städtischen Schichten, sogar mit Prostituierten, stand offenbar nicht im Widerspruch zur oftmaligen Aufforderung der Rabbiner zu Sittsamkeit und häuslicher Zurückgezogenheit. In Brünn beispielsweise verpfändete die Dirnenvorsteherin der Jüdin Noba im Jahr 1379 vier Dirnenhäuser. Isserlein bar Petachja, Rabbiner von Wiener Neustadt (um 1390–1460), fand es moralisch nicht weiter bedenklich, dass seine Schwiegertochter Redel Kleinstdarlehen an die Prostituierten der Stadt gab (Leket Joscher II, 16). Diese starke Verankerung im Geschäftsleben brachte eine Verbesserung der Lage der jüdischen Frau in wichtigen Bereichen des öffentlichen und privaten Lebens mit sich. Eigenverantwortliche Rechtspersönlichkeit, Gerichtsfähigkeit, Eidesleistung, Mobilität und eine gewisse weltliche Bildung waren Voraussetzung oder aber auch direkte Folge der weiblichen Geschäftstätigkeit. Zunehmende Anerkennung durch Familie und Gemeinde und der damit verbundene Aufstieg in der Ehrenskala brachten vermutlich indirekt den Schutz vor Misshandlung durch den Ehemann mit sich, außerdem eine Erleichterung in gewissen halachischen Sachzwängen wie zum Beispiel bei der Aguna. Einige Entwicklungen haben Parallelen im christlichen Bereich, andere, wie die strenge Bestrafung des Ehemanns bei Misshandlung, sind unabhängige jüdische Rechtsneuerungen.

Fürspann und Brosche mit Darstellung eines Liebespaars
Schatz von Lingenfeld
Um 1340–1349, Oberrhein
Fürspann: Gold, Edelsteine, Inv.-Nr. LG 37
Sammlung M. u. M.
Brosche: Email, Inv.-Nr. 1977/3f
Historisches Museum der Pfalz Speyer

Geld und Macht

Die Existenz der jüdischen Gemeinden im Mittelalter hing von ihrer Steuerleistung ab, welche dem Landesherrn kollektiv bezahlt wurde. Verarmten ihre Mitglieder und konnten den fiskalischen Forderungen nicht mehr genügen, drohte Vertreibung oder Schlimmeres. Die Gemeindevorsteher handelten den Anteil ihrer Kehila (Gemeinde) an der allgemeinen Judensteuer aus, die Gemeindemitglieder deklarierten ihr Vermögen unter Eid, und die Schatzmeister (Gabbaim) schätzten den Anteil der einzelnen Steuerzahler nach deren Vermögenserklärung ein. Frauen waren also in der Steuerberechnung eine wahrnehmbare Größe und werden daher auch in den meisten Steuererlässen des Spätmittelalters ausdrücklich erwähnt. Einzelne Frauen, wie zum Beispiel Zorline von Frankfurt, deren Steueranteil 1391 über 60 Prozent aller Geldhändler ihrer Stadt betrug, sicherten mit ihrem Beitrag die Existenz ihrer Gemeinden und genossen dementsprechendes Ansehen. Am unteren Ende der sozialen Leiter stand bei Männern wie bei Frauen das steuerbefreite Dienstpersonal. Wenn auch die Machtstruktur der mittelalterlichen patriarchalischen Gesellschaft bei Juden wie bei Christen nicht grundlegend aufgebrochen werden konnte, war es doch einzelnen Frauen möglich, kraft ihres finanziellen Vermögens auch gemeindepolitische Macht zu erlangen – dieser Aspekt der jüdischen Geschichte wurde erst durch die Methoden der Gender Studies sichtbar. Historiker früherer Generationen übersahen die Bedeutung einzelner Urkundeninhalte, einfach weil nicht sein kann, was nicht sein darf; dazu einige Beispiele:

Selda von Radkersburg in der Steiermark war 1338 Steuereinnehmerin in ihrer kleinen Gemeinde, auch wenn sie nicht ausdrücklich Gabbai genannt wird. Die ausstehenden Beträge hatte sie mit ihren Gemeindemitgliedern ausgehandelt – was Autorität und Akzeptanz erforderte – und der Obrigkeit gemeinsam mit ihrem Mann und ihrem Sohn vorgestreckt. Die Einsammlung der Summen blieb dann wieder ihr überlassen, wie es das undankbare Amt der Steuereinnehmer vorsah. Selda ist damit die einzige nachgewiesene Trägerin, oder besser gesagt: De-facto-Trägerin eines jüdischen Gemeindeamtes im mittelalterlichen Österreich.

Auch im heutigen Deutschland berechtigte Reichtum zu Funktionen, die Frauen ansonsten aufgrund ihres Geschlechts verwehrt waren: 1336 verwaltete die Jüdin Nenneke mit ihrem Mann den Friedhof der jüdischen Gemeinde in Dortmund und hatte somit Macht über die prestigeträchtige Anordnung der Gräber. In der selben Stadt bezahlte die Witwe Pesselyn 1404 das Gehalt des Schammes der Gemeinde; ob damit auch ein Einfluss auf die Gottesdienstordnung verbunden war, ist zu bezweifeln.

Besondere Notsituationen eröffneten Frauen zu allen Zeiten Chancen, ihre Fähigkeiten unter Beweis zu stellen: 1480 führte Gutrat von Regensburg mit einer weiteren Frau und einem Mann die Verhandlungen mit Kaiser Friedrich III. zur Freilassung der 17 von der Stadt in Gefangenschaft genommenen Juden. Ihr Bruder Mayr Schalmann, der reichste Geldhändler Regensburgs, war unter den Gefangenen. Zu diesem Zweck reiste sie mit kaiserlichem Geleit mehrmals nach Wien. 1493 übernahm sie das Erbe ihres Bruders und die Vormundschaft für ihren Neffen, kündigte der Gemeinde ihre Mitgliedschaft auf und brachte die jüdische Gemeinde zur Verzweiflung, indem sie ihre Steuern nicht bei ihr, sondern direkt bei der Stadt Regensburg bezahlte.

Münzschatz vom Neupfarrplatz
1388, Regensburg
Keramik, 624 Goldmünzen
Historisches Museum der Stadt Regensburg

Bei der Ausgrabung auf dem Neupfarrplatz fand man 1996 insgesamt 624 Münzen, die in drei kleinen Tongefäßen deponiert waren. Ein jüdischer Händler hatte sie im Keller seines Hauses, knapp unter der Lauffläche des gestampften Lehmbodens, vergraben.

Sonderfall Regensburg

Zu einem unbestimmten Zeitpunkt vor dem August 1351 kam Kaendlein, die vermögende Witwe des Mosche aus Grez (südlich von Regensburg), in die Stadt. Rasch stieg sie in die jüdische Oberschicht auf und wurde bereits 1354 vom Stadtrat beauftragt, den Steueranteil der hinzugezogenen fremden Juden festzusetzen. Ein Jahr später nahm Kaendlein im Namen der Judengemeinde von Regensburg als Erstgenannte mit fünf weiteren Vorstehern eine Anzahl von neuen Mitgliedern auf. Die Urkunde ist mit dem hebräischen Siegel der Gemeinde beglaubigt, es ist also offensichtlich, dass Kaendlein als erste Frau das Amt eines Gemeindevorstehers (Parnass) ausübte. Ihre herausragende Stellung illustrieren nüchterne Zahlen: Während die Juden durchschnittlich 23 Pfund jährliche Steuern an die Stadt zahlten, leistete Kaendlein 60! Diese finanziell und politisch derart mächtige Frau fand allerdings ein tragisches Ende; sie fiel einem Raubmord im eigenen Haus zum Opfer. 20 Jahre später wiederholte sich die Konstellation eines weiblichen Vorstands: Im März

1374 schworen die zwölf Parnassim der Judengemeinde mit einem schweren Eid auf die Tora, Regensburg in den nächsten zwölf Jahren nicht zu verlassen. An vorletzter Stelle der zwölf ist »ich Joseppine« gereiht, in eindeutiger Funktion einer Parnesset, wie 20 Jahre zuvor Kaendlein.

Parnassim treffen wie der christliche Stadtrat als Oligarchie die Entscheidungen für die gesamte Gemeinde. Dass eine Frau, wenn auch eine sehr vermögende, in diese Machtposition gelangen konnte, ist nach bisheriger Kenntnis der Quellen ein einmaliges Phänomen und zeigt, dass unter manchen politischen Umständen die Zugehörigkeit zu einer sozialen Schicht die Geschlechtszugehörigkeit an Bedeutung überstieg. Christliche Bürgerinnen Regensburgs waren in derartigen Machtpositionen nicht zu finden, die einzige Gruppe mit vergleichbaren Funktionen waren die Äbtissinnen der Frauenklöster, und hier könnte tatsächlich ein Ideentransfer zwischen jüdischer und christlicher Gesellschaft vorliegen, wie er im Mittelalter nicht selten war und auch zum folgenden Thema zu beobachten ist.

Ausgrenzung aus der Synagoge

Im krassen Gegensatz zu dem vielfach selbstbestimmten Leben als Geschäftsfrau oder gar als Machtträgerin einer Gemeinde stand der konsequente Ausschluss der Frauen vom Gemeindegottesdienst. Die Annahme liegt nahe, dass mit der Ausgrenzung aus der sozioreligiösen Öffentlichkeit versucht wurde, Frauen, die im Geschäftsbereich und damit auch in der Gemeindeorganisation wichtig und einflussreich geworden waren, aus den letzten Bastionen der öffentlichen Ehre zu verdrängen. Hauptargument der Rabbiner war die Sittlichkeit der Frauen, über die sich das Ansehen der Männer definierte, und hier verblüfft die Parallele zu den Aussagen der christlichen Gelehrten (Grossman 2001, 35 ff.). Unsichtbarkeit und vor allem Unhörbarkeit waren größte Tugenden insbesondere der geistlichen Frauen, und die Diskussion, bei welchen Gelegenheiten zum Beispiel eine geschäftsführende Äbtissin die Klausur verlassen durfte, wurde gerade während des 12. Jahrhunderts im Zuge der Klosterreformen mit großer Vehemenz geführt (Muschiol 1997).

Seder-Abend
Barcelona-Haggada (Ausschnitt)
1350, Barcelona
Pergament, 28 x 20,7 x 10 cm
Inv. Nr. Ms. Or. Add. 14761, fol. 19 verso
The British Library, London

Die Ausgrenzung der jüdischen Frauen aus dem Synagogenraum hat keine Wurzeln in der Halacha und erfolgte in kleinen Schritten (Taitz 1992). Im 13. Jahrhundert standen Frauen nicht einmal mehr Beistandsfunktionen wie etwa bei der Beschneidungszeremonie (Hoffman 2001) offen, die im 11. und 12. Jahrhundert noch möglich gewesen waren. Außerdem verpflichtete sie ja die Tora, die Gebote und an bestimmten Tagen Stellen aus der Schrift zu hören, bei Bedarf mit Übersetzung. Auch die volkssprachliche Predigt richtete sich an Frauen sowie ungebildete Männer. Für solche Gelegenheiten brachte man, wie Rabbi Mordechai ben Hillel (gestorben 1298) überliefert, in manchen Synagogen eine Raumteilung (Mechiza) aus Tüchern an, auch Holzbalustraden oder -anbauten sind anzunehmen, wie sie auch aus von christlichen Pfarrgemeinden und Nonnen gemeinsam benutzten Kirchen bekannt sind.

Dass Frauen, die nach der Halacha nicht zum regelmäßigen Gemeindegebet verpflichtet sind, in eigenen Gebetsgruppen, wahrscheinlich unter Leitung einer Vorbeterin (Chasanit) zusammentrafen, lässt sich aus einigen Hinweisen schließen. Möglicherweise ließ man die Frauen auf deren eigenen Wunsch am öffentlichen Gemeindegottesdienst teilhaben, doch

מקוה
90

Hörfenster zwischen Synagoge und Frauenbetraum in der mittelalterlichen Synagoge von Speyer
Zustand nach der Freilegung 2004

die Gestaltung dieser Einbeziehung war gleichzeitig auch ausgrenzend. Diese Ambivalenz fand als frühestes Beispiel in Worms bereits 1212 in einer eigenen gemauerten »Frauenschul« ihre architektonische Manifestation. Nach 1230 erweiterte auch die jüdische Gemeinde Speyer ihre Synagoge um einen großen Frauenbetraum, die meisten anderen entstanden im 14. Jahrhundert. Die Frauenschulen waren derart gestaltet, dass die Frauen dem Gottesdienst nur durch schmale Schlitzfenster folgen, so gut wie nichts sehen und kaum etwas hören konnten – und, noch wichtiger, von den Männern nicht gehört wurden. Durch diesen eigenen Raum war nun den Frauen der Zutritt zum Raum der öffentlichen Ehre schlechthin verwehrt, was im 11. und 12. Jahrhundert noch nicht der Fall gewesen war. Gleichzeitig erfolgten strenge Klausurerneuerungen für Frauenklöster. Die religiöse Frauenbewegung des 12. und 13. Jahrhunderts führte zu zahlreichen Frauenklostergründungen der neuen Orden (Felten 1992, 215) und blieb sicher, wie viele andere christliche Entwicklungen, von der jüdischen Geisteselite nicht unbemerkt. Unter diesem Aspekt ist die zunehmende Ausgrenzung der Frauen aus der Synagoge vielleicht eher als Ausdruck eines »Frömmigkeitswettbewerbs« zwischen Juden und Christen (auch den Frauen) zu sehen denn als Reaktion der männlichen Oligarchie auf weibliche Machtpositionen. Nonnenklausur und Frauenschul, Absonderung aus Gründen der Reinheit und Sittsamkeit sind vergleichbare Konzepte. Auch Jüdinnen selbst traten in diesen Wettbewerb ein und gestalteten ihre Ausgrenzung freiwillig noch strenger – schlugen also geistliche und männliche Autoritäten gleichsam mit den eigenen Waffen und gewannen dadurch wiederum eigenständige Identität und Selbstbestimmung.

Literatur Felten 1992; Grossman 2001; Grossman/Haut 1992; Haberman 1945; Hoffman 2001; Jordan 1978; Keil 2003; Muschiol 1997; Taitz 1992; Toch 1993

Frauen kaschern Geschirr in der Mikwe
Maurische Haggada (Ausschnitt)
Um 1300, Kastilien
Pergament, 94 Blätter, 16,2 x 12,2 cm
Inv.-Nr. Ms. Or. 2737, fol. 90 recto
The British Library, London

הלכות

פרק ראשון

Juden in den Naturwissenschaften des Mittelalters

Frederek Musall

Der Versuch, einen kurzen Abriss über den Beitrag von Juden zu den mittelalterlichen Naturwissenschaften zu geben, gestaltet sich aufgrund der vorhandenen Materialfülle als kein leichtes Unterfangen. Juden haben regen Anteil an den kulturellen und wissenschaftlichen Entwicklungen ihrer Zeit genommen und in den verschiedenen Wissenschaften ihre Spuren hinterlassen. Darunter finden sich herausragende Einzelleistungen wie beispielsweise von Abraham bar Chijja, Moses Maimonides, Levi ben Gerschom oder Abraham Zacuto. Das besondere Verdienst jüdischer Gelehrter liegt aber in der Übersetzung arabischer Werke ins Hebräische und vom Hebräischen ins Lateinische. Dadurch konnten die griechisch-arabischen Wissenschaften Eingang in den lateinischen Westen finden.

Der hier vorgenommene Versuch einer repräsentativen Darstellung beschränkt sich auf die mittelalterlichen Naturwissenschaften. Der mittelalterliche Wissenschaftskanon umfasste noch weitere Fächer wie zum Beispiel Lexikografie, Grammatik, Philosophie und Logik. Dass der Medizin hier ein großer Raum eingeräumt wird, verdeutlicht die hohe Stellung des Arztberufes im Judentum, die mit der des Rabbiners zu vergleichen ist. Das Studium der verschiedenen naturwissenschaftlichen Disziplinen, die sich an den klassisch-griechischen Vorbildern orientierten, gehörte im Mittelalter zum Lehrplan der Talmud-Schulen. Dies mag als Erklärung dafür dienen, warum einige der angeführten Gelehrten gleich auf mehreren wissenschaftlichen Gebieten tätig waren. Rabbiner, Naturwissenschaftler, Arzt, Philosoph und Übersetzer in einer Person zu sein, war im Mittelalter keine Seltenheit.

Medizin

Schon früh findet man Hinweise auf das Wirken jüdischer Ärzte im mittelalterlichen Europa. So gilt Zedekias (gestorben 880), der als Leibarzt Ludwigs des Frommen und seines Sohnes Karls des Kahlen tätig war, als der erste namentlich erwähnte jüdische Arzt des fränkischen Reiches. Eine der wichtigsten medizinischen Lehrinstitutionen im Mittelalter war die so genannte »Schule von Salerno«, die zwischen dem 9. und 15. Jahrhundert bestand und eng mit dem Namen Sabbatai Donnolo (913 – um 982) verbunden war. Dessen wohl bekanntestes medizinisches Werk, der *Sefer ha-Jakar* (Das kostbare Buch), eine Abhandlung über Arzneimittel, gilt als das erste in hebräischer Sprache verfasste Prosawerk Europas. Trotz der Tatsache, dass Süditalien ein wichtiger Berührungspunkt zwischen Abend- und Morgenland war und auch in Salerno wissenschaftliche Schriften aus dem Arabischen übersetzt wurden, zeigte sich die »Schule von Salerno« anfangs recht unbeeinflusst von der arabischen Kultur. Vielmehr bauten die Werke Donnolos auf den Erkenntnissen des byzantinischen Juden Asaf ha-Rofe (6. Jahrhundert) auf. Der aus Jerusalem stammende und später vermutlich zum Christentum konvertierte Benvenutus Grapheus (12. Jahrhundert), einer der berühmtesten Augenärzte des Mittelalters, soll ebenfalls in Salerno unterrichtet haben. Seine in zahlreiche europäische Sprachen übersetzten Werke zählten zu den populärsten ophthalmologischen Textbüchern dieser Zeit.

Treffen von Astronomen
Mishne Tora des Maimonides (1135–1204)
Abschrift, Mitte 15. Jahrhundert, Oberitalien
273 Blätter, 24,5 x 20 x 5,5 cm
Cod. Rossian. 498, fol. 13 verso
Biblioteca Apostolica Vaticana, Vatikanstadt

Zirkel, astronomische Tafeln und Armillarsphären waren für astronomischen Beobachtungen und Berechnungen wichtige Hilfsmittel.

Hebräisches medizinisches Herbarium
Um 1500, Italien, Papier, 21 x 16 x 4 cm
Inv.-Nr. Hébreu 1199, fol. 58 recto
Bibliothèque nationale de France, Paris

Apotheke und medizinische Eingriffe
eines Bader-Chirurgen
Kanon des Avicenna (980–1037)
15. Jahrhundert, Oberitalien
Inv.-Nr. Ms. 2197, fol. 492 recto
Biblioteca Universitaria di Bologna

Seit dem 4. Jahrhundert wurden jüdische Ärzte im Abendland immer wieder durch päpstliche Bullen und königliche Erlasse in der Ausübung ihres Berufes eingeschränkt wie beispielsweise in der Frage, ob ein jüdischer Arzt einen christlichen Patienten behandeln dürfe. Dennoch blieb der Arztberuf eine der wenigen respektablen Professionen, denen Juden vor dem Hintergrund der zahlreichen Berufsverbote nachgehen konnten. Dagegen erfreuten sich ihre Glaubensbrüder im muslimischen Spanien weitgehend großer beruflicher Toleranz. Oftmals hatten jüdische Ärzte gleich mehrere wichtige Positionen an den Herrscherhöfen inne wie zum Beispiel Chasdaj ibn Shaprut (915 – um 970), der als Arzt und Staatsmann in den Diensten des Kalifs von Cordoba stand. Jona ibn Bichlarisch (2. Hälfte des 11. Jahrhunderts), Hofarzt des Sultans von Saragossa, zählte zu den ersten jüdischen Gelehrten, die die lateinische Sprache erlernten. Sein um das Jahr 1080 kompiliertes Wörterbuch über Arzneimittel in syrischer, persischer, griechischer, lateinischer und spanischer Sprache gilt als das erste seiner Art. Die wohl prominenteste jüdische Arztgestalt des Mittelalters ist der in Cordoba geborene Moses Maimonides (1135–1204), der ab 1170 als Leibarzt des Wesirs al-Fadil am Hofe Sultan Saladins tätig war und der Legende nach sogar von König Richard Löwenherz umworben worden sein soll.
Juden haben sich um Übersetzungen medizinischer Traktate aus dem Arabischen verdient gemacht wie beispielsweise um den *Kanon des Avicenna*, eines der wichtigsten medizinischen Kompendien des Mittelalters, das mehrere Male ins Hebräische und Lateinische übersetzt wurde. In diesem Zusammenhang kritisierte der Franziskanermönch Roger Bacon (1214–1292) seine christlichen Zeitgenossen wegen ihrer Unkenntnis der arabischen und hebräischen Sprache, die er als grundlegend für das Studium der Medizin erachtete. Zu bekannten Ärzten, die auch als Übersetzer fungierten, zählen unter anderem Hillel ben Samuel von Verona (1220–1295), der aus Südfrankreich stammende Kalonymus ben Kalonymus (geboren 1286), der einige von Galens Schriften aus dem Arabischen ins Hebräische übersetzte, und Mose Farrachi ben Salem (Ferragut, 13. Jahrhundert), der auf die Bitte des Königs von Neapel hin Rhazes' *Continens* und andere arabische Schriften ins Lateinische übertrug. Interessant ist in diesem Zusammenhang auch der Ende des 13. Jahrhunderts in Marseille praktizierende Abraham Schem Tov aus Tortosa, der im Rahmen seiner Übersetzungen eine neue hebräische Terminologie einführte, die hauptsächlich auf talmudischen Begriffen basierte.
Auch wenn jüdische Ärzte angeblich eine führende Rolle bei der Gründung der medizinischen Fakultät von Montpellier gespielt haben sollen, so gilt der Arzt, Übersetzer und Philosoph Abraham Avigdor aus Arles (2. Hälfte des 14. Jahrhunderts), der zwölf Jahre in Montpellier verbrachte und nach Abschluss seines Medizinstudiums wahrscheinlich auch an der medizinischen Fakultät unterrichtet hat, als einer der ersten namentlich erwähnten jüdischen Studenten an einer christlichen Lehrinstitution überhaupt. Dagegen entstand im benachbarten Lunel eine jüdische Ärzteschule. Denn grundsätzlich blieb es Juden – mit Ausnahme in Italien – lange untersagt, die medizinischen Fakultäten der europäischen Universitäten zu besuchen.
Trotz der verschiedenen oben erwähnten Auflagen und Verbote wurden jüdische Ärzte an den Herrscherhöfen Europas hoch geschätzt und bekleideten dort wichtige Positionen,

הספר החמישי
אמר

Arzt bei einer Urin-Diagnose
Kanon des Avicenna (980–1037)
15. Jahrhundert, Oberitalien
Inv.-Nr. Ms. 2197, fol. 7 recto (Ausschnitt)
Biblioteca Universitaria di Bologna

wie Jakob ben Jechiel Loans (gestorben um 1506), der Leibarzt Kaiser Friedrichs III. (1440–1493). Auch verschiedene Päpste hatten jüdische Ärzte wie beispielsweise Papst Nikolaus IV. (1288–1292), an dessen Hof der als »Maestro Gajota« bekannte Isaak ben Mordechai wirkte, oder Papst Pius IV. (1559–1565), dessen Leibarzt David de Pomis (1525–1593) neben zahlreichen medizinischen Abhandlungen ein apologetisches Werk über den jüdischen Arzt verfasste. Jüdische Ärztinnen standen ihren männlichen Kollegen in nichts nach. In Frankreich wissen wir um Sara La Migresse in Paris (Ende des 13. Jahrhunderts) sowie um Sara de Saint Gilles und ihre Schülerin Salvet de Bourgneuf in Marseilles (Mitte des 14. Jahrhunderts). 1419 erhielt Sara von Würzburg von Bischof Johann II. (1411–1440) die Erlaubnis, als Ärztin zu praktizieren. Ihre Zeitgenossin Rebekah Zerlin aus Frankfurt (um 1430) war eine bekannte Augenärztin.
Seit der Renaissance waren es vor allen die Marranen und deren Nachkommen, die eine führende Rolle in der Entwicklung der europäischen Medizin spielten.

Astronomie

Der sicherlich einflussreichste jüdische Astronom ist Abraham bar Chijja aus Barcelona (gestorben 1136), der zahlreiche Abhandlungen über astronomische Themen und den Kalender auf Hebräisch verfasste, von denen später auch einige ins Lateinische übersetzt wurden. Auch der in Tudela geborene Bibelkommentator und Poet Abraham ibn Esra (1089–1164) machte sich einen Namen als Astronom. Eine der frühesten hebräischen Übersetzungen der arabischen Fassung des *Almagest* des Ptolemäus fertigte der am Hofe Friedrichs II. als Übersetzer wirkende Jakob ben Abba Mari Anatoli (1194–1256) an. Das 1310 von Isaak ben Josef Israeli aus Toledo verfasste *Jesod Olam* (Fundament der Welt), in dem der Autor eine Methode für die Berechnung der Parallaxe des Mondes lieferte, war bis zu Keplers Zeiten eines der führenden astronomischen Lehrbücher. Noch bis weit ins 19. Jahrhundert wurde es in den Talmud-Schulen zum Studium des jüdischen Kalenders benutzt.

Jakobsstab
Um 1596, Dänemark
Holz, 69,8 x 1,3 x 1,3 cm
Inv.-Nr. NG-NM-7749-1
Rijksmuseum, Amsterdam

Der Jakobsstab ist ein einfaches Gerät zur Winkelmessung zwischen Gestirn und Horizont oder zwischen zwei Gestirnen. Auf einem Hauptstab sind bis zu vier verschiebbare senkrecht stehende Querstäbe angebracht, mit deren Hilfe der Winkel bestimmt wird. Bei dem hier gezeigten wohl ältesten überlieferten Jakobsstab ist nur noch der Hauptstab erhalten.

Wissenschaftsgeschichtlich interessant ist besonders der aus dem Languedoc stammende Levi ben Gerschom (1288–1344). Sein theologisch-philosophisches Hauptwerk *Milchamot Adonaj* (Die Kämpfe des Herrn) enthält eine Beschreibung des so genannten Jakobstabes (*baculus Jacobi*), der bis weit ins 18. Jahrhundert eines der wichtigsten Navigationsinstrumente blieb. Auch findet sich darin eine der ersten dokumentierten Benutzungen der Camera obscura. Der herausragende Astronom des 16. Jahrhundert war Abraham ben Samuel Zacuto (1452–1515), der seine wissenschaftlichen Studien an der Universität von Salamanca begann. Sein ursprünglich auf Hebräisch verfasstes Hauptwerk *Almanach Perpetuum* wurde von seinem Schüler Josef Vizinho ins Lateinische übersetzt und später sogar in einer Paraphrase ins Spanische und Arabische übertragen. Zacutos verbessertes Astrolabium (Sternenfasser, siehe S. 242) und seine astronomischen Tabellen ermöglichten die Expeditionen spanischer und portugiesischer Entdecker wie Christoph Columbus und Vasco da Gama.

Astrologie

Der Einfluss der Himmelskörper auf das Schicksal des Menschen ist seit dem frühen Altertum Gegenstand menschlicher Spekulation. Bezeichnen wir die Astrologie heute als eine Pseudowissenschaft, die wir streng von der Astronomie zu trennen wissen, so ist dies im Mittelalter nicht unbedingt der Fall. Von Abraham bar Chijja ist überliefert, dass er astrologische Erwägungen in seine Alltagsentscheidungen mit einbezog. Abraham ibn Esras astrologische Berechnungen sind sogar in seine Bibelkommentare eingeflossen. Die ablehnende Haltung Moses Maimonides', der die Astrologie in einem seiner berühmten Sendschreiben als »keine Wissenschaft, sondern bloße Narretei« bezeichnete, muss also in erster Linie als eine Warnung vor ihren praktisch-magischen Aspekten verstanden werden. Unbeeindruckt von maimonidischer Kritik betätigten sich Juden bis weit in Keplers Zeit auf dem Gebiet der Astrologie. Zu den bekanntesten jüdischen Astrologen zählen Jehuda ben Mose ha-Kohen am Hofe Alfons' X. von Kastilien (1252–1284), Jacob Alcorsono und Crescas de Viviers am Hofe Peters IV. (1336–1387) und Johanns I. (1387–1396) von Aragonien, und Abraham Zacuto, der von 1494 bis zur Vertreibung der Juden aus Portugal im Jahr 1497 am Hofe des portugiesischen Königs Manuels I. (1495–1521) tätig war.

Mathematik

Das Studium der Mathematik bildete oftmals die Grundlage für die anderen Wissenschaften wie Astronomie und Astrologie. Davon zeugt Abraham bar Chijjas enzyklopädisches Werk *Jesodei ha-Tevuna u-Migdal ha-Emuna* (Die Grundlagen der Einsicht und der Turm der Wahrheit), das sich mit Mathematik, Astronomie, Optik und Musik, die im Mittelalter als naturphilosophische Disziplin gilt, beschäftigte. Durch die lateinische Übersetzung seiner geometrischen Schrift *Chibbur ha-Meschicha ve-ha-Tishboret* (Abhandlung über Oberflächenmessung und Umfangsberechnung) fand die arabische Trigonometrie Eingang in den lateinischen Westen und beeinflusste die Entwicklung der europäischen Mathematik maßgeblich. Auch Abraham ibn Esra hinterließ einige mathematische Schriften und machte sich vor allem um die Einführung des Dezimalsystems in die hebräische Mathematik verdient.

Maimonides' *Hilchot Kiddusch ha-Chodesch* (Gesetze über die Heiligung des Neumondes) spiegeln den mathematischen Wissensstand seiner Zeit wider. Weitere wichtige mathematisch-astronomische Studien finden sich in den enzyklopädischen Werken Jehuda ben Samuel Kohens (13. Jahrhundert) und Isaak ben Josef Israelis sowie bei Levi ben Gerschom, der unter anderem auf die Wichtigkeit der Sinusfunktion in der Anwendung der Trigonometrie auf dem Gebiet der Astronomie aufmerksam machte. Der als »Maestro Calo« bekannte Kalonymus ben Meir (1286–1328) war einer der bedeutendsten Übersetzer mathematischer Werke ins Hebräische.

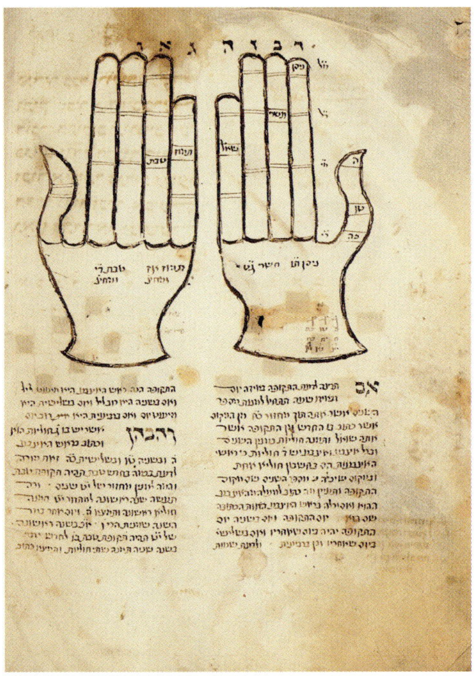

Mathematische Abhandlung
14. Jahrhundert, Deutschland
Pergament, 31 x 24 cm
Inv.-Nr. Ms. or. 1198, fol. 29b
Staatsbibliothek zu Berlin, Preußischer Kulturbesitz, Orientabteilung

Physik (Naturphilosophie)

Die Bedeutung der Physik bestand im Mittelalter zunächst vor allem in ihrem Nutzen für die Theologie. Dabei griff man auf klassische Modelle wie den Demokritischen Atomismus und die Form/Materie-Theorie des Aristoteles zurück. Mit den beiden andalusischen Denkern Abraham ibn Daud (1110–1180) und Moses Maimonides setzten sich schließlich die aristotelische Physik und Kosmologie durch. Letzterer machte in seinem *More Nevuchim* (Führer der Verwirrten) die 25 Lehrsätze des Aristoteles zur Grundlage seiner Theologie. Jedoch entschied er sich scheinbar »aus Mangel an Beweisen« für das biblische Creatio ex nihilo. Levi ben Gerschom, der später dem aristotelischen Grundgerüst weitgehend treu blieb, vertrat dagegen die Ansicht, dass das Universum nicht ewig ist, sondern aus ewiger Materie erschaffen wurde. Die wohl wichtigste Kritik der aristotelischen Physik findet sich bei Chasdaj Crescas aus Barcelona (1340–1412). Sein Beweis der Existenz des leeren Raumes (Vakuum) und die Konzeption eines endlichen Universums beeinflussten Denker der Renaissance wie Leone Ebreo und Pico della Mirandola und erreichten durch die Schriften des Letzteren die Wegbereiter der Moderne: Giordano Bruno, Johannes Kepler, Galileo Galilei und Spinoza.

Geografie

Astronomische Beobachtungen und Reiseberichte – wie beispielsweise von Benjamin von Tudela, der zwischen 1159 und 1172/73 die Länder des Mittelmeerraumes und den Nahen Osten bereiste – dienten im Mittelalter als wichtige Quellen für geografisches Datenmaterial. Eine der frühesten systematischen Abhandlungen ist Abraham bar Chijjas astronomisch-geografische Schrift *Sefer Zurat ha-Arez* (Buch über die Form der Erde), in der sich der Autor unter anderem mit der runden Form der Erde und ihrer Einteilung in verschiedene Klimazonen beschäftigte und eine Liste verschiedener Länder innerhalb der verschiedenen Regionen aufführte.
Der herausragende jüdische Geograf des Mittelalters ist Abraham Cresques aus Palma. 1375 verfasste er den *Katalonischen Atlas* für den König von Aragonien und begründete später eine jüdische Kartografenschule auf Mallorca. 1391 floh er mit seinem Sohn Jehuda vor den in Aragonien und Katalonien wütenden Pogromen und folgte schließlich einer Einladung Heinrichs des Seefahrers nach Portugal. Abraham und Jehuda Cresques hatten wesentlichen Anteil an der Befreiung von der traditionellen christlichen Geografie.
Ein interessantes Motiv, das in den geografischen Überlegungen von Juden seit frühester

Zeit immer wieder eine zentrale Rolle spielte, ist das Schicksal der verlorenen zehn Stämme. Dieses findet sich zum Beispiel in dem von Abraham ben Mordechai Farissol aus Avignon (um 1451 – um 1525) verfassten *Iggeret Orchot ha-Olam* (Epistel über die Wege und Weisen der Welt), einem hebräischen Geografie-Textbuch, das bis weit ins 19. Jahrhundert verwendet wurde.

Alchimie

Als Vorläufer unserer heutigen Chemie ist die Alchimie *die* Experimentalwissenschaft des Mittelalters, durch die man sich erhoffte, das ursprüngliche Wesen der Natur und ihrer stofflichen Bestandteile zu ergründen. Das Bestreben in der Alchimie, Blei in Gold zu verwandeln, erachtete Abraham ibn Esra als »Unsinn«. Auch Maimonides zeigte sich der Alchimie ähnlich ablehnend gegenüber. Zu den wenigen bekannten jüdischen Alchimisten des europäischen Mittelalters zählen der in Frankreich lebende Jacobus Aranicus (13. Jahrhundert), Isaak Hollandus (15. Jahrhundert) und nicht zuletzt der durch die Golem-Sage berühmte gewordene Jehuda Löw ben Bezalel von Prag (1525–1612).
Im europäischen Mittelalter fällt eine Verbindung von Alchimie und Mystik – insbesondere der Kabbala – auf: Alchimisten verwendeten in der Abfassung ihrer Texte eine symbolische, mystisch geprägte Sprache. Kabbalisten bedienten sich oft alchimistischer Begriffe, wie man beispielsweise bei Mose ben Schem Tov de León (1240–1305), einem Verfasser und Herausgeber des *Sefer ha-Zohar* (Buch des Glanzes), feststellen kann. Auch in den Schriften von Jochanan Alemanno (1435–1504), der seinen Patron Pico della Mirandola in die Kabbala einführte, finden sich mehrere Anspielungen und Verweise auf die Alchimie. Vor allem sind es aber christliche Kabbalisten, die die Begriffe Alchimie und Kabbala nach und nach synonym verwendeten. Obgleich er nur eine recht oberflächliche kabbalistische Kenntnis besaß, erachtete Paracelsus (1493–1541) das Wissen um die Kabbala als Grundvoraussetzung für das Studium der Alchimie.

Katalonischer Atlas, Weltkarte (Ausschnitt)
Abraham Cresques
1375, wohl Palma de Mallorca
Inv.-Nr. ms. esp. 30
Bibliothèque nationale de France, Paris

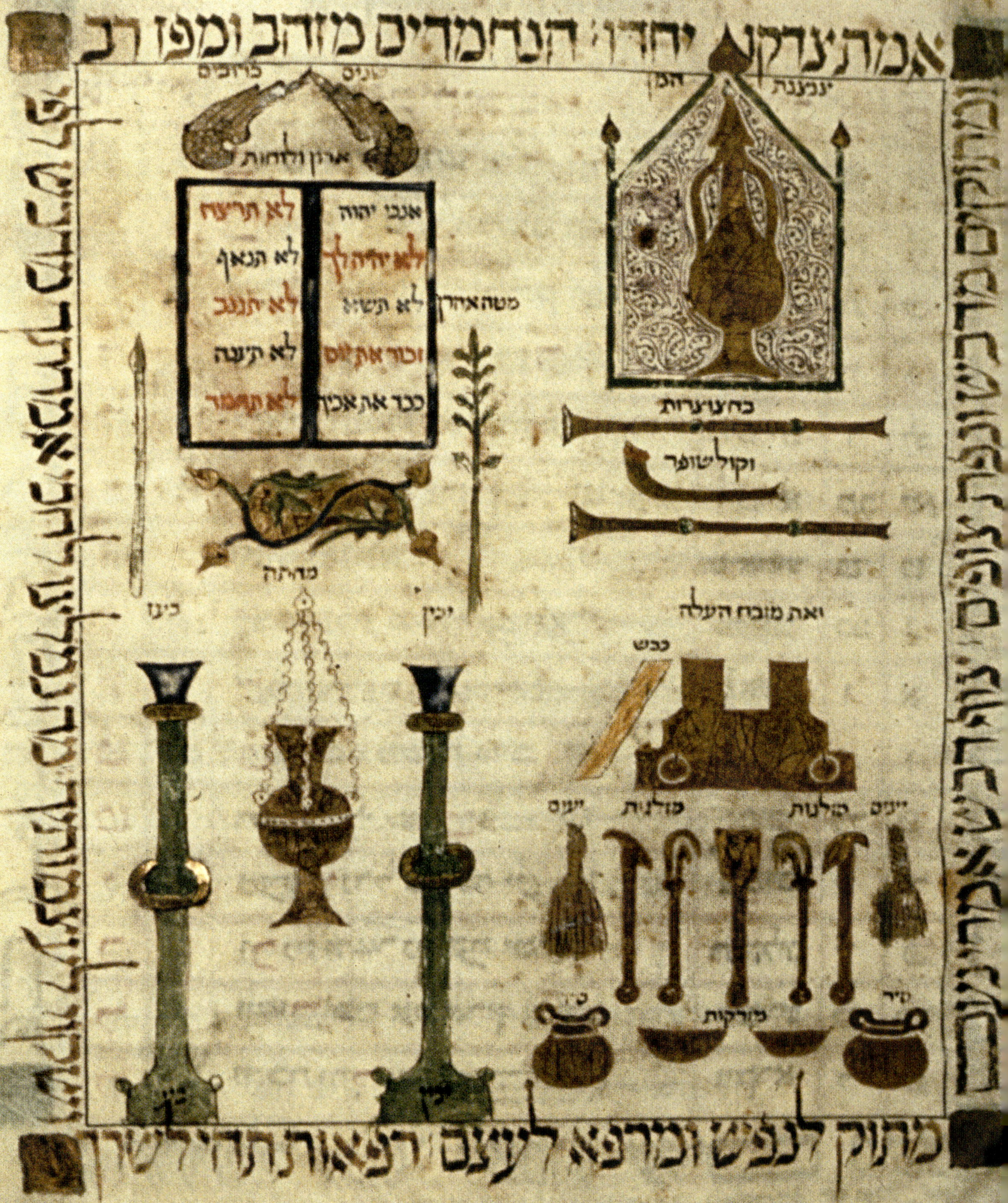
אמת צדקו יחדו הנחמדים מזהב ומפז רב
כרובים
ארון ולחות
אנכי יהוה
לא יהיה לך
לא תשא
זכור את יום
כבד את אביך
לא תרצח
לא תנאף
לא תגנב
לא תענה
לא תחמד
מטה אהרן
צנצנת המן
חצוצרות
וקול שופר
מחתה
יכין
בעז
ואת מזבח העלה
כבש
יעים
מזלגות
מזרקות
סיר
מתוק לנפש ומרפא לעצם רפאות תהי לשרך

Zwischen Eigenständigkeit und Anpassung
Aspekte der jüdischen Kunst im Mittelalter

Markus Wener

Marianos und Hanina
Mosaik aus der Synagoge von Bet Alpha
Opferung des Isaak (Ausschnitt)
Diener mit einem Esel
6. Jahrhundert, Bet Alpha, Israel

Tempelgerät
First Kings Bible
1385, Solsona, Spanien
429 Blätter, 33 x 25,5 cm
Inv.-Nr. Ms. Kings I, fol. 4 recto
The British Library, London

Das Problem der wissenschaftlichen Auseinandersetzung mit der jüdischen Kunst beginnt bei ihrer Definition. Allem voran steht die Frage: Was ist das Jüdische an der Kunst? Zählt eine von der Dombauhütte errichtete Synagoge dazu, oder wie sind Kirchenfenster von Chagall zu betrachten? Wird jüdische Kunst folglich über die Religionszugehörigkeit des Künstlers definiert oder über den Inhalt und die reine Funktion des Kunstwerks selbst? Die Fachwelt ist hier geteilter Meinung, und eine endgültige Antwort wird sich wohl nicht finden lassen. Die wissenschaftliche Auseinandersetzung mit dem Thema setzte im 19. Jahrhundert ein. In dieser Zeit hatte man die bis dahin bekannten jüdischen Zeugnisse wie Synagogenbauten und hebräische Handschriften noch nicht wissenschaftlich aufgearbeitet. Ein weiteres Problem der Definition brachte das häufig fehlinterpretierte generelle Bilderverbot mit sich, das fälschlicherweise auf dem im Dekalog formulierten Gebot »Du sollst Dir kein Bildnis machen ...« (Exodus 20,4; Deuteronomium 5,8) beruhte. Der Fehlschluss, dass die jüdische Kunst keine eigene Ikonografie hervorbringen könne, wie sie aus der christlichen Erzählwelt sowie der griechischen und römischen Mythologie bekannt war, führte dazu, dass jüdische Kunst nicht als Kunstform mit eigenen Ausdrucksmitteln angesehen wurde. Dies musste im frühen 20. Jahrhundert im Zusammenhang mit den Ausgrabungen der Synagogen Bet Alpha (6. Jahrhundert, Israel) und Dura Europos (231 nach unserer Zeitrechnung, Mesopotamien) korrigiert werden. Reich verzierte Mosaike und Fresken mit jüdischer Symbolik und sogar Darstellungen von Menschen kamen ans Tageslicht. Berücksichtigt man die Bibel als schriftliche Quelle, so findet man auch bereits hier in 1. Könige 6–8 und 2. Chronik 2–4 recht genaue Beschreibungen über bildhafte Kultgegenstände wie das so genannte »Eherne Meer« aus dem Vorhof des Salomonischen Tempels (10. Jahrhundert vor unserer Zeitrechnung). Die Frage nach jüdischer Kunst ist aber nicht nur eine Frage der Darstellungs- und Bildthemen, sondern birgt auch den schwierigen Aspekt eines eigenen jüdischen Kunststils in sich. Jüdische Kunst konnte in großen Teilen der Geschichte keine eigenen Stile wie Romanik, Gotik, Renaissance oder Barock hervorbringen. Da Juden seit der Antike als Minderheiten in den verschiedenen Kulturkreisen lebten, hatten sie zu wenig Einfluss, um den Kunststil der Mehrheit zu prägen. Kann es deshalb überhaupt jüdische Kunst als eigene Gattung geben? Diese Frage ist zu subtil, denn das Thema der jüdischen Kunst ist viel komplexer. Daher sieht man ihre Definition in der neuesten Forschung auch wesentlich kritischer. Letztendlich muss man den Begriff der »jüdischen Kunst« wie den der »christlichen Kunst« auf den funktionalen Kultcharakter der zu beschreibenden Objekte beschränken. Das heißt, innerhalb eines Stils unterscheiden sich jüdische Kunstobjekte durch eigene Charakteristika, die auf ihrer sakralen Nutzung als Kultgegenstand oder -ort beruhen. Eine Synagoge mag dem romanischen Stil zuzuordnen sein, sie unterscheidet sich aber durch Frauenempore, Bima und Tora-Nische von christlichen Sakralbauten. Synagogen, die geografisch in engem Zusammenhang stehen, weisen weiterhin häufig eigene Stilbesonderheiten auf, die sie von

Synagogenbauten aus einem anderen Kulturkreis unterscheiden. In der bildenden Kunst ist es hingegen schwierig, von einem funktionalen Kultcharakter zu sprechen. Hier müssen andere Kriterien gefunden und zur Anwendung gebracht werden. Die Definition der jüdischen Kunst über ihren funktionalen Charakter löst folglich zwar nicht alle kritischen Fragen, erlaubt aber erste Kategorisierungen. Wie jedoch ist die Beeinflussung der jüdischen Kunst, wie ist ihre Einwirkung auf andere Kultur- und Religionskreise – beziehungsweise die Wechselwirkung mit ihnen – zu verstehen?

Der funktionale Kultcharakter schlägt sich vor allem in den Kunstgattungen der Architektur ritueller Bauten (Synagoge, Mikwe, Bet Din, Tanzhaus etc.), dem Kunstgewerbe und der jüdischen Buchmalerei nieder. Im Hinblick auf die spärlichen Funde in einigen Bereichen der mittelalterlichen jüdischen Kunst erweist es sich in manchen Fällen als äußerst schwierig beziehungsweise kaum möglich, eine schlüssige Entwicklungsgeschichte der Objekte nachzuzeichnen, geschweige denn es in die örtliche Kunstgeschichte einzubetten. Betrachtet man die jüdische Architektur des Mittelalters, so ergibt die Fundlage in Sepharad und Aschkenas ein unterschiedliches Bild.

Im aschkenasischen Raum sind uns bis heute nicht ganz ein Dutzend mittelalterlicher Synagogenbauten im Originalzustand, als Ruine oder als Grabungsbefund bekannt. Zu ihnen gehören die Synagogen in Prag, Rouffach, Miltenberg, Erfurt, Speyer (siehe S. 130–134) und Marburg. Ebenso ist nur eine kleine Anzahl weiterer jüdisch belegter Gebäude wie Mikwen erhalten.

Spolie vom Almemor der mittelalterlichen Synagoge von Köln
Um 1270/1280, Köln
Kalkstein
Römisch-Germanisches Museum, Köln

Gelegen waren jüdische Viertel häufig in unmittelbarer Nähe der örtlichen Kathedrale. Dieser Standort weist bereits auf eine enge Verbindung zwischen der Kirche und der jüdischen Gemeinde hin. Der Austausch der beiden Religionen zeichnet sich aber nicht nur durch Abkommen, Gesetze und Bürgschaften aus, sondern er schlägt sich auch in der Architektur der jeweiligen Synagoge nieder. In der Regel war es die Dombauhütte, die den Bau der Synagoge leitete. Architektonische Vergleiche beispielsweise zwischen dem Kölner Dom und der Kölner Synagoge bezüglich der Bauphasen und des Baumaterials weisen eindeutig die gleiche Bearbeitungstechnik der Steine sowie das gleiche Dekor auf. Dass die Dombauhütte für die Errichtung der Synagoge verantwortlich war, ist letztlich in den verschiedenen Berufsverboten für Juden begründet. So waren Juden von den meisten Handwerksberufen ausgeschlossen. Der Hintergrund hierfür war das christliche Selbstverständnis der mittelalterlichen Zünfte, zu denen kein Geselle zugelassen wurde, der einer anderen Religion angehörte. Beim Bau eines jüdischen Kultgebäudes wählte man denselben Baustil, wie er an zeitgenössischen profanen und christlichen Sakralbauten Verwendung fand. Synagoge und Mikwe fügten sich so in das Stadtbild ein. Die Übernahme von lokaler Kunst, Kultur und Tradition ist bezeichnend für das Selbstverständnis der jüdischen Einwohner. In enger Identifizierung mit ihrer Stadt verstanden sie sich als Kölner, Speyerer oder Wormser Juden. Ein ähnliches Bild finden wir auch in Sepharad. Hier existieren bis heute mehrere mittelalterliche Synagogenbauten, die aber nur über die Zeit der Vertreibung hinaus (1492) erhalten blieben, weil sie nicht abgerissen oder niedergebrannt, sondern in den meisten Fällen in Kirchen umgewandelt wurden. Nimmt man heute die kirchlichen Interieurs fort und verfolgt die Umbauten zurück, die dem kirchlichen

Kult angepasst wurden, so erhält man ein recht genaues Bild der Architektur mittelalterlicher Synagogen in Sepharad. Diese glichen in ihrem Baustil und in ihrer Ausschmückung dem vorherrschenden Mudéjar-Stil islamischer Gebäude. Motive und Abwandlungen von architektonischen Elementen aus der Alhambra oder ähnlichen bekannten islamischen Bauten gehörten zur Standardausstattung von Synagogen.

Die glanzvollsten und wertvollsten Kunstwerke aus dem jüdischen Mittelalter sind sicher die Handschriften. Auch an ihnen lassen sich der sephardische und der aschkenasische Traditionskreis unterscheiden. Die frühesten Handschriften aus Sepharad datieren in das 12. und 13. Jahrhundert. Juden waren damals gesellschaftlich geachtet und in hohen politischen Positionen. Daher konnten sie es sich erlauben, wertvolle und reich ausgestattete Handschriften in Auftrag zu geben. Frühe und bedeutende Zentren jüdischer Buchmalerei befanden sich im 13. Jahrhundert in Burgos und Toledo, wo in dieser Zeit große jüdische Gemeinden existierten. In Aschkenas stammen die wertvollsten Handschriften aus dem späten 13. bis frühen 14. Jahrhundert. In der jüdischen Buchmalerei, die sich in religiöse Schriften und wissenschaftliche Traktate unterteilt, findet man ebenfalls eine Übernahme bestimmter Stilelemente aus der christlichen und islamischen Kunsttradition. Eine eigene Stilentwicklung ist auch dort nicht vorhanden. Werke aus beiden Religionskreisen weisen die nach Region und Zeit vorherrschenden romanischen und gotischen beziehungsweise islamischen Stile auf. Jüdische Besonderheiten in der ikonografischen Wiedergabe der Texte finden sich im Detail. Ist in christlichen Handschriften beispielsweise oft nur der erste Buchstabe eines Kapitels durch seine Größe und Ausmalung hervorgehoben, so setzt der Verfasser einer hebräischen Handschrift das gesamte Wort durch eine größere Schrift und Umrahmungen in den Vordergrund. Ein weiteres Merkmal hebräischer Handschriften ist die so genannte Mikrografie. Sie stammt aus der frühen Zeit des Islam und wurde im Mittelalter in Sepharad, aber auch in Aschkenas weiterverwendet. Die Mikroschrift bildet aus Buchstaben geometrische Muster und Blumendekore. Im aschkenasischen Raum findet man hingegen auch Muster in Form von Tieren und Figuren. Überhaupt dominieren hier figürliche Szenen (siehe S. 170–174). Neben Darstellungen aus dem Alten Testament, wie man sie auch in christlichen Handschriften findet, haben sich in der jüdischen Buchmalerei eigene Symbole und Erzählszenen herausgebildet. Dazu zählen der Tora-Schrein, der Judäische Löwe sowie alltägliche Szenen mit Darstellungen des familiären Seder-Abends oder Bilder aus dem Gemeindeleben. Diese Handschriften bilden eine äußerst wichtige Quelle für die Rekonstruktion jüdischen Lebens im Mittelalter. Sie erlauben nicht nur Rückschlüsse auf Kleidung und Gebräuche, sondern zeigen uns auch Interieurs von Synagogen und Jeschiwot, die heute nicht mehr erhalten sind. Die frühen Handschriften des 13. Jahrhunderts aus Sepharad weisen dagegen so gut wie keine figürlichen Szenen auf. Hier griff das islamische Bilderverbot. Der Koran war darin sehr konsequent, was sich in fehlenden Bildszenen in islamischen Manuskripten widerspiegelt. Die Juden passten sich der Kunsttradition ihrer Umwelt an und verzichteten daher in ihren Handschriften ebenfalls auf figürliche Darstellungen. Sephardische Schriften weisen dafür äußerst kunstvolle »Teppichseiten« auf (siehe S. 103). Darunter versteht man mit geometrischen Mustern, Blumen-

Verzierter Kapitelbeginn
Machsor Lipsiae (Leipziger Machsor; Ausschnitt)
1. Drittel 14. Jahrhundert, Südwestdeutschland
Pergament, 2 Bände, 404 Blätter, ca. 49 x 36 cm
Inv.-Nr. Ms Vollers 1102, 1 Band, fol. 53 recto
Universitätsbibliothek Leipzig

Verzierter Kapitelbeginn
Wormser Machsor (Ausschnitt)
1272, Worms
Pergament, 32 x 41,5 x 7 cm
Inv.-Nr. Ms.Heb. 4° 781/1, fol. 170 verso
The Jewish National & University Library, Jerusalem

Das Wort Ajelet (Reh) ist mit einer Hundemeute illustriert, die ein Reh jagt. Solche Szenen stehen symbolisch für die Verfolgung der Juden.

Jüdische Hochzeit
Arba'a turim von Jakob ben Ascher (1269–1343)
Abschrift von 1435, Mantua
Pergament, 443 Blätter, 33,1 x 23,7 cm
Inv.-Nr. Cod. Rossian. 555, fol. 220 verso
Biblioteca Apostolica Vaticana, Vatikanstadt

und Rankenmotiven reich ausgestattete Bildseiten, die zwischen den Textseiten ganzseitig eingefügt sind. Daneben besitzen einige hebräische Bibeln prachtvolle Abbildungen der Tempelgeräte. In enger Verbindung gerade mit sephardischen Schriften stehen Bibeln und Haggadot aus Italien. Hier sind bereits aus dem 13. Jahrhundert wertvolle und reich illustrierte Manuskripte bekannt. Besonderheiten zeigen jedoch vor allem Handschriften aus dem 15. Jahrhundert, einem Zeitalter, in dem viele Juden aus den deutschen Reichsstädten und alle Juden zwischen 1492 und 1498 von der Iberischen Halbinsel vertrieben

Teppichseiten
Hebräische Bibel
Ende 14. Jahrhundert, Barcelona
Pergament, 412 Blätter, 24,3 x 20 cm
Inv.-Nr. ms hébr. 29/1517-1-III
Bibliothèque nationale de France, Paris

wurden. Die verfolgten Juden zogen nicht selten nach Italien. Kunstgeschichtlich ist dies an Handschriften zu erkennen, deren Buchanfänge in ihrem Stil eindeutig dem gotischen oder dem islamischen Stil zuzuordnen sind, während die letzten illustrierten Buchseiten dem Stil der Renaissance angehören. Der Stil passte sich allmählich ganz der Kunst des Landes an, sodass sogar kleine geflügelte Putti und Figuren mit Heiligenschein in jüdischen Handschriften Einzug fanden (siehe S. 166).

Bei der Betrachtung jüdischen Kunstgewerbes trifft man wieder auf die Diskussion der jüdischen Kunst im Hinblick auf die religiöse Motivation des Künstlers. Im sephardischen Raum konnten Juden noch bis ins 15. Jahrhundert als Silberschmiede arbeiten und Ritualobjekte wie Chanukkiot und Tora-Schmuck selber herstellen. Juden aus dem westlichen Aschkenas durften im Gegensatz zu ihren Glaubensgenossen in Böhmen, Mähren und dem Königreich Polen in der Regel den Beruf des Silberschmieds seit dem 14. Jahrhundert nicht mehr ausüben, geschweige denn erlernen, da sie nicht in die bereits erwähnten christlich geprägten Zünfte aufgenommen wurden. Sie mussten folglich in den meisten Fällen christliche Künstler mit der Herstellung ihrer Ritualobjekte beauftragen. Von diesen Gegenständen sind uns heute nur noch wenige erhalten. Das hat mehrere Gründe: Die Objekte, die meistens aus Silber waren, wurden eingeschmolzen, um an das wertvolle Metall zu gelangen. Das Einschmelzen ist sowohl auf Nichtjuden wie Juden zurückzuführen. Nichtjuden plünderten in Pogromen jüdischen Besitz. Da sie mit den Ritualgegenständen nichts anzufangen wussten, zerstörten sie diese und schmolzen sie ein. Gewisse jüdische Kultobjekte gerade aus dem häuslichen Gebrauch wurden wahrscheinlich auch manchmal von Juden selbst eingeschmolzen, um aus dem gewonnenen Metall neue »moderne« Formen anzufertigen, die dem damaligen Kunststil entsprachen. Eine weitere Antwort auf die spärliche Funde von jüdischen Kultobjekten des Mittelalters geben uns die so genannten »Schatzfunde« aus der Zeit der Pestpogrome von 1348/49 (siehe S. 220–224). Hierbei handelt es sich um wertvolle Gegenstände wie Schmuck, Münzen und Hochzeitsringe, die von ihren jüdischen Besitzern auf der Flucht vor dem Pogrom vergraben wurden. Es ist anzunehmen, dass viele dieser Schätze heute noch verborgen im Erdreich ruhen. Nach Raubzügen gingen Teile der jüdischen Wertgegenstände auch in den Besitz weltlicher Herrscher über oder gelangten in Domschätze, in denen sie sich noch heute mehr oder weniger unerkannt befinden. Die wenigen bekannten jüdischen Kultgegenstände erlauben kunstgeschichtlich betrachtet selten eine Interpretation im Hinblick auf Stilentwicklung und Eingliederung in das regionale Kunstgewerbe der christlichen oder islamischen Kunst. Am häufigsten sind aus dem 13. bis Anfang des 16. Jahrhunderts Chanukkiot in Form des »Banktypus« (siehe S. 184) erhalten: Acht kleine Öltiegelchen sind in einer Reihe angeordnet und auf der Rückseite mit einer Metallplatte verbunden. Diese Platte ist je nach Fertigungsort unterschiedlich ausgearbeitet. Im sephardischen Raum ist sie stark durchbrochen und erinnert mit ihren floralen und geometrischen Mustern an arabische Metallarbeiten. In Italien und aschkenasischen Ländern findet sich auf den Rückplatten eine reiche Symbolsprache: Zu den verwendeten Themen gehören der Judäische Löwe, der Vogel Phönix, welcher verbrennt und aus seiner eigenen Asche aufersteht, oder Tempelgeräte wie die Ölkanne. Ein sehr ausgefallenes Stück jüdischen Kunstgewerbes ist ein Amulett in Form einer Ratte (siehe S. 200) mit der hebräischen Aufschrift ונשחתם (»ihr sollt verdorben werden«). Das Amulett datiert ins 16. Jahrhundert und ist vollständig aus Eisen, einem Metall, das in dieser Zeit sehr wertvoll war und dem deshalb auch magische Fähigkeiten zugesprochen wurden. Ratten, die immer wieder mit Krankheit und Tod in Verbindung gebracht wurden, sollten mit diesem Amulett fern gehalten werden. Manche Formen von Kultobjekten lassen sich nicht immer eindeutig der christlichen oder jüdischen Religion zuordnen. Doppelbecher fanden beispielsweise wegen ihrer allgemeinen »Zweier-Symbolik« im Mittelalter sowohl im jüdischen wie im christlichen Hochzeitsritual Benutzung. Im Falle eines Doppelbechers aus dem Besitz der Gräflichen Sammlung Erbach ist ein zeitweise jüdischer Besitz eindeutig durch eine hebräische Aufschrift auf dem dazugehörenden Lederetui belegt. Bei Gegenständen des Alltags ist eine Unterscheidung zwischen jüdischen und nichtjüdischen Objekten kaum möglich, da sie nicht eigens für den jüdischen Kunden angefertigt wurden. Betrachtet man Geschirr- und Schmuckkomplexe aus den Juderías von Burgos (siehe S. 208) und Teruel (siehe S. 210) oder aus der Judengasse von Frankfurt am Main, so entsprechen Teller, Tassen, Ringe und Broschen dem allgemeinen Kunststil der Zeit und weisen keine Besonderheiten in Ausführung und Symbolik auf. Vereinzelte Ausnahmen sind zum Beispiel aus Teruel bekannt. Hier könnten Löwenmotive auf Tellern für das Wappentier des Königreichs León stehen. Darüber hinaus wäre eine Symbolik im doppelten Sinn denkbar, wenn der Löwe auch mit dem Judäischen Löwen gleichgesetzt werden würde.

Teller mit Löwenmotiv
14. Jahrhundert, Teruel
Keramik, glasiert, 4 x 9 cm
Inv.-Nr. 7.345
Museo de Teruel

Doch wie steht es mit der gegenseitigen Beeinflussung in Sachen Kunstform? Kopierten Juden die Gestaltungsformen von christlichen und muslimischen Gegenständen oder schauten Nichtjuden vielleicht mit großem Interesse auf neue Formen und Stile von Objekten, die aus anderen Traditionskreisen kamen und von jüdischen Kaufleuten über weite Entfernungen gehandelt wurden? Wer beeinflusste wen? Exemplarisch für diese

Vogelkopf-Haggada (Ausschnitt)
Um 1300, Süddeutschland
Pergament, Federzeichnung, Tempera,
27 x 18,2 cm
Faksimile: Beth Davia Salomon, Jerusalem 1967
Inv.-Nr. 180/57; M 912-4-46, fol. 21v
The Israel Museum, Jerusalem

Frage sollen Besamim-Behälter herangezogen werden, in die zu Hawdala die Gewürze zum Erzeugen von Wohlgerüchen als symbolische Trennung zwischen Schabbat und Werktagen gefüllt werden. Seit dem 13. Jahrhundert sind Besamim-Behälter, im Mittelalter Haddas (Myrrhe) genannt, in Turmform (siehe S. 192) gearbeitet worden. Ihre Herstellung ist durch christliche Silberschmiede in Anfertigungsbüchern vom Beginn des 16. Jahrhunderts belegt. Zeitgleich zu den Haddas weisen christliche Monstranzen, die erst seit dem 18. Jahrhundert in Strahlenform hergestellt wurden, ebenfalls eine Turmsymbolik auf. In Bezug auf die Fragestellung der Beeinflussung ergeben sich folglich zwei Möglichkeiten: Entweder übernahmen die christlichen Silberschmiede die von ihren jüdischen Auftraggebern vorgegebene Turmform in das christliche Kunstgewerbe, oder den Juden schienen die turmförmigen Monstranzen, die an hohen Feiertagen durch die Stadt getragen wurden, als geeignetes Bild auch für ihre rituellen Gegenstände, und sie integrierten diese Form in den jüdischen Kult. Aufgrund der größeren und vor allem früheren Funden an Monstranzen, scheint die zweite Variante die realistischere zu sein. Der Turm als Zierform fand im Mittelalter großen Anklang. Darüber hinaus ließ er sich in beiden Religionen symbolisch deuten. Im christlichen Kontext wurde er mit den Stadttürmen gleichgesetzt und schuf damit eine Verbindung zum Schutzpatron der Stadt. Juden dagegen konnten eine Parallele zwischen der Aufnahme der Gewürze im Besamim-Turm und der Lagerung kostbarer importierter Gewürze im Stadtturm sehen. Eine biblische Anlehnung an die Turmform der Besamim-Behälter bot auch das *Schir haSchirim,* das *Hohe Lied,* in dem es heißt: »Seine Wangen wie ein würziges Beet, seine Lippen, gleich Türmen von Wohlgerüchen« (*Hohes Lied* 5,13).
Wie uns der Blick auf die Kunst des Mittelalters lehrt, lebten Juden zwar in Aschkenas und Sepharad als Minderheit unter einer anderen Religionsgruppe, aber das althergebrachte Bild der Ghettoisierung und der ständigen Ausgrenzung von Juden findet sich hier in der Regel nicht wieder. Wie Christen oder Muslime besaßen sie eigene sakrale Gebäude, Handschriften und Kultgegenstände, deren Dekor und Formen sich meistens nicht von denen der anderen Glaubensrichtungen unterschied, da die Religionen vom gleichen Kunstgeschmack geprägt waren. Der allgegenwärtige und führende Kunststil der Zeit, ganz gleich welche Religion ihn hervorgebracht hatte, wurde als angemessen empfunden. Man fand Wege, diesen Stil mit seinen charakteristischen Schmuckformen in die eigenen religiösen Traditionsformen einzubringen. Christliche, muslimische und jüdische Kunst sollen und können nicht separat betrachtet werden, sondern stehen in engem Kontakt zueinander. Auch wenn die jüdische Geschichte des Mittelalters mit Pogromen und Vertreibung tragisch endet, so bilden die davor liegenden Jahrhunderte eine Blütezeit der jüdischen Kultur und des Miteinanderlebens. Eine Blütezeit, die auch in der Kunst Früchte trug und eindrucksvolle Synagogen, reich illuminierte Handschriften und filigrane Kunstwerke hervorbrachte, die sich wenn auch noch selten durch einen eigenen Charakter, so doch durch einen hohen künstlerischen Wert auszeichnen.

Literatur Biale 2001; Cantera Burgos 1955; Cohn-Wiener 1996; Gutmann 1978; Heimann-Jelinek 2003; Künzl 1992; Mann 2000; Marcus 1996; Narkiss 1981; Schubert 1983/1992; Toledo 2002

Von der Antike bis ins späte Mittelalter – Stationen jüdischer Geschichte

Antike – Jüdisches Leben in Palästina und im Mittelmeerraum	520–516 v. u. Z.	Einweihung des Zweiten Tempels von Jerusalem
	Seit 300 v. u. Z.	Jüdische Siedlungen an den Küsten des Mittelmeers und der Ägäis
	165/164 v. u. Z.	Judas Makkabi befreit Jerusalem von den Seleukiden
	Mitte 2. Jahrhundert v. u. Z.	Erste jüdische Niederlassungen in Rom
	20–19 v. u. Z.	Umbau des Zweiten Tempels durch Herodes
	70 u. Z.	Zerstörung des Zweiten Tempels durch die Römer
	132–135	Bar-Kochba-Aufstände in Palästina
	200	Abschluss der Redaktion der Mischna durch Jehuda ha-Nasi
	321	Edikt des Konstantin: erster Hinweis auf Juden in Köln
	415	Eroberung der Iberischen Halbinsel durch die Westgoten, in deren Folge Einschränkungen der Rechte der Juden
	Um 425	Abschluss des Jerusalemer Talmuds
	442	Niederlassung von Juden in Konstantinopel, der Hauptstadt des Römischen Reichs
	Um 700	Abschluss des Babylonischen Talmuds
Frühes Mittelalter – Jüdisches Leben in Mitteleuropa	711	Die Araber erobern Spanien
	8.–10. Jahrhundert	Blütezeit des Judentums im arabischen Spanien
	825–1067	Nordafrikanische Muslime herrschen über Sizilien: enge wirtschaftliche Verbindungen zwischen Juden Siziliens und Nordafrikas

	Mitte 9. Jahrhundert	Unter karolingischer Herrschaft kommen jüdische Händler nach Mitteleuropa und genießen Handelsschutz
	913–918	Veröffentlichungen erster hebräischer Medizin-Traktate in Italien
	Um 917	Die Familie der Kalonymiden aus Lucca siedelt in Mainz
Hochmittelalter – Miteinander der Religionen	950–1250	Entstehung und Blütezeit des aschkenasischen Judentums am Rhein
	1036–1147	Die Almoraviden herrschen über den Maghreb und weite Teile des maurischen Spanien
	1040–1105	Raschi, bedeutender Talmudgelehrter
	1084	Bischof Rüdiger Huzmann von Speyer gewährt den Speyerer Juden Privilegien
	1085	Eroberung Toledos durch das Königshaus Kastilien (Reconquista)
	11. Jahrhundert	Entstehung des sephardischen Judentums in den christlichen Teilen Spaniens
	1090	Edikt von Alfonso VI. von Kastilien
	1096–1099	Erster Kreuzzug
	1104	Weihe der Speyerer Synagoge
	1109	Pogrome gegen Juden in Toledo und Burgos
	1135–1204	Moses ben Maimon (Maimonides), wichtigster jüdischer Gelehrter des Mittelalters
	1144	Erste Ritualmordbeschuldigung gegen Juden in Norwich
	1147–1149	Zweiter Kreuzzug

	1147–1269	Die Almohaden herrschen über den Maghreb und weite Teile des maurischen Spanien
	12. Jahrhundert	Früheste Niederschriften jüdischer Musik aus der Kairoer Genisa
	1215	Das IV. Lateranskonzil beschließt rechtliche Beschränkungen für Juden
	1230–1237	Maimonides-Streit
	1240	Juden übernehmen wichtige Ämter im Königreich Kastilien
	12.–13. Jahrhundert	Begründung des Chassidismus
	1275–1400	Juden aus Rom siedeln in Mittel- und Norditalien
	1288–1344	Levi ben Gerschom, jüdischer Wissenschaftler; wichtige Forschungen in den Bereichen Mathematik, Astronomie und Nautik
	1290	Vertreibung der Juden aus England
	1315	Einweihung der Synagoge von Córdoba
Spätmittelalter – Niedergang und neue Siedlungsräume	1348–1350	Pestpogrome
	1356	Privilegien für Juden in Polen unter Kasimir III.
	1388	Einweihung der Synagoge des Samuel ha-Levi in Toledo
	1394	Vertreibung der Juden aus Frankreich
	1462	Einrichtung der Frankfurter Judengasse (erstes Ghetto)
	1475	Erster hebräischer Druck (Raschi-Kommentar) in Reggio di Calabria

1483–1546	Wirken der aus Speyer stammenden Buchdruckerfamilie Soncino in Italien, Thessaloniki, Konstantinopel und Kairo
1492	Vertreibung der Juden aus Spanien
1497	Vertreibung der Juden aus Portugal
1498	Vertreibung der Juden aus Navarra
1516	Einrichtung des Ghettos in Venedig
1519	Vertreibung der Juden aus Regensburg
Um 1595	Anfänge jüdischen Lebens in Amsterdam

Jüdisches Leben in der Antike

Architrav des Tora-Schreins der Synagoge von Ostia
3. Jahrhundert, Ostia
Marmor, skulptiert und bemalt, 32 x 48 x 184 cm
Inv.-Nr. SBAO 1883a
Soprintendenza per i beni archeologici di Ostia

Die Anfänge der jüdischen Diaspora, also jüdischen Lebens außerhalb des Landes Israel, lassen sich ins Jahr 586 v. u. Z. zurückverfolgen mit der Deportation eines Teils des jüdischen Volkes in das Zweistromland (heute Irak) nach der Vernichtung des Königreichs Juda sowie der Eroberung und Zerstörung Jerusalems durch die Babylonier. Ebenfalls im 6. Jahrhundert v. u. Z. entstanden die ersten jüdischen Gemeinschaften in Ägypten. Infolge der Eroberungszüge Alexanders III. von Makedonien (336–323 v. u. Z.) und der Herrschaft makedonischer Dynastien in den Nachfolgestaaten des Alexanderreichs erweiterte sich der Beziehungsraum der jüdischen Bevölkerung des Landes Israel auf das gesamte östliche Mittelmeerbecken. Jüdische Gemeinschaften finden sich bald in den hellenistischen Metropolen wie Alexandreia oder Antiocheia und in den zahlreichen Hafenstädten des östlichen Mittelmeerbeckens wie etwa dem kleinasiatischen Priene. Zunehmend werden Juden vertraut mit der hellenistischen Kultur und der griechischen Sprache. In dieser Epoche entstanden die ersten jüdischen Gemeinden Europas in den Zentren Griechenlands wie etwa Thessaloniki, Delos, Athen oder Korinth. Nach der römischen Besetzung des Landes Israel unter dem römischen Feldherrn Pompeius 63 v. u. Z. wurden Italien und später auch das westliche Mittelmeerbecken Zielgebiete jüdischer Migration. Diese verstärkt sich vor allem in Folge der fehlgeschlagenen jüdischen Aufstände im Land Israel von 66 bis 73 und 132 bis 135 u. Z., nach denen zahlreiche Juden als Flüchtlinge oder Sklaven in den Westen des Römischen Reichs gelangten. Die gleichen Ereignisse führten auch zu einer Verschiebung der jüdischen Siedlungsräume im Land Israel. Als heute älteste Gemeinde Europas gilt die jüdische Gemeinde von Rom, die seit über 2.100 Jahren kontinuierlich besteht. Nur unwesentlich jünger war die jüdische Gemeinde von Ostia, deren Synagoge aus dem 2. Jahrhundert u. Z. 1961 bei Ausgrabungen entdeckt wurde. Die inschriftlichen Zeugnisse der beiden Gemeinden belegen eindeutig die Herkunft der dortigen Juden aus den östlichen, Griechisch sprechenden Teilen des Römischen Reiches. Zum anderen geben sie Aufschluss über eine recht differenzierte interne Organisation der Gemeinden mit ihren ehrenamtlichen Funktionsträgern. Mit der Ausweitung des Römischen Reiches ließen sich Juden im Verlauf des 2. und 3. Jahrhunderts als Kaufleute und Handwerker auch im rheinischen Raum nieder. Wahrscheinlich bestanden in wichtigen römischen Zentren wie Trier, Köln und Mainz auch jüdische Gemeinden. Ebenso muss davon ausgegangen werden, dass auch in untergeordneten Verwaltungszentren wie Worms oder Speyer oder in den Zivilsiedlungen bedeutender Truppenstandorte wie Bonn, Straßburg, Kaiseraugst und Windisch Juden lebten. Im Gegensatz zur jüdischen Präsenz im Mittelmeerraum war den jüdischen Niederlassungen am Rhein keine Kontinuität beschieden. Die Aufgabe dieser Gebiete durch die Römer zu Beginn des 5. Jahrhunderts sowie die am Rhein herrschende unsichere politische und wirtschaftliche Lage hatte den Rückzug wesentlicher Teile der Zivilbevölkerung, einschließlich der jüdischen Bewohner, in sicherere Gebiete des Römischen Reiches zur Folge. Entsprechend sind die Spuren jüdischer Anwesenheit am Rhein gering.

Das reichsweit gültige Gesetz Kaiser Konstantins I. vom 11. Dezember 321, in der erhaltenen Version an die Ratsherren von Köln adressiert, legt die Existenz einer sozial differenzierten jüdischen Gemeinschaft in dieser Stadt nahe. Die Funde einer Öllampe in Trier und eines Fingerrings in Kaiseraugst mit dem Motiv des siebenarmigen Leuchters sind die frühesten Zeugnisse der Begegnung des rheinischen Raums mit jüdischem Leben.

In Gallien, Italien und Spanien bestanden auch über das Ende der römischen Herrschaft hinaus jüdische Gemeinden. Zeugnis dieser Übergangsperiode in Spanien ist ein steinernes Wasserbecken des 5. Jahrhunderts aus Tarragona mit der Darstellung einer von Pfauen flankierten Menora (siebenarmiger Leuchter) und Aufschriften in Hebräisch, Latein und Griechisch.

Insbesondere Frankreich und Italien, teilweise auch Spanien bildeten die Rückzugsgebiete, aus denen jüdische Fernkaufleute im 9. und 10. Jahrhundert allmählich wieder bis zum Rhein vordrangen, sich dort in den Bischofsstädten mit ihren Resten auf die römische Zeit zurückreichender urbaner Strukturen niederließen und schließlich die ersten mittelalterlichen jüdischen Gemeinden am Rhein gründeten. W. T.

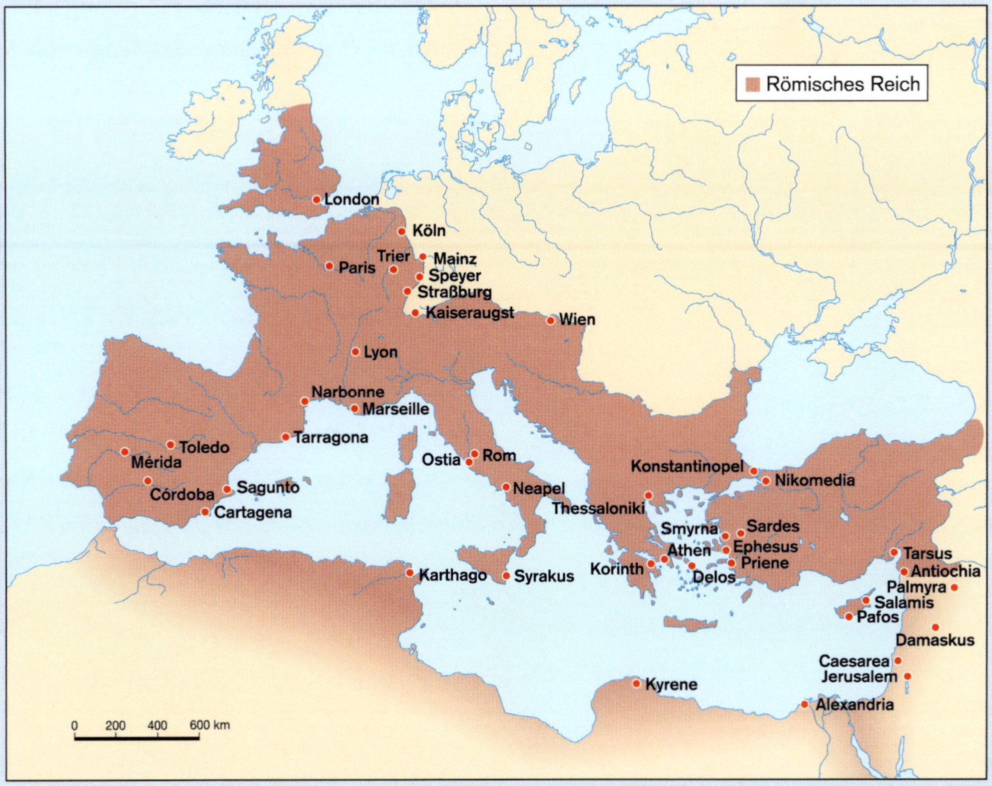

Bedeutende jüdische Ansiedlungen des 4. Jahrhunderts u. Z. im Gebiet des Römischen Reichs

Relief mit siebenarmigem Leuchter

3./4. Jahrhundert, Priene, Kleinasien
1904 aus den Grabungsbefunden überwiesen
Marmor, 61,5 x 61 cm
Inv.-Nr. 4691
Skulpturensammlung und Museum für Byzantinische Kunst, Staatliche Museen zu Berlin

Das Relief wurde im Fußbodenbelag der großen Kirche beim Theater von Priene gefunden, stammt jedoch gewiss aus einem älteren Bau, vermutlich der benachbarten Synagoge. Die ursprüngliche Verwendung ist unbekannt. In flachem Relief sind jüdische Kultsymbole dargestellt: In der Mitte die Menora, der siebenarmige Leuchter auf einem Dreifuß. Die spiralförmigen Gegenstände zu beiden Seiten sind als Tora-Rollen zu deuten. Das Gebilde links stellt entweder den Lulav dar, den beim Laubhüttenfest verwendeten Feststrauß aus Früchten und einem Palmzweig, oder den Etrog, eine Zitrusfrucht mit hineingesteckten Zweigen. Rechts sind der Schofar (Widderhorn) und ein weiterer, wohl zu einem Etrog gehörender Bachweidenzweig zu erkennen. A. E.

Literatur Effenberger 1992, 103, Nr. 28 (mit Bibliografie)

Ossarium

20 v. u. Z. – 70 u. Z., Talbihe, Jerusalem
Kalkstein, Meißel- und Ritzarbeit,
29 x 21,5 x 29 cm
Inv.-Nr. IAA 36-1875
Israel Antiquities Authority, Jerusalem

Das steinerne Ossarium mit niedrigen Füßen und flachem Deckel ist auf zwei Seiten mit einem Innensims versehen. Die Vorderseite ist durch zwei Metopen (Relieffelder) in einem Zickzackrahmen gegliedert. Dazwischen ist eine kannelierte Säule mit ionischem Kapitell auf einer dreistufigen Basis dargestellt. Dem Echinus (Säulenwulst) mit Mäander sind freihändig geritzte Voluten angefügt. In jeder Metope befindet sich eine sechsblättrige Rosette, die von konzentrischen Kreisen umgeben ist. In den oberen Ecken sind kleine eingeritzte Kreisaugen angebracht.

Vom 20. Jahrhundert v. u. Z. bis zum 3. Jahrhundert u. Z. nahmen die Juden Jerusalems eine Wiederbestattung vor. Nach der Erstbestattung legten sie die Gebeine in steinerne Ossarien, die in Familiengrüften ihren Platz fanden.

Über den Symbolwert der zur Verzierung der Ossarien verwendeten Motive ist man sich noch nicht einig; manche meinen, die Motive repräsentierten eine unmittelbare Symbolsprache, während andere sagen, die Motive seien rein ornamentaler Natur. Die kannelierte, auf Stufen ruhende Säule könnte auf einen Nefesch (ein Grabmal) verweisen. A. S.

Literatur Rahmani 1981, 171–178; Rahmani 1994, Nr. 32

Ehreninschrift für Plotius Fortunatus

2./3. Jahrhundert, Ostia
Marmor, 22,5 x 43,7 x 3,5–4 cm
Inv.-Nr. SBAO 11694
Soprintendenza per i beni archeologici di Ostia

Der durch die Inschrift geehrte Plotius Fortunatus hatte das Amt des Archisynagogus inne. Er war damit der Vorsteher und höchste Repräsentant der jüdischen Gemeinde von Ostia. Die Amtsbezeichnung stammt aus den jüdischen Gemeinden des griechischsprachigen Ostteils des Römischen Reiches, wo bereits im 3. Jahrhundert v. u. Z. jüdische Gemeinschaften außerhalb von Erez Israel entstanden. W. T.

Literatur Mann 1990, 162, Nr. 7; Galtiero 1994, 36; Migliau/Procaccia 2001, 67–70

Bauinschrift des Mindis Faustos

3. Jahrhundert, Ostia
Marmor, 36 x 54,3 x 2,5–3,5 cm
Inv.-Nr. SBAO 8978
Soprintendenza per i beni archeologici di Ostia

Die Inschrift ist zweisprachig abgefasst. In Latein enthält sie die Widmung für das Wohl des römischen Kaisers. Der folgende griechische Text bezeugt, dass Mindis Faustos aus Privatmitteln die Synagoge und den dazugehörigen Tora-Schrein erbauen ließ. Der Name des Mindis Faustos ist in jüngeren Schrifttypen anstelle eines eradierten Namens eingesetzt. Das lässt erkennen, dass nach der Renovierung der Synagoge durch Mindis die bereits vorhandene Bauinschrift wiederverwendet wurde. W. T.

Literatur Mann 1990, 161–162, Nr. 6; Rebuzzi 1994, 66–76; Migliau/Procaccia 2001, 67–70

Tonlampe mit Darstellung der Menora

3./4. Jahrhundert, Ostia
Ton, L 10 cm, D 6,5 cm
Inv.-Nr. SBAO 3151
Soprintendenza per i beni archeologici di Ostia

PLOTIO FORTVNATO
ARCHISYN FEC PLOTIVS
AMPLIATVS SECVNDINVS
SECVNDA P T N ET OFILLA
BASILA COIVGI B M

RO SALVTE AVG
ΟΙΚΟΔΟΜΗCΕΝΚΕΑΠΟ
ΕΝΕΚΤΩΝΑΥΤΟΥΔΟ
ΜΑΤΩΝΚΑΙΤΗΝΚΕΙΒΩΤΟΝ
ΑΝΕΘΗΚΕΝΝΟΜΩΑΓΙΩ
ΝΔΙC ΦΑΥCΤΟC ΜΕ
ΔΙ

Pilgerkanne

Um 578–629, Jerusalem
Braunes Glas, formgeblasen, 13 x 6,5 cm
Inv.-Nr. 30219, 168; ehemals Sammlung Friedrich Ludwig von Gans
Antikensammlung, Staatliche Museen zu Berlin

Der in ein dreiteiliges Model geblasene Körper der Pilgerkanne hat einen frei geblasenen, langen Hals mit Kleeblattmündung und einen weit ausschwingenden Bandhenkel. Der Körper ist in sechs hochrechteckige Felder geteilt, jeweils gerahmt von einer Punktlinie. Dargestellt sind in versenktem Relief: eine Menora (siebenarmiger Leuchter), ein x-förmiges Objekt mit Efeublatt-Enden, eine Raute mit Punktrahmen und vier Eckpunkten, eine Raute mit Halbmonden, eine leere Ädikula sowie ein Palmbaum.

Die Glaskanne gehört zu einer Gruppe von etwa 100 erhaltenen kleinen Flaschen und Kannen mit jüdischen und christlichen Symbolen, die in Jerusalem während eines halben Jahrhunderts in derselben Werkstatt hergestellt worden sind. Sie dienten als Pilgerflaschen für Öl, Wasser oder Erde von den heiligen Stätten und wurden auch im Grabkult verwendet.

Den Grundstock des seit dem Zweiten Weltkrieg stark dezimierten Bestandes an antikem Glas in der Berliner Antikensammlung bildet heute die Schenkung des Frankfurter Industriellen Friedrich Ludwig Gans vom März 1912: seine Sammlung umfasste 1.105 Terrakotten, Gläser (darunter die einzigartige Glasamphora aus Olbia) und Goldschmuckstücke; ihr Wert wurde damals schon auf 1,62 Millionen Mark geschätzt. Sie war über mehrere Jahre entstanden unter dem fachkundigen Rat von Robert Zahn, dem damaligen Leiter des Berliner Antiquariums. Kaiser Wilhelm II. erhob den generösen Stifter in den Adelsstand. Die Sammlung Friedrich Ludwig von Gans füllte von 1916 bis 1939 einen eigenen Saal im Alten Museum am Lustgarten. G. P.-H.

Literatur Platz-Horster 1976, Nr. 67; Stern 1995, 248–250, 257, Nr. 174

Goldglasboden

4. Jahrhundert, wohl Rom
Glas mit Goldeinlage (Kopie), H 0,4 cm, D 10,7 cm
Inv.-Nr. 41904; Original im Museo Sacro, Vatikanstadt
Römisch-Germanisches Zentralmuseum, Mainz

Der Goldglasboden zeigt im unteren Teil zwei siebenarmige Leuchter auf einem dreiteiligen Fuß. Links und rechts der Leuchter sind weitere jüdische Kultgeräte wie Schofar (Widderhorn), Etrog (Zitrusfrucht), Amphora und Lulav (Palmzweig) zu erkennen. In der oberen Hälfte steht auf einem stufigen Unterbau ein von zwei judäischen Löwen flankierter Tora-Schrein mit geöffneten Türen. Im Inneren des Schreins sind die Tora-Rollen dargestellt.

In der Spätantike dienten solche Goldgläser als Erkennungszeichen von Gräbern in jüdischen und christlichen Katakomben. Hauchdünne Goldfolie wird auf das Glas aufgelegt, das Motiv wird herausgearbeitet und anschließend mit einer weiteren Glasschicht überzogen. Beliebt waren Symbole und figürliche Darstellungen aus den Bereichen des Kults. Etwa ein Dutzend Goldgläser mit jüdischer Symbolik sind bis heute überliefert. K. B.

Literatur Encyclopaedia Judaica, Bd. 9, 1036 ff.; Speyer 1990, 54

Öllampe

4.–6. Jahrhundert, nördliche Küstenebene, Israel
Gebrannter Ton, L 9,8 cm, D 7,9 cm
Inv.-Nr. IAA 1976-652
Israel Antiquities Authority, Jerusalem

Die Öllampe aus der Gegend von Caesarea besitzt einen runden, mit kurzen Linien verzierter Körper, eine breite Schnauze und ein kleines Einfüll-Loch. Die vertiefte Deckplatte ist mit der Fassade eines Bauwerks verziert. Abgebildet sind zwei Säulen, die ein mit einer Muschel verziertes Giebelfeld tragen. Dieses Bauwerk könnte eine Tempelfassade oder einen Tora-Schrein darstellen. Derartige Lampen waren vor allem im nördlichen Israel weit verbreitet; Modelformen solcher Lampen wurden in Caesarea gefunden. A. S.

Literatur Siegelmann 1992, 63–67

Öllampe

4.–6. Jahrhundert, Netanya, Israel
Gebrannter Ton
Inv.-Nr. IAA 1982-1051
Israel Antiquities Authority, Jerusalem

Die samaritanische Öllampe hat einen runden Körper und eine breite Schnauze. Sie ist verziert mit der Fassade eines Bauwerks aus vier Säulen, die ein Giebelfeld tragen. In der Fassadenmitte befindet sich die hebräische Inschrift »koma« (Höhe). Auf der rechten Seite ist ein Granatapfel und auf der linken Seite eine Menora (siebenarmiger Leuchter) dargestellt. Zur weiteren Ornamentik der Lampe gehören ein Schofar (Widderhorn) rechts von der Menora und eine Weihrauchschaufel sowie Granatäpfel um das Einfüll-Loch. Vermutlich handelt es sich um die Darstellung eines Aron ha-kodesch (Tora-Schreins). A. S.

Öllampe

4. Jahrhundert, Caesarea, Israel
Gebrannter Ton, L 10 cm; D 8,4 cm
Inv.-Nr. IAA 1973-252
Israel Antiquities Authority, Jerusalem

Die samaritanische Öllampe mit rundem Körper und breiter Schnauze ist mit einem siebenarmigen Leuchter verziert. Die Deckplatte ist von erhabenen Linien umsäumt und durch mit einem Zirkel erzeugte konzentrische Kreisen verziert. Das Einfüll-Loch wurde erweitert, nachdem die Lampe gebrannt worden war. In der Regel sind solche Schnauzen mit religiösen Motiven verziert. Die samaritanischen Lampen sind ein Beispiel für eine klar definierte Gruppe, die einer bestimmten Bevölkerung und Region zugeordnet werden kann, nämlich Samaria und Gebiete der Küstenebene, wo Samaritaner in größerer Zahl lebten. A. S.

Öllampe mit Menora, Weihrauchschaufel und Etrog

5./6. Jahrhundert
Keramik, 9,7 x 7,3 cm
Schloessinger Collection, Archäologisches Institut, Hebrew University of Jerusalem

Die Menora (siebenarmiger Leuchter) aus dem Tempel von Jerusalem wurde nach der Zerstörung des Tempels zu einem der wirkungsmächtigsten Symbole jüdischer Identität. Als Sinnbild für den Tempel verkörpert sie die Hoffnung des jüdischen Volkes auf Errettung, den Wiederaufbau des Tempels und die Wiederkehr besserer Tage.
Sie findet sich auf vielen Architekturelementen und kleinen Objekten wieder. Für gewöhnlich sind ihr eine Weihrauchschaufel, ein Lulav (Palmzweig), ein Schofar (Widderhorn) und ein Etrog (Zitrusfrucht) beigegeben, die alle mit den Tempelzeremonien in Zusammenhang stehen. S. R.

Becken mit dreisprachigen Inschriften

5. Jahrhundert (nach G. Alföldi), Tarragona, Spanien
Weißer Marmor (Kopie), 14 x 57 x 44 cm
Inv.-Nr. 80
Museo Sefardí, Toledo; Ministerio de Educación, Cultura y Deporte

Bei dem rechteckigen Becken mit Abflussöffnung handelt es sich um ein sehr seltenes Stück, das bei Abrissarbeiten einiger Häuser in der Calle de Enladrillado, in der Nähe des jüdischen Viertels von Tarragona, gefunden wurde. Wahrscheinlich fand es in der Synagoge Verwendung. Es ist auf der Vorderseite mit einem siebenarmigen Leuchter verziert, der von zwei Pfauen – Paradiesvögeln – flankiert wird. Einer der Pfauen scheint vom Baum des Lebens zu picken. Auf der linken Seite des Leuchters ist ein Schofar (Widderhorn) dargestellt. Über einem der Pfauen befindet sich eine hebräische Inschrift in unregelmäßiger Schrift: »Friede über Israel, und über uns und über unsere Kinder. Amen«. Des weiteren findet man die lateinische Inschrift »Pax fides« sowie eine dritte stark beschädigte und kaum leserliche Inschrift in Griechisch: »Mah...«, deren Bedeutung wohl der der beiden anderen Aussagen ähnelt. A. M. L. A.

Literatur Cantera Burgos/Millás Vallicrosa 1956, 350–354; López Álvarez 1986, 54; Toledo 1991, 251; López Álvarez 1996; Toledo 2002, 57

Fingerring mit Menora

4. Jahrhundert, Kaiseraugst
Kupferlegierung, D Platte 1,1 cm
Inv.-Nr. 2001.01 E05 174.1
Römermuseum Augst

Der Reif ist mehrfach verbogen, und ein kleines Stück fehlt. In die Platte ist eine Menora (siebenarmiger Leuchter) mit gerundeten Armen, Lichtträgern und dreifüßiger Basis eingepunzt. Rechts von ihr ist ein Lulav (Palmzweig), links ein Etrog (Zitrusfrucht) eingraviert. Ob diese beiden Symbole einst eine Binnenzeichnung besaßen, die der Korrosion zum Opfer gefallen ist, muss offen bleiben. Typologische Überlegungen zu Ringform und Menora sowie die Fundumstände sprechen für eine Datierung ins 4. Jahrhundert. L. B.

Literatur Berger 2002, 529–545; Berger 2005

Fragment einer Öllampe

4./5. Jahrhundert, Trier
Ton, 6 x 1,6 cm
Inv.-Nr. S.T. 2105
Rheinisches Landesmuseum Trier

Das Fragment einer spätrömischen Öllampe stammt aus Trier und zählt zu den ältesten Zeugnissen jüdischer Kultur im aschkenasischen Raum. Es wurde 1901 bei Kanalarbeiten als Einzelfund geborgen. Ob diese Öllampe aus einem jüdischen Haushalt stammt oder als Souvenir eines Römers an die Mosel gelangte, muss offen bleiben. Das Fragment zeigt auf der Oberseite eine Darstellung einer Menora auf drei Füßen, die von einem Palmblattornament umgeben ist. K. B.

Literatur Altmann 1931, 114; Frankfurt 1961, Nr. A 30; Monumenta Judaica 1963, Nr. 56

Menora, in einen Gewölbestein gemeißelt

4.–7. Jahrhundert, Yehuddiyye, Golan, Israel
Basaltrelief, 62 x 45 x 26 cm
Inv.-Nr. IAA 1987-2867
Israel Antiquities Authority, Jerusalem

Der neunarmige Leuchter, auf einem Dreifuß stehend, wird rechts von einem Schofar (Widderhorn) und links von einer Weihrauchschaufel flankiert. Die Leuchterarme enden an einem waagerechten Riegel, darüber sind entweder Leuchterhalter oder Flammen dargestellt. Im Gegensatz zu der häufiger anzutreffenden siebenarmigen Menora sind viele der Menorot vom Golan fünf- oder neunarmig.

Charakteristisch für die jüdische Kunst im Golan aus dem 4. bis 7. Jahrhundert sind die Basaltreliefs, die ein großes bildhauerisches Können erfordern, denn Basalt ist ein harter, schwer zu bearbeitender Stein. Neben der Menora sind Abbildungen des Tora-Schreins sowie Darstellungen von Löwen und von floralen Mustern, wie Weingirlanden, Rosetten und Kränze, verbreitete Motive. N. S.

Literatur Hachlili 1987

Widmungsinschrift in Griechisch

5./6. Jahrhundert, Binyamina, Küstenebene, Israel
Marmor, Meißelarbeit, 29 x 23 x 7 cm
Inv.-Nr. IAA 1980-787
Israel Antiquities Authority, Jerusalem

Dargestellt ist eine Menora (siebenarmiger Leuchter) mit schräger Basis und oben mit waagerechtem Strich. Die Menora wird rechts von einem stilisierten Lulav (Palmzweig) und links von einem Schofar (Widderhorn) flankiert. Die diagonale Linie rechts außen könnte einen Etrog (Zitrusfrucht) darstellen. Beidseits der Menora und darunter befindet sich eine griechische Widmungsinschrift, vielleicht aus einer Synagoge. Der Text erwähnt das Jahr 471, doch bleibt unklar, welche Ära gemeint ist. Die Inschrift lautet:

ΕΙCΘΕΟC	Εἱς θεός
ΙΟΥΔΑ ΒΟΘΙ	Ιούδα(ι) βο(ή)θ(ε)ι
ΠΡΕCΕΤΛΟΥ	πρεσ(βυτέρωι) Ετ(ους) αου.

Einziger Gott, hilf Judah dem Älteren. Jahr 471. N. S.

Literatur Di Segni 1993, 133–136; Barag 1994, 179–181

Zeugnisse des religiösen Lebens in der Gemeinde und der Familie

In den christlichen Reichen des mittelalterlichen Europa begegnen uns jüdische Gemeinden als Kultgemeinschaften, die bedeutenderen unter ihnen aber auch als Körperschaften mit eigener Verfassung, unabhängiger Selbstverwaltung und eigener Rechtssprechung. Diese bildeten innerhalb einer Stadt eine selbstständige Gemeinde, anfangs sogar mit besserer Rechtsstellung ausgestattet als die christlichen Stadtgemeinden.

Mittelpunkt der jüdischen Gemeinde ist die Synagoge, Ort des Gebets und der Gottesdienste, aber auch Stätte der Versammlung zur Beratung der gemeinsamen Angelegenheiten, des Gerichts, der Lehre und des Lernens. Die architektonischen Grundzüge des Synagogenbaus wie die Ausrichtung nach Jerusalem oder das Vorhandensein von Aron ha-kodesch (Tora-Schrein) und Bima (Lesepult) als bauliche Akzente des Innenraums wurden schon in der Antike festgelegt. Die Ausführung des Baus erfolgte dagegen in den zeitlich und regional üblichen Stilen. Unabdingbar für jüdische Gemeinden ist das Vorhandensein von Ritualbädern, teils wie im rheinischen Raum als monumentale Gemeindebauten, teils aber auch als einfachere Einrichtungen in den Kellern von Privathäusern, die den Gläubigen der Nachbarschaft zur Verfügung standen. Größere Gemeinden verfügten über Schulen, Lehrhäuser, Tanzhäuser als Mehrzweckgebäude für die Feste der Gemeinde und die Feiern einzelner Gläubiger, Hospize und Spitale. Eigene Schächtereien und Bäckereien dienten der Herstellung von Lebensmitteln, bei denen die Reinheitsgebote des jüdischen Glaubens zu beachten waren. Die Gemeinden mit eigener Verfassung besaßen Friedhöfe, in denen auch die Toten der kleineren Gemeinschaften ihrer Nachbarschaft bestattet wurden.

Seit dem 11. Jahrhundert entwickelten sich am Rhein und in den christlichen Reichen der Iberischen Halbinsel neue jüdische Traditionskreise mit unterschiedlichen Sprachen, Liturgien, Riten, Sitten und Gebräuchen. Sie sind Ausdruck des religiösen Eigenlebens innerhalb eines neuen Gebiets der jüdischen Diaspora. Der mitteleuropäische Traditionskreis ist der aschkenasische, benannt nach Aschkenas, der hebräischen Bezeichnung für die Gebiete nördlich der Alpen; der spanische Traditionskreis ist der sephardische, benannt nach Sepharad, der hebräischen Bezeichnung für die Iberische Halbinsel. Beide unterscheiden sich bei vielen Gemeinsamkeiten nicht nur voneinander, sondern auch von den älteren Traditionskreisen im islamischen Teil der Iberischen Halbinsel und Nordafrikas oder dem Italki in Italien, die in Kontakt mit dem Zentrum des orientalischen Judentums in Bagdad standen, sowie dem griechisch geprägten Traditionskreis der Romaniotes in Griechenland und Kleinasien.

Für das jüdische Gemeindeleben – und dies gilt für alle jüdischen Traditionskreise – ist der synagogale Gottesdienst von zentraler Bedeutung. Frauen sind daran nur indirekt beteiligt, und zwar in eigenen Räumlichkeiten oder an von den Männern nicht einsehbaren Stellen im hinteren Raumteil oder auf Emporen. Repräsentative Beträume für Frauen sind nur aus den aschkenasischen Zentren Worms und Speyer bekannt. Den Frauen kommt vor allem eine verantwortungsvolle Rolle im religiösen Leben des häuslichen Bereichs zu.

Der Gottesdienst in der Synagoge ist ein Wortgottesdienst mit Lesungen aus der Tora und anderen Büchern der hebräischen Bibel, Gebeten und Gesängen. Entsprechend umfangreich ist das religiöse Schrifttum. Zahlreiche jüdische illuminierte Handschriften blieben erhalten, die in Sepharad und Aschkenas ganz unterschiedlich gestaltet wurden. Wegen ihrer Kostbarkeit wurden sie in den Familien vererbt oder fanden seit der Renaissance zunehmend das Interesse christlicher bibliophiler Sammler. Diese Handschriften enthalten die gesamte hebräische Bibel oder Teile derselben, teilweise auch kommentiert, andere wiederum rabbinische Schriften wie die beiden Fassungen des Talmud. Verbreitet sind Manuskripte von Machsorim (Sammlungen von Gebeten für die Festtage) und Sidurim (Sammlungen der täglichen Gebete und Gebete am Schabbat). Für die häusliche Liturgie des Seder-Abends am Beginn des Pessach-Festes wurden kunstvoll illustrierte Haggadot (liturgische Text- und Gebetssammlungen zum Seder) gestaltet.

Im Vergleich zu den hebräischen Handschriften blieben weit weniger Beispiele jüdischen Zeremonialgeräts des Mittelalters erhalten, wobei auch hier Unterschiede zwischen Sepharad, Aschkenas und Italien evident sind. Zum Schmuck der Tora, zum Gebrauch bei den Festen oder bei persönlichen Feiern waren sie meist aus wertvollen Materialien hergestellt. Besonders Objekte aus Metall wurden, wenn sie schadhaft geworden waren oder nicht mehr dem Stil der Zeit entsprachen, eingeschmolzen. Andere gingen während der Verfolgungen durch Plünderung oder Raub verloren. Bestimmte Formen wie etwa die Chanukka-Lampen des Banktyps weisen oft eine erstaunliche Kontinuität über die Jahrhunderte hinweg auf. Ähnliches gilt für die in Aschkenas gebräuchlichen Besamim-Behälter des Turmtyps zum Gebrauch bei der Hawdala-Zermonie nach dem Ende des Schabbat, deren Form vermutlich von den in der Römischen Kirche gebräuchlichen Ostensorien und Monstranzen abgeleitet ist. Selten erhalten sind Ester-Rollen (Megillot) des Mittelalters, welche den Text des gleichnamigen biblischen Buches enthalten, das an Purim in der Synagoge vorgelesen wird.

Von persönlichen Feiern zeugen die in Sepharad und Aschkenas ganz unterschiedlich gestalteten Ketubbot (Eheverträge) und qualitätvolle Hochzeitsringe, die in Aschkenas und Italien von den Bräuten bei der Hochzeitszeremonie getragen wurden. Einige dieser Hochzeitsringe sind in Schatzfunden enthalten, die während der Pestpogrome von 1348 bis 1350 vergraben wurden und die jüdische Identität ihrer einstigen Besitzer bezeugen.

E. v. V.

3-D-Rekonstruktion des mittelalterlichen Speyerer Judenhofs
Blick von Südosten über Ritualbad auf Frauenbetraum, Synagoge und gotischen Anbau
1. Hälfte des 14. Jahrhunderts
3-D-CAD-Rekonstruktion: Architectura Virtualis GmbH, Kooperationspartner der TU Darmstadt

Gedenkstein

14. Jahrhundert, Synagoge, Gerona
Kalkstein (Kopie), 50 x 31 x 14 cm
Inv.-Nr. MHJ096
Museu d'Història dels Jueus, Patronat Municipal Call de Girona

Gedenkinschrift aus einer Synagoge in Gerona, wahrscheinlich aus der so genannten Großen Synagoge, die vom 13. bis zum 15. Jahrhundert genutzt wurde. Die Inschrift befand sich möglicherweise im Inneren an der Ostwand, neben dem Aron ha-kodesch (Tora-Schrein). Sie rief zum Gebet, zum Studium und zur Einhaltung der Gesetze auf. »Haus des Jakob, geht und lasst uns im Licht des Ewigen wandeln, vertraut Ihm zu aller Zeit, oh Volk, schüttet vor Seinem Antlitz aus euer Herz, denn der Ewige ist unser aller Zuflucht, Selah. Öffnet die Tore, auf dass ein gerechtes Volk eintrete, als Hüter der Rechtschaffenheit [...].«

S. P. M.

Kapitell mit zweisprachigen Inschriften

12./13. Jahrhundert, Toledo
Kalkstein (Kopie), 26 x 16 cm,
D Säulenhals 42 cm
Inv.-Nr. 1148
Museo Sefardí, Toledo, Leihgabe des Museo Arqueológico Nacional, Madrid

Das Kapitell mit Inschriften in zwei Sprachen wurde in der Kirche von San Juan de los Reyes in Toledo gefunden. Der Säulenhals besitzt Zierbänder und Blattverzierungen. Eine hebräische Begrüßungs- und Abschiedsformel umsäumt das Kapitell. »Gesegnet bist du, wenn du heimkehrst, gesegnet bist du, wenn du ausziehst« (Deuteronomium 28,6). Über der hebräischen Inschrift befindet sich eine Girlande aus geflochten Pinienästen mit Zapfen und einem schlangenartigen Reptil. Auf dem Abakus steht auf Arabisch: »Segen und Glückseligkeit, Erfolg und Frieden«. Er wird bekrönt von Verzierungen in Form von Voluten, Rosetten und Sternen. Das Kapitell könnte entweder zu einer der zehn von Jacob Albeneh erwähnten und in den Unruhen von 1391 zerstörten Synagogen Toledos gehören oder aufgrund der Nähe des Fundorts zur Synagoge des Sofer.

A. M. L. A.

Literatur Cantera Burgos/Millás Vallicrosa 1956, 333–335; López Álvarez 1996, 251; López Álvarez 1996; Sevilla 1998, 292–293; Toledo 2002, 245

Architekturfragmente

14. Jahrhundert, Sinagoga del Tránsito, Toledo
Stuck, Gussformtechnik (Kopie), 14 x 21,5 x 3 cm
Inv.-Nr. 243/014-015
Museo Sefardí, Toledo, Ministerio de Educación, Cultura y Deporte

Die Architekturfragmente besitzen eine hebräische Inschrift sowie Farbspuren. Sie stammen vom verzierten Sockel der Galería de Mujeres (Frauengalerie) der Sinagoga del Tránsito. Der fortschreitende Verfall des Gebäudes machte es erforderlich, in der Zeit der Nutzung als Kirche die großen Fenster, die zum Gebetsraum gingen, zu verschließen, und den Raum als Wohnung für den Kaplan der Kirche in »zwei Räume, die als Schlafraum und als dunkle Küche mit einer Kaminhaube dienen«, zu unterteilen. Die Fragmente gehören zu einer südlich gelegenen Mauer und zum oberen Teil eines Sockels. Die reliefartige hebräische Inschrift gibt den Beginn von Psalm 45,8 wieder, von dem nur ein vollständiges Wort erhalten ist sowie ein Teil des darauf folgenden: »Du liebst das Recht [und hasst das Unrecht, darum hat Gott, dein Gott, dich gesalbt mit dem Öl der Freude, wie keinen deiner Gefährten]«. Es sind noch Reste der Zierbänder und der dekorativen Elemente erhalten, die Medaillons mit Lobpreisungen Allahs bilden.

A. M. L. A.

Literatur Cantera Burgos 1984, 137–149; Álvarez Delgado/López Álvarez 1987, fasc. 2

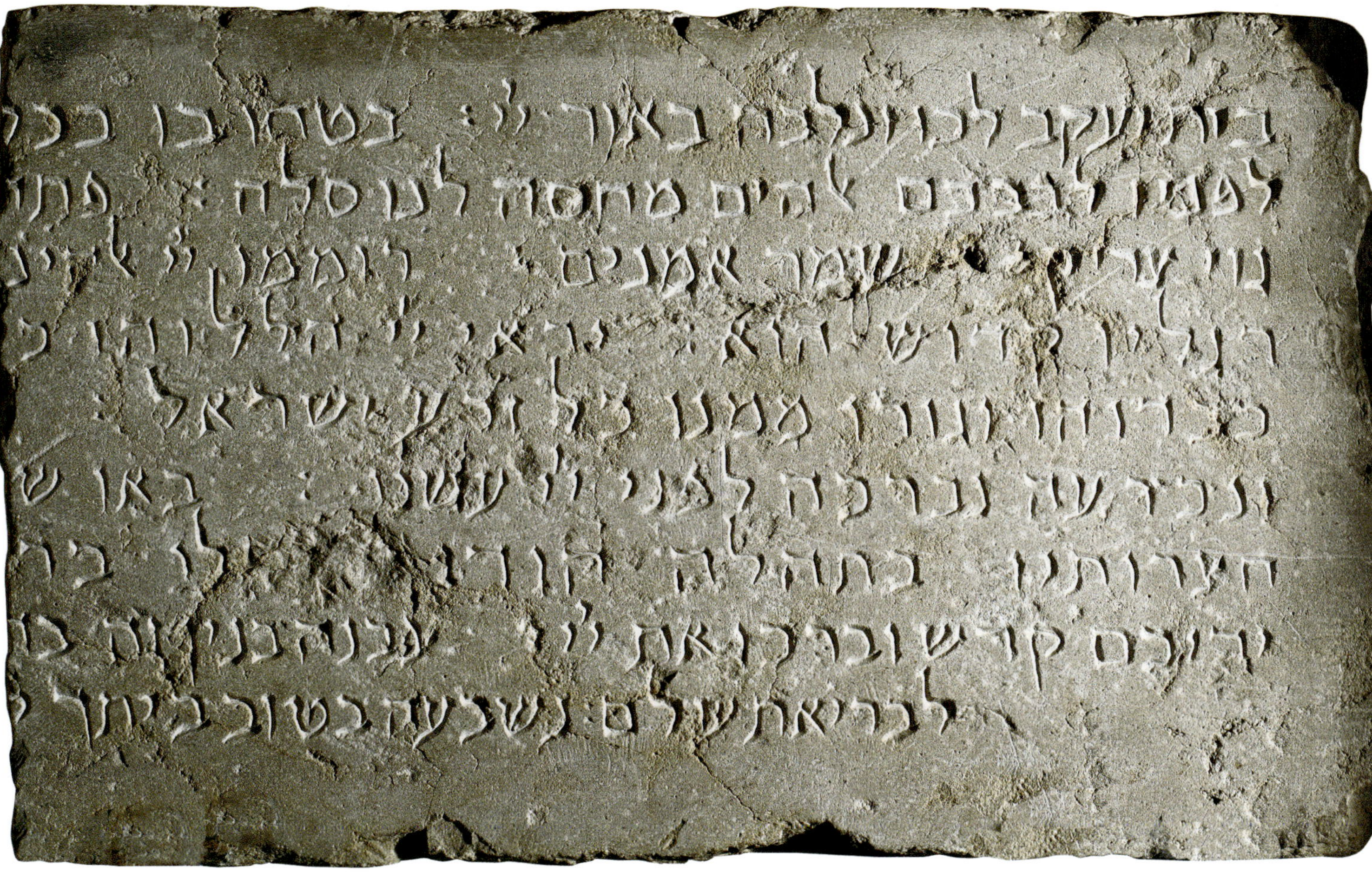

Stifterinschrift

1034, Synagoge, Worms, rechts neben dem Eingangsportal zur Männersynagoge eingemauert
Sandstein (Kopie), 57 x 183 x 6 cm
Inv.-Nr. 225
Jüdisches Museum im Raschi-Haus, Worms

Der älteste Beleg für eine Synagoge in Worms und gleichzeitig in Europa ist die Stifterinschrift von 1034. Sie besagt, dass Jakob ben David und seine Ehefrau Rahel ihr Vermögen verwandten, um die Synagoge zu bauen und auszuschmücken, vollendet im Monat Elul (4)794 (August/September 1034), und diese Tat sei dem Schöpfer angenehmer gewesen als die Darbringung von Opfern und der Besitz von Söhnen und Töchtern.
Die bereits aus Stein gebaute Synagoge stand westlich der heutigen, etwa im Bereich der renaissancezeitlichen Raschi-Jeschiwa. Nach schweren Beschädigungen des Bauwerks durch Teilnehmer des Ersten und Zweiten Kreuzzugs (1096 und 1146) wurde die Stifterinschrift zur Erinnerung an die Gründung in den Neubau von 1174/75 übernommen. I. S.

Literatur Böcher 1960, 23 ff., 97–98; Reuter 1987, 18 ff.; Böcher 2001, 4 ff.; Speyer 1992, 496

Bruchstück einer Bauinschrift

1271, Synagoge in der Schusterstraße, Mainz
Sandstein, 44 x 30 x 10 cm
Landesmuseum Mainz

Die jüdische Gemeinde in Mainz ist die älteste der drei Gemeinden der SchUM-Städte. Juden sind in Mainz urkundlich bereits um 900 erwähnt. Eine Synagoge ist zum ersten Mal für 1093 belegt. Von ihr zeugen drei Bruchstücke von Bauinschriften. Das Fragment der hier gezeigten Inschrift ist laut seines Inhalts dem Schlussstein der Synagoge zugehörig. Es werden verschiedene Personen wie beispielsweise Rabbi Isaak genannt, die für den Bau der Synagoge gespendet hatten. K. B.

Literatur Germania Judaica, Bd. 1, 1963, 174 ff.; Schütz 1978; Dörrlamm 1995

Inschriftenfragmente eines Kapitells

1174/75, Synagoge, Worms, östliches Kapitell im Hauptraum
Roter Sandstein, 10 x 27 x 5 cm, 13 x 25 x 4 cm, 8 x 14 x 3 cm
Inv.-Nr. 203, 1–3
Jüdisches Museum im Raschi-Haus, Worms

Beim Wiederaufbau ab 1957 wurden einige Splitter von der Kämpferinschrift des östlichen Kapitells durch glückliche Zufälle aus dem Brandschutt gerettet. Dank einer guten Dokumentation vor 1938 ließen sich die Fragmente zuordnen. »Den Perlenschmuck ›der beiden Säulen‹ / verfertigte er ohne ›lässige Hände‹ / auch die ›kugeligen Knäufe‹ / an denen er auch ›die Lampen‹ aufhängte« – diese vierzeilige Bauinschrift aus Bibelzitaten, mit Bezug auf den Steinmetz, ist ein Chronogramm mit der Jahreszahl (4)935, das entspricht dem Jahr 1174/75. Damit ist es ein hervorragendes Datierungsmittel für die spätromanische Kunst am nördlichen Oberrhein. Der Bauschmuck der Synagoge wurde von der Wormser Dombauhütte geschaffen, mit überzeugenden Parallelen am Dom St. Paulus und St. Andreas. I. S.

Literatur Böcher 1960, 28 ff, 101 ff.; Reuter 1987, 35 ff.; Böcher 2001, 7 ff.

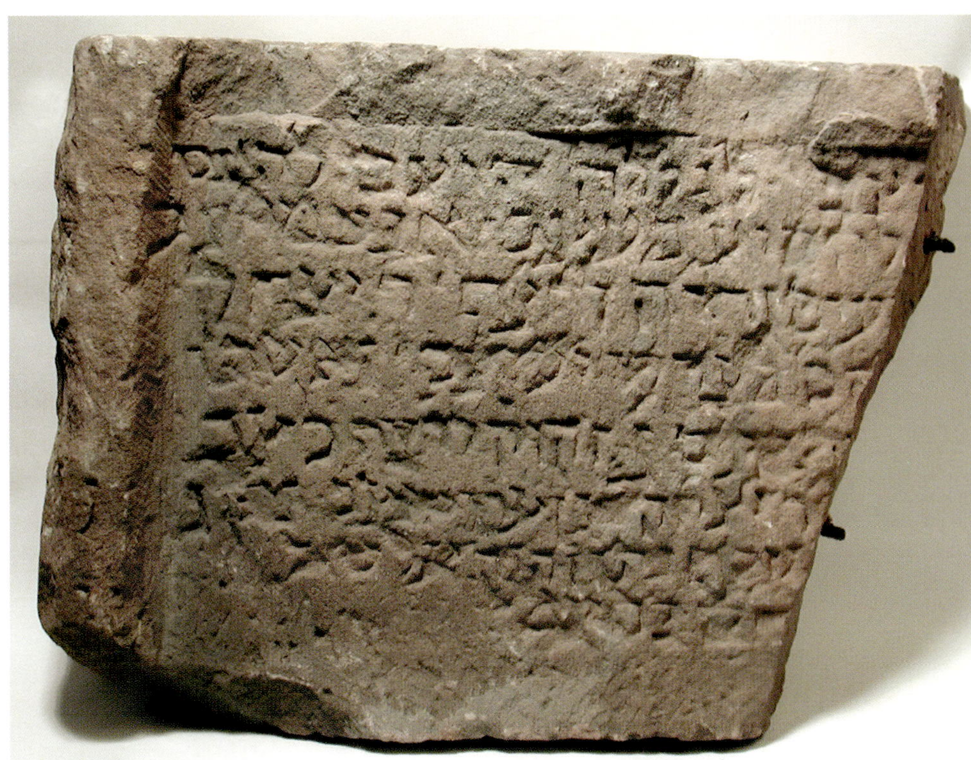

Doppelbogenfenster

1104, aus der Westwand der Synagoge von Speyer
Sandstein, 110 x 77 x 15 cm
Inv.-Nr. HM 406
Historisches Museum der Pfalz, Speyer

Mittelalterliche Synagoge von Speyer

Blick in den Innenraum mit Bima und auf die Fenster der Westwand
Um 1200
3-D-CAD-Rekonstruktion: Architectura Virtualis GmbH
Kooperationspartner der TU Darmstadt

Das Doppelbogenfenster stammt aus der Westwand der mittelalterlichen Synagoge von Speyer. Es gehört zur Erstausstattung des 1104 vollendeten Baus und wurde beim Wiederaufbau der Westwand, vermutlich nach der Zerstörung im Pogrom von 1195, erneut verwendet. Fenster dieses Typs fanden beim Umbau des Speyerer Domes, aber auch bei der Errichtung des zwischen 1110 und 1120 vollendeten jüdischen Ritualbads von Speyer Verwendung. Die Synagoge wurde aufgrund der Beschränkung der beruflichen Betätigung der Juden auf Fernhandel und Bankgeschäfte von christlichen Bauleuten errichtet. Diese bedienten sich der Formensprache der zeitgenössischen Romanik, wie sie bei der Errichtung von Sakralbauten und repräsentativen Profanbauten zur Anwendung kam. Im Gegensatz zur Ostwand wurden die Fenster der Westwand nicht ersetzt. Die Westwand überstand auch fast vollständig den Stadtbrand 1689 während des Pfälzischen Erbfolgekriegs. 1899 wurde sie in den Neubau eines Wohnhauses einbezogen. Das Fenster wurde damals aus dem Mauerverband herausgenommen und in den Bestand des Historischen Museums der Pfalz gegeben. Nach den Ausgrabungen des Jahres 2001 ist die Innenseite der Westwand wieder der Öffentlichkeit zugänglich. Die beiden Fenster der Westwand sind die ältesten Synagogenfenster in Aschkenas. W. T.

Literatur Stein 1981, 52–53, Abb. 35–36; Künzl 1988, 85, Abb. 94, 404, Nr. 15

Rundbogenfragment

Wohl 2. Hälfte 12. Jahrhundert, Synagoge, Speyer
Gelber Sandstein, 23,3 x 26 bzw. 33,6 x 16–22,2 cm
Inv. Nr.: E 01/11-514
Leihgabe des Landes Rheinland-Pfalz, Archäologische Denkmalpflege Speyer

Kleines, allseitig sorgfältig bearbeitetes Architekturteil. An der Oberkante ein stark vorkragender, abgesetzter Doppelwulst. Rechts oben Ausklinkung. An der Oberseite ist links der Rest einer Eisenklammer sichtbar, rechts eine Abarbeitung.

Dieses Architekturteil gehörte zu einer aus Quadern zusammengesetzten, komplizierten Kleinarchitektur des Innenraums. Die Abarbeitung auf der Oberseite zeigt, dass hier eine Fortsetzung nach oben vorgesehen war, die Klammer auf der linken Seite verweist auf einen gleichartigen »Nachbarn«. Wie viele andere Fundstücke aus der mittelalterlichen Synagoge ist die Herkunft des Stückes nicht bestimmbar, es könnte sich um einen Teil der romanischen Bima gehandelt haben. M. P.

Literatur Archäologie in der Pfalz 2001, 198–206

Giebel des Tora-Schreins

Um 1290, Miltenberg
Roter Sandstein, Reste farbiger Fassung: rot, grün, schwarz (Abguss), 110 x 116 x 28 cm
Inv.-Nr. S 232
Museum der Stadt Miltenberg

Der Giebel bekrönte ursprünglich den Tora-Schrein in der Ostwand der ersten Synagoge Miltenbergs. Diese entstand um 1290 und ist im aufgehenden Mauerwerk heute noch erhalten. Damit steht in Miltenberg einer der ältesten erhaltenen Synagogenbauten Europas. Als die Gemeinde 1904 in eine neu erbaute, größere Synagoge umzog, übertrug man auch den Giebel als Aufsatz für den neuen Tora-Schrein. Das Giebeldreieck war zu dem Zeitpunkt noch verblendet: In einer Rosette befanden sich sieben fünfblättrige Rosen. Die Kehle der Giebelschenkel verziert ein Stab von dichtem Weinlaub, auf der Deckfläche sind Ahornblätter angebracht. Heute fehlt die Blende mit den Rosen. Die Reichspogromnacht vom 9. November 1938 hat auch an diesem Stück ihre Spuren hinterlassen. H. N.

Literatur Kirmeier 1988, 169; Neubert 2000, 15 ff.; Schwierz 1992, 99 ff.

Tora-Schrein in der mittelalterlichen Synagoge von Speyer

Um 1200
3-D-CAD-Rekonstruktion: Architectura Virtualis GmbH
Kooperationspartner der TU Darmstadt

Unterer Teil einer Säule mit Basis

Wohl 12. Jahrhundert, Synagoge, Speyer
Roter Sandstein, 17 x 19,5 x 20 cm
Inv.-Nr. E 01/11-513
Leihgabe des Landes Rheinland-Pfalz, Archäologische Denkmalpflege Speyer

Sonderform einer attischen Basis: Über einer runden Plinthe gehen ein hoher und ein niedriger Wulst absatzlos ineinander über. Darüber folgt ein dicker Wulst und ein dünner Ring, der zum angearbeiteten Säulenschaft überleitet. Das Säulenfragment wurde für die 3-D-Rekonstruktion des romanischen Tora-Schreins verwendet, obwohl seine zeitliche und räumliche Einordnung nicht ganz gesichert ist. M. P.

Literatur Scriba 1937, 1492–1506

Eingewölbter Frauenbetraum der mittelalterlichen Synagoge von Speyer

Vor 1349
Mit Sitzbänken und Hörnischen zum Synagogenraum sowie einem separaten Eingang an der Westwand
3-D-CAD-Rekonstruktion: Architectura Virtualis GmbH
Kooperationspartner der TU Darmstadt

Bodenfliesen mit Lilienornament

Erstes Drittel/Mitte 13. Jahrhundert
Dunkelgrauer Ton, 11 x 2,2 cm
Leihgabe des Landes Rheinland-Pfalz, Archäologische Denkmalpflege Speyer

Die Bodenfliesen in Dreiecksform mit heraldisch stilisierter Lilie in dreieckigem Rahmen und zusätzlicher Basislinie waren Teil eines Bodenbelags, in dem die unterschiedlichen Farben ornamental eingesetzt wurden. Das Motiv gehört zum gängigen Formenspektrum im gesamten Oberrheingebiet. Mehrere Vergleichsfunde stammen unter anderem aus St. German in Speyer. M. P.

Literatur Landgraf 1993, 616, Variante Nr. W 2 und W 3

Bodenfliese mit Kreisornament

Zweites Drittel 13. Jahrhundert
Hellroter Ton, vertiefte Prägung, keine Abnutzungsspuren, 13 x 12,5 x 2,5 cm, Kante schräg
Inv.-Nr. E 01/11-243
Leihgabe des Landes Rheinland-Pfalz, Archäologische Denkmalpflege Speyer

Quadratische Fliese mit Ornament aus Kreis mit dichtgereihten Schrägkerben, in der Mitte kleiner Kreis mit achtblättriger Blüte. Von diesem ausstrahlend Kreuz mit Kreuzblume aus drei Rauten. In den Zwischenräumen kleine gepunzte Blüten, in den Fliesenecken Dreipässe.

Die Tiefe der Prägung sowie Strichspuren auf der Oberfläche weisen das Stück als »fabrikneu« aus. In einigen Vertiefungen finden sich Reste groben Mörtels. Vermutlich stammt die Fliese aus einem Bereich des Plattenbodens, der mit einem Einbau abgedeckt war.

Der mittelalterliche Tonfliesenboden des Frauenbetraums wurde beim Umbau zum Zeughaus vollständig entfernt. Fliesen aus diesem Boden gelangten in die Ausbruchgrube der Bima und in die Vermauerung der Hörfenster. Weitere Fliesen wurden vermutlich außerhalb der Gebäude entsorgt.

Das Muster des Bodens scheint aus unterschiedlich ornamentierten, mit Modeln geprägten Fliesen gebildet worden zu sein. Die Werkstätten lieferten unterschiedslos für Kirchen, Klöster, Burgen und Privathäuser, ebenso wie für die Synagoge in Speyer. Gleichartige Böden waren auch in den Speyerer Kirchen des 13./14. Jahrhunderts verlegt. M. P.

Literatur Landgraf 1993, 433, Nr. M 20

Fragmente des Almemor der Kölner Synagoge

Um 1270/1280, Köln
Trachyt, Kalkstein, Schiefer, H 13,5; 12,5; 14,5; 18,5 cm
Inv.-Nr. 56/1065.3; 56/1066.4; 56/1090.1; 56/1096.1
Römisch-Germanisches Museum Köln

Bei den Grabungen des Jahres 1956 wurden im Kellerraum der im 12. Jahrhundert errichteten und um 1270 veränderten mittelalterlichen Synagoge von Köln über 160 kleinteilige Architekturfragmente gefunden. Aus ihnen kann ein Almemor (Lesepult) vergleichbar dem der Regensburger Synagoge (siehe S. 138) rekonstruiert werden.

Der Almemor folgt den Formen der zeitgenössischen Gotik mit Einflüssen aus Frankreich und England. Stilistische Parallelen zu den zeitgleichen Bauteilen des Kölner Domes und die Qualität der Ausführung deuten darauf hin, dass der Almemor ein Werk von Steinmetzen der Kölner Dombauhütte ist. Während des Pestpogroms 1349 wurde er zu kleinen Stücken zerschlagen, um an die Eisen- und Bleiklammern zu gelangen, welche die einzelnen Werkstücke miteinander verbanden.

Köln besaß wohl schon in der Römerzeit eine jüdische Gemeinschaft. Ebenso gehört die Stadt aufgrund ihrer Bedeutung für den Handel vom Rhein nach Norddeutschland, den Niederlanden und Flandern zu den frühesten und bedeutendsten jüdischen Siedlungsorten des Mittelalters. Sichtbares Zeugnis ist das mittelalterliche Ritualbad aus der Zeit um 1170. Mit der Vertreibung von 1424 endet die Geschichte der mittelalterlichen Judengemeinde Kölns.

W. T.

Literatur Künzl 1988, 66–67; Schütte 1998, 188–215

Rekonstruktion des Almemor
der Kölner Synagoge um 1280
Nach Schütte 1998

Albrecht Altdorfer (um 1482/85–1538)

Innenraum der Regensburger Synagoge
1519, Regensburg
Radierung, 17 x 12,5 cm
Bayerische Landesstiftung,
Historisches Museum der Stadt Regensburg

Die einzige Bildquelle einer mittelalterlichen Synagoge im aschkenasischen Raum stammt von Albrecht Altdorfer. Als Mitglied des Stadtrates war er an der Vertreibung der Regensburger Judengemeinde am 21. Februar 1519 beteiligt. Kurz vor dem Abbruch dieses frühgotischen Bauwerks fertigte er Architekturzeichnungen des Innenraums und der Vorhalle (siehe S. 79) an, die als Radierung im Zuge der anschließenden Wallfahrt »Zur schönen Maria« verbreitet wurden. Die grafische Umsetzung hatte zur Folge, dass der Synagogeninnenraum spiegelverkehrt dargestellt wurde. Der Blick fällt von Westen auf den zweischiffigen, durch drei Säulen unterteilten Raum mit dem Almemor (Lesepult) in der Mitte. Darüber hinaus lassen sich viele architektonische Details erkennen. S. C.-W.

Literatur Angerer 1995, 130; Mielke 1988, 117, 224–225

Siegel der jüdischen Gemeinde Regensburg

1356, Regensburg
Wachs (Kopie), D 4,5 cm
Inv.-Nr. Reichsstadt Regensburg Urk. 1078
Bayerisches Hauptstaatsarchiv, München

Die Motive Halbmond und Stern finden sich an mehreren Siegeln des 13. und 14. Jahrhunderts der Regensburger Juden. Den ersten Beleg für diese Darstellung erbringt ein Siegel an einer Urkunde aus dem Jahr 1297. Im fortgeschrittenen 14. Jahrhundert findet sich das Motiv auch auf den Siegeln jüdischer Privatpersonen in Regensburg. Dass die Kombination von Halbmond und Stern nicht nur in Regensburg gebräuchlich war, zeigt sich auch an den Siegeln mit gleichem Motiv der Juden im westfranzösischen Angoulême. Jüdische Siegel und Siegelringe des Mittelalters unterscheiden sich durch die hebräische Inschrift und das Fehlen von anthropomorphen Motiven von zeitgleichen christlichen Siegeln. C. S.

Literatur Codreanu-Windauer/Harck 1999, 586

Goldring

13./14. Jahrhundert, vom Neupfarrplatz,
Regensburg
Gold, D 1,9 cm
Stadt Regensburg, Amt für Archiv
und Denkmalpflege

Der Goldring gehört zu den wenigen mittelalterlichen Funden jüdischer Provenienz in Europa. Er wurde im Abbruchschutt eines 1519 zerstörten jüdischen Hauses geborgen, wohin er wohl in Zusammenhang mit einer Fehlbodenfüllung – einer Füllung unter den Bodendielen aus organischem Material – geraten war. An seinem schmalen Reif ist eine runde, flach gewölbte Ringplatte angelötet, in der die Darstellung eines Halbmondes und eines siebenstrahligen Sterns eingraviert ist. Das Motiv ist von etlichen Siegeln Regensburger Juden bekannt und ziert auch das Siegel der jüdischen Gemeinde von 1356. Dem durch langen Gebrauch stark abgenutzten Ring fehlt jedoch eine Umschrift, die ihn als Siegelring ausweisen würde. Wahrscheinlich zeichnete er seinen Träger als Person mit besonderer Funktion in der jüdischen Gemeinde aus. S. C.-W.

Literatur Codreanu-Windauer/Harck 1999, 583–591

ANNO · DÑI · D · XIX ·
IVDAICA · RATISPNA
SYNAGOGA · IVSTO
DEI · IVDICIO · FVNDIT
EST · EVERSA

Säulchenfragment von einer Bima

Nach 1294, aus dem Schutt der abgerissenen Synagoge, Wien
Sandstein, 14 x 7 cm
Inv.-Nr. F 290/2
Wien Museum

Das Säulchenfragment stammt vermutlich vom Aufbau der sechseckigen Bima (Lesepult) der dritten Bauphase der Wiener Synagoge. Hatte die ältere Synagoge (ab 1236/zweites Drittel 13. Jahrhundert) vermutlich noch eine hölzerne Bima, so wurde diese in der zweiten Bauphase (zweites Drittel 13. Jahrhundert/vor 1294) durch eine kreisrunde gemauerte Bima ersetzt, die bei einem weiteren Umbau nach 1294 durch einen sechseckigen Neubau mit zwei Metern Seitenlänge ersetzt wurde. Hier standen über einem teilweise heute noch erhaltenen zirka 30 cm hohen, nur außen verputzten Sockel vermutlich Brüstungsplatten, auf denen die Säulchen angeordnet waren, die eine abschließende Bekrönung trugen. Erhalten haben sich davon im Schutt der Synagoge (abgerissen 1421) die Fragmente einer Säulenbasis und von fünf Säulchen. R. P.

Architekturfragment, wohl Relief einer Palmette oder Lilie

Vor 1421, aus dem Schutt der abgerissenen Synagoge, Wien
Sandstein, 13,9 x 9,1 x 6,6 cm
Inv.-Nr. F 290
Wien Museum

Eventuell handelt es sich bei diesem Architekturfragment um eine Spolie eines älteren, bisher unbekannten mittelalterlichen Bauwerkes in Wien. Die Verwendung von Spolien beim Bau der Synagoge dürfte üblich gewesen sein, bemerkenswertestes Beispiel ist der Fund eines marmornen Quaders mit einem Flechtwerkband, der im Fundament der ersten Phase verbaut war.

Möglich wäre auch die Herkunft aus der Planierschicht, welche aus dem Abfall der Wiener Bevölkerung aus mehreren Jahren nach 1421 besteht, die nach dem Abriss der Synagoge aufgeschüttet wurde, um das Platzniveau zu erhöhen. R. P.

Grundriss der mittelalterlichen Synagoge von Wien

Auf der Basis der archäologischen Ausgrabung 1995 bis 1998. Darstellung der erhaltenen Mauern und Inneneinrichtungen der Phase vor 1421

Die Baugeschichte der mittelalterlichen Synagoge Wiens reicht bis in das zweite Drittel des 13. Jahrhunderts zurück. In dieser Zeit wird die Synagoge als einschiffiger Saalbau errichtet. Bis ins frühe 14. Jahrhundert erfolgen zahlreiche Um- und Ausbauten der Synagoge. Vor seiner Zerstörung 1421 besteht der Synagogenkomplex neben dem Synagogenraum aus einer Eingangshalle im Westen und einem Bereich für die Frauenschul (Frauenbetraum). Im Nordraum war wahrscheinlich eine Jeschiwa (Talmud- und Tora-Schule) untergebracht. In der Synagoge sind eine sechseckige Bima (Lesepult) und der Aron ha-kodesch (Tora-Schrein) an der Ostwand nachgewiesen. K. B.

Literatur Helgert/Schmid 2000, 91–110

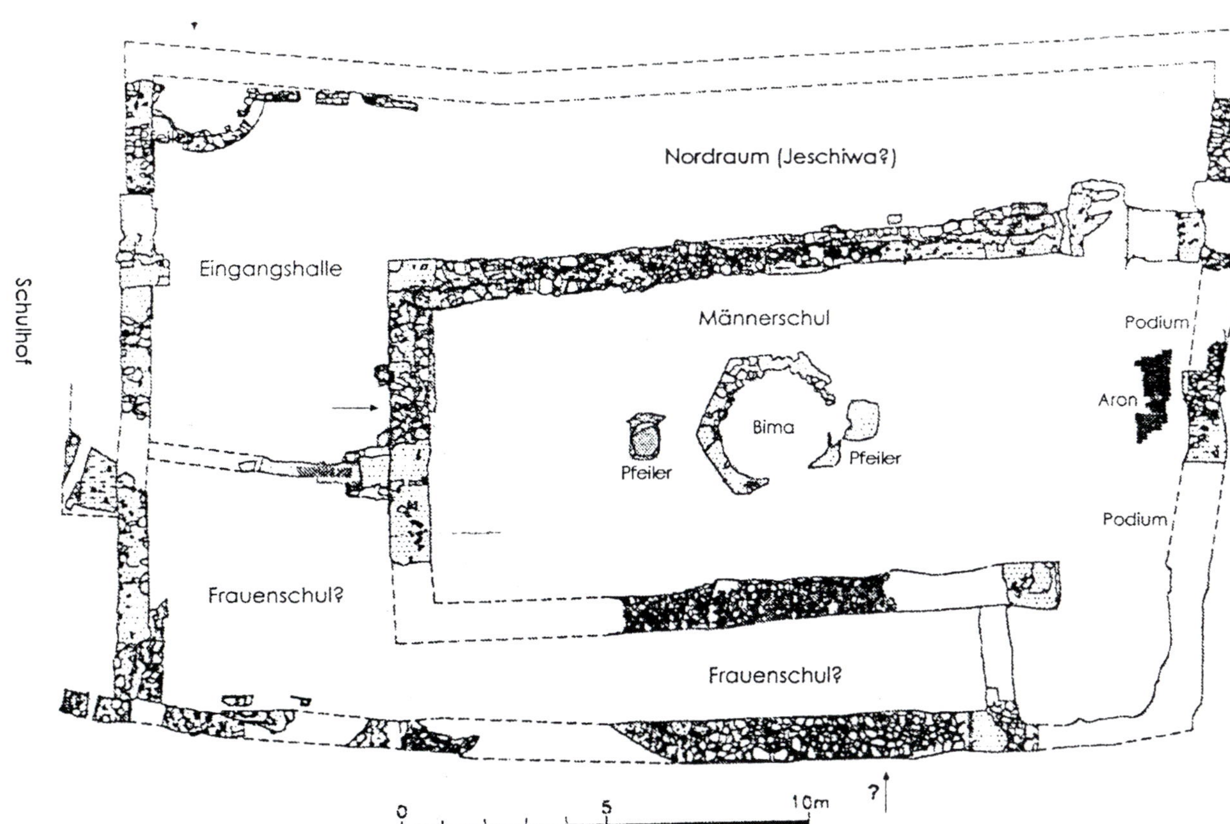
Nordraum (Jeschiwa?)
Eingangshalle
Schulhof
Männerschul
Podium
Aron
Bima
Pfeiler
Pfeiler
Podium
Frauenschul?
Frauenschul?
0
5
10m
?

Blei-Token

Vor 1421, aus der Planierschicht im »Schulhof« westlich der Synagoge, Wien
Av: Hund (?), Rev: zwei Könige mit Schlüssel (?)
Bleilegierung, D 3,8 cm
Inv.-Nr. 812/2
Wien Museum

Im Bereich der Grabung der Synagoge am Wiener Judenplatz kamen insgesamt acht jetonähnliche Gegenstände aus Blei oder einer Bleilegierung zum Vorschein. Die beiden hier präsentierten Objekte stammen wie fünf weitere Jetons aus nicht genau datierbaren Planierschichten und Verfüllgruben, dürften aber spätestens mit der Zerstörung der Synagoge (1421) zu datieren sein. Eine genaue Bestimmung des Zwecks der Objekte ist fraglich. Zwar ähneln sie den mittelalterlichen Rechenpfennigen, die zu Berechnungen am Abakus eingesetzt wurden, allerdings wäre die Herstellung aus Blei oder einer Bleilegierung für Rechenpfennige unüblich. Möglich scheint auch eine Verwendung als Spielgeld oder Spielmünzen, wahrscheinlicher ist eine Deutung als Zähl- oder Anwesenheitsmarken. Letztere scheint auch durch die alttestamentarische Symbolik des Schlüssels (als Schlüssel Davids) begründbar, der das Heiligtum aufschließt (Jesaia 22,22). Eine Deutung als Bleiplomben für die Verpackung von Handelsgütern ist wegen des Fehlens von Ösen nicht anzunehmen.

R. P.

Blei-Token

Vor 1421, aus der Verfüllung einer großen Grube im »Schulhof« westlich der Synagoge, Wien
Darstellung eines Adlers (?)
Bleilegierung, D 3,8 cm
Inv.-Nr. F 812/1
Wien Museum

Folgt man der Argumentation als Anwesenheits- und Zählmarke für den Besuch der Synagoge (siehe oben) und verknüpft das Bild mit alttestamentarischer Symbolik, so wäre der Adler das Symbol für den machtvollen Herrscher (Ezechiel 17,3), das Bild der Schnelligkeit (Deuteronomium 28,49) und auch der Fürsorge für die Jungen (Deuteronomium 32,1). Er ist Symbol für Gottes Fürsorge, der die Seinen »auf Adlerflügeln« trägt (Exodus 19,4). Der Adler ist auch Sinnbild für die Erneuerung der jugendlichen Kraft durch Gott (Psalmen 103,5; Jesaia 40,31).

R. P.

Tora-Vorhang

1592 (erneuert 1767), Prag
Samt, Seide, Applikation, Stickerei mit Flussperlen, 230 x 165 cm
Inv.-Nr. JMP 031.749
Jüdisches Museum in Prag

Mordechai Maisl schenkte den Tora-Vorhang mit dekorativer Struktur eines Portals zusammen mit einem Tora-Mantel der von ihm gegründeten Prager Synagoge. Zusammen mit dem ebenfalls 1592 verfertigten »Perlsticker«-Tora-Vorhang gehört er zu den Arbeiten einer Prager Textilwerkstatt, die vor allem die Technik der Applikation anwandte. In beiden Fällen handelt es sich um die ältesten erhaltenen synagogalen Vorhänge in Zentral- und Mitteleuropa.
Inschrift: »Spende des Vorstehers und Führers KMR Mordechai, Sohn des Rabbi Schemuel, seligen Andenkens, genannt Maysl, und seiner freigebigen Gattin, Frau Frummel, Tochter des Vorstehers Rabbi Isaak Rofe (Arzt), seligen Andenkens, am Rosch haSchana ›Freude‹ nach der kleinen Zahl [353]. Erneuert von den Vorstehern und dortigen Verwaltern im Jahr 527 nach der kleinen Zahl.« D. V.

Literatur Muneles 1965, 53; Essen 1988, Nr. 497; Kybalová u. a. 2003, 203

Synagogale Decke

1638, unterer Teil um 1480, Prag
Samtstickerei, 142 x 146 cm
Inv.-Nr. JMP 040.974
Jüdisches Museum in Prag

Die Decke wurde in der ältesten Synagoge des Prager Ghettos, in der Altschul, zur Bedeckung der Bima verwendet. Den unteren Teil bildet ein wertvoller italienischer Samt. Der mit großen stilisierten Granatäpfeln gemusterte Stoff stammt wahrscheinlich aus Florenz und wurde gegen 1480 verfertigt. Darstellungen von solchen Textilien sind auf einigen Kunstwerken des späten 15. Jahrhunderts zu finden. Es handelt sich jedoch um das einzige Beispiel, dessen Anwendung für einen synagogalen Gegenstand erhalten ist.
Inschrift: »Spende des Vorstehers KMR Salman, Sohn des Esriel Jomtow, seligen Andenkens, und seiner Gattin, Frau Rachel, Tochter des Salman Wirzel SGL, seligen Andenkens, im Jahre ›des Jubels Hall und Heil in den Gerechten Zelten‹ [Psalmen 118,15] nach der kleinen Zahl [398].« D. V.

Literatur Muneles 1965, 55; Kybalová u. a. 2003, 203

מנדבת זו הקצין והמשתדל כמ״ר מרדכי
בר שמואל ז״ל המכונה מייזל ואשתו
הנדיבה מרת פרומט בת הקצין ר׳ יצחק
רופא ז״ל ר״ח שמחה לפק נתחדש ע״י
האופ׳ גבאי׳ דמתא בשנת תקכו לפק

Rimmonim

14. Jahrhundert, Synagoge, Cammarata, Sizilien
Silber, 32 x 18 x 18 cm (Replikat auf Metallsockel von 0,8 x 10 cm)
Original und Replikat (2002) im Kunstschatz der Kathedrale von Palma de Mallorca

Die zwei Silberknäufe in Turmform mit Dekorationen in orientalischer Technik dienten als Abschluss der Stäbe, auf denen der Sefer (Tora-Rolle) aufbewahrt wurde. Beide zeigen hebräische Inschriften: Psalm 19,8–10 sowie einen Hinweis auf Herkunft aus der Synagoge von Cammarata. Bei der Vertreibung der Juden aus Sizilien unter Ferdinand II. von Aragón wurden sie an den mallorquinischen Händler Francesc Puig verkauft, der sie 1493 gegen eine finanzielle Beteiligung der Kathedrale von Mallorca stiftete. Auf eigens angefertigte Stäbe montiert, gebrauchte man sie später im Chor, um den Einsatz des liturgischen Gesanges zu markieren. Sie gelten als die derzeit ältesten Rimmonim (Tora-Aufsätze) der Welt. H.-M. D.

Literatur Planas 1969; Llompart 1970; La Seu de Mallorca 1995

Mappa

16. Jahrhundert, Italien
Leinen, 21 x 345 cm
Inv.-Nr. Cl. 12325
Musée national du Moyen Âge, Thermes et hôtel de Cluny, Paris, Dauerleihgabe im Musée d'art et d'histoire du Judaïsme, Paris

Die Mappa (Tora-Wimpel) ist ein Leinenstreifen, der aus der Beschneidungswindel eines Knaben geschnitten und als Befestigung um die Tora-Rolle geschlungen wird. Die frühesten erhaltenen Wimpel datieren in das 16. Jahrhundert. Üblicherweise sind sie mit aufwändigen Stickereien versehen. Die hier abgebildete Mappa trägt die Aufschrift »gewidmet von Giuditta, der Frau des Mordechai Raphael aus Fano«. M. W.

Literatur Jerusalem 1982, 34

Tora-Zeiger

1521, Posen, Polen
Holz, 3,1 x 57 cm
Inv.-Nr. HS 1861-29-55
The Sir Isaac and Lady Edith Wolfson Museum, Hechal Shlomo, Jerusalem

Da die Tora nicht mit bloßen Händen berührt werden darf, bedient sich der Vorleser eines Tora-Zeigers. Er hat die Form einer Hand und wird deshalb auch Jad (Hand) genannt. Dieser Tora-Zeiger ist der einzige aus dem Mittelalter erhaltene. Er ist aus Holz hergestellt und weist mehrere hebräische Inschriften auf, von denen eine auf die Stadt Posen deutet. Darüber hinaus enthält er ein verschließbares Fach, welches wahrscheinlich zur Aufbewahrung von Gewürzen diente und ihm somit eine Doppelfunktion als Jad und Besamim-Behälter verlieh. M. W.

Mishne Tora

Maimonides (1135–1204)
Abschrift, Mitte 15. Jahrhundert, Oberitalien
273 Blätter, 24,5 x 20 x 5,5 cm
Inv.-Nr. Cod. Rossian. 498, fol. 2 verso
Biblioteca Apostolica Vaticana, Vatikanstadt

1180 beendete Maimonides die *Mishne Tora* (Wiederholung der Tora), sein aus vier Bänden bestehendes Hauptwerk, welches die erste systematische Aufführung des gesamten jüdischen Rechts darstellt. Wegen des umfassenden Anspruchs des Kodex löste Maimonides einerseits einen großen Gelehrtenstreit aus, wurde aber andererseits zur wichtigsten rabbinischen Autorität des Mittelalters.
Die Folioseite zeigt eine Jeschiwa (Talmud- und Tora-Schule). Eine Gruppe junger Menschen umgibt andächtig und mit aufgeschlagenen Büchern den Lehrer, der auf einem reich verzierten Stuhl sitzt. Da in mittelalterlichen jüdischen Handschriften häufig sowohl die Jeschiwa wie auch der Saal des Bet Din (Gericht; siehe S. 149 rechts) durch einen nahezu thronartigen, wohl fest eingebauten Stuhl ausgezeichnet sind, lässt dies auf eine mehrfache Funktion eines Gebäudes der jüdischen Gemeinde schließen. M. W.

Literatur Metzger 1983; Schoeps 1992; Hayoun 1999

Arba'a turim

Jakob ben Ascher (1269–1343)
Abschrift von 1435, Mantua
Pergament, 443 Blätter, 33,1 x 23,7 cm
Inv.-Nr. Cod. Rossian. 555, fol. 292 a verso
Biblioteca Apostolica Vaticana, Vatikanstadt

Das *Arba'a turim* (Die vier Reihen) ist eine Zusammenstellung rechtlicher und ritueller Vorschriften des Judentums. Im Gegensatz zu seiner Vorgängerschrift, der *Mishne Tora* von Maimonides, traf Jakob ben Ascher eine Auswahl an Vorschriften, in der er alle damals veralteten Gesetze wegließ ebenso wie die oft umstrittenen philosophischen Begründungen von Maimonides. Geordnet ist das *Arba'a turim* nach vier Reihen beziehungsweise Kategorien: »Gebete, Schabbat, Feiertage«, »Ritualgesetze«, »Eherecht und Scheidung« sowie »Zivil- und Strafrecht«.
Die hier dargestellte Folioseite zeigt eine Szene im Bet Din (Gericht) mit 23 Richtern, deren Nasi (Vorsitzender) auf einem geschmückten Stuhl in der Mitte thront. Nach talmudischem Recht mussten sich 23 gewählte Richter zusammenfinden, um über schwerwiegende Strafsachen einschließlich todeswürdiger Verbrechen zu entscheiden. M. W.

Literatur Schoeps 1992

Akten des Bet Din von Tudela

27. Dezember 1467, Tudela, Navarra
Pergament, 59 x 55,5 cm
Inv.-Nr. doc. Hebr., Nr. 2 A.M.T.
Archivo Municipal de Tudela

Tudela war im Mittelalter das unbestrittene jüdische Zentrum des Königreichs Navarra. Die Juden von Tudela verfügten über mindestens eine Synagoge, mehrere Mikwen, einen Friedhof sowie über ein Bet Din (Gericht). Von Letzterem zeugen Akten, wie dieses Dokument von 1467. In ihm wird der Fall einer Witwe beschrieben, die unter Vorlage ihres Ehevertrags, des Testaments ihres Mannes und der Bewertung allen Hab und Gutes ihre Rechte einfordert. M. W.

Literatur Universidad Pública de Navarra 1998; Tura 1991; Toledo 2002

Arba'a turim

Jakob ben Ascher (1269–1343)
Abschrift von 1435, Mantua
Pergament, 443 Blätter, 33,1 x 23,7 cm
Inv.-Nr. Cod. Rossian. 555, fol. 127 verso
Biblioteca Apostolica Vaticana, Vatikanstadt

Zu den Einrichtungen einer jüdischen Gemeinde gehörten neben der Synagoge und der Mikwe auch jüdische Geschäfte, die Produkte herstellten und verkauften, bei denen Reinheitsvorschriften des jüdischen Gesetzes einzuhalten waren. Hierzu zählt auch die jüdische Metzgerei, ein Ort, an dem die Schechita (Schächten) von Tieren durchgeführt wird, die zum Verzehr erlaubt sind. Dabei schneidet der Schochet (Schächter) mit einem scharfen Messer gleichzeitig Halsschlagader, Luft- und Speiseröhre des Tieres durch. Die Schechita geht auf Deuteronomium 12,21 zurück. Dass sich die Methode des Schächtens im Lauf der Jahrhunderte nicht verändert hat, zeigt die hier abgebildete Illustration aus dem *Arba'a turim* von Jakob ben Ascher.

M. W.

Literatur Metzger 1983, 185

Koschere Bäckerei

Abbildung aus der Maurischen Haggada
Inv.-Nr. Ms. Or. 2737, fol. 88 recto
The British Library, London

Eine koschere Bäckerei zeichnet sich unter anderem dadurch aus, dass ihre Brote nicht milchig sind, etwa durch den Zusatz von Butter oder Milch, und keine tierischen Fette enthalten.

Jüdische Geschäfte und handwerkliche Betriebe des Mittelalters lassen sich heute nicht mehr eindeutig in den verschieden mittelalterlichen jüdischen Vierteln lokalisieren. Zum einen liegen in der Regel keine exakten Stadtpläne mit Einzeichnungen und Benennungen der einzelnen Häuser vor. Zum anderen lassen archäologische Funde bei Ausgrabungen keine Rückschlüsse auf die Nutzung des jeweiligen Hauses zu, da weder eine koschere Bäckerei noch eine koschere Metzgerei oder ein Tanzhaus sich durch einen spezifischen Grundriss oder entsprechende Einbauten auszeichnen – geschweige denn sich von christlichen Geschäften unterscheiden lassen. Hinweise auf die Existenz jüdischer Handwerksbetriebe liefern neben Archivalien insbesondere mittelalterliche hebräische Handschriften, die einen bildhaften Eindruck von der Einrichtung der Gebäude und den Ablauf der handwerklichen Tätigkeiten geben.

M. W.

Doppelbogenfenster aus dem jüdischen Ritualbad

1110–1120, Speyer
Sandstein, 66 x 57 x 12 cm
Inv.-Nr. HMP 2001/6
Historisches Museum der Pfalz Speyer

Die Errichtung des Speyerer Ritualbads erfolgte unter Beteiligung von Handwerkern der Dombauhütte. Eine qualitätvolle architektonische Ausstattung erhielt der Vorraum zum Badeschacht. Im oberen Teil der Fensterzone wurde neben einem Rundbogenfenster ein Doppelbogenfenster mit einer achteckigen Mittelsäule und floralen Verzierungen eingebaut. Fenster dieses Typs fanden sowohl im Speyerer Dom als auch in der Synagoge Verwendung. W. T.

Literatur Stein 1981, 48–64; Heuberger 1992, 131–136; Künzl 1992, 26–29; Stein 1996

Kapitell und Kämpferplatte

Aus dem jüdischen Ritualbad
1110–1120, Speyer
Sandstein, Kapitell: 43 x 24 x 24 cm
Inv.-Nr. HMP 1994/6
Kämpferplatte: 24 x 44 x 61 cm
Inv.-Nr. HMP 1994/7
Historisches Museum der Pfalz Speyer

Den Vorraum zum Badeschacht der Speyerer Mikwe (Ritualbad) überspannt ein Kreuzgratgewölbe, das einst auf vier Säulen ruhte. Aus der Südostecke stammen die Kämpferplatte und das Kapitell mit dem Säulenansatz. Ihr Dekor und die Schaftringe der Säule zeigen Verbindungen zum Ornamentschmuck der südlichen Querhauses des Speyerer Doms. Am Kapitell wurden Reste farbiger Fassung in Rot und Weiß festgestellt. W. T.

Literatur Stein 1981, 48–64; Speyer 1994, 76–77; Stein 1996

Modell des Ritualbads von Speyer

1911, von Otto Martin, Speyer
Gips, 46 x 104,5 x 27 cm
Inv.-Nr. HM 0/1034a
Historisches Museum der Pfalz Speyer

Fast gleichzeitig mit der Synagoge wurde das Ritualbad der mittelalterlichen Judengemeinde von Speyer errichtet. Es befindet sich nur wenige Meter östlich der Synagoge. Es ist die älteste erhaltene Anlage ihrer Art in Mitteleuropa. Um den Ansprüchen eines Ritualbads zu genügen, wurden tiefe Schächte gegraben, um den Grundwasserspiegel zu erreichen. Die Tauchbecken wurden durch eine Treppenanlage erschlossen. W. T.

Literatur Stein 1981, 48–64; Heuberger 1992, 131–136; Künzl 1992, 26–29, Nr. 4; Stein 1996

Fragment des Grabsteins des Isaak ben M[enachem]

1112, Speyer
Sandstein, 79 x 42 cm
Inv.-Nr. HM R 1
Historisches Museum der Pfalz Speyer

Das Grabmal des Isaak ben M[enachem] aus dem Jahr 1112 ist der älteste datierte Grabstein aus Speyer. Er verwendet im Gegensatz zur sonst im Judentum üblichen Jahrzählung »seit Erschaffung der Welt« (3761 v. u. Z.) die vor allem in Italien und Sizilien gebräuchliche Zeitrechnung »seit Zerstörung des Heiligtums«, also des Tempels von Jerusalem. Diese erfolgte bei der Eroberung Jerusalems durch die Römer im Jahr 70 u. Z., nach jüdischer Tradition jedoch im Jahr 68 u. Z. Die Ärenrechnung »seit Zerstörung des Heiligtums« fand auf vier weiteren Grabsteinen der Jahre 1089 bis 1120 in Speyer, Worms und Mainz Verwendung. Sie wird als Hinweis auf die italienische Abkunft rheinischer Judenfamilien gesehen. Der Grabstein des Isaak wurde schon im Mittelalter bei einer Schändung des Friedhofs entwendet und, als Trittstufe zurechtgeschlagen, in eine Treppe eingebaut. W. T.

Literatur Kober 1944, 195, Nr. 7; Rapp 1960, 156, Nr. 1; Böcher/Rapp 1962, 176, Nr. Speyer 1; Speyer 1994, 78–79

Grabstein des Jakob ha-Bachur

1076/77 Worms, alter jüdischer Friedhof »Heiliger Sand«, am Eingang zum Rabbinertal
Sandstein (Kopie), 90 x 50 x 20 cm,
mit Auskragung am Fuß von 30 cm
Inv.-Nr. 206
Jüdisches Museum im Raschi-Haus, Worms

Der Grabstein des Jakob ha-Bachur auf dem Wormser Friedhof ist der älteste in situ erhaltene von ganz Europa. Jakob war ein Zeitgenosse des bedeutenden Rabbinen und Gelehrten Raschi (1040–1105), der um 1060 als Talmud-Student in Worms weilte. Deswegen lassen sich Zeichen der Verehrung am Grab erkennen. Die Übersetzung der fünfzeiligen Inschrift lautet: »Dies ist der Leichenstein des Jakob / ha-Bachur, welcher verschied / im Jahre 837 / nach der Zeitrechnung. Seine Seele ruhe / im Bündel des Lebens.« Das Jahr (4)837 entspricht den Jahren 1076/77. Die einfache Stelenform des Grabsteins ist charakteristisch für das 11. und 12. Jahrhundert, ebenso das durch Ritzung umrahmte Schriftfeld mit den »Schreiblinien«. I. S.

Literatur Reuter 1987, 29–30; Böcher 1992, 6; Speyer 1992, 497

Grabstein des Baruch ben Elieser

1365, Speyer
Sandstein, 133 x 89 cm
Inv.-Nr. HM R 16
Historisches Museum der Pfalz Speyer

Der Gelehrte Rab Baruch ben Elieser starb am 11. März 1365. Er war dem Pogrom von 1349 entkommen. In einer weiteren Stadt besaß er das Aufenthaltsrecht. Dort nahm er in seinem Haus Überlebende der Pest-Pogrome auf und versorgte sie mit Lebensmitteln. Baruch ist nach 1358 wieder nach Speyer gekommen. W. T.

Literatur Kober 1944, 197–198, Nr. 10; Rapp 1960, 169–170, Nr. 16; Speyer 1994, 86–87

Grabstein der Blume, Tochter des Jakob

1365, Speyer
Sandstein, 142 x 84 cm
Inv.-Nr. HM R 17
Historisches Museum der Pfalz Speyer

Blume, Tochter des Jakob, verstarb am 30. Dezember 1365. In einer Urkunde der Stadt Speyer vom 25. Dezember 1358 wird Blume als unverheiratete oder verwitwete Frau erwähnt. Mit der Wiedergabe von Sonne und Halbmond in den oberen Ecken und einer Blume unter dem Inschriftentext gehört der Stein zu den ältesten mit Dekor versehenen jüdischen Grabsteinen in Mitteleuropa. W. T.

Literatur Kober 1944, 198–199, Nr. 11; Rapp 1960, 170–171, Nr. 17; Debus 1981, 36; Künzl 1999, 75–76

Grabstein der Jachent, Tochter des Josef

1371, Speyer
Sandstein, 137 x 105 cm
Inv.-Nr. HM R 20
Historisches Museum der Pfalz Speyer

Jachent, Tochter des Rabbinen Josef, verstarb als alte Frau am 21. Dezember 1371. Ihre Grabinschrift würdigt sie als mildtätig. In den oberen Ecken des Grabsteins sind Sonne und Halbmond abgebildet. Diese Motive sind als kosmische Zeichen auf drei Speyerer Grabsteinen der Zeit von 1365 bis 1377 wiedergegeben. W. T.

Literatur Kober 1944, 200–201, Nr. 13; Rapp 1960, 172, Nr. 20

Grabstein der Genennchen und des Mose, Kinder des Israel

1380, Speyer
Sandstein, 164 x 116 cm
Inv.-Nr. HM R 26/27
Historisches Museum der Pfalz Speyer

Die Geschwister Genennchen und Mose, Kinder des Israel, starben als Jugendliche im Abstand von fünf Wochen am 30. Oktober und 5. Dezember 1380. Sie wurden in einem Doppelgrab beigesetzt und erhielten einen gemeinsamen Grabstein. Die Schriftfelder der beiden Grabinschriften sind durch Rahmen in Gestalt gotischer Fenster begrenzt. W. T.

Literatur Kober 1944, 203–204, Nr. 17, 18; Rapp 1960, 176–178, Nr. 26, 27

Trachtbestandteile vom jüdischen Friedhof in Deza, Soria, Spanien

12./13. Jahrhundert
Drei Ringe: Silber, D 1,3 cm, Inv.-Nr. 81/1/576; D 1 cm, Inv.-Nr 81/1/570; D 1 cm, Inv.-Nr 81/1/568
Perlen einer Halskette: Silber, D 0,4 cm, Inv.-Nr 81/1/636, 81/1/637
Sieben Gewandnadeln: Bronze, L 5 cm, Inv.-Nr 81/1/614–620
Museo Numantino, Soria

Ensemble von Schmuckstücken, die aus einem Teil der 57 untersuchten Grabstätten in der Nekropole Cerro de los Judíos (Judenhügel) im spanischen Deza stammen. Die Objekte befanden sich in den in Kalkstein eingehauenen Einzelgräbern ohne Deckplatten.
Die bei den Bestatteten gefundenen Nägel werden eher mit dem Fortbestehen traditioneller Rituale in Verbindung gebracht. Die Leichname lagen wahrscheinlich auf Brettern oder Bahren oder in sehr einfachen Särgen.
Die Schmuckstücke können in das 12./13. Jahrhundert datiert werden, auch wenn der Fund zweier Kupfermünzen aus der Zeit Heinrichs II. für eine Nutzung der Nekropole bis weit in das 14. Jahrhundert hinein spricht. E. T. N.

Literatur Taracena 1933, 65–71; Casanovas/Ripoll 1983, 135–148; Terés Navarro 2002, 117–120

Grabstein des Josef ben Rabbi Isaak

14. Jahrhundert, Gerona
Kalkstein (Kopie), 54 x 35 x 11 cm
Inv.-Nr. MHJ097
Patronat Municipal Call de Girona, Museu d'Història dels Jueus

Grabstein vom jüdischen Friedhof Montjüic in Gerona mit hebräischer Grabinschrift: »Grabstein des liebenswürdigen jungen Josef, er möge im Eden ruhen, Sohn des Rabbi Jakob. Mögen ihn sein Grabstein und sein Erretter beschützen.« Der Stein wurde für den Bau des Palastes des Joan de Sarriera, Baile general (oberster Verwalter des Königsgutes) von Katalonien, wieder verwendet, dem die Aljama (jüdische Gemeinde) von Gerona den jüdischen Friedhof mit allen Gedenksteinen und Grabplatten kurz vor der Vertreibung 1492 als Geschenk überließ. Der Grabstein wurde 1866 entdeckt und im damaligen Archäologischen Museum der Provinz gelagert. Seit dem Jahr 2000 gehört er zum Bestand des Museu d'Història dels Jueus (Museum für die Geschichte der Juden) in Gerona. S. P. M.

Bibelkommentar

Rabbi Salomo ben Isaak von Troyes, genannt Raschi (1040–1105)
1233 vollendet, Würzburg
Pergament, 218 Blätter, 38 x 28,5 cm
Inv.-Nr. Cod. hebr. 5/I
Bayerische Staatsbibliothek, München

Die älteste illuminierte Handschrift von Aschkenas enthält die Bibelkommentare des Raschi, erweitert um Midrasch-Stellen, sowie Ergänzungen des Raschi-Schülers Josef Kara und anderer. Die Abschrift erfolgte durch Salomon ben Rabbi Samuel von Würzburg und einen Gehilfen. Die Illuminationen wurden vermutlich von einem christlichen Buchmaler in Würzburg gestaltet. Im 16. Jahrhundert wurde die Handschrift in zwei Bänden gebunden.

Raschi kehrte nach seinem Studium in Worms in seine Heimatstadt Troyes zurück, pflegte jedoch über seine Korrespondenz weiterhin den Kontakt mit den rheinischen Gelehrten. Sein Bibelkommentar fand schon im Mittelalter weite Verbreitung und gehört auch heute noch zu den wichtigsten Zeugnissen rabbinischen Schrifttums. W. T.

Literatur Berlin 1991, 125–128, 6/44 und 6/45

65

Hebräische Bibel

Anfang 14. Jahrhundert, sephardische Gemeinde in Nordspanien oder Südfrankreich
Pergament, mit Miniaturen verziert, 26 x 21 cm
Inv.-Nr. Or. 26 = Alfa T. 3.8
Biblioteca Estense Universitaria Modena, Ufficio Manoscritti Moderni (CA)

Dieser wunderschöne, sehr gut erhaltene Codex enthält die vollständige Bibel, die kleine und große Masora (Überlieferung) sowie die Schlussmasora. Fol. 3 recto – 25 recto enthalten die Varianten von ben Asher und ben Naftali sowie weitere, von Bibelzitaten eingerahmte Kommentare. Der Text ist von mit Miniaturen ausgeschmückten Bögen in Rot und Dunkelblau umschlossen (fol. 23 verso – 24 recto: Schmale, elegante Spalten ersetzen die Bögen).

Dem biblischen Text, der ab fol. 27 verso fast vollständig doppelspaltig gesetzt ist – nur die Bücher Sprüche und Hiob sind einspaltig angelegt –, sind zwei prächtige, reich mit Tempelgeräten verzierte Blätter mit Miniaturen vorangestellt (Blätter 25 verso – 26 recto): Die Tempelgeräte sind vollständig in Gold ausgeführt und heben sich vor einem Hintergrund mit roten und blauen Vierecken ab; die aus Versen des Exodus zusammengesetzten Randverzierungen sind vor einem Hintergrund aus schön geschwungenen, mit Federkiel gezeichneten Ranken in goldenen Lettern geschrieben. C. A.

Literatur Bernheimer 1960, 6–9; Mortara Ottolenghi 1970, 261–266; Bari 1998, 314

Hebräische Bibel

1470, Spanien
Pergament, 347+1 Blätter, 26 x 21 cm
Inv.-Nr. 19 = Alfa O. 5.9
Biblioteca Estense Universitaria Modena, Ufficio Manoscritti Moderni (CA)

Dieser schöne Codex enthält das Alte Testament, vollständig mit großer, kleiner und abschließender Masora. Die Blätter 3 verso – 7 recto und 339 verso – 344 recto sind mit Einrahmungen aus Worten in großformatigen Lettern verziert, die ihrerseits wiederum verschiedene Textstellen aus dem Alten Testament umschließen. Diese sind in winzigen Lettern geschrieben und bilden prächtige dekorative Verzierungen (Blätter 3 verso – 5 recto und 342 verso – 344 recto). Der Bibeltext beginnt auf Blatt 7 recto und verteilt sich auf drei Spalten, mit Ausnahme der Bücher Psalmen, Sprüche und Hiob, die vierspaltig angeordnet sind. Auf Blatt 342 recto ist im Kolophon zu lesen, dass der Codex im Jahre 1470 im Auftrag von Ephraim ben Mose ben Abi Simra hergestellt wurde. Zu betonen ist die Ähnlichkeit mit dem Codex Nr. 187 der Sammlung De Rossi (Biblioteca Palatina Parma), der aus derselben Zeit datiert und die gleiche Qualität in Bezug auf Pergament, Schrift, Verzierung, Format und Anordnung der Hagiografen aufweist. C. A.

Literatur Bernheimer 1960, 10–11

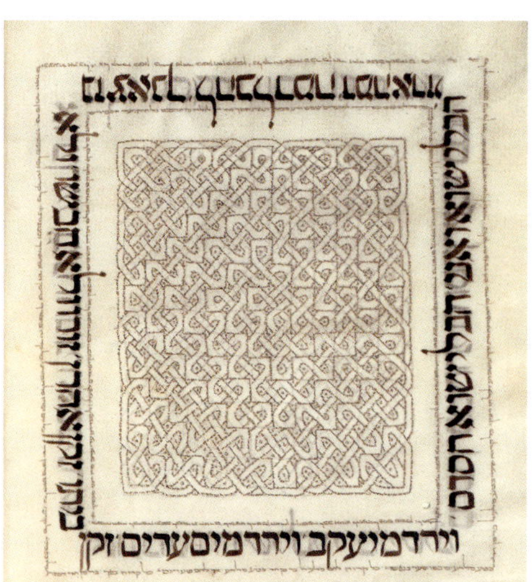

גביעים משקדים בקנה האחד כפתר ופרח
הקנים היצאים מן המנרה: ובמנרה ארבעה

First Kennicott Bible

1476, La Coruña
Pergament, 31 x 26,5 x 11 cm
Inv.-Nr. MS Kennicott 1
Bodleian Library, Oxford

Die First Kennicott Bible umfasst neben dem Bibeltext (Tora, prophetische Bücher und Hagiografen) auch den Sefer Mikhlol von David Kimchi, eine Abhandlung zur hebräischen Grammatik. Der biblische Teil ist mit figürlichen Darstellungen illustriert. Die Abhandlung von Kimchi ist von reich verzierten Arkadenmustern umrahmt. Dem Kolophon ist zu entnehmen, dass der Schreiber Mose ibn Zabara und der Illustrator Josef ibn Chaijm das Werk für Isaak di Braga angefertigt haben. Als künstlerisches Vorbild dürfte aufgrund der ähnlichen Ausführung die Cervera-Bibel von 1300 gedient haben. Die Kennicott Bible entstand nur 20 Jahre vor der endgültigen Vertreibung der Juden von der Iberischen Halbinsel. Benannt ist die Bibel nach dem englischen Hebraisten Benjamin Kennicott (1718–1783).

Die letzte illustrierte Folioseite (fol. 443 recto) zeigt am oberen Bildrand eine Schar von mit Schwertern bewaffneter Katzen, die gegen eine Festung zieht, in der sich Mäuse verschanzt haben. Die Bedeutung dieser Darstellung ist nicht vollständig geklärt. Der so genannte Katzen-Mäuse-Krieg war vom Orient bis nach Mitteleuropa ein beliebtes Bildthema. Deutungsversuche reichen von der Verkehrte-Welt-Problematik über eine moralisierende Darstellungsmethode bis hin zum einfachen Amüsement des Betrachters.

Ein häufig vorkommendes Dekor-Motiv in sephardischen Handschriften ist die Ausarbeitung einzelner hebräischer Buchstaben zu kleinen Geschöpfen mit individuell gestalteten Köpfchen, wie sie auch in der Kennicott Bible auf der Folioseite 447 recto vorkommen.

M. W.

Literatur Narkiss 1982; Schubert 1983/1992; Schubert 1987, 83–88

447
אני יוסף
ן חיים
זההספר
ציירתי
והשלמתי

Rothschild-Miscellany-Handschrift

Um 1475, Norditalien
Velin, Federzeichnung, Tempera und Blattgold, 21 x 16 cm
Faksimile: Facsimile Editions, London, 1989
Inv.-Nr. 180/51; M803-9-61
The Israel Museum, Jerusalem

Die Rothschild-Miscellany-Handschrift vereint 37 literarische Stücke, die sowohl im Hauptteil als auch auf dem Rand der Seite akribisch kopiert sind. Sie umfasst die biblischen Bücher der Psalmen und Sprüche und das Buch Hiob, ein Gebetbuch für das ganze Jahr, Bücher der Halacha (jüdische Rechtsvorschriften), ethische und philosophische Texte, den Midrasch (eine Gattung rabbinischer Literatur) einschließlich historischer Legenden sowie leichte, unterhaltende Literatur zumeist weltlicher Art.

Nahezu jede Seite der Handschrift ist mit Gold und prächtigen Farben verziert. Illustrationen, die sich auf biblische und weltliche Bücher beziehen, sind entweder ganzseitig oder innerhalb von Textseiten als gerahmte Miniaturen ausgeführt. Die Haggada (fol. 155 verso–166) ist der am großzügigsten illustrierte Teil der Handschrift. Zwar gibt es kein Kopisten-Signet, es besteht jedoch kein Zweifel, dass an dieser Arbeit mehrere Künstler beteiligt waren. Der Name des Förderers, Mose ben Jekutiel ha-Kohen, der diesen Codex in Auftrag gab, fand Aufnahme in den Gebetstext Mi-sche-berach.

Die aufgeschlagenen Seiten des Haggada-Teils zeigen folgende Illustrationen: Die Niederlage der Philister; Daniel in der Löwengrube; Abraham und die drei Engel; mit Blut bestrichene Türstürze und Türpfosten.

Die Handschrift wurde während der Nazi-Okkupation aus der Rothschild-Bibliothek in Paris entwendet. Später wurde sie dem Jewish Theological Seminary in New York zum Kauf angeboten. Der dortige Bibliothekar identifizierte sie und unterrichtete die Eigentümer. Als Geste der Dankbarkeit gab die Familie Rothschild ihr Einverständnis, die Handschrift bis 1952 im Seminar zu belassen. Dann ging sie an die Familie zurück. Im Jahre 1957 schenkte James A. de Rothschild die Handschrift dem Bezalel National Art Museum.

C. B.

Literatur Narkiss 1969; Narkiss/Sed-Rajna 1983; Fishof 1989

Psalmenhandschrift mit Kommentar von David Kimchi

15. Jahrhundert, Italien
Pergament, 24,5 x 17,6 cm
Inv.-Nr. Hamilton 547
Staatsbibliothek zu Berlin, Preußischer Kulturbesitz, Orientabteilung

Die aus dem 15. Jahrhundert stammende undatierte Pergamenthandschrift wurde von Isaak ben Ovadia geschrieben, der im humanistischen Zeitalter in Florenz wirkte. Sie ist ein Musterbeispiel für die Blütezeit der jüdischen Buchkunst in Italien und enthält neben dem Buch der Psalmen auch den Kommentar des Radak. »Radak« ist das Akronym für den als Grammatiker und Exegeten bekannten Rabbi David Kimchi (um 1160–1235). Der zweispaltige Text der Handschrift ist so angeordnet, dass der in kleinerer Schrift geschriebene Kommentar Kimchis den eigentlichen Psalmentext umschließt.

Der hebräische Psalter wird – in Entsprechung zur Tora – in fünf Bücher eingeteilt. In der vorliegenden Handschrift ist der Beginn jedes dieser fünf Bücher besonders aufwändig gestaltet, und die Randleisten enthalten neben den üblichen floralen Elementen noch zusätzlich Putti.

Die Anfangsseite der Psalmenhandschrift zeigt Darstellungen aus dem Leben Davids und den Beginn des ersten Psalms: »Heil dem Manne, der nicht kömmt / In den Rath der Frevler: Der nie betrat den Weg der Sünder.« (Übersetzung nach Moses Mendelssohn).

P. W.

Sister Haggada

Um 1350, Katalonien
Pergament, 64 Blätter, 22,8 x 18,9 cm
Inv.-Nr. Ms. Or. 2884
The British Library, London

Die Sister Haggada umfasst neben den narrativen Texten auch Gebete für Pessach und Pijutim (religiöse Dichtungen). Illuminiert und illustriert wurde sie in Aragón. Aufgrund der stilistischen Nähe der Abbildungen zu denen der Golden Haggada (um 1320) wurde der Handschrift die Bezeichnung »Schwester« verliehen.

Die Folioseite 17 verso zeigt das Innere einer gotischen Synagoge, von deren Decke maurische Lampen hängen. In der Mitte steht die mit einem Aufsatz versehene und mit einer Treppe ausgestattete Bima. Von ihr liest der Chasan (Kantor) aus der Tora, während die Synagogenbesucher ihm andächtig zuhören. Auf der linken Bildhälfte befindet sich eine architektonische Konstruktion mit spitzem Giebel und torartiger Öffnung, bei der es sich um die Andeutung des Aron ha-kodesch (Tora-Schrein) handeln dürfte. M. W.

Literatur Narkiss 1982; Künzl 1992; Schubert 1983/1992

Sarajevo-Haggada

Nach 1350, Aragón,
Original: Pergament, 142 Blätter, 23,5 x 17 cm
Faksimile
Inv.-Nr. 296.313 SARA, fol. 34 recto
Hochschule für Jüdische Studien Heidelberg

Diese aufgrund ihrer kunstvollen Illustrationen zu den bekanntesten und wertvollsten hebräischen Handschriften des Mittelalters zählende Pessach-Haggada befindet sich heute im Zemaljski Muzej (National-Museum) von Sarajevo.

Auf den ersten 34 Folioseiten des Manuskripts finden sich insgesamt 69 Miniaturdarstellungen, die allesamt von roten beziehungsweise blauen Rahmungen umgeben sind. Besonders auffallend ist die Ausmalung der einzelnen Bildhintergründe. Diese einfarbigen Bildflächen sind häufig mit charakteristischen geometrischen Mustern oder Kacheln unterlegt. Die Folioseite 34 recto gibt den Blick frei in eine Synagoge. Hinter der Bima (Lesepult) sich ein geöffneter Tora-Schrein, in dem Tora-Rollen liegen, die in prunkvoll bestickte Meilim (Tora-Mäntel) gehüllt sind. Dies ist kunstgeschichtlich von besonderer Bedeutung, da textiler Tora-Schmuck erst aus dem frühen 16. Jahrhundert erhalten ist, also fast zwei Jahrhunderte nach Entstehung der Sarajevo-Haggada. M. W.

Literatur Werber 1983

בעל הבית ובנ׳ ביתו שאומרים ההגדה

Vogelkopf-Haggada

Um 1300, Süddeutschland
Pergament, Federzeichnung, Tempera,
27 x 18,2 cm
Faksimile: Beth Davia Salomon, Jerusalem 1967
Inv.-Nr. 180/57; M 912-4-46
The Israel Museum, Jerusalem

Die Vogelkopf-Haggada ist die früheste als selbstständiges Buch erhaltene illuminierte aschkenasische Haggada. Ihre prächtigen Illustrationen zeigen biblische, rituelle und eschatologische Szenen. Die Handschrift umfasst 47 Blätter in einer eckigen aschkenasischen Schrift, zwei ganzseitige Miniaturen, Initialwort-Illuminationen und Randtext-Illustrationen. Die Vogelkopf-Haggada verdankt ihren Namen den in der Handschrift abgebildeten menschlichen Figuren, die Vögelköpfe mit ausgeprägten Schnabelformen tragen. Sämtliche in der Handschrift dargestellten männlichen Erwachsenen tragen den spitzen Judenhut.

Der Kopist könnte Menachem geheißen haben, denn er hat in einem Wort des Textes die Konsonanten, die diesen Namen ergeben, markiert. Auf ähnliche Weise schrieb und kennzeichnete derselbe Kopist seinen Namen im Leipziger Machsor (Sammlung von Gebeten für Fest- und Feiertage, siehe S. 174). Dies könnte darauf hinweisen, dass die Vogelkopf-Haggada wie der Leipziger Machsor um das Jahr 1300 entstanden ist.

Die Illustration zeigt die Durchquerung des Roten Meeres. Eigentümer-Signaturen wurden auf fol. I gefunden, bevor dieses auf den modernen Pergamenteinband geklebt wurde: »Dieses Buch der Errettung gehört Samsson Bibatz« und »1864/13/6 von Wb Hern Maiern das abgekauft Bendet Benedikt«. Im 19. Jahrhundert gehörte die Handschrift der Familie Benedikt, bis Dr. Ludwig Marum aus Karlsruhe sie von der Familie seiner Frau Johanna, geborene Benedikt, erbte. Dr. Marum (1882–1934) war Reichstagsabgeordneter der SPD sowie Staatsrat in Baden. Nach Hitlers Machtübernahme wurde Dr. Marum von den Nationalsozialisten verhaftet und 1934 im Konzentrationslager Kislau bei Bruchsal ermordet. Nach seinem Tod gelangte die Handschrift in den Besitz von Hermann Kahn, der aus Nazi-Deutschland entkam und nach Jerusalem auswanderte. Der Ankauf der Handschrift für das Bezalel National Museum wurde 1946 durch eine Spende von Fred Monosson aus Boston ermöglicht. C. B.

Literatur Spitzer 1967; Narkiss 1969; Narkiss 1983

Drachen-Haggada

1280–1320, Italien
Pergament, 116 Blätter, 18,1–18,8 x
13,3–13,6 cm
Inv.-Nr. Cod. hebr. 155
Staats- und Universitätsbibliothek, Hamburg

Der Codex enthält eine Pessach-Haggada. Der Haggada-Text ist siebenzeilig, der Hallel-Teil zehnzeilig eingerichtet. Die Handschrift gehört zu den frühesten illuminierten Haggadot. Sie ist unvollständig, Anfang und Ende fehlen. Im ersten Teil, bis fol. 64, finden sich auf fast jeder Seite am unteren Rand farbige Illustrationen, die entweder die im Text erläuterten Geschehnisse, aber auch Speisen, Riten und Gebräuche darstellen, oder Drolerien, wobei sich rechte und linke Seite oft aufeinander beziehen. Häufig sind Drachen dargestellt, weshalb die Handschrift ihren neuzeitlichen Namen erhielt. An der Ausschmückung waren zwei Buchmaler beteiligt.

Der Pessach-Ritus ist italienisch. Auf Italien als Herstellungsort der Handschrift verweist auch die Notiz für den Illuminator auf fol. 21 verso: »Abramo«. Aufgeschlagen ist fol. 31v/32 mit einem geschuppten Drachen, aus dessen Schwanz Blüten und Blätter sprießen. Aus seinem Rachen scheint er den Schriftzug zu speien. Die Haggada ist aus dem Besitz des Pastors Johann Christoph Wolf (1683–1739) in die Staatsbibliothek langt. H.-W. S.

Literatur Amsterdam 1961, mit Abb. von fol. 31 verso/32; Narkiss 1969, Tafel 22 mit Abb. von fol. 23 verso/24; Metzger 1982, 306, Nr. 46; Zirlin 1994, 33–37

Wormser Machsor

1272, Worms
Pergament, 32 x 41,5 x 7 cm
Inv.-Nr. Ms.Heb. 4° 781/1
The Jewish National & University Library, Jerusalem

Die bedeutendsten Machsorim stammen wie der Wormser Machsor aus dem 13. Jahrhundert. Die großformatigen und reich illuminierten Gebetbücher mit liturgischen Regeln, Gebeten, Schriftvorlesungen für die Festtage, Sprüchen der Väter und Pijutim (liturgische Gedichte) waren für die Chasanim (Vorbeter) bestimmt. Ursprünglich wurde der Ausdruck Machsor für den Sonnen- sowie den Mondzyklus verwendet und, davon abgeleitet, seit dem 13. Jahrhundert auch für den Zyklus der Feiertage. Die Bezeichnung Machsor erscheint erstmals in der Schlussformel des Wormser Machsors. Er enthält darüber hinaus auch das älteste bekannte jiddische Sprachdokument, da innerhalb einer hebräischen Textstelle der jiddische Segensspruch »gut tak im betage se wer dis machasor in beß hakneßeß trage!« eingefügt ist (Ein guter Tag sei dem beschieden, der diesen Machsor in die Synagoge trage!).

Folioseite 170 verso zeigt ein Reh, das von Hunden in Begleitung eines Jägers gehetzt und erlegt wird. Solche Jagdszenen finden sich häufig in jüdischen Handschriften, sie symbolisieren die Verfolgung und Vertreibung der Juden durch die Christen.

Eine Darstellung aus dem Bereich jüdischer Feste befindet sich auf der Folioseite 72 verso. Ein junges Brautpaar steht unter der Chuppa (Hochzeitsbaldachin), während der Rabbiner die sieben Hochzeitssegenssprüche über den Becher Wein spricht.

Von den fünf kreisrunden Medaillons auf fol. 96 verso zeigen drei jahreszeitliche Tätigkeiten aus der Landwirtschaft: Weinlese, Pflügen und Aussaat. Auf den beiden anderen Medaillons sind ein Hund und eine prunkvoll gekleidete Person abgebildet. M. W.

Literatur Dinse 1974; Roth 1961; Narkiss /Cohen-Mushlin 1985

אלהים

אהבים מתנת סיני — אמון שעשועים מורשה סיני
באור תורה אור קרושת סיני — בהחרר עם סביבות סיני
השמירו עם בלי נגרע ב הר — ועגן כבר על ההר
קולות וברקים מן ההר — שמעו נצבים בתחתית ההר
יוצר אור בעמו יבחר — קרוש
גבר חכם עלה ל סיני — גאה ברוב כחו שכן ב סיני
דת משחקת יום ליום ל סיני — דעת מיחוה האירה הר סיני
הגביל גוי קרוש תחתית סיני — הופיע בכבורו וקירש סיני
ויט שמים וירד ל סיני — ועימיה שריה נהורא האירה הר סיני
זיעת בהרים ובחר ב סיני — זוהר אור הזריח זה סיני
חשו גבנונים לקרם ל סיני — חמר אלהים לשבתו הר סיני
טהורה יראה השמיע ב סיני — טוב במאור טוב נגש בס סיני
ירצדו הרים אל מול סיני — יקבלו הלכה למשה מ סיני
כלת לבנון הזהיר משה — כתב שלישים למרב משה
לערפל נגש משה — להשמיע לעם וירד משה
מתוך האש אמר אלהים — מתוק האור תורת אלהים
נופת צופים אמר אלהים — נחמרים מזהב ומפז וירבר אלהים

Machsor

1300–1330, Deutschland
Pergament, 240 Blätter, 27,2 x 20,7 cm
Inv.-Nr. Cod. Levy 37
Staats- und Universitätsbibliothek, Hamburg

Der Band enthält die Tagesgebete und Pijutim für die besonderen Schabbate nach aschkenasischem Ritus, dazu das Buch Ester (ab fol. 170). Der Codex, an dem mehrere Schreiber beteiligt waren, ist sehr sorgfältig hergestellt, zahlreiche Gliederungsworte sind kalligrafisch besonders hervorgehoben und farbig angelegt. Geschrieben wurde er im ersten Drittel des 14. Jahrhunderts im deutschsprachigen Gebiet.
Die Handschrift enthält eine ganzseitige Miniatur (fol. 169 verso) zum Jozer des Schabbat ha-gadol. Dargestellt ist ein Hochzeitspaar. Die Szene spielt nachts unter Bäumen im Liliengarten. Die Braut hat ihrem Bräutigam die Hand zum Verlöbnis gereicht; ihre Augen sind verbunden, wie in der christlichen Kunst bei der Darstellung der Synagoga in ihrem Verhältnis zur Ecclesia. Begrenzt wird die Szene von kräftigen Balken mit gegenständigen Vögeln und Ranken. Der zugehörige Text »Itti mi-Lebanon kalla [...]« ist auf drei Blöcke aufgeteilt: »Mit mir [in Goldbuchstaben im Bildfeld] vom Libanon o Braut [Text zwischen Braut und Bräutigam] steige vom Gipfel des Amana herab [Zeile unter dem Bild].«
Der Machsor ist im Jahre 1906 aus der Sammlung des Hamburger Rechtsanwalts Hajjim Baruk Levy in die Staatsbibliothek gelangt. H.-W. S.

Literatur Kayser 1979, 79, Abb. 90; Róth/Striedl 1984, Nr. 50; Berlin 1991, Nr. 6/21

Machsor Lipsiae (Leipziger Machsor)

1. Drittel des 14. Jahrhunderts, Südwestdeutschland
Pergament, 2 Bände, 404 Blätter, ca. 49 x 36 cm
Inv.-Nr. Ms Vollers 1102
Universitätsbibliothek Leipzig

Unter den erhaltenen Machsorim des 13./14. Jahrhunderts aus dem deutschen Bereich nimmt der Leipziger Machsor aufgrund seiner buchkünstlerischen Ausstattung einen hervorragenden Platz ein. Die qualitätvollen Illuminationen sind der oberrheinischen Buchmalerei um 1300, wie sie zum Beispiel durch die St. Galler Rudolf-von-Ems-Handschrift oder dem Codex Manesse vertreten wird, zuzuordnen. Daneben stellt der Leipziger Machsor ein Schriftkunstwerk dar, bei dem jede Seite einem individuellen, bedeutungstragenden Layout unterworfen ist.
Die Handschrift befand sich im 17. Jahrhundert wohl in Polen und gelangte im 19. Jahrhundert in den Besitz der Universitätsbibliothek Leipzig. In den Jahren 2002 bis 2004 wurde in einem Gemeinschaftsprojekt mit dem Deutschen Historischen Museum zu Berlin ein digitales Vollfaksimile produziert, das unter anderem eine layoutgetreue Übersetzung, Bilderklärungen und Lupenfunktionen enthält. C. M.

Literatur Katz 1967

Hamilton Siddur

13. Jahrhundert, Spanien
Pergament, 21 x 15,5 cm
Inv.-Nr. Ms. Hamilton 288
Staatsbibliothek zu Berlin,
Preußischer Kulturbesitz, Orientabteilung

Diese unter dem Namen Hamilton Siddur bekannte Pergamenthandschrift gehört zu den originellsten hebräischen Handschriften aus dem sephardischen Raum. Sie wurde wahrscheinlich Anfang des 14. Jahrhunderts geschrieben und besteht aus zwei Teilen, die erst nachträglich zu einem Codex gebunden wurden. Der erste Teil bildet eine Pessach-Haggada mit Pijutim und aramäischem Targum zur biblischen Exodus-Erzählung, an die sich eine Sammlung von Liedern für Pessach, Sukkot und Schawuot anschließt. Der Text der Haggada ist auf sehr auffallende Weise reich verziert. Charakteristisch ist die Hervorhebung der jeweiligen Anfangswörter durch Buchstaben aus zoomorphen und anthropomorphen Elementen, vor allem mit Darstellungen von Hunden- und Menschenköpfen. Diese Vermischung menschlicher und tierischer Elemente, die verschiedenen Frisuren und die zum Teil an Narrenkappen erinnernden Kopfbedeckungen sowie die bunten Farben verleihen der Handschrift eine ganz besondere, fast grotesk und heute durchaus modern wirkende Note.
Abgebildet sind rechts Blatt 33b mit dem Anfang des Psalms 118,25–29: »Ach, Ewiger, hilf uns! / Ach, Ewiger, gib doch Gelingen!« und links die Blätter 12a, 19a und 27a. P. W.

אנא יי הושיעה נא

יי הצליחה נא אנא יי
הצליחה נא

ברוך הבא
בשם יי
ברכנוכם
מבית יי אל יי ויאר לנו

Talmud

15. Jahrhundert, Deutschland
Pergament, 41 x 65 x 7 cm
Inv.-Nr. Ms. Hebr. Fol. 10, Bd. 1
Stadt- und Universitätsbibliothek, Frankfurt

Dieser kurz gefasste Talmud besteht aus zwei Bänden. Verfasst wurde er von einem Schreiber namens Isaak. Daher ist der Name Isaak, wenn er im Text erscheint, jedes Mal mit einer Krone, einer Feder oder einer Hand optisch hervorgehoben. Aufgenommen wurden in diesem Talmud Bemerkungen von Samuel ben Meir (1083–1174), dem Enkelsohn von Raschi, und Dezisionen (Entscheidungen) von Isaak ben Jakob Alfasi (1013–1103), dem Oberhaupt der Gelehrtenschule in Lucena. Alfasi wurde berühmt durch sein *Sefer ha-Halachot* (Buch der Halachot), das die erste systematische Zusammenfassung des Talmuds darstellt. M. W.

Literatur Frankfurt 1961, Nr. 150/151; Schoeps 1992

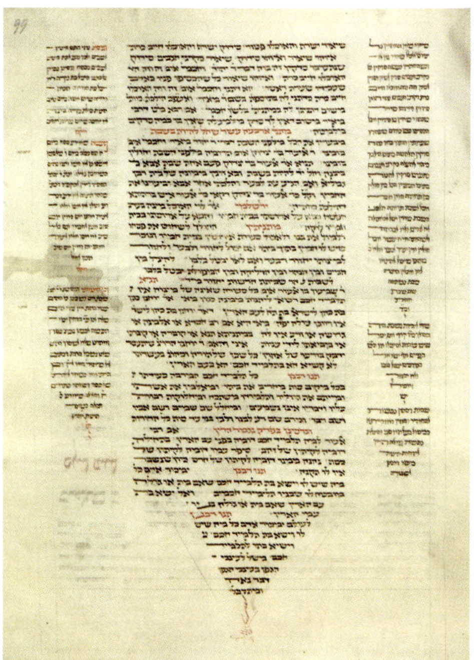

Selichot und andere liturgische Gedichte

15. Jahrhundert, Spanien
Manuskript auf Papier, vokalisierter Text, 19,2 x 22 x 15 cm
Inv.-Nr. MSS 15
Biblioteca Histórica, Universidad Complutense, Madrid

Dieses Manuskript enthält eine Sammlung von 538 liturgischen Gedichten (Pijutim) verschiedener mittelalterlicher Autoren. Die Gedichte wurden auf Papier in punktierter hebräischer Schrift verfasst. Es handelt sich um eine Sammlung liturgischer Gedichte unterschiedlicher Stile. Besonders stark vertreten sind die der Buße gewidmeten Texte (Selichot), die den Tagen zwischen den feierlichen Zeremonien von Rosch ha-Schana (Neujahrsfest) bis zu Jom Kippur, dem Fest der Reue und Buße, vorbehalten sind. Diese für das Studium der liturgischen hebräischen Dichtung in Spanien sehr aufschlussreichen Texte werden in Untergattungen gegliedert und innerhalb jeder Gattung alphabetisch geordnet.

Dieses Exemplar stammt aus der Bibliothek des Colegio Mayor de San Ildefonso der Universidad Complutense, die seit dem Beginn des 16. Jahrhunderts für die hohe Qualität ihrer hebräischen Studien berühmt ist. M. C. M.

Literatur Llamas 1945; Sánchez Mariana 1996; David 1997

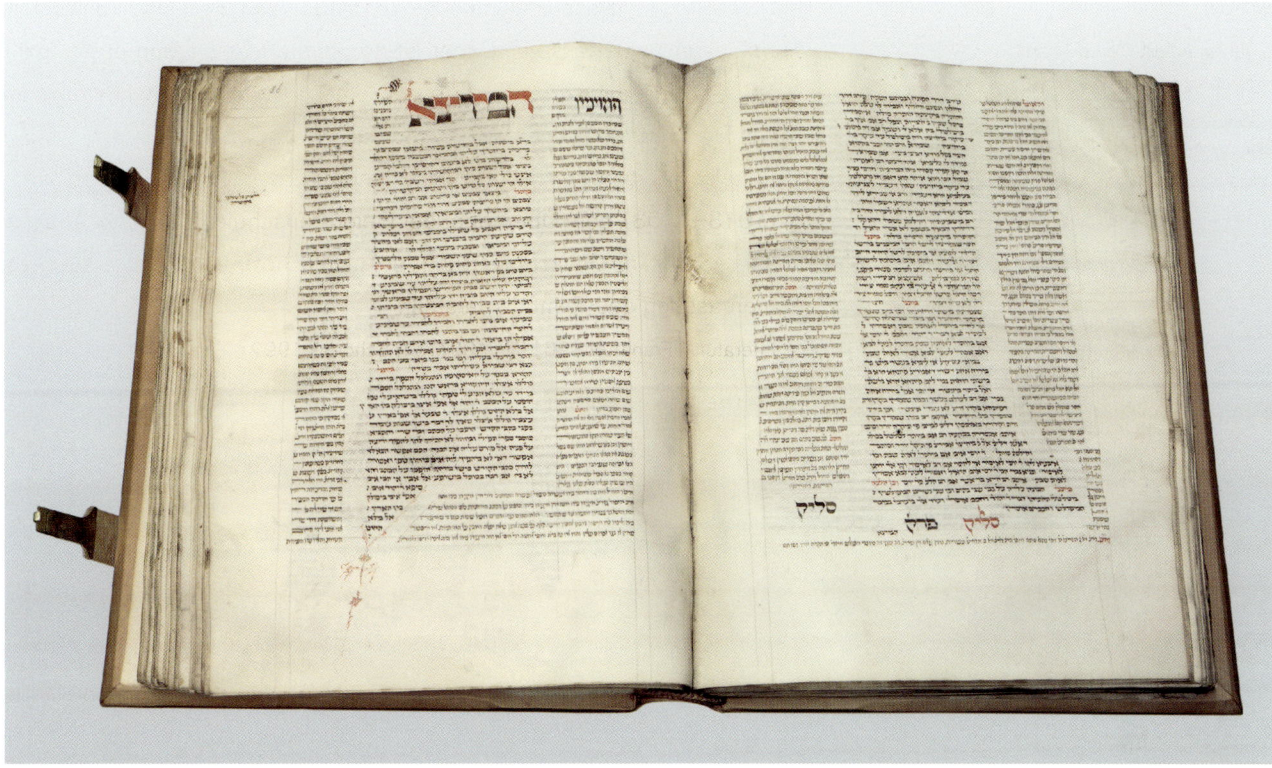

More Nevuchim

Moses Maimonides (1135–1204)
Abschrift von 1347/48, Barcelona
Pergament, 19,5 x 13,5 cm
Inv.-Nr. Cod. Hebr. XXXVII, fol. 114 recto
Det Kongelige Bibliothek, Kopenhagen

Moses Maimonides ist eine zentrale Gestalt des Judentums und rabbinische Autorität des Mittelalters. Neben seinem halachischen Hauptwerk, der *Mishne Tora* (siehe S. 148), gilt das *More Nevuchim* (Führer der Verwirrten) zweifellos als das bedeutendste Werk jüdischer Religionsphilosophie des Mittelalters. In ihm macht Maimonides das Weltbild des Aristoteles (384–322 v. u. Z.) zur Grundlage seiner eigenen Theologie. Bereits zu seinen Lebzeiten war Maimonides der zahlreichen Kritik seiner Gegner ausgesetzt, die auch im Laufe der Jahrhunderte weiter anhielt und zeitweise dazu führte, dass seine Schriften verboten und Abschriften seiner Werke verbrannt wurden. Seine Anhänger ließen sich aber von solchen drastischen Maßnahmen nicht abschrecken und vervielfältigten seine Schriften immer wieder. Gerade das *More Nevuchim* wurde oft abgeschrieben und teilweise sehr aufwändig illustriert. Die aufgrund ihrer detailreichen Illustrationen bekannteste Abschrift stammt aus Barcelona und entstand in den Jahren 1347/48. Die Folioseite 114 recto zeigt einen thronenden Mann, der ein Astrolabium in seiner Hand hält. Auf seinen Knien liegt ein aufgeschlagenes Buch. Er spricht zu einer Gruppe diskutierender Männer. Von oben ragt der Himmel in angeschnittener Kreisform, mit Mond, Sternen und Sonne versehen, in das Bild. Ob es sich bei dem thronenden Mann um Aristoteles, Maimonides oder einen einfachen Astronomen handeln soll, lässt sich nicht genau sagen.

Ein späte unillustrierte Abschrift des *More Nevuchim* aus dem Jahre 1481 stammt aus Marino. Wie alle Abschriften ist sie im Unterschied zum Original, das in Arabisch geschrieben wurde und von dem sich heute eine Seite in der New Yorker Library of The Jewish Theological Seminary of America (Ms. 8254.5) befindet, in Hebräisch verfasst. Die Urübersetzung ins Hebräische fertigte Samuel ibn Tibbon (um 1160–1230) im Jahre 1204 noch zu Lebzeiten von Moses Maimonides an. M. W.

Literatur Berlin 1991, 278–283

More Nevuchim

Moses Maimonides (1135–1204)
Abschrift von 1481, Marino
Papier, 21,6 x 15,5 x 5,5 cm
Inv.-Nr. Mss/5461, fol. 25 verso
Biblioteca Nacional, Madrid

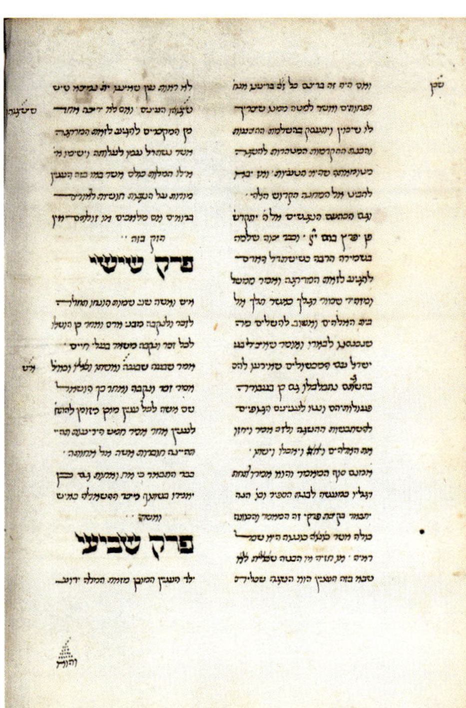

Chanukka-Leuchter

Buchara, Usbekistan
Speckstein, 3,5 x 18 x 15,5 cm
Inv.-Nr. JM 217
The Jewish Museum London

Eine der ältesten Formen von Chanukka-Lampen stellen die aus Stein gefertigten Exemplare dar. Seit dem 12. Jahrhundert sind sie auf der Iberischen Halbinsel und in Südfrankreich belegt. Bis in das 20. Jahrhundert hinein waren Chanukka-Lampen diesen Typs in Nordafrika, aber auch im Vorderen Orient und entlang der Seidenstraße in Gebrauch. Sie fanden bei der Chanukka-Zeremonie im häuslichen Bereich Verwendung. In Erinnerung an das Lichtwunder bei der Wiederweihe des Tempels von Jerusalem im Jahre 164 v. u. Z., bei der das noch vorhandene koschere Öl die Menora acht Tage lang bis zur Verfügbarkeit frischen Öls speiste, wird an jedem der acht Festtage ein weiteres Licht angezündet. Die Lampe aus dem Bestand des Jewish Museum London weist insgesamt drei Reihen von Vertiefungen auf: Die erste Reihe besteht aus acht Vertiefungen für Chanukka (Lichterfest), die zweite aus vier zum Gebrauch am Schabbat und die dritte aus einer Vertiefung für den Docht des Schamasch (Dienerlicht), mit dem die übrigen Lichter angezündet werden.

W. T.

Literatur Barnett 1974, Nr. 217; Narkiss 1988, 6–15

Chanukka-Leuchter

15. Jahrhundert, Torreón de Ambeles,
Plaza de la Judería, Teruel, Aragón
Lasierte Keramik, Original: 6 x 18,5 x 8 cm,
Ergänzung: 6 x 52 x 8 cm
Inv.-Nr. 7.167
Museo de Teruel

Bei diesem Ausstellungsstück handelt es sich um einen rituellen jüdischen Leuchter für den Hausgebrauch, hergestellt aus Terueler Keramik. Er besitzt einen rechteckigen Fuß mit geraden Wänden an drei Seiten. Darüber befinden sich eine Reihe von nebeneinander angeordneten Öllampen in Form von Bechern sowie ein größerer Becher an der Außenseite.

Die Verzierung aus linear-geometrischen, manganfarbenen Motiven erstreckt sich hauptsächlich auf die Seiten. Auf den Bechern sind rund geschwungene Formen zu erkennen.

Der Leuchter ist nur zu einem kleinen Teil original erhalten, er besteht aus zwei Lampen mit ihrer jeweiligen Halterung. Der Rest ist eine von Terueler Töpfern mit derselben Technik, Ton und Lasur hergestellte Nachbildung.

Der Chanukka-Leuchter wurde 1977 zusammen mit den Überresten zweier weiterer Chanukkiot im ehemaligen jüdischen Viertel von Teruel, an der Rückseite des Torreón de Ambeles, gefunden. Diese Art Kandelaber wurde anlässlich der Feierlichkeiten beim Chanukka- oder Lichterfest angezündet, das nach dem jüdischen Kalender am 25. des Monats Kislev (im Dezember nach dem christlichen Kalender) stattfindet. C. E. J.

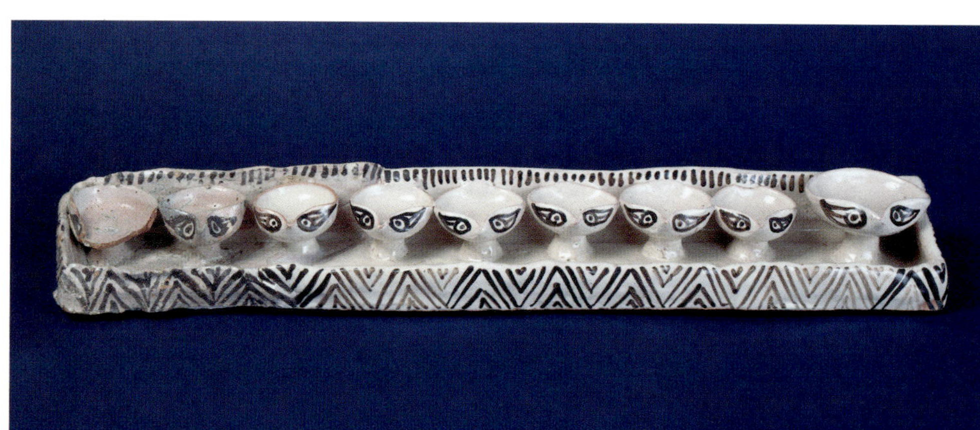

JM
217

Chanukka-Leuchter

15. Jahrhundert, Italien (?)
Messing, 12 x 17 x 5,5 cm
Inv.-Nr. JM 218
The Jewish Museum, London

Die Rückenplatte des Chanukka-Leuchters ist mit gotischen Architekturelementen verziert. Oberhalb der acht Öltiegel ist die Platte von einem Arkadenfries aus sechs Bögen durchbrochen. Darüber befindet sich ein mit floralen Motiven verziertes Feld mit dem Zitat aus Sprüche 6,23: כי נר מצוה ותרה אור (»Denn eine Leuchte ist das Gebot und Tora ein Licht.«). Besonders auffällig ist die falsche Schreibweise des hebräischen Wortes für »und Tora« (ותרה anstelle von ותורה), die Aufschrift wird mittig geteilt durch die Darstellung einer stilisierten Blume. In die obere Hälfte der Rückenplatte ist eine kunstvolle Rosette geprägt, die von zwei Dreipässen flankiert wird. M. W.

Literatur Barnett 1974, Abb. 218; Künzl 1992

Chanukka-Leuchter

15. Jahrhundert, Spanien (?)
Messing, 14 x 22,5 x 7,5 cm
Inv.-Nr. JM 219
The Jewish Museum, London

Die Rückenplatte des Leuchters ist von tropfenförmigen Ornamenten durchbrochen, sodass ein filigraner Eindruck entsteht. Der Lichtschein der Flammen, der durch die Öffnungen dringt, lässt ein interessantes Licht- und Schattenspiel entstehen. Solche ornamental durchbrochenen Leuchter sind vor allem aus dem sephardischen Raum bekannt. M. W.

Literatur Barnett 1974, Abb. 218

Chanukka-Leuchter

16. Jahrhundert, Italien
Bronzeguss, 21 x 16 cm
Inv.-Nr. 118/253; M372-11-65
Schenkung von Dr. Albert Ticho, Jerusalem
The Israel Museum, Jerusalem

Der Leuchter besitzt eine dreieckige Rückwand, bestehend aus einer breiten Basis und offenem Rankenwerk. Das Chanukka-Fest wird gefeiert zur Erinnerung an die erneute Tempelweihe nach dem Sieg der Makkabäer über die syrisch-griechischen Armeen im Jahre 164 v. u. Z. Das wichtigste Ereignis während des Festes ist das Anzünden des Leuchters an den acht Abenden. Der Chanukka-Leuchter hat acht Ölbehälter, hinzu kommt noch ein Anzündelicht. Seine Rückwand schützt die Flammen und reflektiert ihren Schein. Die Chanukka-Leuchter aus Bronzeguss, vor allem aus dem 15. bis 17. Jahrhundert, stammen aus Norditalien, Südfrankreich und Deutschland. Diese sind die frühesten erhaltenen Exemplare. C. B.

Literatur Narkiss 1939, 5–12 (d–g); Benjamin 1987, 143–171, Nr. 220

Chanukka-Leuchter

16. Jahrhundert, Italien
Bronzeguss, 24 x 15 cm
Inv.-Nr. 118/518; M367-11-65
Schenkung von Dr. Albert Ticho, Jerusalem
The Israel Museum, Jerusalem

Der Leuchter besitzt eine dreieckige Rückwand mit symmetrischem Rankenmuster, geflügeltem Puttenkopf, flankiert von Grotesken und einem Blumenkorb als Abschlusselement sowie eine breite Basis.

Engel, Nixen, Seepferdchen, Kentauren und Grotesken waren beliebte Motive der christlichen Kunst des Mittelalters und der Renaissance. Sie besaßen nur geringe religiöse Bedeutung und wurden auch auf Gebrauchsgegenständen abgebildet. Diese Integration von Fantasiegeschöpfen ist typisch für Italien und einzigartig im Europa der Frührenaissance. Es überrascht nicht, allgemein als »christlich« verstandene Motive auf italienischen jüdischen Kunstwerken zu finden. Die berühmte Veronaer Bronzegießerei der Familie de Levis gehörte offenkundig zu denen, die solche frühen Chanukka-Leuchter entwarfen und gossen. C. B.

Literatur Narkiss 1939, 5–12 (d–g); Benjamin 1987, 143–171, Nr. 220

Ester-Rolle

15. Jahrhundert, Spanien
Kalbsleder, aufgerollt auf Holzstab,193 x 10,5 cm,
Holzstab L 20 cm
Inv.-Nr. Res/237 bis
Biblioteca Nacional, Madrid

Das Purimfest erinnert an die Rettung der Juden in Persien zur Zeit des Großkönigs Xerxes (486–465/464 v. u. Z.). Haman, als Wesir höchster Beamter, plante die Vernichtung der Juden im Persischen Reich. Mittels purim (Lose), ermittelte er den günstigsten Tag für diese Untat. Die Verschwörung wurde durch Ester, eine jüdische Gemahlin des Xerxes, und ihren Onkel Mordechai aufgedeckt. Haman und seine zehn Söhne wurden hingerichtet.

Das Purim-Fest ist seit dem Altertum Anlass zu fröhlichen und ausgelassenen Feiern.

Für den Gebrauch am Purim-Fest wird das Buch Ester auf eine Rolle geschrieben, die auf nur einem Stab zusammengerollt wird. Während des Gottesdienstes in der Synagoge wird das Buch Ester vorgelesen, wobei die Nennung des Bösewichts Haman jeweils mit lautstarkem Lärmen bedacht wird. Ausnahmsweise dürfen auch Frauen in der Synagoge lesen, da eine Frau (Ester) entscheidenden Anteil an der Rettung der Juden hatte.

Wie die Tora-Rollen hat die Ester-Rolle die antike Form des Buches bewahrt. Zu den ältesten erhaltenen Exemplaren gehört die abgebildete spanische Ester-Rolle. Sie besteht aus vier Bögen. Der Text des Buches Ester ist in 34 Kolumnen zu je 15 Zeilen geschrieben. Aus der Sammlung des Kardinals Francisco Javier de Zelada (1717–1801) gelangte die Ester-Rolle über die Bibliothek des Domkapitels von Toledo in die Nationalbibliothek. Hochrangige geistliche Würdenträger und kirchliche Institutionen gehörten in Spanien vor und nach der Vertreibung der Juden von der Iberischen Halbinsel zu den Sammlern hebräischer Manuskripte.

W. T.

Literatur Valle Rodriguez 1986, 101, Nr. 21; Toledo 2002, 187, Nr. 134

Brother Haggada

Um 1330, Katalonien
Pergament
Inv.-Nr. Ms. Or. 1404
The British Museum and Library, London

Die Brother Haggada gehört in den Kreis der illuminierten Haggadot, die in der ersten Hälfte des 14. Jahrhunderts unter dem Einfluss der italienischen Buchmalerei in Katalonien entstanden. Das Zentrum war Barcelona, wo eine bedeutende jüdische Gemeinde bestand. Ihre Bezeichnung erhielt die Brother Haggada aufgrund ihrer stilistischen Nähe zur Rylands Haggada in der John Rylands Library in Manchester.
Auf fol. 8 recto ist oben die Feier des Seder-Abends am Beginn von Pessach wiedergegeben. Eingerahmt ist die Szene von Darstellungen der Vorbereitungen zu Pessach wie dem Schächten und Braten des Opferlamms. Die bildlichen Darstellungen sind wertvolle Quellen für das jüdische Leben im mittelalterlichen Spanien. W. T.

Literatur Narkiss 1982; Narkiss 1991, 169–196; Galván Freile 2002, 309–319

Zwei Teller und Löffel

Schatzfund III von Briviesca, Burgos
Versteckt um 1366, Werkstatt in Burgos
Silber, Teller: 3,2 x 21 cm, Inv.-Nr. 8.785; 3,4 x 22 cm, Inv.-Nr. 8.790; Löffel: 17,1 x 4 cm, Inv.-Nr. 8.782
Museo de Burgos

Zum Schatzfund III von Briviesca gehört unter anderem ein beinahe vollständig erhaltener Teller mit ausgebogener, gerundeter Randlippe, breitem Rand und tiefem Boden. Die Verzierung in der Mitte des Bodens zeigt ein goldüberzogenes Medaillon mit sechsstrahligem Sternmotiv, in dessen Mitte eine spanische Lilie dargestellt ist. Auf dem Rand befinden sich sechs dreiteilige Motive. Dieser Teller ist wegen seiner Verzierungen im gotischen und Mudéjar-Stil bemerkenswert.
Der zweite, fast vollständig erhaltene Teller besitzt einen hohen, nach oben gebogenen Rand. In der Mitte des Bodens befindet sich ein vergoldetes Medaillon mit der Darstellung eines sechsstrahligen Sterns, der zusätzlich mit Halbbögen verziert ist. Der Übergang vom Rand zum Tellerboden wird durch ein vergoldetes Band mit eingravierten Seil-Ornamenten betont.
Ein tiefer, runder Löffel mit dünnem, konisch geformtem, prismatischem Stiel zählt ebenfalls zu diesem Fundkomplex. Die Teller und der Löffel waren Teil eines speziellen Geschirrs, das für das Pessach-Fest benutzt wurde. B. C.-I.

Literatur Toledo 2002, 181–184, Nr. 130

שטפין כסא ומזמן חמרא ומני כן ברכת היין
וקדוש היום ואומ' ברוך אתה יי'
אלהינו מלך העולם בורא פרי
הגפן ברוך אתה יי' אלהינו מלך
העולם אשר בחר בנו מכל עם ורוממנו מכל
לשון וקדשנו במצותיו ותתן לנו יי' אלהינו באהבה
מועדים לשמחה חגים וזמנים לששון את יום
חג המצות הזה זמן חירותינו באהבה מקרא
קדש זכר ליציאת מצרים כי בנו בחרת ואותנו
קדשת מכל העמים ומועדי קדשך בשמחה

Haggada

Anfang 15. Jahrhundert, Deutschland
Faksimile: Pergament, 58 Blätter, 24,5 x 35,5 cm
Inv.-Nr. Cod. or. 8
Hessische Landes- und Hochschulbibliothek, Darmstadt

Die so genannte Darmstädter Haggada enthält die Texte zum Seder-Abend mit der Erzählung von der Befreiung des Volkes Israel aus der Knechtschaft Ägyptens. Die Initialen sind zumeist vergoldet. Daneben weist die Handschrift prachtvoll gestaltete Randleisten und Ornamente auf. Die farbigen, ganzseitigen Illustrationen beziehen sich auf Ereignisse und Bräuche im Zusammenhang mit dem Pessach-Fest. Ihnen verdanken wir wertvolle Hinweise auf die zeitgenössische Kleidung der Juden in Aschkenas. Im Anhang befinden sich Darstellungen einer Jagdszene und eines Jungbrunnens, die keinen Bezug zur Liturgie haben. Die Darmstädter Haggada ist ein frühes Beispiel ihrer Art aus dem aschkenasischen Bereich. Schreiber der Haggada war Israel ben Rabbi Meir aus Heidelberg.

W. T.

Literatur Frankfurt 1961, Nr. 105 u. Abb. 54; Monumenta Judaica 1963, Nr. D 61 u. Abb. VI u. VII; Metzger 1982, 121, Abb. 122, 169, 170

Siegelstempel für ungesäuertes Brot

14. Jahrhundert, Katalonien
Bronze, 4 x 3,6 cm
Inv.-Nr. MVR 2424
Fundació Lluis Carulla, Museu de la Vida Rural, Catalunya

Das Pessach-Fest wird auch als Fest der ungesäuerten Brote bezeichnet (Exodus 34,18), da den Israeliten vor dem Auszug aus Ägypten geboten wurde, ungesäuertes Brot zu verzehren (Exodus 13,6–7). Während der acht Festtage darf nur Ungesäuertes gegessen werden. Das Pessach-Brot, die Mazza, wird aus Weizen oder Weizenmehl hergestellt, das von der Ernte oder dem Mahlvorgang an unter Aufsicht so gelagert wird, dass keine Gärung eintritt. Die Einhaltung des Reinheitsgebotes bei der Herstellung des Brotes aus diesem Weizenmehl wurde durch einen Stempelaufdruck bestätigt. Im Feld des Bronzestempels ist ein sechsstrahliger Stern wiedergegeben, darunter ein Vogel, der zwischen vier Ährenbündeln einherschreitet. Die hebräische Umschrift lautet: »In Frieden werdet ihr sieben Tage Ungesäuertes essen.«

W. T.

Literatur Toledo 1991, 261, Nr. 36

פוך חמתך על הגוים
אשר לא ידעוך ועל
הממלכות אשר בשמך

Besamim-Behälter

13. Jahrhundert, Spanien
Bronze, 15 x 5,6 cm
Inv.-Nr. 2090-1855
Victoria and Albert Museum, London

Besamim-Behälter

15. Jahrhundert, Norditalien
Kupfer, vergoldet, 19 x 5 cm
Inv.-Nr. M 40-1951
Victoria and Albert Museum, London

In Besamim-Behälter (Gewürzbehälter) werden bei der Hawdala-Zeremonie am Ausgang des Schabbats Gewürze gelegt, um Wohlgerüche als symbolisches Zeichen der Trennung zwischen Arbeits- und Feiertagen zu erzeugen. Die ältesten erhaltenen Besamim-Behälter stammen aus dem 13. Jahrhundert und wurden seit dieser Zeit oft in Form von Türmen hergestellt. Im Unterschied zu den jüngeren Behältern sind sie weniger filigran ausgearbeitet und weisen auch noch keine gotischen Architekturelemente wie Fialen und Rosettenfenster auf. In späteren Jahren wurde die symbolische Turmform häufig auf das Schir ha-Schirim (Hohes Lied) zurückgeführt, in dem es heißt: »Seine Wangen wie ein würziges Beet, seine Lippen, gleich Türmen von Wohlgerüchen«. Wahrscheinlich ist der Grund für den Einsatz dieser Zierform jedoch in der allgemeinen Beliebtheit der Turmsymbolik im Mittelalter zu sehen. So weisen auch christliche Monstranzen die Turmform auf. Diese Form der religionsübergreifenden Verwendung von Symbolen und Objekten zeigt sich besonders an einem Besamim-Behälter aus dem 15. Jahrhundert, dessen Dachspitze in späterer Zeit mit einem Kreuz versehen wurde. Wahrscheinlich ging der Behälter zu diesem Zeitpunkt von jüdischem in kirchlichen Besitz über und wurde zu einer Monstranz umfunktioniert. M. W.

Literatur Narkiss 1981

Besamim-Behälter

Mittelalter (?), Mitteleuropa
Bronze, vergoldet, Edelsteine, 6,3 x 5 x 1,2 cm
Inv.-Nr. Cl. 12306
Musée national du Moyen Âge, thermes et hôtel de Cluny, Paris; Dauerleihgabe im Musée d'art et d'histoire du Judaïsme, Paris

Die Produkte des jüdischen Kunsthandwerks, die in ihrer Form profanen Gegenständen ähnlich sehen und nicht durch jüdische Symbolik oder spezifische Gestaltung ausgezeichnet sind, lassen sich manchmal nur schwer dem jüdischen Kulturkreis eindeutig zuordnen. Neben den wertvollen und in ihrer Herstellung kostenaufwändigen Besamim-Behältern in Turmform ist auch die Verwendung von schlichteren Gewürzbehältnissen belegt. In diesem Fall handelt es sich um eine in vier Fächer unterteilte Dose aus jüdischem Besitz, in deren Deckel fünf Edelsteine eingelassen sind. M. W.

Literatur Narkiss 1981; Klagsbald 1982, 43, Nr. 226

Ketubba

1309, Milagro, Navarra
Pergament, 30 x 57 cm
Inv.-Nr. Cámara de Comptos, Caja 192, Nr. 54
Archivo General de Navarra, Pamplona

Die Ketubba (Hochzeitsvertrag) wurde ausgestellt am 5. Sivan 5069 (15. Mai 1309) anlässlich der Hochzeit von Samuel, Sohn des Jom Tov Surí und seiner Braut Jamila, Tochter des Isaak ben Bibach. Von der kleinen jüdischen Gemeinschaft Milagros im Schatten der bedeutenden Gemeinde von Tudela haben sich nur wenige Zeugnisse erhalten. Der Hochzeitsvertrag regelt die vermögensrechtlichen Angelegenheiten der Eheschließung und dient insbesondere der sozialen Absicherung der Frau für den Fall des Scheiterns der Ehe. Das Manuskript wurde mit einem rein ornamentalen Rahmen verziert. Die Verzierung von Verträgen diente dem Schutz gegen spätere Veränderungen und Manipulationen. Die Ketubba wurde später als Deckel für Notariatsakten zweckentfremdet. W. T.

Literatur Toledo 1991, 281, Nr. 98; Toledo 2002, 97, Nr. 30

Teile des Schmuckfundes von Weißenfels

1. Hälfte 14. Jahrhundert, Weißenfels
Fingerring: Silber, Saphir, D 3 cm, Inv.-Nr. LMK-E-161
Jüdischer Hochzeitsring: Silber, teilvergoldet, D 2,5 cm, Inv.-Nr. LMK-E-162
Ringspange mit flachem Dorn: Silber, D 4 cm, Inv.-Nr. LMK-E-163;
Gürtelschließe mit Darstellung eines Liebespaars: Silber, gegossen, montiert, teilvergoldet, 3,2 x 3,4 cm, Inv.-Nr. LMK-E-164
Stiftung Moritzburg Halle, Kunstmuseum des Landes Sachsen-Anhalt

Die vier Schmuckobjekte gehören zu einem Fundkomplex aus insgesamt fünf Ringen und mehreren Gewandschmuckstücken, die im Jahre 1826 bei Weißenfels gefunden wurden. Aufgrund der in zwei Münzringe eingeprägten Regierungszeiten der böhmischen Könige Wenzel II. (1278–1305) und Johann von Luxemburg (1310–1346) werden die Fundstücke in das frühe 14. Jahrhundert datiert.
Der Hochzeitsring mit einem Aufsatz in Form eines gotischen Hauses trägt die hebräische Aufschrift מזל טוב (»Gut Glück«). Der zweite Fingerring trägt die nicht vollständig zu lesende Inschrift »PANTAS ERON [...] AU« (»Alle Liebenden«).
Die Gürtelschließe zeigt ein Paar, das von vier ineinander greifenden Händen umrahmt wird. Das Symbol der Hände ist auch auf der Ringspange zu finden. Auf ihrer Vorderseite sind in gotischen Majuskeln die Namen »JESUS MARI IA OHA« (»Jesus, Maria, Johannes«) eingraviert. Es stellt sich die Frage, ob der Ring mit hebräischer Aufschrift ausreichend ist, um den gesamten Fundkomplex in einen jüdischen Zusammenhang zu stellen, auch wenn die Vergrabung der Schmuckstücke wahrscheinlich in die Zeit der Pestpogrome (1348/49) fällt. M. W.

Literatur Sauerlandt 1919, 519–526; Dräger 1996; Meller 2001

Ketubba

1391/92, Krems, Niederösterreich (?)
Pergament, Deckfarben; vier Fragmente: Teil 1 (oben links) ca. 28,6 x 21,0; Teil 2 (oben rechts) ca. 28,1 x 20,8 cm; Teil 3 (unten links) ca. 30,4 x 21,6 cm, Teil 4 (unten rechts) ca. 29,6 x 21,6 cm
Inv.-Nr. Cod. Hebr. 218
Österreichische Nationalbibliothek, Wien

Die Wiener Ketubba wurde im Jahre 5152 des hebräischen Kalenders (1391/92) wohl in Krems (von der Ortsangabe sind nur mehr die Buchstaben רימש erhalten) für das Brautpaar Schalom, Sohn des Menachem, und Zemach, Tochter des Aaron, ausgestellt. Ob der Bräutigam mit Schalom, Sohn des Tröstl (Menachem) aus der Wiener Familie Walich, der 1381 und 1398 nachgewiesen werden kann, zu identifizieren ist und Aaron mit dem gleichnamigen Aaron von Krems, ist nicht sicher. Die Urkunde, die in den oberen beiden Teilen den Bräutigam mit Ring und die Braut mit einer blauen Blume im böhmischen Stil zeigt, stellt die bisher älteste erhaltene figürlich illuminierte jüdische Hochzeitsurkunde dar. Zwischen 1910 und 1914 aus Cod. 4600 der Österreichischen Nationalbibliothek, einer Handschrift des 15. Jahrhunderts mit Wiener Universitätsprovenienz, herausgelöst – hier dienten die oberen beiden Fragmente als Spiegelblätter –, dürfte die Ketubba wohl im Zuge des Pogroms von 1421 zerschnitten und wiederverwendet worden sein. K.-G. P.

Literatur Schwarz 1913, 23–25; Schloss Halbturn 1978, 242, Nr. 18, Abb. 42b; Sed-Rajna 1985, 131; Wien 1993, 24

Hochzeitsring

15. Jahrhundert, Norditalien (?)
Bronzeguss, vergoldet, 5 x 2,2 cm
Inv.-Nr. 102/110; 264.86
The Israel Museum, Jerusalem, Stieglitz Collection; Schenkung, mit einer Spende von Erica und Ludwig Jesselson, New York, über die American Friends of the Israel Museum

Auf einen schlichten breiten Reif ist eine kleine rechteckige Arkade mit Giebeldach aufgesetzt. An den vier Ecken befindet sich jeweils ein Knopf, ein weiterer Knopf ist als Abschlusselement auf dem Dach angebracht. Beide Seiten des Daches zieren eckige hebräische Buchstaben: ס, ט, die Initialen von סימן טוב (»gutes Zeichen«). Im Mittelalter waren Ringe wichtiger Teil sowohl des jüdischen als auch des christlichen Hochzeitsritus. Von den als jüdische Hochzeitsringe identifizierten und Norditalien zugeordneten Ringen sind einige Exemplare mit architektonischen Elementen versehen, andere sind größer dimensioniert oder es sind die aschkenasischen hebräischen Buchstaben מ, ט (מזל טוב) (»viel Glück«) eingraviert. Dieser Ring jedoch unterscheidet sich von anderen in seiner Gestaltung, sowohl im Hinblick auf das Material als auch aufgrund seiner eckigen, sephardischen Buchstaben. Ein ähnlicher Aufbau wie auf diesem Ring findet sich auf einem mittelalterlichen gegossenen und vergoldeten christlichen Reliquiar aus Süddeutschland. Die für den deutschen Raum typische Art der Gestaltung könnte zusammen mit den eckigen sephardischen hebräischen Buchstaben ihren Ursprung in Norditalien haben, wo Juden aus Sepharad und Aschkenas schon vor der Renaissance lebten. Frühe Illustrationen, die das Anstecken eines Rings beim jüdischen europäischen Hochzeitsritus zeigen, sind in Hochzeitsverträgen und in Handschriften zu sehen. C. B.

Literatur Tavener-Perry 1910, 118, Abb. XIV; Benjamin 1987, 332–335, Nr. 220

Schmuckkästchen

1540, Nürnberg
Stahl, geätzt, Kupferplatte graviert und teilweise vergoldet, Auskleidung aus Leder,
6,6 x 7,3 x 11 cm
Inv.-Nr. 131/53:235.86
The Israel Museum, Jerusalem, Stieglitz Collection; Schenkung, mit einer Spende von Erica und Ludwig Jesselson, New York, über die American Friends of the Israel Museum

Das rechteckige Kästchen mit Deckel ist mit Jagdszenen vor einem Blattwerk-Hintergrund verziert. Nahe dem oberen Rand ist auf den Seitenplatten und der Vorderplatte eine hebräische Inschrift eingeätzt – ein Zitat aus der biblischen Passage über eine tüchtige Frau: »In Weisheit tut sie den Mund auf, und von ihrer Zunge kommt freundliche Weisung. Sie überwacht den Betrieb ihres Hauses und isst nicht das Brot der Faulheit.« (Sprüche 31,26–27). Daneben befindet sich die Jahreszahl: das hebräische Jahr 5300 (1540). Das Schatzkästchen war offenbar ein Geschenk eines Juden an seine Frau. Die Verbindung des Bibelzitats mit der Jagdszene lässt an ähnliche Szenen denken, mit denen mittelalterliche jüdische Handschriften illuminiert sind. Einem der Kommentare zum »Hohen Lied« zufolge ist die Frau die Verkörperung der Weisheit – der Tora –, und der Hirsch symbolisiert Israel. Kästchen des 16. Jahrhunderts aus Nürnberg ohne jüdischen Zusammenhang sind in gleicher Weise gestaltet und verziert. Ähnliche in Metall geätzte Jagdszenen aus derselben Zeit finden sich in Deutschland auch auf Waffen und Rüstungen. C. B.

Literatur Wischnitzer-Bernstein 1935, 76–79, Nr. 65, Tafel 45, 81; Benjamin 1987, 378–379, Nr. 250

Hochzeitsring

Um 1500, Deutschland
Gold, 4,3 x 2,5 cm
Inv.-Nr. Res. Mü. Schk.52 (WL)
Bayerische Verwaltung der staatlichen Schlösser, Gärten, und Seen, Schatzkammer der Residenz München

Der Reif trägt auf der Außenseite den hebräischen Glückwunsch zur Hochzeit: »Masal tov«. Oben besitzt der Ring auf einem Sockel einen fünftürmigen, von Voluten eingerahmten Aufbau in gotischen Formen. Die hausförmigen Aufbauten der Hochzeitsringe werden als Hinweis auf den neu gegründeten Hausstand, aber auch auf den zerstörten Tempel von Jerusalem gedeutet. Der Ring befindet sich seit 1598 in der Schatzkammer der Münchener Residenz. W. T.

Literatur Germania Judaica 1963, Nr. E 162, Abb. 50; Deneke 1988, 140, Nr. 3/167

Hochzeitsring

16. Jahrhundert, Südwestdeutschland
Bronze mit Goldauflage, 2,3 x 1,1 cm
Inv.-Nr. HM 1037a
Historisches Museum der Pfalz Speyer

Der Ring ist aus Bronze gefertigt und mit einer Goldauflage versehen. Die Außenseite ist granuliert, die Ränder sind gebörtelt und mit schrägen Kerben verziert. Auf drei Seiten sind durchbrochene Krönchen aufgesetzt, die vierte Seite zeigt ein aufgeschlagenes Buch mit dem hebräischen Glückwunsch zur Hochzeit: »Masal tov«. Nur wenige Familien verfügten über eigene Hochzeitsringe. Meist waren diese Ringe im Besitz der jüdischen Gemeinde. Sie wurden nur zur Hochzeitszeremonie getragen. W. T.

Literatur Stein 1969, 301–302, Tafel 8; Transier 1996, 14–15; Transier 2004, 218–219, Abb. 126

Hochzeitsring

1. Hälfte des 14. Jahrhunderts, Rheinland
Gold, Email, 3,5 x 2,2 cm
Inv.-Nr. Cl.20658
Musée national du Moyen Âge, thermes et hôtel de Cluny, Paris

Der Hochzeitsring entstammt dem während der Pestpogrome im Jahre 1349 vergrabenen Schatz von Colmar. Der Ring besitzt einen Aufsatz in Gestalt einer sechseckigen Arkade mit Pyramiden-Dach. Auf dem Dach befindet sich der hebräische Glückwunsch zur Hochzeit: »Masal tov«. Unter den zahlreichen Stücken dieses Schatzfundes ist der Hochzeitsring von Colmar das einzige Stück rein jüdischen Gebrauchs. W. T.

Literatur Klagsbald 1981, 44, Nr. 35; Klagsbald 1982, 72–73, Nr. 122; Leroy 1999, 44–45, Nr. 8

חסד על לשונה צופיה הליכות ביתה ולחם עצלות

Amulett in Form einer Ratte

16. Jahrhundert, Deutschland
Eisen, 5,5 x 24 cm
Inv.-Nr. V. 57
Museum für Angewandte Kunst, Frankfurt am Main; Dauerleihgabe im Jüdischen Museum Berlin

Das Amulett in Form einer Ratte trägt die hebräische Aufschrift ונשחתם (»Ihr sollt verdorben werden«). Es ist vollständig aus Eisen gefertigt, dem im Mittelalter magische Eigenschaften zugesprochen wurden. Die Ratte war in dieser Zeit als Symbol negativ belegt, weil sie im Unrat lebt und Lebensmittelvorräte plündert. Zuweilen wurde sie auch als Sinnbild für Tod und Krankheit gesehen. Möglicherweise muss dieses Amulett als Abwehrzauber gegen Krankheiten wie zum Beispiel gegen die Pest gedeutet werden. Dies wäre nach heutigem Stand der Wissenschaft ein Novum, da im mittelalterlichen Europa der Ursprung der Seuche auf giftige Dämpfe zurückgeführt oder den Juden angelastet wurde, indem man behauptete, dass sie die Brunnen der Städte vergifteten. Vielleicht gab es jedoch schon in den Kreisen der jüdischen gelehrten Ärzte die Vermutung, dass die Ratten für die Ausbreitung von Krankheiten mitverantwortlich sind. M. W.

Amulett

16. Jahrhundert
Bronze, vergoldet, D 4 cm (ohne Aufhänger)
Inv.-Nr. Cl. 12316
Musée national du Moyen Âge, thermes et hôtel de Cluny, Paris; Dauerleihgabe im Musée d'art et d'histoire du Judaïsme, Paris

Das Amulett ist in kabbalistischen Zusammenhang zu stellen. Um den äußeren Rand des runden Amuletts verlaufen Bibelverse (Exodus 3,15, Jeremias 23,6 und Psalmen 72,17). Die Innenfläche ist in ein Pentagon unterteilt und mit dem hebräischen Gottesnamen sowie verschiedenen Namensvariationen von Jesus versehen. Im Zentrum des Pentagons ist über der Inschrift לחם פנים (»Schaubrot«) eine amorphe Darstellung zu erkennen, die häufig als Christuskopf mit Heiligenschein gedeutet wurde. Daher rührt die Annahme, dass das Amulett aus dem Besitz eines christlichen Kabbalisten oder eines konvertierten Juden stammen könnte. Die Rückseite des Amuletts wird von einem Quadrat bestimmt, das im Inneren in zwölf Rechtecke unterteilt ist. In jedem Rechteck stehen die vier Buchstaben des hebräischen Gottesnamen in jeweils unterschiedlicher Reihenfolge angeordnet. M. W.

Literatur Klagsbald 1982, 89, Nr. 226; Berlin 1991, 301

Die Juden im gesellschaftlichen Leben des Mittelalters

Entgegen weit verbreiteten Ansichten fristeten die Juden des Mittelalters kein isoliertes oder gar in Ghettos abgeschlossenes Dasein einer religiösen Minderheit. Ihre wirtschaftliche Tätigkeit, aber auch ihre Versorgung mit Lebensmitteln und Dingen des alltäglichen und festtäglichen Gebrauchs setzen vielfältige Kontakte mit der übrigen Bevölkerung voraus. Jüdische Wohnbereiche lagen vielfach an belebten Straßen und Plätzen, häufig sogar in der Nähe der wirtschaftlichen, religiösen und politischen Zentren einer Stadt. Der Aufenthalt der Juden in den einzelnen Reichen oder Städten war durch die für den Judenschutz zuständige Autorität geregelt. Im Heiligen Römischen Reich erfolgten diese Regelungen ursprünglich dezentral durch die jeweiligen Stadtherren, in der Regel durch den Bischof oder Erzbischof. Die Zentralgewalt des Kaisers oder Königs beanspruchte im Vergleich zu anderen europäischen Reichen erst spät das Recht des Judenschutzes für sich, wobei oft der fiskalische Nutzen im Vordergrund stand. In anderen europäischen Reichen wie England, Frankreich, den christlichen Königreichen der Iberischen Halbinsel, Polen und Ungarn nahmen die Könige von Anfang an das Judenrecht in Anspruch.

Im Verlauf des Mittelalters verschlechterten sich die rechtlichen und wirtschaftlichen Bedingungen für die Juden des Heiligen Römischen Reichs. In England und Frankreich wurde die jüdische Bevölkerung bereits früh, 1290 und 1394, ausgewiesen. In den osteuropäischen Reichen entstanden bedeutende jüdische Gemeinschaften insbesondere infolge der Migration nach den Pestpogromen und der Verschlechterung der Lebensbedingungen für Juden im Heiligen Römischen Reich. Häufig nahmen rheinische Juden auch den Weg nach Oberitalien, wie die aus Speyer stammende Bankiersfamilie da Spira, die sich zunächst im lombardischen Soncino und bald darauf in anderen italienischen Städten erfolgreich der Buchdruckerei widmete.

Bei archäologischen Ausgrabungen sind in den letzten Jahren gezielt auch die jüdischen Siedlungsbereiche mittelalterlicher Städte untersucht worden. Dabei wurden die bisherigen Erkenntnisse bestätigt, dass die Sachkultur der jüdischen und nichtjüdischen Bevölkerung im Wesentlichen identisch war. Für die Iberische Halbinsel darf angenommen werden, dass Juden handwerkliche Produkte auch zum Verkauf an die übrige Bevölkerung produzierten. Außerdem waren Juden hier auch in der Landwirtschaft tätig, besonders im Anbau von Spezialkulturen wie Wein und Öl. Im Heiligen Römischen Reich, wo sie als Fernhändler und Bankiers angesiedelt worden waren, durften Juden in der Regel nur handwerkliche Tätigkeiten ausüben, die der Versorgung der jüdischen Bevölkerung mit Produkten dienten, die den religiösen Reinheitsgeboten unterworfen waren.

Wichtige Quellen für die wirtschaftliche Tätigkeit der Juden im deutschen Raum sind unter anderem Schatzfunde – Wertgegenstände, die in unruhigen Zeiten vergraben wurden und nicht mehr geborgen werden konnten. Meist stehen sie wie die Funde von Colmar, Erfurt, Köln, Lingenfeld, Münster oder Weißenfels mit den Verfolgungen während des Pestpogroms (1349/50) in Verbindung. Die enthaltenen Gegenstände, vielfach Pfänder für Kre-

Leben in der Stadt
Liturgischer Sammelband
15. Jahrhundert, Deutschland
Pergament, Ausschnitt
Inv.-Nr. Cod. hebr. 37
Staats- und Universitätsbibliothek Hamburg

dite jüdischer Bankiers, sind nicht nur Zeugnisse der Judenverfolgungen, sondern geben Aufschluss über die Ausstattung vermögender Haushalte mit Schmuck, Geschirren und Kleidung. Die enthaltenen Münzen verweisen auf den gleichzeitigen Geldumlauf, aber auch auf die wirtschaftlichen Beziehungsräume der jüdischen Bankiers.

Bemerkenswert sind die wissenschaftlichen Leistungen des mittelalterlichen Judentums. In Aschkenas und Sepharad widmeten sich die Gelehrten den Fragen der Religion und der Philosophie, aber auch der Medizin und Pharmazie. Jüdische Ärzte hatten sich die fortgeschrittenen Erkenntnisse der durch arabische Quellen überlieferten antiken Medizin angeeignet. Könige, Fürsten und die hohe Geistlichkeit nahmen bevorzugt die Dienste jüdischer Ärzte in Anspruch. Auf der Iberischen Halbinsel waren jüdische Gelehrte in weiteren Wissenschaftsgebieten tätig, oft in mehreren gleichzeitig. Hierzu zählen an der Schnittstelle der romanischen und semitischen Sprachen die Sprachwissenschaften, die ihre praktische Anwendung fanden durch jüdische Übersetzer in den Kanzleien christlicher Könige. Theoretische Kenntnisse in Mathematik, Astronomie und Geografie erfuhren seitens jüdischer Wissenschaftler ihre praktische Umsetzung in der Konstruktion von Messinstrumenten wie Astrolabien oder der Herstellung geografischer Karten. Jüdische Gelehrte erzielten theoretische und praktische Erkenntnisse, welche Portugiesen und Spanier zu den großen Entdeckungsfahrten des 15. und 16. Jahrhunderts befähigten.

Vielfältige persönliche Kontakte, auch Freundschaften zwischen Juden und Nichtjuden dürfen nicht darüber hinwegsehen lassen, dass es durch das gesamte Mittelalter hindurch auch Judenfeindlichkeit gegeben hat. Seit dem von christlichen Kirchenlehrern der Spätantike formulierten unhaltbaren Pauschalvorwurf der Schuld der Juden am Tod Jesu wurde die religiös motivierte Judenfeindlichkeit teils gegen den Willen der offiziellen Kirche durch antijüdische Reden und Predigten oder diskriminierende bildliche Darstellungen immer wieder neu genährt. Insbesondere die Ansiedlung jüdischer Fernhändler und Bankiers in Aschkenas unter privilegierten Bedingungen erweckte sozialen Neid und Hass. Mehrfach entlud sich dort die Judenfeindlichkeit vor allem punktuell, seit dem Ende des 13. Jahrhunderts auch regional in blutigen Verfolgungen. Überregionale Pogromwellen entstanden im Zusammenhang mit der Vorbereitung des Ersten Kreuzzugs 1096 und bei Ausbruch der Pest 1348. Auf der Iberischen Halbinsel führten antijüdische Predigten besonders von Angehörigen des Dominikanerordens zu den »Abschlachtungen« von 1391.

Mit den Vertreibungen der Juden aus den meisten Städten des Heiligen Römischen Reichs bis 1519 und von der Iberischen Halbinsel zwischen 1492 und 1498 endet die mittelalterliche Geschichte der europäischen Juden, nicht aber die jüdische Geschichte Europas. Sie findet ihre erfolgreiche Fortsetzung in neuen, auch außerhalb Europas liegenden Siedlungsräumen.

W. T.

Privilegien der Juden von Tudela

1170, Kopie von 1359, Tudela, Navarra
Pergament, 28 x 49 cm
Inv.-Nr. Cámara de Comptos, Caja 1, Nr. 35
Archivo Real y General de Navarra, Pamplona

Die von dem Notar García Pérez del Peso autorisierte Abschrift von 1359 enthält die Privilegien, die König Sancho VI. von Navarra (1150–1194), genannt der Weise, den Juden von Tudela im Jahre 1170 erteilte. Unter anderem wurde den Juden die Burg von Tudela zur Einrichtung eines Wohnviertels unter der Auflage überlassen, sie instand zu halten und gegen die Feinde des Königs zu verteidigen. Zudem erhielten sie einen Begräbnisplatz. Tudela besaß die bedeutendste jüdische Gemeinde des kleinen Königreichs Navarra. Die Dichter und Wissenschaftler Abraham ibn Esra (1092–1167) und Jehuda ha-Leví (1075–1160/1178) sowie der durch seine Reisebeschreibungen bekannte Benjamin von Tudela (1130–1175) stammen von dort. W. T.

Literatur Toledo 1991, 262, Nr. 39; Atienza 1994, 158–160; Toledo 2002, 87, Nr. 13

Zwei Stadtschlüssel von Sevilla

Mitte 13. Jahrhundert, Sevilla
Eisen, Silber, vergoldet, 10 x 0,5 cm und 7 x 0,5 cm (Kopie)
Inv.-Nr. 112/68 und 112/69
Catedral de Sevilla

Die Kathedrale von Sevilla bewahrt zwei durch ein rotes Band miteinander verbundene Schlüssel. Die Scheibe des größeren der beiden aus vergoldetem Silber gefertigten Schlüssel ist mit einem achtstrahligen Stern verziert. Es folgt ein Würfel mit der Darstellung einer Galeere. Der Bart trägt die spanische Inschrift: »Gott wird öffnen, der König wird eintreten.« Auf dem Rand steht die hebräische Inschrift: »Der König der Könige wird öffnen, der König des ganzen Erdreichs wird eintreten.« Der Überlieferung nach wurde dieser Schlüssel König Ferdinand III. von Kastilien (1217–1252) bei seinem feierlichen Einzug nach der Übergabe Sevillas durch die Moslems von den Repräsentanten der jüdischen Gemeinde übergeben. W. T.

Literatur Toledo 2002, 266, Nr. 183, dort weitere Literatur

Liber Iudeorum Civitatis Vicensis

1334–1340, Vic, Katalonien
Papier, Einband Pergament, 191 Blätter, 31 x 20,5 x 7 cm
Inv.-Nr. vol. 4603
Arxiu-Biblioteca Episcopal, Vic, »Arxiu Cúria Fumada«

Das alte Notariat der Kathedrale von Vic, die Cúria Fumada, wurde im Jahre 1155 durch den Bischof Pere de Redorta eingerichtet. Der früheste erhaltene Band stammt aus dem Jahr 1221. Die Reihe derjenigen Bände, die die auf Latein verfasste Dokumentation der jüdischen Gemeinde enthalten, umfasst den Zeitraum von 1264 bis 1354. Hierzu gehört auch der Band *Liber Iudeorum Civitatis Vicensis* (Buch über die Juden der Stadt Vic), auf dessen Deckblatt einer der Notariatsschreiber ein Bildnis des Salomón Vidal, eines der reichsten und wichtigsten Juden der Stadt, gezeichnet hat. Er trägt einen Bart, eine Tunika und Stiefel, möglicherweise aus Leder, sowie auf dem Kopf eine Mitra. Der Eintrag »Salomón Vidal« stammt aus derselben Zeit wie der Band, wurde jedoch zu einem späteren Zeitpunkt mit schwarzer Tinte nachgezogen. Der Band, der 628 Dokumente enthält, wurde im Jahre 2002 restauriert. M. S. G. P.

Literatur Corbella 1984, 7–8; Llop 1998; Toledo 2002, 381, Nr. 234

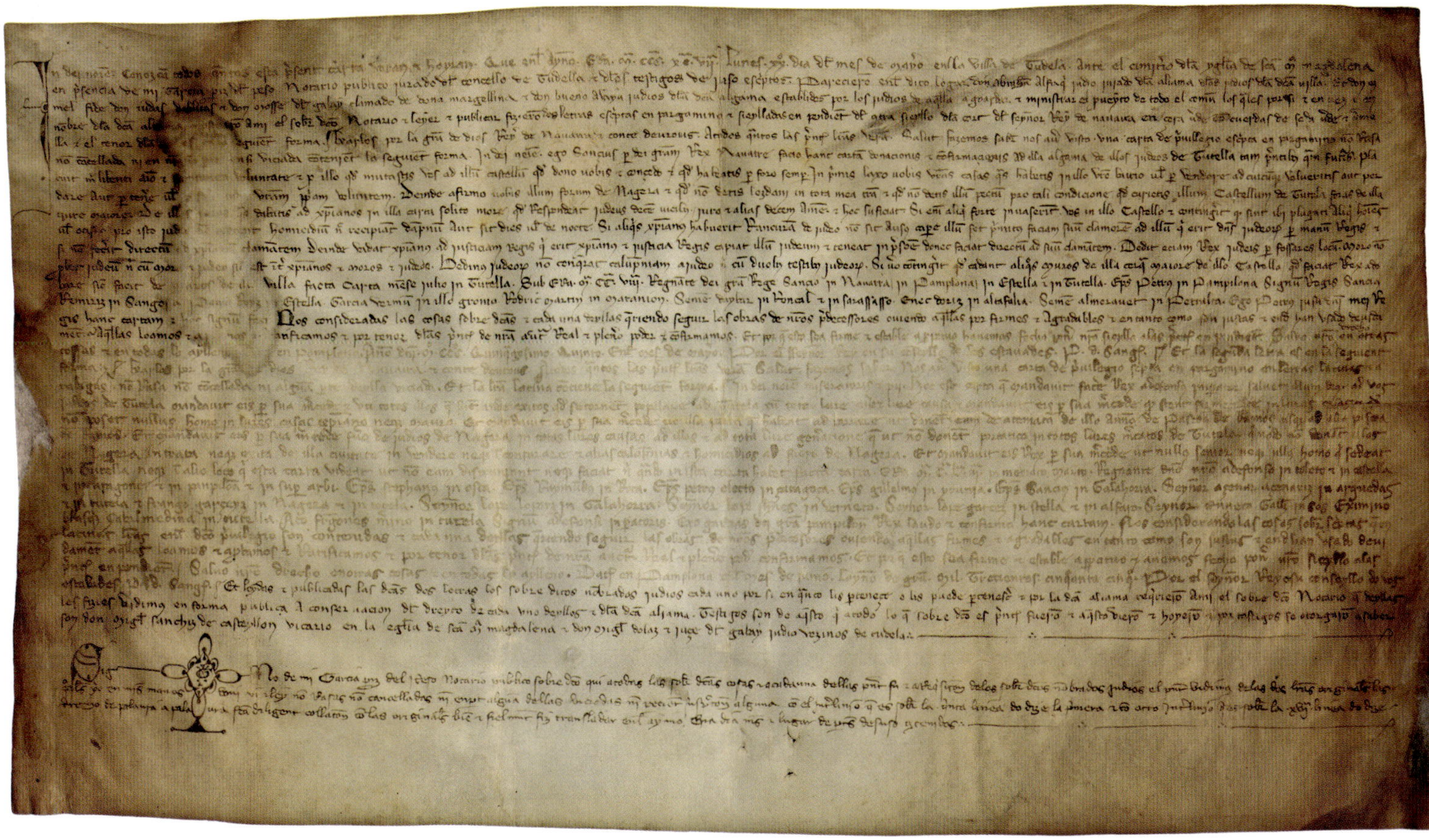

Iudeorum.
a 1334 ad 1346
Salamo. vidal

Beschläge und Anhänger

Schatzfund I von Briviesca, Burgos
Deponiert um 1366, wahrscheinlich Werkstatt in Burgos
Wappenförmige Beschläge: vergoldetes Silber, 4,2 x 3 x 0,2 cm, Inv.-Nr. 735
Runde Beschläge: vergoldetes Silber, 3 x 0,2 cm, Inv.-Nr. 736
Anhänger: vergoldetes Silber, Emailreste, 4,3 x 3,3 x 0,6 cm, Inv.-Nr. 734
Museo de Burgos

Die vier wappenförmigen Beschläge sind mit heraldischen Motiven verziert, die sich über vier Viertel verteilen. Im ersten und dritten Viertel befinden sich drei schräge, netzförmig angeordnete Bänder. Im zweiten und vierten Viertel ist ein Wolf vor einem Baum dargestellt. Das Gesamtmotiv ist mit einer Perlenbordüre eingefasst.

Die vier runden Appliken sind mit einem Vierpass verziert. Jeder Halbbogen des Vierpasses umschließt eine Rose. Die Scheitelpunkte der Bögen werden durch Blumen betont. Im Zentrum der Rosette ist eine Burg zu erkennen. Der Rand der Beschläge trägt eine Perlschnurverzierung. Die Beschläge gehören zum Schmuck eines Pferdegeschirrs. Solche Beschläge waren auf Zügeln, Riemen und Sätteln angebracht.

Auf dem Anhänger in Dreiecksform mit abgerundeten Ecken ist ein figürliches Motiv eingraviert: Vor einem Baum sitzt eine Dame, gekleidet nach der Mode der Zeit, mit einem Herz in der rechten Hand. Die Szene wird von geschwungenen Bögen gerahmt, in denen teilweise Reste von rotem Email erhalten sind. Am unteren Rand wird die Szene durch ein eingraviertes Blattmotiv vervollständigt. Die Darstellung zeigt eine höfische Szene, die um das Thema Liebe kreist. B. C. I.

Literatur Toledo 2002, 113–114

Pferdetrense

13.–15. Jahrhundert, Spanien
Bronze, 11,5 x 2,7 cm
Inv.-Nr. 28
Museo Sefardí, Toledo, Ministerio de Educación, Cultura y Deporte; Leihgabe des Museo Arqueológico Nacional, Madrid

Bei dieser Trense halten zwei runde Ringe ein Mittelstück, das als Teil des Pferdegeschirrs diente. In der Mitte tritt ein sechsstrahliger Stern hervor, der im Mittelalter häufig als dekoratives Motiv verwendet wurde. In seinem Zentrum sind eine Blume mit acht Blütenblättern sowie Pflanzen und geometrische Motive zu sehen. Auf der Vorderseite sind Reste von roter und grüner Bemalung erhalten.

Fünf- und sechsstrahlige Sterne wurden als dekorative Elemente verwendet, fünfstrahlige Sterne insbesondere für Amulette und magische Bilder. Das Hexagramm wurde im 10. und 11. Jahrhundert in Navarra für Siegel verwendet, ebenso in einigen notariellen Urkunden im mittelalterlichen Spanien. Ebenfalls als Dekorationselement kommt es in christlichen Kathedralen wie denen von Burgos, Valencia oder Lérida vor. Ebenso ist dieses Motiv in der Moschee von Kairouan in Tunesien anzutreffen. A. M. L. A.

Literatur Encyclopedia Judaica 1972, Band 11, 687–697; López Álvarez 1986, 155–156; Ávila 1995, 118; Toledo 2002, 127

Gürtelfragment

13.–15. Jahrhundert
Bronze, Gussformtechnik, 3,8 x 5,8 cm
Inv.-Nr. 29
Museo Sefardí, Toledo, Ministerio de Educación, Cultura y Deporte; Leihgabe des Museo Arqueológico Nacional, Madrid

Das Gürtelfragment in Form eines Schildes zeigt in einem doppelten Kreis einen sechsstrahligen Stern, in dem sich eine schematisch wiedergegebene Blume befindet. Es sind Spuren von roter und grüner Bemalung erhalten. Am oberen Teil befindet sich ein gebrochener Ring zum Festbinden oder Aufhängen.

Fünf- oder sechsstrahlige Sterne fanden im spanischen Mittelalter zu häufig Verwendung, um ein Stück eindeutig der jüdischen Bevölkerung zuschreiben zu können. Vielmehr muss hier von »Mudejarismo« gesprochen werden beziehungsweise von der gemeinsamen Verwendung dieses dekorativen Motivs durch Muslime, Juden und Christen. A. M. L. A.

Literatur Encyclopedia Judaica 1972, Band 11, 687–697; López Álvarez 1986, 156; Ávila 1995, 120; Toledo 2002, 128–129

Spardose

14. Jahrhundert, Santa María la Blanca, Burgos
Keramik mit metallisch glänzendem Engobe-Überzug, 9,5 x 22cm
Inv.-Nr. 8.976/14
Museo de Burgos

Die dickbauchige, aus roter Keramik gefertigte Spardose mit einem mittig platzierten Knauf hat einen Münzschlitz an der Oberseite. Dieses einfache Modell einer Spardose tritt im 14. Jahrhundert erstmalig auf und wird bis in die heutige Zeit verwendet. B. C. I.

Literatur Toledo 2002, 138, Nr. 79

Sternförmiges Gefäß

14. Jahrhundert, Santa María la Blanca, Burgos
Tafelkeramik, glasiert, 6,4 x 14,3 cm
Inv.-Nr. 8.796/16.1
Museo de Burgos

Das sternförmige Gefäß mit ebenem Boden, erhöhtem Fuß und senkrechten, sich nach oben verbreiternden Seitenwänden ist am oberen Rand mit Ausbuchtungen versehen. An der Seite ist der Ansatz eines Griffs erhalten. Das Innere des Gefäßes ist grün glasiert. Es handelt sich um ein typisches Gefäß für die Tafelausstattung. In der Regel wurden solche Schalen als Salz- oder Gewürzbehälter verwendet. Diese Keramikgattung ist sehr typisch für die Zeit; bei diesem Exponat ist die für die Mudéjar-Tradition charakteristische Zinnglasur zu erkennen. B. C. I.

Literatur Toledo 2002, 138, Nr. 81

Bodenkacheln

14. Jahrhundert (?), Villavieja, Santa María la Blanca, Burgos
Bau-Keramik, ca. 75 x 50 cm
Inv.-Nr. 8.850/1
Museo de Burgos

Die Überreste eines Bodenbelags aus gebrannten Tonfliesen in Rot und hellem Ocker weisen zwei unterschiedliche Formen auf: sechsstrahlige Sterne und kleinere Rhomben, die als Verbindungselemente dienen. Zusammen bilden sie einen geometrischen Zierfußboden mit sternförmigem Muster. Dieses Motiv entspricht dem Geschmack der Zeit und ist auch auf Möbeln und anderen Gegenständen zu finden. Der Fundort liegt in der Nähe der Kirche Santa María la Blanca, die bis zur Vertreibung der Juden eine Synagoge war. Zusammen mit diesem Exponat wurden Überreste von verzierten Stuckfragmenten gefunden. B. C. I.

Literatur Toledo 2002, 140, Nr. 85

Glasierte, grün und violett verzierte Keramik

Aus der Altstadt von Teruel
Servierschüssel, 2. Hälfte 14. Jahrhundert, 12 x 34 cm, Inv.-Nr. 7.156
Krug mit Tülle, Mitte 15. Jahrhundert, 17 x 14 cm, Inv.-Nr. 7.315
Krug mit Tülle, 2. Hälfte 15. Jahrhundert, 18 x 9,5 cm, Inv.-Nr. 7.317
Servierschüssel, 2. Hälfte 14. Jahrhundert, 10 x 27 cm, Inv.-Nr. 5.053
Schüssel, Mitte 15. Jahrhundert, 7 x 15,5 cm, Inv.-Nr. 7.577
Schüssel mit Wellenrand, 14. Jahrhundert, 6 x 12 cm, Inv.-Nr. 7.920
Schale, letztes Drittel 14. Jahrhundert, manganfarben verziert, 4 x 9 cm, Inv.-Nr. 7.345
Chanukka-Leuchter
Museo de Teruel

Die jüdische Gemeinde benutzte das von Terueler Töpfern hergestellte Geschirr ebenso wie die nicht-jüdische Bevölkerung. Es handelt sich bei dieser Keramik sowohl um Alltagsgeschirr als auch um kunstvolle Ware, die den eigenen sozialen Status unterstreichen sollte. Nur einige wenige rituelle Gegenstände, etwa der Chanukka-Leuchter (siehe S. 182), weisen besondere Merkmale auf.

Gegen Mitte des 14. Jahrhunderts entstand eine der typischsten Formen der frühmittelalterlichen Terueler Keramik, die Servierschüssel mit flacher Wandung. Ebenso sind halbkugelförmige Schüsseln und Schalen sowie Gefäße mit wellenförmigem Rand weit verbreitet gewesen. Im 15. Jahrhundert kam es zu einer Reduzierung des Formenrepertoires. Es tauchten neue Formen wie die kleinen Krüge mit Tüllen zum Servieren von Getränken auf. Sie sind in der Regel rundbauchig oder weisen eine doppelt konische Form auf. Viele unter ihnen orientieren sich an den Vorbildern aus Metall. C. E. J.

Literatur Ortega 2002; Toledo 2002, 144–155

Glasierte, blau verzierte Keramik

Aus Teruel, Plaza de la Judería
Teller, um 1475, 10 x 18 cm, Inv.-Nr. 17.719
Große Schüssel, Ende 15. Jahrhundert, 6 x 15 cm, Inv.-Nr. 5.297
Tiegel oder Fettgefäß, Ende 15. Jahrhundert, 10 x 18 cm, Inv.-Nr. 17.719
Tasse, Ende 15. Jahrhundert, 5,5 x 6,4 cm, Inv.-Nr. 5.300
Schüssel, Ende 15. Jahrhundert, 3,5 x 21,5 cm, Inv.-Nr. 5.298
Museo de Teruel

Als Ende des 15. Jahrhunderts die blaue Keramik aufkam, verwendeten die Terueler Töpfer neue Verzierungen, in denen sie eigene Motive mit Elementen der valencianischen Keramik verbanden. Das gesamte 15. Jahrhundert hindurch war die Nachahmung des goldenen Glanzes der Produktion aus Manises weit verbreitet.

Die Dominanz des für die valencianische Schule typischen metallisch-goldenen Glanzes gegenüber der Terueler Keramik ist besonders an diesem verzierten Teller gut zu erkennen, auf dem das bekannte Motiv des Sporns, des maurischen »acicate«, abgebildet ist. Auf der großen Schüssel befindet sich das aus der valencianischen Keramik mit dem goldenen Glanz übernommene Notenmotiv. Darüber hinaus erfreuten sich andere Motive wie etwa die Bourbonenlilien oder Zickzackmuster großer Beliebtheit.

Beim Kochgeschirr fallen besonders die Töpfe und Tiegel mit Bleilasur ins Auge, die wie das hier gezeigte Gefäß als Fettauffanggefäße für gebratenes Fleisch dienten. C. E. J.

Literatur Ortega 2002; Toledo 2002, 146–156

Salzgefäß

1. Hälfte 14. Jahrhundert, Paterna, Valencia
Keramik, glasiert, bemalt mit Kupfer und Mangan, 5 x 12,5 cm
Inv.-Nr. 598
Ajuntament de Valencia, Depósito en el Museo Nacional de Céramica y Artes Suntuarias »González Martí«

Das Gefäß wurde in der Stadt Paterna, westlich von Valencia, gefunden. Gefäße dieses Typs waren Teil des Tischgeschirrs und dienten zur Aufnahme von Salz oder Gewürzen. Auf dem Boden ist die »Hand der Miriam«, auch »Hand der Fatima« oder »Hamsa«, abgebildet; die Hand selbst ist wiederum mit einem »Magenn« David (Schild Davids) oder Davidstern versehen. Beide Motive sind sowohl im jüdischen als auch im muslimischen Kontext gebräuchlich, sodass eine eindeutige Zuweisung nicht möglich ist. Das Gefäß ist typisch für die Gegend von Valencia, eine der ältesten jüdischen Gemeinden Spaniens. König Jaime I. von Aragón (1213–1276) eroberte die Stadt im Jahre 1238 mit Unterstützung der dortigen Juden. Die Juden Valencias erfreuten sich bis zum Ende des 14. Jahrhunderts großer Freiheiten und Privilegien. W. T.

Literatur Toledo 2002, 157, Nr. 124

Glieder einer Halskette

14. und 15. Jahrhundert, jüdische Nekropole Llanos de Santa Lucía, Teruel, Aragón
Silber, ziseliert
Inv.-Nr. 597
Museo de Teruel

Diese Schmuckteile gehörten wohl zu einer Halskette. Sie sind zusammengesetzt aus Gruppen zu je drei gerippten Blättern, die untereinander abwechselnd durch Plättchen mit einer Öffnung in der Mitte und durch kleine, hohle Perlen verbunden sind.

Der jüdische Friedhof – in mittelalterlichen Dokumenten als »fosal« oder »honsal« bezeichnet – lag in den Hügeln, die die Stadt Teruel umgeben, in der Ebene von Santa Lucía. Er wurde 1925 ausgegraben; hierbei wurden mehrere Grabstätten mit wertvollen Objekten gefunden. 1962 wurden bei Bauarbeiten drei weitere Gräber entdeckt, in denen sich ebenfalls wertvolle Fundstücke befanden, darunter auch die hier gezeigten Fragmente einer Halskette, die zusammen mit Silber- und Goldringen, Jetperlen, bronzenen Gewandnadeln sowie geflochtenen Silberketten geborgen wurden. C. E. J.

Literatur Toledo 1991; Toledo 2002, 123

Vertrag über die Besetzung des Judenrats

23. Dezember 1333, Speyer
Pergament, 46,5 x 38 cm
Inv.-Nr. 1 U 247
Stadtarchiv Speyer

Im Jahre 1333 versuchten mehrere Juden, mit Unterstützung von Stadträten der Freien Reichsstadt Speyer einen Sitz im Judenrat zu erhalten. Der zwölfköpfige Judenrat, das höchste Selbstverwaltungsgremium der jüdischen Gemeinde von Speyer, vereitelte die Einmischung in seine Selbstverwaltung seitens der Stadt durch Leistung einer Sonderzahlung von 400 Pfund Heller. Dies entspricht dem Betrag der seit 1316 an die Stadt Speyer verpfändeten Einkünfte des Königs aus dem Speyerer Judenschutz. Die Stadt verzichtete auf eine Einflussnahme bei der Besetzung des Judenrats, garantierte dessen Autonomie und bestätigte die Strafbestimmungen gegen die Erschleichung der Mitgliedschaft im Judenrat. Die Einziehung von Strafgeldern ab einer Höhe von drei Pfund sollte durch die Stadt erfolgen, welche die Hälfte des Betrags einbehalten sollte. Auf der Rückseite des Vertrags wurde die deutsche Fassung durch eine hebräische Kurzfassung und die Unterschriften des zwölfköpfigen Judenrats bestätigt. Mithilfe der Abstandszahlung von 400 Pfund Heller war es der jüdischen Gemeinde noch einmal gelungen, ihre Autonomie gegenüber der Freien Reichsstadt Speyer weitgehend zu bewahren. W. T.

Literatur Hilgard 1885, 370–372, Nr. 421; Berlin 1991, 110, Nr. 6/4; Debus 2004, 23–26

Amnestie des Judenrats

23. Dezember 1333, Speyer
Pergament, 32,7 x 26,7 cm und 24,5 x 11 cm
Inv.-Nr. 1 U 248
Stadtarchiv Speyer

Neben der Sonderzahlung von 400 Pfund Heller verpflichtete sich der Speyerer Judenrat gegenüber der Freien Reichsstadt Speyer, diejenigen Juden, die unter Einflussnahme von Stadträten einen Sitz im Judenrat erwerben wollten, zu amnestieren. Sie hätten ansonsten gemäß der gleichzeitig abgefassten Urkunde 1 U 247 mit einer Verurteilung zu einer Geldstrafe durch ein jüdisches Gericht rechnen müssen. Damit war die Autonomie des Judenrats und der jüdischen Gemeinde vorerst gesichert. Der in Deutsch verfassten Urkunde wurde wiederum eine von den zwölf Mitgliedern des Speyerer Judenrats unterzeichnete hebräische Bestätigung beigegeben. Die Bestätigungen der beiden Dokumente vom 13. Dezember 1333 gehören zu den wenigen erhaltenen hebräischen Urkunden des Mittelalters. Sie sind darüber hinaus die einzigen urkundlichen Zeugnisse des Speyerer Judenrats. Nur 16 Jahre später wurde die Speyerer Judengemeinde durch den Pestpogrom vom Januar 1349 fast völlig ausgelöscht. W. T.

Literatur Hilgard 1885, 373–375, Nr. 423; Debus 2004, 23–26

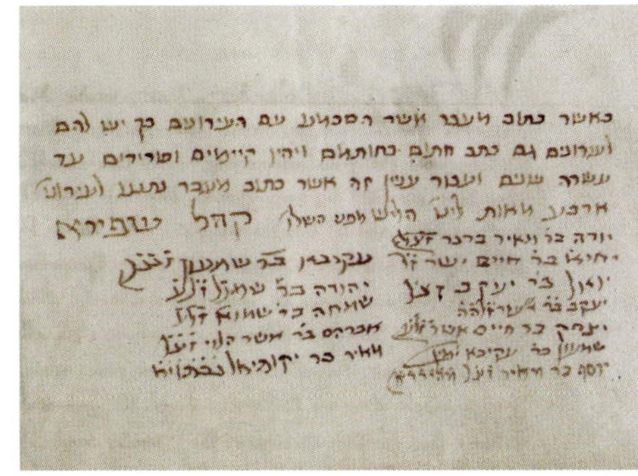

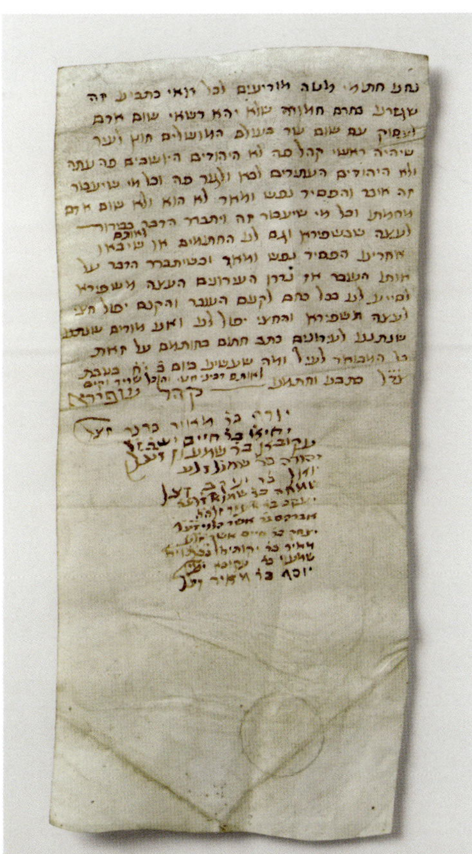

Kanne, Feldflasche und Becher

Spätes 13. bis frühes 14. Jahrhundert, Speyer, Judengasse 9
Keramik, Kanne: H 31 cm; Feldflasche: H 22,5 cm; Becher: H 10,5 cm
Inv.-Nr. E 83/72, Fundstelle 16/4
Leihgabe des Landes Rheinland-Pfalz, Archäologische Denkmalpflege Speyer

Bauausschachtungen im Jahre 1983 führten zu einer Rettungsgrabung, bei der ein straßenseitiger Gewölbekeller und eine quadratische, aus Ziegeln gemauerte Latrine aufgedeckt wurden. In der Verfüllung der Abortgrube fanden sich umfangreiche Keramik- und Glasreste. Die abgebildete Kanne mit hoher, zickzack-verzierter Schulter gehört zur gerillten grauen Mittelalterkeramik, die im Oberrheingebiet im ausgehenden 13. und frühen 14. Jahrhundert eine weite Verbreitung fand und wohl aus lokalen – hier Speyerer – Töpferwerkstätten stammt. Derselben Gattung ist die Feldflasche als Vertreter eines eher seltenen Keramiktyps zuzuordnen. Der geriefte Becher gehört zur manganvioletten Keramik, die, gemeinhin als »Frühsteinzeug« bezeichnet, aus Töpferwerkstätten des Rhein-Main-Gebietes stammt und wohl rheinisches Steinzeug imitiert. Den hohen Rang des hier ansässigen Haushaltes unterstreicht ein Fragment eines bemalten Emailbechers, der wohl in Venedig (Murano) hergestellt wurde.
Das Anwesen Judengasse 9 in Speyer schließt unmittelbar südlich an das Wohngebiet der jüdischen Bevölkerung mit Judenbad und Synagoge an, liegt aber außerhalb des Bereichs, in dem jüdischer Wohnbesitz urkundlich nachweisbar ist. Die Auflassung der Latrine spätestens um die Mitte des 14. Jahrhunderts ist allerdings auffallend und weist auf bauliche Veränderungen in diesem Bereich, wohl infolge des Pogroms von 1349, hin. H. B.

Literatur Keramik unveröffentlicht; LAD Archäologische Denkmalpflege, Amt Speyer; Emailglas: Baumgartner/König, 1988, 132, Nr. 77 (Text verwechselt mit Nr. 78)

Straßburger Lilienpfennig

Nach 1334, Synagoge, Speyer
Silberblech, einseitig geprägt, D 1,2 cm
Inv.-Nr. E 01/11-002
Leihgabe des Landes Rheinland-Pfalz, Archäologische Denkmalpflege Speyer

Dargestellt ist eine stilisierte Lilie im Punktekranz. Lilienpfennige wurden seit der Mitte des 14. Jahrhunderts von der Stadt Straßburg geprägt. Sie treten in zahlreichen unterschiedlichen Varianten auf und sind bis jetzt nicht genau datierbar. Sie waren mindestens bis ins 16. Jahrhundert hinein in Umlauf. Straßburger Pfennige haben sich bereits mehrfach in Münzschätzen des ausgehenden Mittelalters im pfälzischen Raum gefunden, wodurch die monetäre Bedeutung Straßburgs für den pfälzischen Raum ersichtlich wird. M. P.

Literatur Cahn 1895; Callot/Salch 1973, 124–147; Ehrend 1978, 26

Florentiner Goldgulden

1335/36, Synagoge, Speyer
Gold, beidseitig geprägt, Durchmesser 1,8 cm
Inv.-Nr. E 01/11-188
Leihgabe des Landes Rheinland-Pfalz, Archäologische Denkmalpflege Speyer

Die Vorderseite der Münze zeigt eine heraldische Lilie und die Aufschrift »FLORENTIA«. Auf der Rückseite ist Johannes der Täufer dargestellt, der in seiner linken Hand einen Stab mit Kreuz hält. Über der rechten Hand ist das Münzzeichen »Beil« sowie die Aufschrift »S•IOHANNIS•B« zu erkennen.
Seit 1252 prägte die Stadt Florenz eine Goldmünze, die nach dem Wappenbild »Florin« (Lilie) genannt wurde. Durch den allgemeinen Ausbau der Handelsbeziehungen waren diese Gulden und ihre Nachprägungen bald in ganz Europa verbreitet.
Der hier gezeigte Gulden ist aufgrund des Münzzeichens »Beil« genau datierbar: Er wurde unter dem Florentiner Münzmeister Naddo di Cenne di Nardo geprägt, der dieses Amt vom 1. November 1335 bis zum 30. April 1336 innehatte. M. P.

Literatur Bernocchi 1974, 62–63; Bernocchi 1975, 166, Tafel XVI, Nr. 1431

Schmuck aus dem Schatzfund von Colmar

Ende 13. Jahrhundert bis Mitte 14. Jahrhundert, Oberrhein/Ostfrankreich
Fingerring: Silber, vergoldet, mit Saphir, 2,3 x 2 cm; Inv.-Nr. Cl. 20667
Fingerring: Silber, vergoldet, Onyx, 2,3 x 2 cm, Inv.-Nr. Cl. 20668
Gewandschnalle: Silber, vergoldet, Edelsteinbesatz, 3,7 x 3,7 cm, Inv.-Nr. Cl. 20672
Musée national du Moyen Âge, Thermes et hôtel de Cluny, Paris

Der Schatz von Colmar wurde im Jahre 1863 in der Mauer eines Hauses am Rande des Judenviertels in der »Rue des Juifs« gefunden. Zu dem Schatzfund gehören neben einem jüdischen Hochzeitsring (siehe S. 198) und einer Doppelscheuer (siehe S. 224) auch zahlreiche Fingerringe, Broschen und Gürtelschnallen sowie weit mehr als 300 Münzen. Versteckt wurde der Schatz im Zuge des Pestpogroms von 1348/49, in dessen Folge alle Colmarer Juden verbrannt wurden. Bis zu diesem furchtbaren Ereignis war die jüdische Gemeinde sehr bedeutend gewesen. Sie gründete sich in der Mitte des 13. Jahrhunderts und zählte eine Synagoge (Judenschul), eine Mikwe und ein Tanzhaus zu ihrem Eigentum. In dem so genannten Judenviertel wohnte zuvor eine christliche Bevölkerungsmehrheit Haus an Haus mit den Juden. M. W.

Literatur Germania Judaica 1968, 415–420; Paris/Colmar 1999, 73

Applikation in Form eines Kentauren

14. Jahrhundert, Elsass (?)
Silber, teilvergoldet, 4,3 x 6 x 0,1 cm
Inv.-Nr. 22.998.0.346
Musée de l'Œuvre Notre-Dame, Straßburg

Diese Schmuckeinlage kam bei Grabungen an der Alten Münze von Straßburg ans Tageslicht. Sie steht in keinem direkten jüdischen Zusammenhang. Die Applikation ist in Form eines bogenschießenden Kentauren gestaltet. Sein menschlicher Kopf und Oberkörper gehen in einen Pferdeleib über, während der Schweif schließlich in einem drachenartigen Wesen ausläuft. Der Kentaur trägt eine an einen Judenhut erinnernde Kopfbedeckung. Solche Darstellungen finden sich in christlichen wie auch jüdischen mittelalterlichen Handschriften. M. W.

Literatur Metzger 1983, 49; Paris/Colmar 1999, 57

Kästchen

1537
Ahorn-, Buchen- und Eichenholz, Eisen, Schriftzeichen mit schwarzer Masse eingelegt, 11 x 30,4–14,7 cm
Inv.-Nr. MA 2444 (BNM)
Augsburg, Jüdisches Kulturmuseum Augsburg-Schwaben (langfristige Leihgabe des Bayerischen Nationalmuseums München)

Das Kästchen trägt auf dem Deckel die lateinische Inschrift »DIVICIE SI AFFLVANT NOLITE COR APPONERE« (»Strömt euch Reichtum zu, so hängt das Herz nicht dran«, Psalm 62,11) und die hebräische Inschrift »Weiche vom Bösen und tue Gutes« (Psalmen 34,15 und 37,27) sowie die Jahreszahl 1537. Die Frontinschrift lautet: »BERNHARDIN EVCAPELLI«.

Das Kästchen mit Geheimfach, das spätestens seit 1886 im Nationalmuseum ausgestellt wurde, diente der Aufbewahrung von Wertgegenständen. Für die bisherige Deutung als Geschenk für eine jüdische Braut (Ansbacher, Rump) findet sich aber kein zwingender Anhaltspunkt. Sie wurde auch nicht von dem im Jahre 1891 für die Übersetzung konsultierten Münchner Rabbiner Joseph Perles (1835–1894) erwogen. Starke Überarbeitungsspuren an dem Kästchen sprechen dafür, dass der 1537 im Geist des Humanismus zweisprachig beschriftete Deckel später mit den übrigen Teilen zusammengefügt und in der zweiten Hälfte des 19. Jahrhunderts in historisierender Manier an der Frontseite mit dem Besitzvermerk versehen wurde. B. S.

Literatur Ansbacher 1985, 117 (Abb.) und 170; Rump 1990, 36 (Abb.) und 46; Schwadorf 2004

Schatzfund von Erfurt

Ende 13. bis Anfang 14. Jahrhundert
Silber, Gold, Schmucksteine, Edelsteine, Korallen, Perlen, Email
Inv.-Nr. 3029–3116/98; 5059–5089/98
Thüringisches Landesamt für archäologische Denkmalpflege, Weimar

Bei einer archäologischen Untersuchung im Gebiet des mittelalterlichen Judenviertels der Stadt Erfurt wurde im Hofbereich der Michaelisstraße 44 ein umfangreicher Schatzfund gemacht, der zur Zeit umfassend wissenschaftlich bearbeitet wird. Unter der Mauer eines steinernen Kellers waren gezielt silberne Münzen und Barren sowie Silbergeschirr und Schmuckstücke vergraben worden.

Im Pestjahr 1349 wurde die gesamte jüdische Gemeinde Erfurts getötet oder vertrieben, die mit etwa 1.000 Mitgliedern, darunter bedeutende Gelehrte, eine der wichtigsten ihrer Zeit war. Dieser Pogrom darf wohl mit einiger Gewissheit als Zeitpunkt für die Deponierung angenommen werden. Dafür sprechen sowohl die Datierung der Münzen als auch die Goldschmiedearbeiten, von denen die ältesten aus dem Ende des 13. und die jüngsten aus der ersten Hälfte des 14. Jahrhunderts stammen.

Es gibt nur wenige Funde mit vergleichbarer Zusammensetzung, Zeitstellung und Verbergungssituation. Zu nennen wären hier die Funde von Colmar im Elsass (entdeckt 1863) und von Lingenfeld, Landkreis Germersheim (entdeckt 1969, siehe S. 224).

Der Erfurter Schatz zeigt mit allein ungefähr 23,5 Kilogramm Silber in Münzen und Barren eindrucksvoll die Bedeutung Erfurts als wichtigem mitteldeutschem Handelsplatz im Mittelalter. Insgesamt konnten 3.141 Münzen und 14 Barren gezählt werden. Es handelt sich ausschließlich um Gros tournois, dem ersten bedeutenden und namensgebenden Groschennominal, welches ab 1266 in Frankreich geprägt und später oft nachgeahmt wurde. Es überwiegen im Erfurter Schatz Turnosen der Könige Ludwig IX. (1226–1270), Philipp III. (1270–1285), Philipp IV. (1285–1314) und Philipp V. (1316–1322). Die im Fund enthaltenen, weitgehend detailgetreuen Nachahmungen dieser Prägungen durch andere Münzherrn bedürfen noch einer intensiven Untersuchung. Nur 15 Münzen sind anhand der Umschriften anderen Territorien – den Herzogtümern Lothringen und Brabant sowie den Grafschaften Provence, Holland und Berg – zuzuordnen. Eine Turnose Adolfs VIII. von Berg (1308–1348), im Namen Kaiser Ludwigs IV. (1328–1347) geprägt, ist zur Zeit die jüngste erkennbare Prägung im Fund. Die Münzen stellen den größten bisher in Deutschland und wahrscheinlich auch darüber hinaus entdeckten Turnosen-Fundkomplex dar.

Hohe finanzielle Beträge wurden damals mit Silber in Barrenform abgewickelt. Der Erfurter Fund enthält insgesamt 14 Barren mit Gewichten von 110 Gramm (etwa »1/2 Mark Silber«) bis 2.800 Gramm (fast »12 Mark Silber«) mit einem Gesamtgewicht von 12,6 Kilogramm. Bei den Barren handelt es sich um so genannte Gusskuchen, die beim Gießen in einfachen Formen entstehen. Bis auf eine Ausnahme weisen alle Barren Einstempelungen auf, die Rückschlüsse auf Herkunft und Hersteller zulassen. Solche Barren werden zwar in vielen zeitgenössischen Urkunden erwähnt, sind heute aber nur noch in wenigen Exemplaren überliefert.

M. St. und M. S.

Vierpassförmige Brosche

Ende 13. Jahrhundert
Gold, Schmucksteine, Edelsteine, Perlen, D 7 cm
Inv.-Nr. 5060/98
Thüringisches Landesamt für archäologische Denkmalpflege, Weimar

Schatzfund von Erfurt

Ende 13. bis Anfang 14. Jahrhundert
Silber, Gold, Schmucksteine, Edelsteine, Korallen, Perlen, Email
Inv.-Nr. 3029–3116/98; 5059–5089/98
Thüringisches Landesamt für archäologische Denkmalpflege, Weimar

Jüdischer Hochzeitsring

Anfang 14. Jahrhundert, Erfurt
Gold, H 4,7 cm
Inv.-Nr. 5067/98
Thüringisches Landesamt für archäologische Denkmalpflege, Weimar

Mit über 600 Einzelstücken beinhaltet der Erfurter Schatz außergewöhnliche Goldschmiedearbeiten des hohen Mittelalters von herausragender Qualität: silberne Gefäße, Ringe, Ketten und Anhänger, prächtige steinbesetzte Broschen sowie zahllose Gürtel- und Gewandapplikationen.

Silbergefäße wurden nicht nur zum Essen und Trinken genutzt, sondern auch in Schaukredenzen ausgestellt. Zu dem Fundkomplex gehören neben einer Kanne und einer flachen Schale ein aus acht ineinander passenden Bechern bestehender Bechersatz sowie ein Doppelkopf, der unter dem Fuß und am Gefäßboden mit zwei Darstellungen aus Fabeln des Äsop in transluzidem Email verziert ist.

Von den insgesamt acht Ringen ist ein Hochzeitsring der aufwändigste und ohne Frage auch der interessanteste. Der sperrige Ring, der nach mittelalterlich-jüdischer Tradition nur aus reinem Gold ohne Edelsteinbesatz bestehen durfte, wurde nur während der Zeremonie getragen.

Der breite Reif ist an der Unterseite mit der Darstellung ineinander gelegter Hände, einem alten Sinnbild für eheliche Treue, geschmückt. An den Seiten des Reifes tragen zwei geflügelte Drachen die fein gearbeitete gotische Tempelarchitektur.

Über einer hexagonalen Grundfläche erheben sich spitzbogige Arkaden und darüber geschmückte Giebel. Auf den glatten Dachflächen steht in sechs gravierten hebräischen Buchstaben die Inschrift »Masal tov«, was wörtlich übersetzt »Gutes Schicksal« heißt und im übertragenen Sinn »Viel Glück« bedeutet. Innerhalb des Häuschens läuft eine kleine goldene Kugel, die bei Bewegung einen leisen Klang erzeugt.

Das Miniaturgebäude kann als der im Jahre 70 u. Z. von den Römern zerstörte Tempel in Jerusalem gedeutet werden. Jüdische Hochzeitsringe aus allen Jahrhunderten tragen dieses Motiv. Neben dem Erfurter Ring sind bisher nur wenige mittelalterliche jüdische Hochzeitsringe aus Aschkenas bekannt: die Ringe aus den schon im 19. Jahrhundert entdeckten Schatzfunden von Colmar (siehe S. 198) und Weißenfels (siehe S. 194) sowie ein Ring aus der Schatzkammer der Wittelsbacher in München (siehe S. 198). M. St. und M. S.

Literatur Sauerlandt 1919, 519 ff; Thoma 1958; Germania Judaica 1968, 215 ff.; Krug 1974, 205 ff.; Glaser 1980, 196; Paris/Colmar 1999; Dräger 2001, 48; EDV-Fundkatalog, 4324, 4876

Fünf Sechskantbecher (so genannter Häufebecher)

1. Hälfte 14. Jahrhundert, vermutlich Böhmen (Prag [?]/Kuttenberg [?])
Silber, getrieben, gelötet, teilvergoldet; Wappen graviert und vergoldet, H 8,6–9,2 cm, D 10,2–12,1 cm
Inv.-Nr. HG 11628 a-e
Germanisches Nationalmuseum Nürnberg, Leihgabe der Bundesrepublik Deutschland

Von jeweils exakt gleicher Form und leicht abnehmender Größe können die fünf Silberbecher passgenau zu einem Bechersatz ineinander gestellt werden. Entsprechend luxuriöses Stapelgeschirr verzeichnen spätmittelalterliche Inventare zwar häufig, erhaltene Exemplare sind jedoch rar. Die Entstehung und frühe Verwendung dieses Bechersatzes sind zweifellos in einem jüdischen Zusammenhang zu sehen, die genauen Hintergründe liegen allerdings noch im Dunkeln. Während die drei größeren Becher jeweils innen am Boden die Wappen Böhmens, Polens und Österreichs zeigen, konnte das ungewöhnliche Wappen mit den »drei Judenhüten« im Boden des vierten Bechers bisher ebenso wenig identifiziert werden wie dasjenige eines »steigenden Wolfs«, das mit den hebräischen Buchstaben זאב (Wolf) bezeichnet ist. Im kleinsten, vergoldeten und bei zusammengestelltem Satz einzig sichtbaren Becherinneren angebracht, benennt es vermutlich den Auftraggeber oder ersten Besitzer dieses hochgotischen Tafelgeschirrs. T. E.

Literatur Schiedlausky 1975, 300–314; Fritz 1982, Nr. 376; Krems-Stein 1982, Nr. 1.02

Schatzfund von Lingenfeld

Um 1340–1349, Oberrhein
Gold, Silber, teilweise vergoldet, Email, Edelsteine
Doppelscheuer: H 11,6 cm; achtseitiger Becher: H 7,5 cm; Nuppenbecher: H 4,7 cm
Inv.-Nr. HM 1977/3a-f; HM 1977/3.1.1-40; HM 1977/3.3.1-94; HM 1977/3.6.1-29; HM 1979/32.1-100; Dauerleihgabe Sammlung M & M, HM LG 37; HM LG 38
Historisches Museum der Pfalz Speyer

Der Schatz von Lingenfeld setzt sich aus fünf mit Silbermünzen und Schmuck angefüllten Gefäßen zusammen. Die Gefäße sind aus Silber gefertigt und teilweise vergoldet. Sie sind von außergewöhnlicher Qualität und in dieser Zusammensetzung selten, da mittelalterliches Trinkgeschirr meist eingeschmolzen und neu gegossen wurde, sobald es unmodern geworden war. Auf dem Deckel der Doppelscheuer ist ein Wappen in Email eingelassen. An Schmuckstücken wurden vor allem Silberringe, die zum Teil altfranzösische Gravuren aufweisen, aber auch Reste einer Brosche und eine Gewandschnalle gefunden. Der größte Teil der Münzen besteht aus Speyerer Hellern, was darauf schließen lässt, dass der Besitzer des Schatzes aus Speyer stammte. Das Wappen auf der Doppelscheuer und die französischen Gravuren der Ringe deuten darauf hin, dass Schmuck und Gefäße ursprünglich aus adligem Besitz kamen. Man vermutet, dass sie einem jüdischen Geldverleiher als Pfand überlassen wurden, der im Januar 1349, als in Speyer der Pestpogrom einsetzte, versuchte, ins sichere Germersheim zu fliehen. Unterwegs hat er wohl nahe der Straße sein Vermögen vergraben, kam aber nie mehr dazu, es zu bergen. S. E.

Literatur Ehrend 1975; Stein 1981, 65–72; Speyer 1994, 94

Doppelscheuer

1330–1350, Oberrhein
Silber, teilvergoldet, 7,5 x 12,5 cm
Inv.-Nr. orf. No. 4
Musée d'Unterlinden, Colmar

Die Doppelscheuer war Teil des vor dem Pestpogrom von 1349 vergrabenen Schatzes im jüdischen Wohnbereich Colmars (siehe S. 198 und 218). In den gleichzeitigen Schatzfunden von Lingenfeld, Landkreis Germersheim, und Erfurt (siehe S. 220–222) fanden sich vergleichbare Stücke. Abgeleitet ist die in Metall ausgeführte Form von hölzernen, gedrechselten Vorbildern. W. T.

Literatur Fritz 1999, 31–42; Leroy 1999, 53, Nr. 29

Wiederzulassung der Juden

22. Oktober 1352, Speyer
Pergament, 38,5 x 53,5 cm
Inv.-Nr. 1 U 279 1/2
Stadtarchiv Speyer

Im Januar 1349 wurde die Speyerer Judengemeinde während des Pestpogroms ausgelöscht. Mit der Urkunde vom 22. Oktober 1352 ermöglichte die Freie Reichsstadt Speyer als eine der ersten Städte nach der Pogromwelle von 1348 bis 1350 die Neuansiedlung von Juden. Im Unterschied zur Zeit vor 1349, als die Stadt ihren Anteil am Judenrecht und dessen fiskalischen Nutzen mit dem Bischof von Speyer und dem Kaiser oder König teilen musste, war sie nun alleinige Inhaberin des Judenrechts. Die Juden sollten – ausgestattet mit denselben Rechten wie die Bürger – städtischen Rechtsschutz genießen. Mit der Nichtigkeitserklärung aller Schuldforderungen gegenüber Speyerer Bürgern aus der Zeit vor 1349 beugte die Stadt möglichen Ansprüchen von zurückkehrenden Überlebenden des Pestpogroms vor. Die Aufnahme von Juden erfolgte wohl schon in dieser Zeit individuell. Dies ermöglichte der Stadt eine am fiskalischen Nutzen orientierte soziale Auswahl der aufzunehmenden Juden. Die Initiale W der Urkunde, die als Geld streuender Jude gestaltet ist, verweist auf das Kreditgeschäft, in dem Juden bis zum Ende des 14. Jahrhunderts eine bedeutende Rolle spielen sollten. Die Urkunde trägt die Siegel der Freien Reichsstadt Speyer und der Zünfte. W. T.

Literatur Transier 1998, 109–115; Debus 2004, 37–38

Zuweisung fester Wohnplätze

18. August 1354, Speyer
Pergament, 37,6 x 26,5 cm
Inv.-Nr. 1 U 280
Stadtarchiv Speyer

Ein erheblicher Anteil der Häuser in Nähe der Synagoge war vor 1349 in jüdischem Besitz. In diesem Siedlungsbereich lebten auch Christen. Nach der Vernichtung der Judengemeinde während des Pestpogroms im Jahre 1349 gelangten ehemals jüdische Wohnhäuser in den Besitz der Freien Reichsstadt Speyer, die sie teilweise an Christen veräußerte. Mit der Urkunde vom 22. Oktober 1352 (siehe oben) ermöglichte Speyer die Neuansiedlung von Juden. Diesen wurden wohl Häuser aus vormaligem jüdischem Besitz gegen eine jährliche Pacht als Wohnstätten zugeteilt, die Immobilien blieben jedoch städtischer Besitz. Möglicherweise erfolgte der Zuzug von Juden nicht im erhofften Umfang, sodass in der Urkunde vom 18. August 1354 ihr Wohnbezirk auf meist ehemals jüdische Häuser in einem enger gefassten Bereich westlich der Synagoge und der übrigen Gemeindeeinrichtungen – zwischen der Webergasse und dem Schulhof – begrenzt wurde. Spätestens ab 1368 wurde diese Beschränkung des jüdischen Wohnbereichs durchbrochen. Ab 1373 befanden sich Häuser auch wieder in jüdischem Privatbesitz. Ein abgeschlossenes jüdisches Wohngebiet (Ghetto) hat es in Speyer nie gegeben. W. T.

Literatur Transier 1998, 109–115; Debus 2004, 38–39; Engels 2004, 93–124

Keramik aus der Frankfurter Judengasse

Kanne: schiefergrau, 13. Jahrhundert, 32 x 13 cm, Inv.-Nr. 87,35.1.4.9.16.1
Henkelschale: 16. Jahrhundert, grün glasiert, 9,5 x 22 cm, Inv.-Nr. 87,35.20.1.131
Topfdeckel: 15. Jahrhundert, rot bemalt, 4 x 13,5 cm, Inv.-Nr. 87,35.14.1.28.1
Deckel: 15./16. Jahrhundert, grün glasiert, 4 x 9 cm, Inv.-Nr. 87,35.19.17.1
Schalenlampe: 15./16 Jahrhundert, 2 x 8 cm, Inv.-Nr. 87,35.1.797.1, 87,35.19.2
Bodenfliesen: 15. Jahrhundert, verziert, 1,5 x 13,5 x 9 cm und 1,5 x 14 x 14 cm, Inv.-Nr. 87,38-o.FZ und 87,35.19.2
Archäologisches Museum Frankfurt

1987 wurde in einer umfangreichen Grabungskampagne das Südende der Frankfurter Judengasse freigelegt. Ihr Bau wurde 1460 begonnen, zwei Jahre später mussten die Frankfurter Juden die seit dem 12. Jahrhundert bezeugten Wohnsitze in der Nachbarschaft des Domes auf Anordnung des Stadtrats aufgeben und in die neu angelegte Gasse umziehen. Spätestens mit Beginn des 16. Jahrhunderts wurde die Gasse durch eine Mauer vom Rest der Stadt abgetrennt. Über Nacht, an Sonntagen und an christlichen Feiertagen durften die Juden das Ghetto nicht verlassen. Die Einzelfunde bestehen überwiegend aus Gebrauchskeramik des 15. bis 19. Jahrhunderts. Die Funde aus dem 13. und 14. Jahrhundert lassen darauf schließen, dass dieses vor der älteren Stadtmauer gelegene Gelände auch vor dem Bau der Gasse zeitweise genutzt wurde. F. B.

Literatur Kracauer 1925; Backhaus 1989, 60–86; Wamser/Grossbach 2000, 62–64

Vier Kochtöpfe

12.–14. Jahrhundert, Nürnberg
Keramik, 17,7 x 18,8 cm, Inv.-Nr. Ke 4901;
15,5 x 16,7 cm, Inv.-Nr. Ke 4902; 17,5 x 15,1 cm,
Inv.-Nr. Ke 4903; 17,3 x 13,1 cm, Inv.-Nr. Ke 4904
Germanisches Nationalmuseum Nürnberg

Die vier Kochtöpfe stammen aus Latrinen vom Obstmarkt in Nürnberg. Die Gefäße wurden 1941 beim Bau eines Bunkers geborgen. An der Stelle des Obstmarktes befand sich bis 1349 das jüdische Wohngebiet der Stadt. Die Gefäße lassen sich dem Zeitraum vom 12. bis zur Mitte des 14. Jahrhunderts zuordnen. Sie entsprechen der allgemein gebräuchlichen Keramik dieser Zeit, wie sie im Umfeld Nürnbergs hergestellt wurde. T. S.

Holzteller

15. Jahrhundert, Nürnberg
Holz, gedrechselt, D 18,5 cm
Inv.-Nr. HG 12.568
Jüdisches Museum Franken, Fürth;
Leihgabe des Germanischen Nationalmuseums
Nürnberg

Nach dem Pogrom von 1349 entstand in Nürnberg östlich von St. Sebald ein neues jüdisches Viertel, in dem die Juden bis zu ihrer im Jahre 1499 erfolgten Vertreibung lebten. Der Holzteller, der aus einer Grabung in der Nürnberger Judengasse stammt, zeigt, dass die Gebrauchsgegenstände aus dem jüdischen Viertel sich nicht von denen der christlichen Bevölkerungsmehrheit unterscheiden.
Schüsseln, Teller und Becher aus Holz waren im Mittelalter neben Keramikgeschirr weit verbreitet. Nur bei idealen Bodenverhältnissen werden im Zuge archäologischer Grabungen Gegenstände aus organischem Material wie Holz oder Leder gefunden. K. B.

Dreibeintopf

Um 1500, Nürnberg
Keramik, glasiert, 19,4 x 14,3 cm
Inv.-Nr. Ke 2427
Jüdisches Museum Franken, Fürth; Leihgabe des
Germanischen Nationalmuseums Nürnberg

Der Gefäßtyp des Dreibeintopfs gewann im ausgehenden Mittelalter als Kochgeschirr immer mehr an Bedeutung. Seine Form lässt sich von metallenen Vorbildern ableiten. In der Regel waren die Dreibeintöpfe im 15. Jahrhundert innen glasiert. Gegenüber flachbodigen Töpfen stellten sie beim Kochen eine technische Verbesserung dar. Der Dreibeintopf aus Nürnberg wurde bei Grabungsarbeiten in der Judengasse geborgen. K. B.

Damenschuh

15. Jahrhundert, Nürnberg
Holz, Leder, 9 x 20,3 x 9 cm
Inv.-Nr. HG 12.567
Jüdisches Museum Franken, Fürth; Leihgabe des
Germanischen Nationalmuseums Nürnberg

Der Holzschuh mit Lederriemen, eine so genannte Trippe, stammt ebenfalls aus der Nürnberger Judengasse. Die Weite des Lederriemens war mithilfe von Löchern verstellbar. Die mittelalterlichen Straßen in der Stadt waren nicht nur matschig, sondern auch mit Abfall und Unrat übersäht. In die Holzsandalen mit hoher Sohle konnte man mit den normalen Lederschuhen hineinschlüpfen und so die direkte Berührung mit dem Schmutz der Straße vermeiden. K. B.

Literatur Falk 1997, 82–87

Krug

Um 1400, aus dem Schutt der abgerissenen Synagoge, Wien
Keramik, H 21,2 cm
Inv.-Nr. F 1279
Wien Museum

Obwohl mit Sicherheit in die Zeit des Abrisses der Synagoge (1420/21) zu datieren, zeigt der Krug eine ältere Form, die Ende des 13. Jahrhunderts erstmals in Wien auftat, aber bis zum Beginn des 15. Jahrhunderts in Gebrauch war, ehe sie von Krügen mit höherem Bauch und glasierten Röhrenkannen abgelöst wurde. Der Fundort direkt neben der Treppe im Westraum der Synagoge lässt vermuten, dass der Krug entweder zum letzten Inventar der Synagoge gehörte oder im Zuge der Abbrucharbeiten Verwendung fand. R. P.

Kopfbecher

Nach 1421, aus dem Schutt der abgerissenen Synagoge, Wien
Grauer Ton, H 18 cm, RD 10 cm
Inv.-Nr. F 1093/1
Wien Museum

Kopf- oder Mündelbecher gehören zur mittelalterlichen Leitkeramik Wiens und finden sich im Fundmaterial vom 13. bis zum 15. Jahrhundert. Die vorliegende Keramik wurde im Schutt der abgerissenen Synagoge direkt über dem Fußboden gefunden und war entweder Teil des Inventars oder ist den mit dem Abbruch beschäftigten Personen zuzuordnen. R. P.

Topf

Vor 1421, aus dem Schutt der abgerissenen Synagoge, Wien
Keramik, zylindrischer Körper, H 19,2 cm, RD 15,4 cm
Wien Museum

Topf

Vor 1421, aus dem Schutt der abgerissenen Synagoge, Wien
Keramik, kugelförmiger Körper, H 10,9 cm, RD 12,6 cm
Wien Museum

Graue aufgedrehte Ware trat in Wien ab der zweiten Hälfte des 12. Jahrhunderts auf, der Hauptteil der Funde stammt aber erst aus dem 13. Jahrhundert. Die beiden hier gezeigten Formen verdeutlichen die Haupttypen der Keramik: Der Körper ist kugelförmig und verläuft leicht konisch, die Ränder sind umgebogen und mit einem Griffsaum versehen.

Die Technik der grauen Ware dürfte aus dem Westen nach Wien gekommen sein und hat eine Verbreitungsgrenze, die mit der heutigen Ostgrenze Niederösterreichs und des Burgenlandes identisch ist. Östlich und südlich dieses Gebiets setzten sich Gefäße mit oxydierend gebranntem rötlichem Ton durch.

Ähnliche traditionelle Formen der grauen Ware finden sich entlang der Donau in Niederösterreich bis in das 15. Jahrhundert. Als ein Qualitätsprodukt einheimischer Hafner wurde die graue Ware die Donau abwärts bis nach Ungarn (Funde auf der Burg von Buda) gehandelt. R. P.

Knaufdeckel

13. Jahrhundert, aus dem Schutt der abgerissenen Synagoge, Wien
Grauer, grafitierter Ton
Inv.-Nr. F 720/11
Wien Museum

Glockenförmige Deckel (»Stürzel«) treten in Wien ab dem 13. Jahrhundert neben den schon im 12. Jahrhundert bekannten Flachdeckeln zunächst in einer stark gewölbten, ab dem 15. Jahrhundert in einer abgeflachten Form auf. Die vorliegende Form gehört zum älteren Erscheinungsspektrum und dürfte sich aus Schüsseln, die umgedreht auch als Deckel Verwendung finden konnten, entwickelt haben. R. P.

Würfel, Würfel-Halbfabrikate und Rohmaterial

15. Jahrhundert, Judengasse, Frankfurt
Bein, fertiger Würfel: 1,2 x 1 cm
Inv.-Nr. 87,35.1.30.7u.18; 87,35.1.18.10u.17u.40; 87,35.1.36.5u.7u.9u.11u.14; 87,35.1.57.27, 64.11u.17u.23; 87,35.1.1644.737
Archäologisches Museum Frankfurt

In einer Abfallgrube im Bereich der Ostzeile der Judengasse wurden über 7.000 Rinderknochenteile in verschiedenen Bearbeitungsstufen bis hin zum fertigen Spielwürfel gefunden. Zwei C14-Datierungen ergaben den Zeitraum von 1430/1470 bis 1640. Diese Abfälle gehörten vermutlich zu einer Spielwürfelmanufaktur, bei der nicht sicher ist, ob sie bereits vor Anlage der Judengasse oder erst nach deren Errichtung in Betrieb war. Möglicherweise hängt sie mit dem seit dem 14. Jahrhundert für Juden belegten »Würfelzoll« zusammen, einer verbreiteten antijüdischen Schikane.
So mussten Juden an zahlreichen Zollstellen – unter anderem im Gebiet des Erzbistums Mainz – Würfel als Zoll leisten. Im 15. und 16. Jahrhundert wurden Juden in der Umgebung von Frankfurt immer wieder von Handwerksgesellen, Bauern oder Landsknechten mit Gewalt gezwungen, drei oder sechs Würfel abzugeben. F. B.

Literatur Mentgen 1995, 1–48; Wamers/Grossbach 2000, 62–64

Würfel und Spielsteine

Vor 1421, Wien
Würfel: aus der Verfüllung einer großen Grube südwestlich der Synagoge, Bein, Kantenlänge 0,9 cm, Inv.-Nr. F 1712
Spielstein: aus der Verfüllung einer großen Grube im Schulhof westlich der Synagoge, Bein, 2,3 x 2,3 x 2,3 cm, Inv.-Nr. F 715
Wien Museum

Würfel und Spielsteine sind in mehreren Formen, von einfachen Ausführungen aus Holz bis hin zu feinen Arbeiten aus Bein, aus Abfallgruben am Judenplatz geborgen worden.
Spielsteine dürften am ehesten für eine Variante des Mühlespiels, einem im Mittelalter sehr verbreiteten Spiel mit je drei Steinen auf einem Plan mit neun Feldern, das unter den Namen »Kleine Mühle«, »Nullen und Kreuze« oder »Tic Tac Toe« bekannt ist, verwendet worden sein. Spielpläne dieser Variante findet man unter anderem in Kirchstühle und Fußböden von Kirchen eingeritzt. Eventuell war die Wiener Synagoge als Mittelpunkt der Gemeinde auch ein Ort für die Ausübung von Spielen. Die weite Verbreitung des Würfelspiels in Wien bezeugt Johannes Capistran (1386–1456), der sich in seinen Predigten immer wieder gegen die Unsitte wandte, in Kirchen und auf Friedhöfen zu würfeln. R. P.

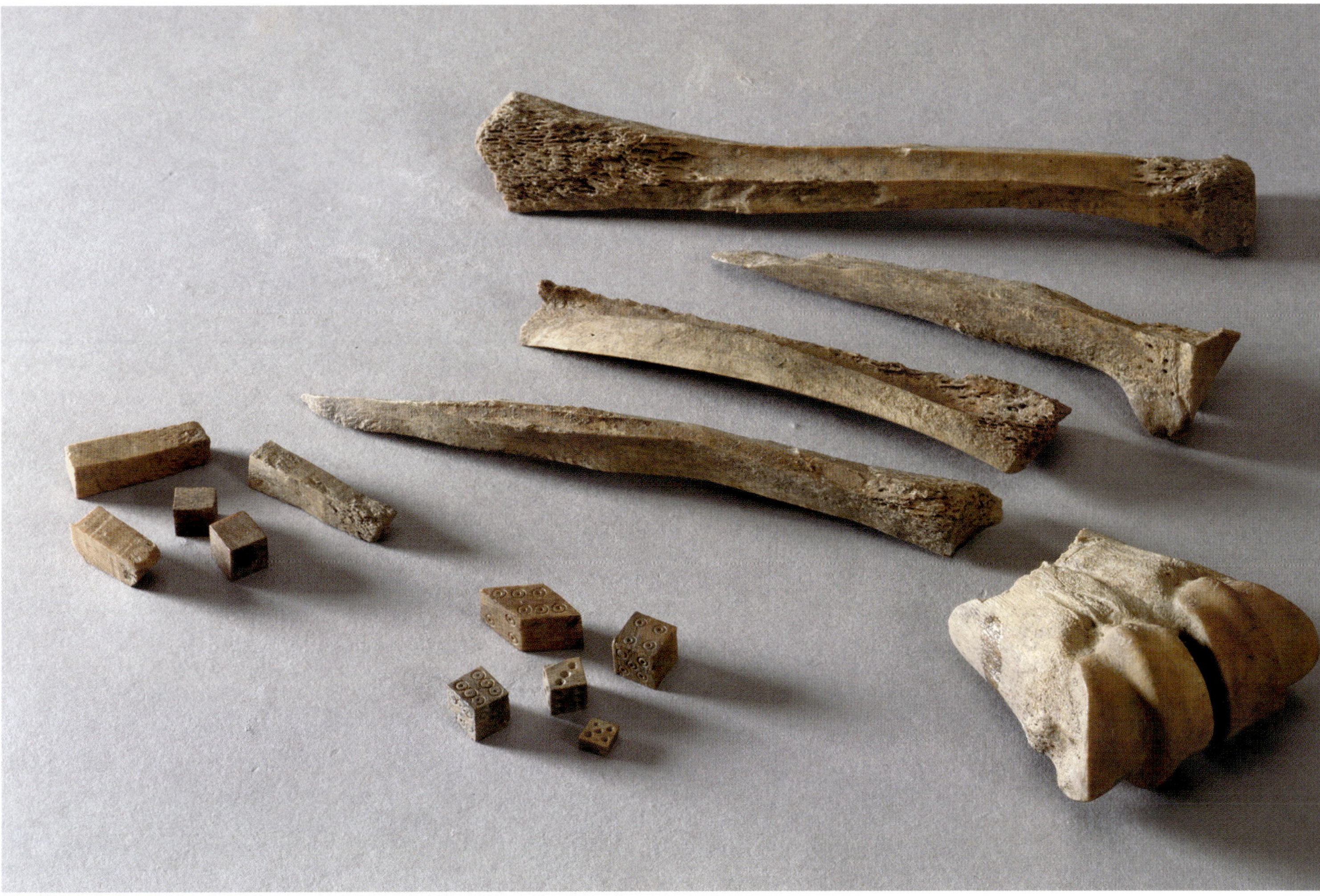

Medizinischer Traktat über den Aderlass

1396/97, Köln (?)
Pergament, einseitig beschrieben, rote und grüne Tinte, Fragment in 4 Teilen, insgesamt 30 x 22 cm
Inv.-Nr. HAStK Best. 7010 Nr. 332 IV
(alt: Hs. W 332 IV)
Historisches Archiv der Stadt Köln

Der Traktat ist in hebräischer Schrift geschrieben, wobei es sich um deutschsprachige Wörter handelt. Außerdem ist der Text mit jiddischen Ausdrücken durchsetzt. Der Inhalt des Textes ist im hebräischen Schlusssatz zusammengefasst: »[...] von allen Kräften des Aderlassens und der Adern, so wie es die Ärzte schreiben«.

In farbig markierten Feldern werden die für die Behandlung bestimmter Leiden wichtigen Adern aufgeführt, Verhaltensregeln für die Phasen der zwölf Tierkreiszeichen gegeben und die für den Aderlass ungünstigen Tage mit ihren christlichen Namen aufgezählt. Eine Tabelle listet die Namen der Monate in Hebräisch, Deutsch und Latein und die der Tierkreiszeichen in Hebräisch auf. Das Pergamentblatt war ehemals wohl doppelt so groß. Auf dem verlorenen oberen Teil war vermutlich ein Aderlassmännchen zu sehen, zu dem von einzelnen Textstellen aus Striche hinführten.

Der 1396/97 nach christlichen Vorlagen entstandene Text zählt zu den frühesten jiddischen Schriftstücken. Zusammengefaltet könnte er als Vademekum einem jüdischen Kölner Arzt gehört haben und nach dem Ende der Kölner Judengemeinde (1424) in den Besitz der Stadt gelangt sein, da die erhaltenen Teilstücke für den Einband von Heinrich van Beeks im Jahre 1472 vollendeter Kölner Chronik Agrippina in der Ratsbibliothek verwendet worden sind. M. H.

Literatur Dünner 1904, 84–92, 113–117; Birnbaum 1931/32, 197–207; Cuno 1993, 1–17

Medizinische Instrumente, mutmaßlich aus dem Besitz des »Chirurgen von der Weser«

Vor 1265, Corvey, Bologna oder Frankreich (?)
Brenneisen aus verzinntem Eisen und mit Buntmetallstiften, L 6,6 cm
Schabeisen aus Eisen oder Stahl, Reste des Holzgriffs am Oxid, L 12,7 cm, Schneidenbreite 4,4 cm
Halbe Bügelschere, Eisen, L 18, 5 cm
Fragmentarische Bronzenadel mit Öhr, L 7 cm (nicht abgebildet)
Fragmentarische Hohlnadel mit Klemm-Öse, Bronze, L 4 cm (nicht abgebildet)
Verzierte Gürtelschnalle, Buntmetall (nicht abgebildet)
Seminar für Ur- und Frühgeschichte der Universität Göttingen

Die abendländische Medizin erlebte im 12. und 13. Jahrhundert einen großen Aufschwung, insbesondere die Chirurgie, die zuvor weitgehend handwerksmäßig tätigen Feldscherern, Barbieren oder Wundschneidern überlassen worden war. Bei Ausgrabungen in der Stadtwüstung vor den Toren der Reichsabtei Corvey bei Höxter an der Weser kam in einem Steinkeller ein bislang einzigartiges Instrumentarium der mittelalterlichen Chirurgie zutage. Gefunden wurden ein Schabeisen, das unter anderem zum Ablösen der Kopfhaut verwendet wurde, ein Brenneisen zum Brandsetzen an der Hüfte, zwei Nadeln zum Schließen von Nähten und Verbänden sowie eine Bügelschere. Es ist davon auszugehen, dass es sich um Instrumente eines auf der Höhe seiner Zeit stehenden Mediziners handelt, dem so genannten »Chirurgen von der Weser«. Er studierte um 1220/30 in Bologna und anschließend in Montpellier, wo er sich mit den von der islamisch-antiken Tradition stark beeinflussten medizinischen Lehren des Roger Frugardi auseinander setzte. Später praktizierte er in Paris, dem Sitz einer der größten und fortschrittlichsten Berufsverbände von Chirurgen. Danach ließ er sich im Weserbergland nieder. Um 1252 brachte er seinen Zweitkommentar zur Roger-Chirurgie heraus, der so fundiert war, dass er im Laufe des späteren Mittelalters eine weiträumige Rezeption in Mittel- und Nordwesteuropa – auch in hebräischen Texten – erfuhr. H.-G. S.

Literatur Keil 1983; Stephan 1993, 174–192; Stephan 2000; Krabath 2001, 195

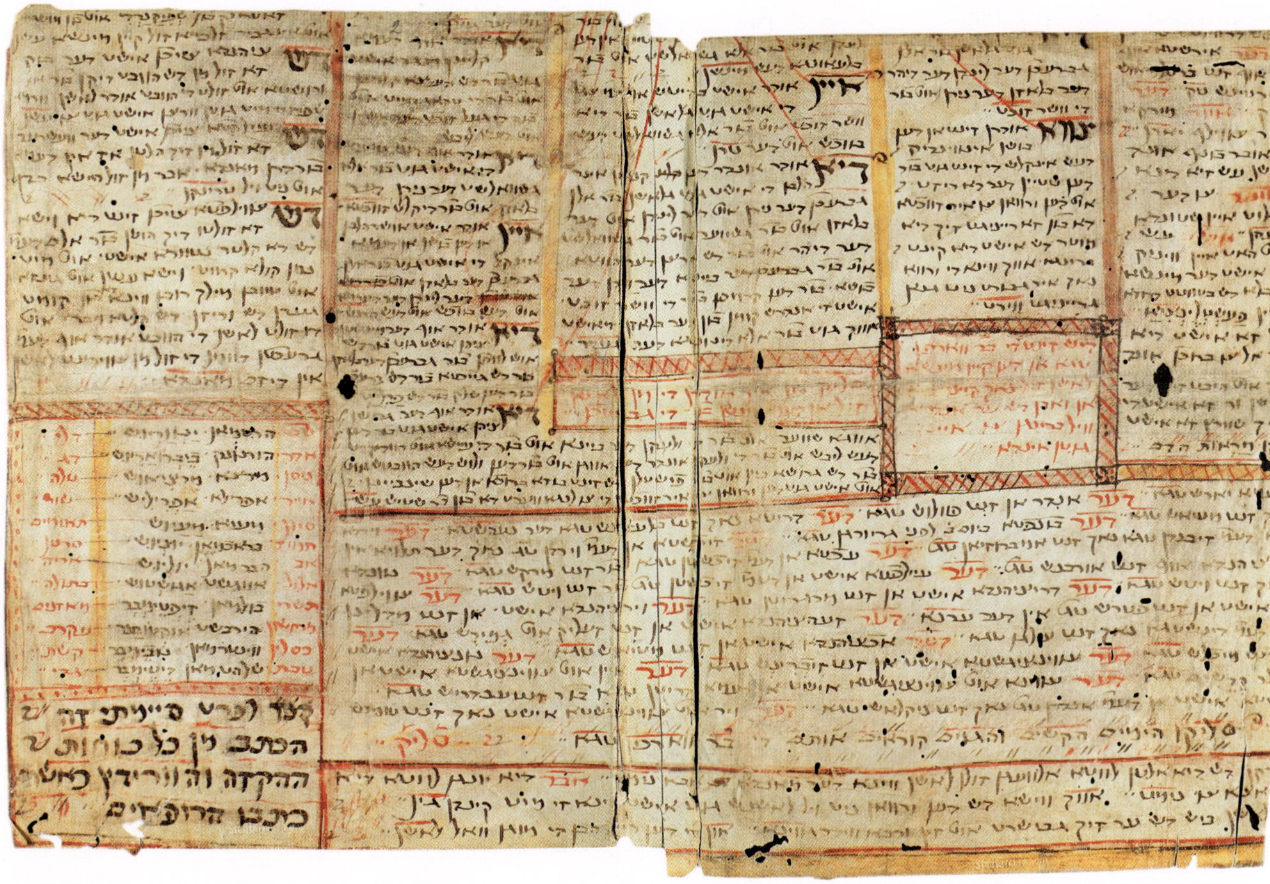

Medizinische Abhandlung

15. Jahrhundert, Provence (?)
Pergament
Inv.-Nr. Add. 1198.3
Cambridge University Library, Taylor-Schechter Genizah Research Unit

Der medizinische Traktat ist sowohl in Romanze, der frühen romanischen Sprache der Iberischen Halbinsel, als auch in Hebräisch geschrieben. Mutmaßlich stammt die Abhandlung aus der Provence. Im Mittelalter gehörten die Medizinerschulen von Toulouse und Montpellier zu den berühmtesten Europas. In ihrem Umfeld entstand eine große Zahl hebräischer Texte, von denen einige romanische Wörter benutzen, die aber nicht in lateinischer, sondern hebräischer Schrift verfasst wurden. Verziert ist diese Abhandlung mit floralen Motiven und Darstellungen von Tieren. M. W.

Literatur Mensching/Bos 2001, 38–46

Rezeptbuch

1474, Mestre, Italien
Papier, 156 Blätter, 20,5 x 14 cm
Inv.-Nr. HB XI 17
Württembergische Landesbibliothek, Stuttgart

Das auf hebräisch geschriebene Rezeptbuch beinhaltet eine Reihe von Therapien und Rezepturen. Im Unterschied zu der großen Zahl an medizinischen Drucken, die Ende des 15. und Anfang des 16. Jahrhunderts verfasst wurden, ist diese Sammlung noch handschriftlich geschrieben. Sie spiegelt wie die Drucke das große Bedürfnis nach populärer medizinischer Aufklärung wider, in einer Epoche, die immer noch von der Pest und anderen Krankheitsepidemien geprägt war. Laut Kolophon wurde das Rezeptbuch für den »hochgeschätzten R. Seligmann Nürnberg in Meistre im Haus des Moses, Sohn des R. Salman aus Ulma« geschrieben. M. W.

Literatur Berlin 1991, 123

Salbentöpfchen

15./16. Jahrhundert, Judengasse, Frankfurt
Keramik, grün glasiert, 5,6 x 4 cm
Inv.-Nr. 87,35-FZ03081
Archäologisches Museum Frankfurt

Das Salbentöpfchen stammt aus einer Abfallgrube (Grube 11), die in die Entstehungszeit der Judengasse zurückreicht. Seit dem 14. Jahrhundert ist regelmäßig die Anwesenheit jüdischer Ärzte in Frankfurt bezeugt, 1394 wurde sogar Salman Pletsch aus Regensburg als Stadtarzt angestellt. Zur Tätigkeit der Ärzte gehörte auch die Herstellung von Salben und Arzneien, die in entsprechenden Gefäßen an die Patienten weitergegeben wurden. F. B.

Literatur Treue 1998, 9–55; Wamers/Grossbach 2000, 62–64

Salbengefäß

14. Jahrhundert, Santa María la Blanca, Burgos
Keramik, glasiert, 6 x 6 cm
Inv.-Nr. 8.796/17.2
Museo de Burgos

Das Salbengefäß mit leicht gerundeter Unterseite hat eine bauchige, konische Form, die auf einen engen Hals zuläuft. Der Hals und der Rand sind nicht erhalten. Die Verzierung besteht aus drei parallel umlaufenden eingravierten Linien. Die Oberfläche ist grün glasiert. Diese Form ist in den bekannten Keramikverzeichnissen nur selten zu finden; ihre Funktion ist schwer zu bestimmen. Aufgrund der konischen Form ist von einer Verwendung als Gefäß für Salben oder ähnliche Substanzen auszugehen. Das Gefäß weist zudem die typischen Merkmale der Mudéjar-Keramik aus frühmittelalterlicher Zeit auf. B. C. I.

Literatur Toledo 2002, 139

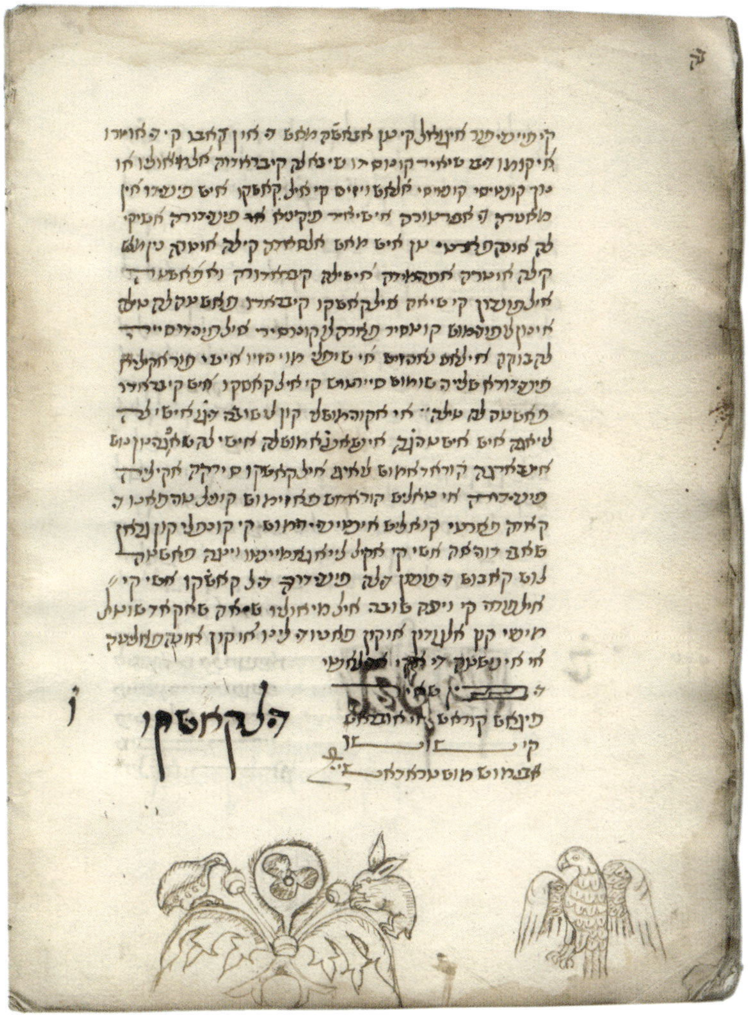

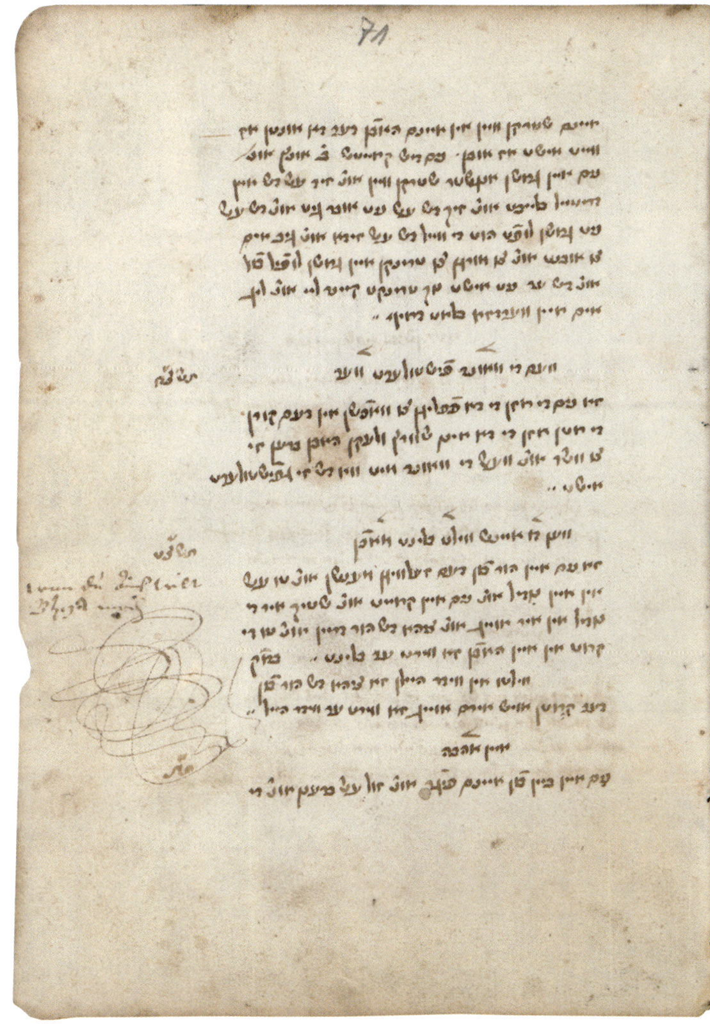

Medizinische Sammlung

Abschrift um 1430, Provence;
Abbildungen: 1440–1450, Norditalien
Pergament, 269 Blätter, 36 x 24 cm
Inv.-Nr. Hébreu 1181
Bibliothèque nationale de France, Paris

Die meisten der hier gesammelten medizinischen Texte sind Übersetzungen von Traktaten, die aus der Feder des Arztes und Theologen Jean de Damas (650 – um 750) stammen. Die Abbildungen wurden dem Manuskript später hinzugefügt. Die Folioseite 265 zeigt einen nackten Mann mit ausgestreckten Armen und Beinen. In seinen Körper sind zum einen Arterien und Venen eingezeichnet, zum anderen die zwölf Tierkreiszeichen. Diese sind an denjenigen Körperstellen zu finden, von denen man annahm, dass sie unter dem Einfluss des jeweiligen Sternzeichen stünden. Bei den Beschriftungen handelt es sich um italienische Wörter, die buchstabengetreu ins Hebräische transkribiert wurden. Der »Zodiak-Mensch« war zwar eine geläufige mittelalterliche Darstellung, hier handelt es sich jedoch um das einzige bekannte hebräische Beispiel. M. W.

Literatur Garel 1991, 137

Hebräisches medizinisches Herbarium

Um 1500, Italien
Papier, 21 x 16 x 4 cm
Inv.-Nr. Hébreu 1199
Bibliothèque nationale de France, Paris

In dem Herbarium werden 130 medizinische Heilpflanzen vorgestellt, die alle ganzseitig abgebildet sind. Sie sind mit ihrem lateinischen und in vielen Fällen auch mit ihrem hebräischen Namen versehen. Am Ende des Buches finden sich mehrere Rezepte zur pharmazeutischen Anwendung einiger Pflanzen. Auf Folioseite 45 recto ist das Johanniskraut mit seiner Bezeichnung »Ipericon« (Hypericum perforatum) und deren hebräischer Umschrift איפירקון dargestellt. Daneben ist ein kleiner Teufel zu sehen, der auf den volkstümlichen Namen der Pflanze als »Teufelsbanner« oder »Teufelsflucht« anspielt. Der mittelalterlichen Legende nach kann das Kraut den Teufel austreiben. Auf der gegenüberliegenden Folioseite ist Huflattich abgebildet (siehe S. 92). M. W.

Literatur Garel 1991, 173

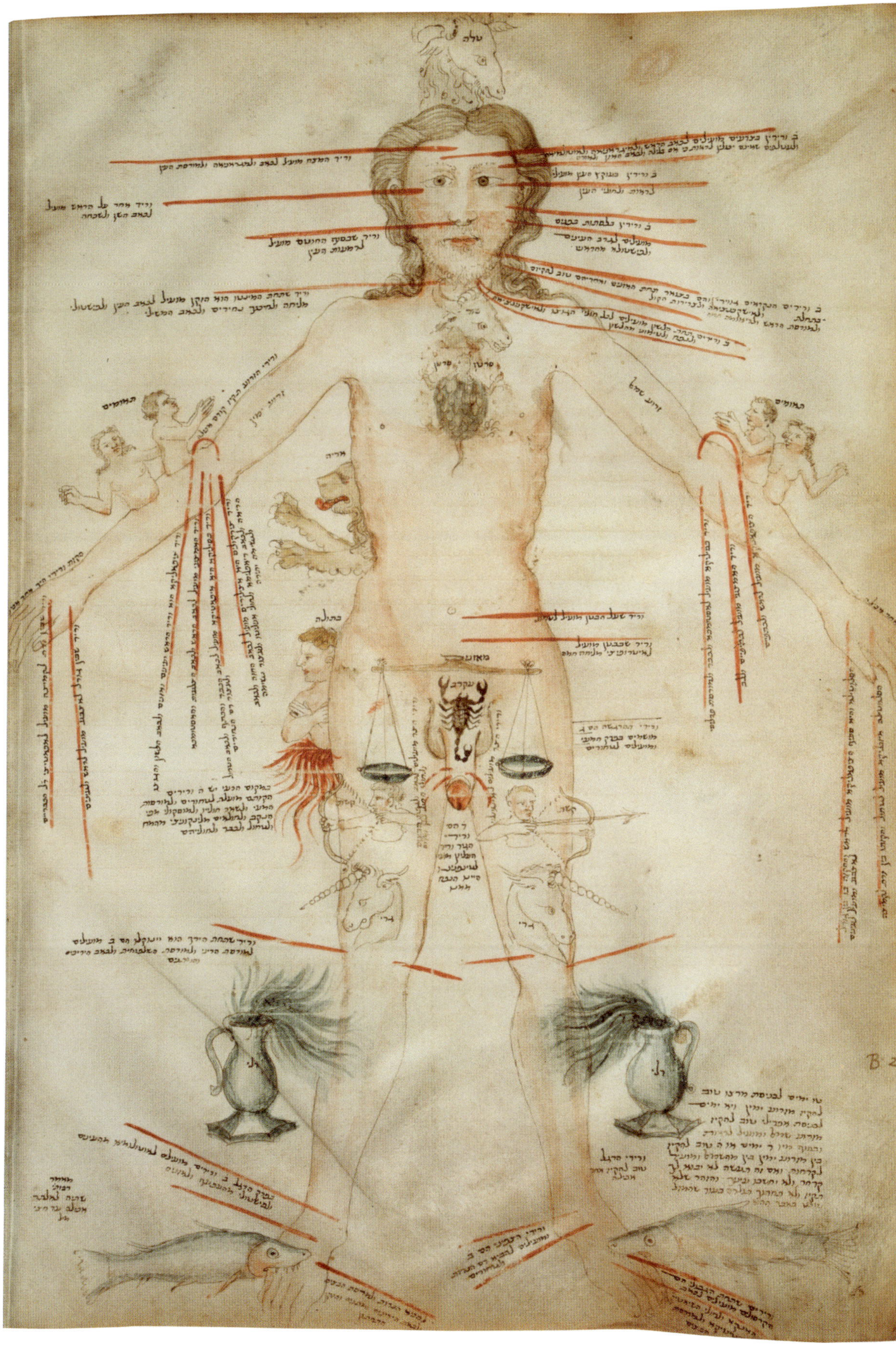
טלה
B 2

Astrolabium

1029, Toledo
Bronze, D 13,5 cm
Inv.-Nr. Ms. Sprenger 2050
Staatsbibliothek zu Berlin, Preußischer Kulturbesitz, Orientabteilung

Vor der Erfindung des Sextanten (1699) war das Astrolabium das gebräuchliche Instrument zur Bestimmung der Sternhöhe. Es besteht in der hier vorliegenden, von den Griechen erfundenen und von den Arabern und jüdischen Wissenschaftlern des Mittelalters weiterentwickelten Form im Kern aus einem Metallkörper, einer oder mehreren Scheiben mit eingravierter Gradeinteilung, einem Netz, auf dem die Fixsterne markiert sind, und einem Lineal.

Dieses in das Jahr 1029 datierte und damit sehr alte Astrolabium aus Toledo hat neun Scheiben. Eine der Scheiben enthält in arabischer und hebräischer Schrift die Ortsbezeichnung für Córdoba. Der jeweils obere Teil der Scheiben zeigt eine der geografischen Breite entsprechend konstruierte Projektion der Himmelskugel. Die arabischen Buchstabenreihen auf den Scheiben sind teils Buchstaben mit Zahlenwert, also Zahlenangaben zur Gradeinteilung, teils Namen von Fixsternen. P. W.

Planisphärisches Astrolabium

Um 1300, vermutlich Spanien
Messing, graviert; Rete mit eingelegten Silberstiften, 22 x 18 cm
Inv.-Nr. SCI 158
The Nasser D Khalili Collection of Islamic Art, London

Das planisphärische Astrolabium war im europäischen und islamischen Mittelalter das Hauptinstrument zur Ermittlung der Zeit und zur Bestimmung der geografischen Position. Das hier gezeigte Exemplar besitzt eine judäo-arabische Beschriftung (Arabisch in hebräischer Schrift). In die Mater (Gehäuse) passen drei Scheiben, in die die Breitengrade verschiedener Städte eingraviert sind, wodurch das Gerät von Spanien bis Palästina benutzbar war. Darüber sitzt die Rete, eine Scheibe, die, vielfach durchbrochen, eine netzartige Himmelskarte darstellt, mit Zeigern, die auf 26 der hellsten Sterne in der nördlichen Hemisphäre weisen. Auf der Rückseite der Mater sind Skalen eingraviert, die die Tierkreiszeichen zu den Sonnenmonaten des julianischen Kalenders und, näherungsweise, zu den Mondmonaten des jüdischen Kalenders in Beziehung setzen. Die auf dem Rand umlaufende lange Inschrift enthält den Namen des Herstellers, eines gewissen Abraham. Astrolabien mit hebräischen Inschriften sind selten, und das vorliegende Exemplar ist einzigartig, wurde es doch für eine arabisch sprechende jüdische Gemeinde hergestellt. M. R.

Literatur Christie's 1988, Nr. 247; Berlin 1991, Nr. 12/17; Maddison/Savage-Smith 1997, 124–127, Nr. 124

Mathematische Abhandlung

14. Jahrhundert, Deutschland
Pergament, 31 x 24 cm
Inv.-Nr. Ms. or. 1198
Staatsbibliothek zu Berlin, Preußischer Kulturbesitz, Orientabteilung

Mathematisch-astrologische Abhandlungen und Kalenderwerke gehören wegen ihrer großen praktischen Bedeutung zu den besonders verbreiteten Schriften der hebräischen Literatur. Da sich gerade im mittelalterlichen Judentum Religion und Alltag gegenseitig bedingten, lebten die Juden im Galut (Exil) häufig in zwei Zeitzonen, und der für die religiösen Belange wichtige jüdische Kalender musste mit der Zeitrechnung der christlich geprägten Umgebung in Einklang gebracht werden. So war es für die jüdischen Gemeinden geradezu überlebenswichtig zu wissen, ob zum Beispiel das Purim-Fest in die christliche Fastenzeit fallen würde und ausgelassene Purim-Feiern somit die christliche Umgebung provozieren würden.

Die vorliegende Sammelhandschrift aus Pergament stammt aus dem 14. Jahrhundert und vereinigt mehrere Abhandlungen zur Astrologie und zu Kalenderfragen, darunter eine der ältesten Kompilationen von Kalenderregeln, die auch Schachbrettzeichnungen für die Berechnung der Tage und einen christlichen Heiligenkalender enthält.

Abgebildet sind die Folioseite 42b mit einer Drehscheibe zur Umrechnung jüdischer Zeitangaben auf den christlichen Kalender und die Folioseite 17b mit der astronomischen Kalendertafel aus Immanuel ben Jakobs – im Titel an Jesaja 6,2 angelehnten – Schrift *Schesch Kanafajim* (Sechs Flügel; siehe S. 96). P. W.

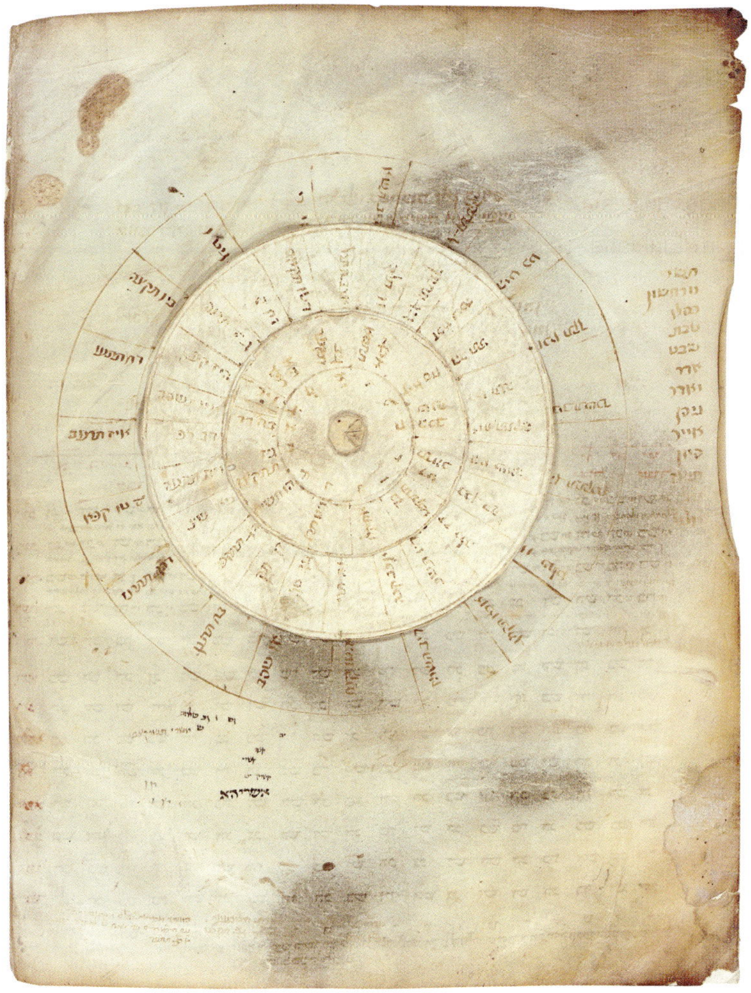

Bronzemörser eines jüdischen Arztes

Anfang 17. Jahrhundert, Verona
Gießer: Servo de Levis (1570–1616/27)
Bronzeguss, 14 x 15,5 cm
Inv.-Nr. 192/26; 233.86
The Israel Museum, Jerusalem, Stieglitz Collection; Schenkung, mit einer Spende von Erica und Ludwig Jesselson, New York, über die American Friends of the Israel Museum

Das zylindrische, nach oben sich erweiternde Gefäß ist mit einer Darstellung der Menora (siebenarmiger Leuchter) verziert, die von hebräischen Buchstaben flankiert wird. Die Menora ist in der jüdischen Kunst ein markantes Symbol. In Italien findet sie sich für gewöhnlich auf Chanukka-Leuchtern, auf Tora-Zierrat, in Handschriften und auf Amuletten sowie als Bestandteil von Familienwappen. Kleine Punkte krönen die hebräischen Buchstaben, sie bezeichnen zumeist die Anfangsbuchstaben eines Namens, eines Ausdrucks oder das hebräische Entstehungsdatum beziehungsweise einen Gedenktag.

Ein anderer Mörser aus der Gießerei von de Levis mit einer von zwei hebräischen Buchstaben flankierten Menora lässt vermuten, dass diese Buchstaben die Initialen von Namen, möglicherweise von denen jüdischer Ärzte, sind. Unter den italienischen Juden gab es viele Ärzte. Die berühmtesten dienten der Kurie, kirchlichen Würdenträgern, Mitgliedern des Königshauses und der Aristokratie und verfassten medizinische Lehrbücher. C. B.

Literatur Avery 1981, 45–78; Benjamin 1987, 415–419, Nr. 280; New York 1990, 173, 176

Eimer oder Becken mit Griff

Ende 16. Jahrhundert, Verona
Gießer: Joseph de Levis (tätig 1552–1611/14)
Bronzeguss, braune Patina, 13 x 20,5 cm
Inv.-Nr. 133/281; 232.86
The Israel Museum, Jerusalem, Stieglitz Collection; Schenkung, mit einer Spende von Erica und Ludwig Jesselson, New York, über die American Friends of the Israel Museum

Das eimerförmige Becken mit beweglichem Henkel, der beidseitig an Sirenenfiguren befestigt ist, weist eine Kartusche mit folgender Inschrift auf: »JOSE[P]H DE LEVIS VER.F.« (Joseph de Levis, Verona, Fecit).

Die Bronzegießerei der Familie de Levis in Verona war eine berühmte und florierende Werkstatt. Ihr gehörten drei Neffen von Joseph de Levis an: Servo (oder Servio), Giovanni Battista und Ottavio, die zusammen mit Josephs Söhnen Paolo und Francesco dort arbeiteten. Die Ornamente auf dem Becken spiegeln das besondere Repertoire von de Levis wider: Dazu zählen ein Fries mit Engelsbüsten, Pflanzenschmuck und Laubwerk – dies verwendet er auch auf seinen Glocken und Mörsern –, das Kettenmotiv rings um den Rand, die weiblichen Figurinen, daneben findet man zuweilen – etwa auf Kaminböcken und Leuchtern – Seepferdchen und Drachen.

Den Taufzeugnissen zufolge waren mehrere Mitglieder der Familie christlichen Glaubens. Doch die in der familieneigenen Werkstatt Anfang des 17. Jahrhunderts gegossenen Mörser mit jüdischen Symbolen und Chanukka-Leuchter werfen die Frage auf, ob die de Levis Juden waren. C. B.

Literatur Avery 1981, 45–78; Benjamin 1987, 415–419, Nr. 280; New York 1990, 173, 176

Hebräische Bibel

1488, Soncino
Drucker: Josua Salomo ben Israel Natan Soncino
Papier, 3 Bände, je 26,5 x 19 cm
(nicht abgebildet)
Inv.-Nr. Stampati de Rossi 1244-1246
Biblioteca Palatina, Parma

Die erste in Italien gedruckte Ausgabe der hebräischen Bibel entstand im Jahre 1488 in Soncino in der Druckerei des Josua Salomo Soncino und wurde von Abraham ben Chaim aus Pesaro gesetzt.

Die Vorfahren des Druckers kamen 1394 von Speyer nach Italien, wo sie sich nach ihrem Herkunftsort da Spira nannten. Mose da Spira war im Jahre 1400 Mitbegründer einer Bankgesellschaft in Cremona. 1454 ließ sich die Familie in dem Städtchen Soncino bei Cremona nieder, wo sie eine Kreditbank betrieb. Israel Natan da Spira, neben seiner Tätigkeit als Bankier auch Arzt und Religionsgelehrter, benannte seine Familie 1480 nach seinem Wohnort Soncino um. Sein Sohn, der Bankier Josua Salomo ben Israel Natan Soncino, eröffnete 1483 die erste Druckwerkstätte in der Stadt, die bis 1490 etwa 25 hebräische Buchausgaben druckte. In der Druckerei waren auch drei weitere jüdische Zuwanderer aus Straßburg und Basel beschäftigt. Der Neffe Gerschon ben Mose Soncino, erfolgreichster Drucker der Familie, eröffnete 1488 ebenfalls eine Druckerwerkstatt in Soncino, druckte aber ab 1490 in Brescia, dann dem Bedarf folgend in den Städten Barco, Fano, Pesaro, Ortona, Rimini und Ancona. 1527 folgte er seinem Sohn Mose über das Adriatische Meer nach Thessaloniki und druckte schließlich ab 1530 in Konstantinopel, wo nach der Aufnahme zahlreicher jüdischer Familien von der Iberischen Halbinsel rege Nachfrage nach hebräischen Büchern herrschte. Gerschon druckte aber auch Bücher profanen Inhalts und in anderen Sprachen, ebenso auch preiswertere Taschenbuchausgaben. Seine Nachfahren druckten in Konstantinopel und Kairo, schließlich auch in Prag. W. T.

Literatur Tamani 1988; Sacerdoti/Tedeschi Falco 1993, 29–30, 97–99; Sandal 2001

Signet des Druckers Gerschon ben Mose Soncino

1493–1498, verwendet bei Drucken in Brescia

In der Mitte des Signets ist eine Mauer mit Tor und Turmaufsatz zu erkennen, auf der zwei Vögel sitzen. Flankiert wird das architektonische Element von zwei nackten männlichen Gestalten, über denen der hebräische Schriftzug »Gerschon, Drucker, der Sohn des Rabbi Mose, Enkel des Israel von Soncino« prangt.

Signet des Druckers Gerschon ben Mose Soncino

1520–1527, verwendet bei Drucken in Rimini

Das Emblem zeigt einen Turm, zu dessen Seiten der Vers 18,10 aus dem Buch der Sprüche zitiert ist: »Ein mächtiger Turm ist der Name des Herrn, dorthin eilt der Gerechte und ist geborgen.«

נר שם המחוקקי בההר משה
זל זרע ישראל איש שונצינו

ספר רבינו בחיי בן אשר
ביאור על התורה
נדפס חמשית על ידי המחוקק כבני שונצינו
בפזרו:
מגדל עוז שם יי
בו ירוץ צדיק ונשגב

Neviim rishonim (Vordere Propheten)

David ben Josef ben Kimchi ha-Sefardi
(um 1160–1235)
15. Oktober 1485, Soncino
Drucker: Josua Salomo ben Israel Natan Soncino
Papier, 167 Blätter, 30,2 x 45,5 cm
Inv.-Nr. Bb hebr.1485 01
Württembergische Landesbibliothek, Stuttgart

Neviim aharonim (Hintere Propheten)

David ben Josef ben Kimchi ha-Sefardi
(um 1160–1235)
1486, Soncino
Drucker: Josua Salomo ben Israel Natan Soncino
Papier, 166 Blätter, 30,9 x 45 cm
Inv.-Nr. Bb hebr. 1486 01
Württembergische Landesbibliothek, Stuttgart

Diese beiden Bibelinkunabeln bilden eine thematische Einheit. Zum ersten Mal wurde der Text des zweiten Teils der hebräischen Bibel im Druck veröffentlicht, nämlich die Abschnitte Josua bis 2. Könige und Jesaja bis Maleachi, nach jüdischer Tradition die »Vorderen« und »Hinteren Propheten«. Da es keine vergleichbare Ausgabe der Tora von Soncino im Folioformat gibt, ist anzunehmen, dass man sich zunächst scheute, die Tora zu veröffentlichen. Zuvor war nur im Jahre 1482 eine Tora-Inkunabel in Bologna gedruckt worden.

Die hebräische Bibel erscheint gewöhnlich in zweierlei Gestalt, zum einen mit reinem Bibeltext als Tanach, bestehend aus Tora, Neviim und Ketuvim, zum anderen mit Kommentaren der anerkannten Theologen des Mittelalters als »Rabbiner-Bibel«. Dort umrahmen die Kommentare das Lemma des masoretischen Textes und gegebenenfalls der Targume.

In den ersten Ausgaben der Inkunabelzeit ist jeweils nur der Kommentar einer einzigen Autorität abgedruckt. Hier ist es David ben Josef Kimchi aus Narbonne.

Der masoretische Text blieb unpunktiert, was vermutlich drucktechnische Gründe hatte. Auffällig sind an den Zeilenenden oftmals einzelne hebräische Buchstaben, die jeweils identisch mit dem Anfangsbuchstaben des ersten Wortes der folgenden Zeile sind. Sie sind keine Zählungen oder Lesehilfen, sondern dienen dazu, die Zeile zum Randausgleich aufzufüllen, da noch nicht mit »Durchschuss« zwischen den Wörtern gearbeitet wurde.

Dem Stuttgarter Exemplar der *Neviim aharonim* fehlen das Buch Jesaja und die Kleinen Propheten ab Jona. Es wurde anscheinend intensiv benutzt: Das Buch Jeremia ist bis Kapitel 31,19 handschriftlich reich glossiert. Der Vorbesitzer hat nicht nur in umfänglichem Maße hebräisch, lateinisch, italienisch und griechisch zitiert, sondern auch teilweise den gedruckten Text punktiert und dadurch lesbarer und verständlicher gemacht. Dies hatte er für das Lemma des ihm bekannten Bibeltextes nicht für nötig befunden, wohl aber für den Kommentar des David Kimchi. Inhalt und flüssiger Duktus der hebräischen Handschrift lassen auf einen humanistisch gebildeten Juden schließen. E. Z.

Meschal ha-Kadmoni (Gleichnis der Vorzeit)

Isaak ben Salomo ibn Sahula
1491, Brescia
Drucker: Gerschon ben Mose Soncino
Papier, 19,8 x 14,7 cm
Inv.-Nr. Cod. Slg. Griesebach 1266
Kunstbibliothek, Staatliche Museen zu Berlin, Preußischer Kulturbesitz

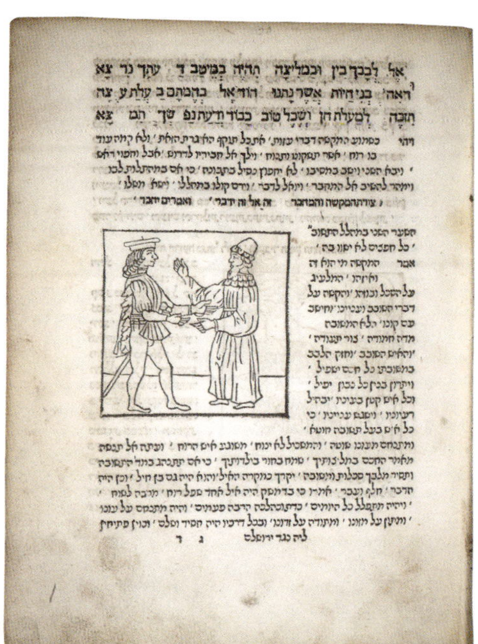

Im Jahre 1490 endete die Druckertätigkeit der Soncino in ihrer Heimatstadt. Josua Salomo ben Israel Natan verlegte seine Druckerei nach Neapel, und sein Neffe Gershon ben Mose druckte seit 1491 in Brescia. Dort entstand der mit Holzschnitten illustrierte Druck des von Isaak ben Salomo ibn Sahula aus Guadalajara in Kastilien im Jahre 1281 verfassten *Meschal ha-Kadmoni*. Das Buch beinhaltet eine Sammlung von Parabeln, Erzählungen und Märchen, die im Mittelalter bei jüdischen Lesern sehr verbreitet und populär waren. W. T.

Literatur Frankfurt 1961, Nr. 153 (mit falscher Datierung); Mann 1990, 182, Nr. 55

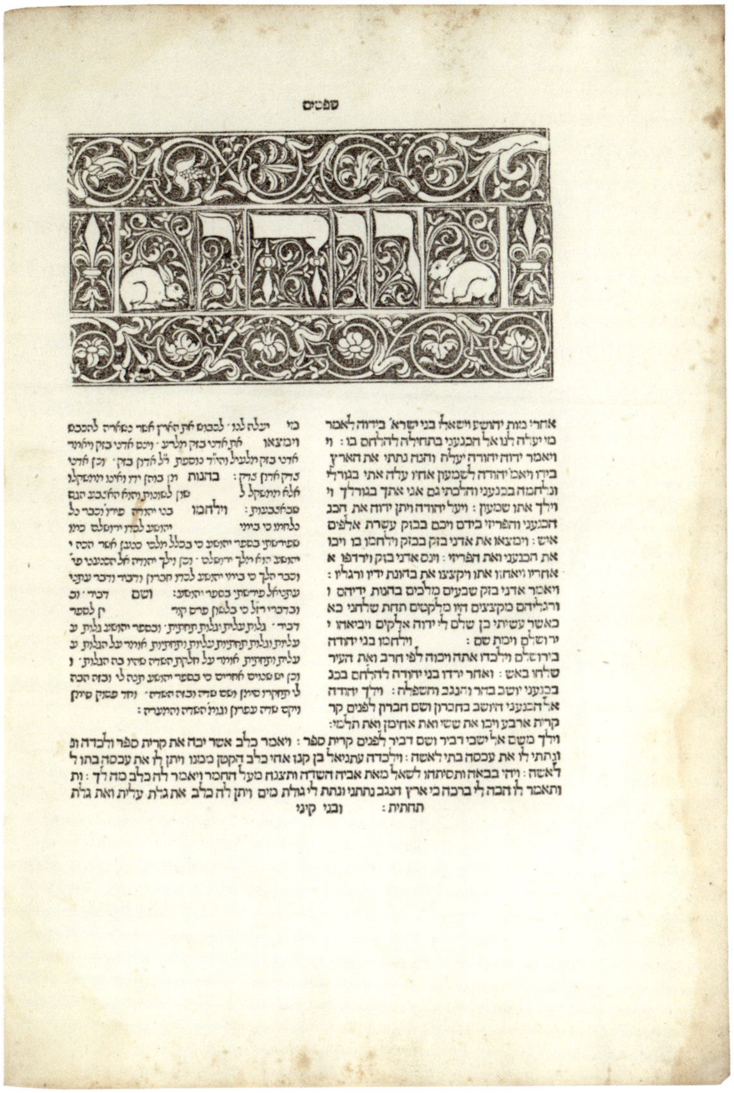
שפטים

אחרי מות יהושע וישאלו בני ישרא׳ ביהוה לאמר
מי יעלה לנו אל הכנעני בתחלה להלחם בו : וי
ויאמר יהוה יהודה יעלה והנה נתתי את הארץ
בידו ויאמ׳ יהודה לשמעון אחיו עלה אתי בגורלי
ונלחמה בכנעני והלכתי גם אני אתך בגורלך וי
וילך אתו שמעון : ויעל יהודה ויתן יהוה את הכנ
הכנעני והפריזי בידם ויכם בבזק עשרת אלפים
איש : וימצאו את אדני בזק בבזק וילחמו בו ויכו
את הכנעני ואת הפריזי : וינס אדני בזק וירדפו א
אחריו ויאחזו אתו ויקצצו את בהונות ידיו ורגליו :
ויאמר אדני בזק שבעים מלכים בהנות ידיהם ו
ורגליהם מקצצים היו מלקטים תחת שלחני כא
כאשר עשיתי כן שלם לי יהוה אלקים ויביאהו י
ירושלם וימת שם : וילחמו בני יהודה
בירושלם וילכדו אתה ויכוה לפי חרב ואת העיר
שלחו באש : ואחר ירדו בני יהודה להלחם בכנ
בכנעני יושב ההר והנגב והשפלה : וילך יהודה
אל הכנעני היושב בחברון ושם חברון לפנים קר
קרית ארבע ויכו את ששי ואת אחימן ואת תלמי :
וילך משם אל יושבי דביר ושם דביר לפנים קרית ספר : ויאמר כלב אשר יכה את קרית ספר ולכדה ונ
ונתתי לו את עכסה בתי לאשה : וילכדה עתניאל בן קנז אחי כלב הקטן ממנו ויתן לו את עכסה בתו ל
לאשה : ויהי בבואה ותסיתהו לשאל מאת אביה השדה ותצנח מעל החמור ויאמר לה כלב מה לך : ות
ותאמר לו הבה לי ברכה כי ארץ הנגב נתתני ונתת לי גלת מים ויתן לה כלב את גלת עלית ואת גלת
תחתית : ובני קיני

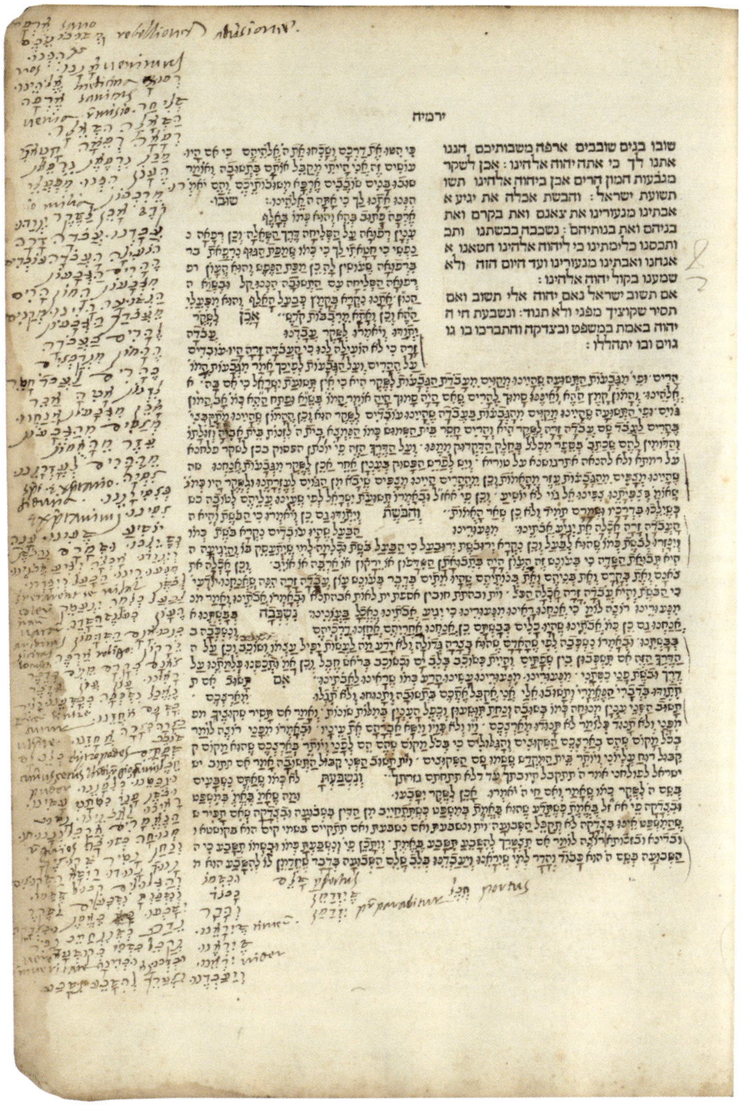
ירמיה

שובו בנים שובבים ארפה משבותיכם הננו
אתנו לך כי אתה יהוה אלהינו : אכן לשקר
מגבעות המון הרים אכן ביהוה אלהינו תשו
תשועת ישראל : והבשת אכלה את יגיע א
אבתינו מנעורינו את צאנם ואת בקרם ואת
בניהם ואת בנותיהם : נשכבה בבשתנו ותב
ותכסנו כלמתינו כי ליהוה אלהינו חטאנו א
אנחנו ואבתינו מנעורינו ועד היום הזה ולא
שמענו בקול יהוה אלהינו :
אם תשוב ישראל נאם יהוה אלי תשוב ואם
תסיר שקוציך מפני ולא תנוד : ונשבעת חי ה
יהוה באמת במשפט ובצדקה והתברכו בו גו
גוים ובו יתהללו :

Der Renner

Hugo von Trimberg (um 1235 – um 1313)
1426, Wien
Papier, ca. 26,7 x 17,5–18,5 cm
Inv.-Nr. Cod. 3086
Österreichische Nationalbibliothek, Wien

Der mit kolorierten Federzeichnungen reich illustrierte, 1426 datierte und nach Wien lokalisierte Codex enthält als Haupttext die gekürzte Fassung des weit verbreiteten *Renner* des Hugo von Trimberg. In äußerlicher Anlehnung an die Form der Todsündentraktate behandelt der Autor in sechs Kapiteln die sieben Kardinaltugenden und anschließend, in einem an Exkursionen besonders reichen Schlussabschnitt, das Bußsakrament als Ausweg aus den Sündenverstrickungen sowie den Tod und das Jüngste Gericht. Die hier abgebildete Miniatur zeigt als Textillustration einen Wucherer, dem – als er am Vorabend der Kirchweih zusammen mit dem Bischof den von ihm finanzierten Kirchenbau besichtigt – der Teufel erscheint, der das durch Wuchergewinn bezahlte Bauwerk für sich selbst in Anspruch nehmen will. Die Darstellung interpretiert den im Text nicht näher spezifizierten Wucherer mit einem orientalisierenden Hut wohl als Juden. K. G. P.

Literatur Müller 1966, 271–306; Weigand 2000, 124–126; München 2002, 178–179 (mit Literaturhinweisen)

Altartafel mit der Kreuzigung Christi

Nach der Mitte des 15. Jahrhunderts
Harztempera auf Nadelholz, 183 x 106 cm
Inv.-Nr. HM 1979/38b
Leihgabe des Landes Rheinland-Pfalz,
Historisches Museum der Pfalz Speyer

Die Altartafel mit der Kreuzigungsszene ist ein Beispiel für antijüdische Darstellungen in der christlichen Kunst des ausgehenden Mittelalters. In der Bildmitte dominiert das Kreuz mit Christus. Links des Kreuzes steht die betende Mutter Maria, hinter ihr ragen die Köpfe von Johannes und Maria Magdalena hervor. Diese Figuren sind in zeitgenössischer Kleidung dargestellt und tragen einen Heiligenschein. Als Gegenpol hierzu steht auf der rechten Bildseite ein Hauptmann in reich bestickter orientalischer Kleidung mit umgegürtetem Schwert. Hinter ihm sind ein Soldat im Harnisch und ein Hohepriester im kostbaren Talar zu erkennen. Darstellungen von Juden in orientalischer Kleidung sollten vermitteln, dass diese nicht dem europäisch-christlichen Kulturkreis angehören. Dementsprechend sind auch ihre Gesichter wenig schmeichelhaft wiedergegeben.
Orientalische Kopfbedeckung, Soldatenhelme, Lanze, Stab mit Essigschwamm, Gabel und ein rotes sowie ein gelbes Banner bestimmen den Bildhintergrund. Auf der gelben Fahne ist ein Skorpion als Symbol für das Judentum und eine Inschrift in pseudo-hebräischer Schrift angebracht. Auf subtile Weise wurde durch diese Altartafel antijüdische Stimmung bei den christlichen Betrachtern geschürt und das Vorurteil, die Juden hätten Jesus getötet, transportiert. K. B.

Literatur Speyer 1994, 104–105

»Judensau«

15. Jahrhundert, Wiener Neustadt
Steinrelief, feinkörniger Kalksandstein, Reste einer neuzeitlichen polychromen Überfassung, 38 x 44 x 14 cm
Inv.-Nr. A 1096
Stadtmuseum Wiener Neustadt

Das als »Judenspott« im Inventarbuch des Stadtmuseums bezeichnete Steinrelief stellt vier Juden dar, die an den Zitzen eines weiblichen Schweins saugen, ein fünfter und sechster befinden sich am Boden, während sich ein siebenter am Schwanz des Schweins festklammert. Auffallend ist, dass die Juden auf dieser Darstellung, verglichen mit anderen Abbildungen, nicht den die Juden im Mittelalter kennzeichnenden spitzen Judenhut tragen. Der Wiener Neustädter Chronist Dr. Josef Meyer weiß zu berichten, dass das Steinrelief im Hofe des Hauses Hauptplatz 16 in Wiener Neustadt vorgefunden wurde.

Das Motiv der »Judensau« ist seit dem 13. Jahrhundert belegt. Die Sau galt als Veranschaulichung der Sündhaftigkeit. Das Saugen an den Zitzen der Sau sollte das Vorurteil zum Ausdruck bringen, dass die Juden existenziell und durch ihren »Unglauben« zur Seite des Teufels und der Sünde neigen. Derartige Darstellungen hatten die Funktion, antijüdisches, stereotypes Gedankengut zu verfestigen und zu verbreiten. Die Spottbilder der »Judensau« tradierten somit ein mittelalterliches Motiv von derber Obszönität bis in die Neuzeit – das antisemitische Schimpfwort »Saujude« hat hier seinen Ursprung. N. K.

Literatur Shacher 1974; Schubert 1982, 310–311

Gewölbter Dachziegel mit Judenkopf

Um 1400, Ravensburg
Keramik, grün glasiert, 17 x 17 x 34,5 cm
Inv.-Nr. 138
Bayerisches Nationalmuseum München

Der im 14. Jahrhundert erbaute Grüne Turm zu Ravensburg besaß am Ende der Firstgrate in Traufhöhe, 22 Meter über dem Erdboden, mindestens drei Ziegel mit aufmodellierten Köpfen, von denen zwei aufgrund des spitzen Huts als Judenköpfe zu erkennen sind. Der Turm als Teil der Stadtbefestigung stand am Eingang der einzigen Straße, die durch den mittelalterlichen jüdischen Wohnbereich führte. Es bleibt fraglich, ob angesichts dieser Situation eine symbolische Abwehrfunktion in die Kopfziegel hineininterpretiert werden kann – sei es gegen Juden oder gegen Nichtjuden. Da die Juden im Jahre 1429 aus Ravensburg vertrieben wurden, waren die Kopfziegel wohl in den Jahrzehnten zuvor entstanden. I. B.

Literatur Eitel 1977, 135–139

Wasserspeier

15. Jahrhundert, Rouffach, Frankreich
Stein, 149,5 x 62 x 46 cm
Inv.-Nr. SP 458
Musée d'Unterlinden, Colmar

Der Wasserspeier bringt einen Teufel zur Darstellung, der mit zurückgeworfenem Kopf und weit aufgerissenem Maul auf einem Juden sitzt. Das mit einem Judenhut gekennzeichnete Opfer ist in die Knie gezwungen und versucht verzweifelt, sich des übergroßen Dämons zu erwehren. In seiner linken Hand hält der Jude einen gefüllten Geldsack. Diese an der Pfarrkirche im elsässischen Rouffach angebrachte Skulptur greift das Vorurteil der jüdischen Wucherei beim Geldverleih auf und verleumdet die Juden zudem als »vom Teufel besessen«. Die gemeinsamen Darstellungen von Juden und Teufel sind im 15. und 16. Jahrhundert häufiger zu finden. M. W.

Literatur Raphael/Weyl 1977, 42–43; Paris/Colmar 1999, 73

Grabstein des Senior, Sohn des Abraham

1368, Speyer
Sandstein, 168 x 82 cm
Inv.-Nr. R 19
Historisches Museum der Pfalz Speyer

Senior, Sohn des Abraham, verstarb als junger, noch unverheirateter Mann am 8. November 1368 u. Z. Der Grabstein gehört zu einer Reihe qualitätvoller Stücke, die nach der Vertreibung der Juden aus Speyer im Jahre 1415 und der Schändung des jüdischen Friedhofs zum Bau der Salzturmbrücke über den Speyerbach, einen Zufluss des Rheins, verwendet wurden. Zum Einbau gegen die Fließrichtung im Widerlager der Brücke wurde er nach unten links zugespitzt.

Beim Abbruch der mittelalterlichen Salzturmbrücke im Jahre 1908 wurde er mit anderen jüdischen Grabsteinen aus der zweiten Hälfte des 14. Jahrhunderts geborgen. Etwa 45 Grabsteine und Grabsteinfragmente vom mittelalterlichen jüdischen Friedhof aus den Jahren zwischen 1112 und 1443 wurden bislang als Baumaterial für öffentliche und private Bauten in Speyer wieder entdeckt, darunter auch zwei Doppelgrabsteine und vier frühe Grabsteine mit Bilderschmuck. W. T.

Literatur Kober 1944, 201–202, Nr. 15; Rapp 1960, 171–172, Nr. 19; Stuttgart/Karlsruhe 2001, 86–87, Nr. 160

Fragment eines jüdischen Grabsteins

Vor 1350, Frankfurt am Main
Sandstein, Kopie 134 x 56,5 cm
Inv.-Nr. JMF 93-36
Jüdisches Museum, Frankfurt am Main

Im Frankfurter Sankt-Bartholomäus-Dom an der Ostseite des Nordquerhauses wurde im Jahre 1993 im südlichen Joch, in etwa 20 Metern Höhe, in einer Fensterlaibung das Fragment eines jüdischen Grabsteins entdeckt. Das stark abgearbeitete Bruchstück ist wohl um 1350 als Schildbogenstein bei Dombauarbeiten eingemauert worden.

Die hebräische Inschrift – oben von einem Halbbogen umrahmt – umfasst noch vier Zeilen, deren letzte stark abgemeißelt ist: […] פה נקברת הזקנה / מרת […](» […] Hier ist begraben die betagte Frau […]«). Ein weiterer Bogenansatz links spricht für einen ursprünglichen Doppelgrabstein. Dieser dürfte nach dem Pogrom von 1349 vom alten, der Stadt verpfändeten Friedhof an der heutigen Battonnstraße als Baumaterial entwendet worden sein, ebenso wie die beiden 1948 entdeckten Grabsteine im Altarfundament am Fuße des erwähnten Fensters. J. W.

ציון הלז
ר' שניאור בר' אברהם
שנפטר ביום ה' כ"ו מר
חשון שנת חמשת א
לפים ומאה ועשרי
ם ותשעה לבריאת
עולם · תנצב"ע

Grüselhorn

16. Jahrhundert, Straßburg
Bronze, Leinen, L 71 cm, B bis 10,5 cm
Inv.-Nr. 22.995.670
Musée de l'Œuvre Notre-Dame, Straßburg

Wie überall in Europa warf man auch den Straßburger Juden verleumderisch vor, für den Ausbruch der Pest verantwortlich zu sein, indem sie die Brunnen vergiftet hätten. Im Zuge dieser Auseinandersetzung beschloss der Straßburger Stadtrat am 13. Februar 1349, zur Strafe alle Juden der Stadt zu verbrennen. Dieses grausame Unterfangen wurde am darauf folgenden Tag auf dem jüdischen Friedhof in die Tat umgesetzt. Mehr als 100 Juden starben in den Flammen. Einige wenige Juden, die sich zuvor taufen ließen, konnten diesem Schicksal entfliehen. 20 Jahre später wurden die ersten jüdischen Familien in Straßburg wieder ansässig.

Im Jahre 1592 erschien in der Edelsasser Chronik die geschichtsverfälschende Mähr, dass die Straßburger Juden 1349 mithilfe von Feinden versucht hätten, die Macht über die Stadt zu gewinnen. Diese Feinde sollten in einem günstigen Moment durch ein Hornsignal herbeigerufen werden. Wahrscheinlich geht diese Legende auf den jüdischen Schofar (Widderhorn) zurück, welcher in der Synagoge Gebrauch fand und zu Propagandazwecken uminterpretiert wurde. Aus dieser Mähr entwickelte sich jedoch der Brauch, abends von der Straßburger Kathedrale herab das so genannte »Judenblos« oder »Judenblas« mit dem Grüselhorn zu blasen. Dies sollte zum einen an die »Schandtat« der Juden erinnern und signalisierte zugleich den allabendlichen Beginn der Ausgangssperre für die Juden, die vom Stadtrat verhängt worden war.

Der Name »Grüselhorn« hat seinen Ursprung in der Wortwurzel »graus« und soll auf den den Juden zur Last gelegten Verrat der Stadt hindeuten. Das mit den Wappen der Stadt und der Kathedrale von Straßburg versehene Horn fand noch bis 1791 Verwendung. M. W.

Literatur Germania Judaica 1968, 798–806; Germania Judaica 1995, 1418 ff.; Paris/Colmar 1999, 74

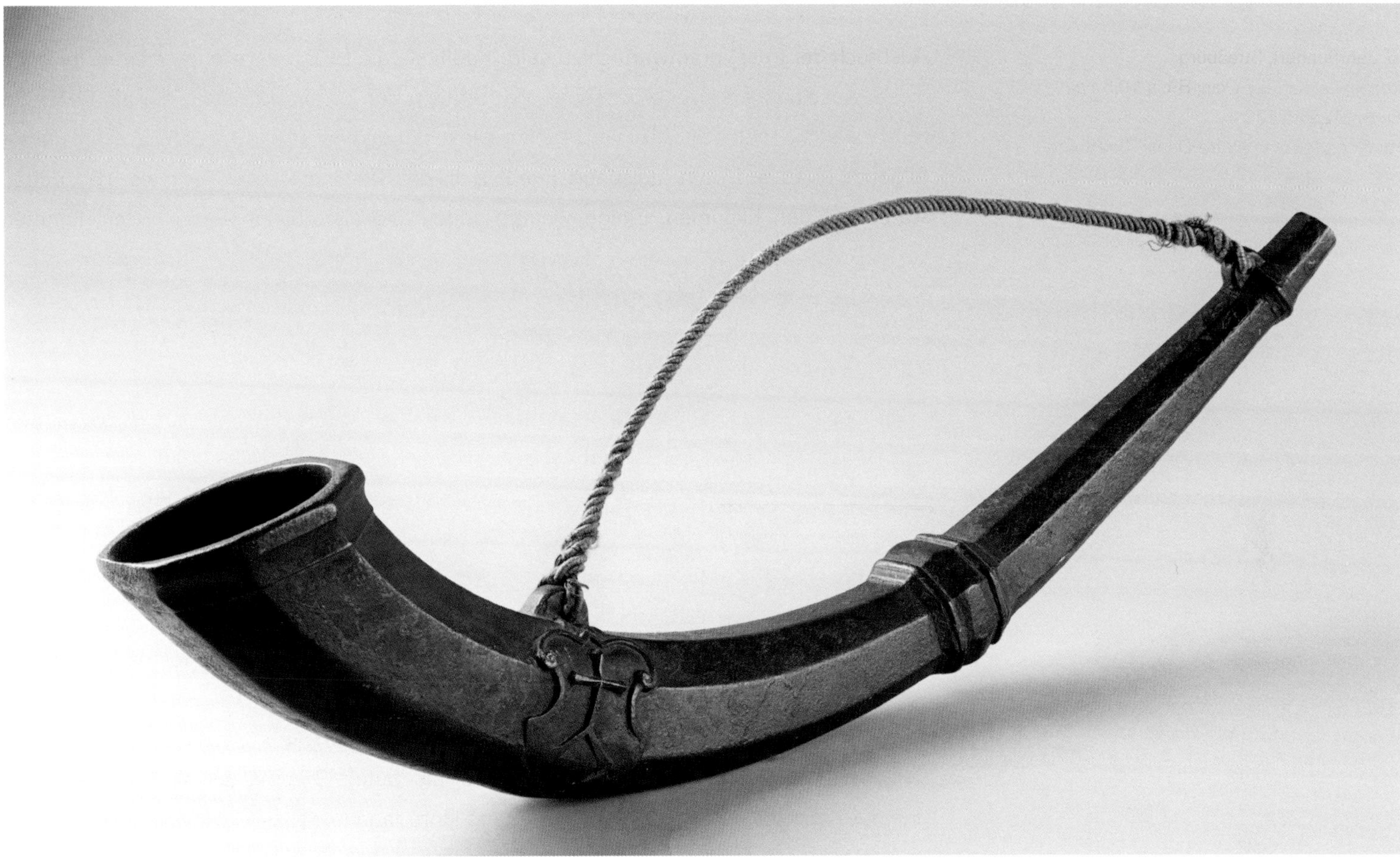

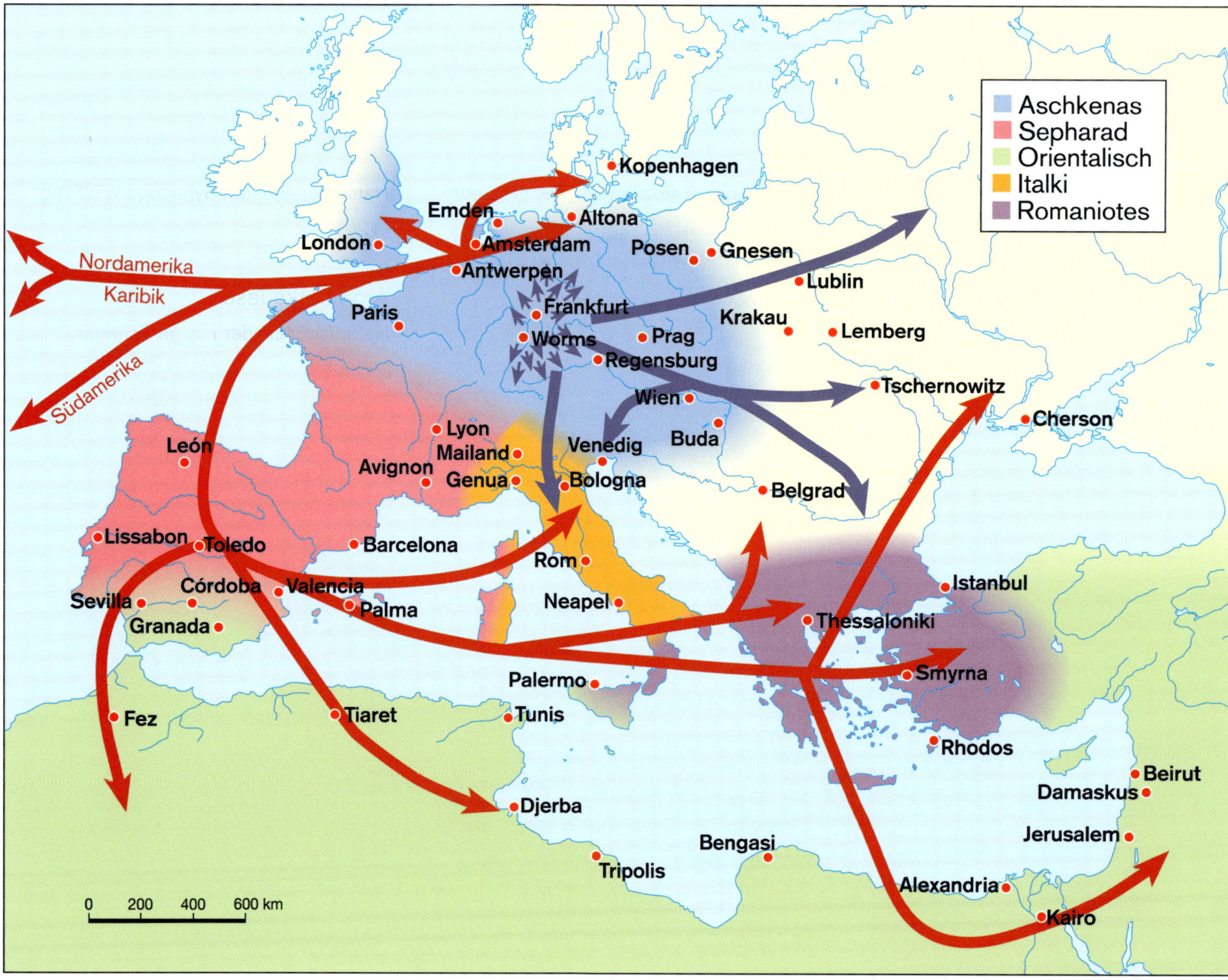

Frühneuzeitliche Wanderungsbewegungen europäischer Juden

Aschkenasische Binnenwanderung in ländliche Bereiche

Aschkenasische Wanderungsbewegung

Sephardische Wanderungsbewegung

Glossar

Aggada
Aramäisch für »Erzählung«. Teil der Lehre (Tora), die Geschichten, Sagen, Legenden, Anekdoten und Gleichnisse umfasst.

Aguna
Hebräisch für »gebundene Frau«. Unter Aguna versteht man eine jüdische Frau, die nicht wieder heiraten darf, weil keine Scheidungsdokumente vorliegen.

Aljama
Bezeichnung für jüdische Gemeinden mit eigener Verfassung in Kastilien vor der Vertreibung 1492.

Almemor
Vom arabischen »al-minbar«, »Podest«. Bezeichnung für das Pult in der Synagoge, von dem während des Gottesdienstes aus der Tora gelesen wird (siehe »Bima«).

Almohaden
Berberdynastie (1147–1269), die den Maghreb und weite Teile des maurischen Spaniens beherrschte.

Almoraviden
Militärisch-religiöser Berberorden der maurisch-spanischen Dynastie, der von 1036 bis 1147 bestand und den Maghreb und weite Teile des maurischen Spaniens beherrschte. Unter seiner Herrschaft kam es zur Unterdrückung von Juden und Christen. 1195 wurden die Almoraviden von den Almohaden gestürzt.

Altneuschul
Name der ältesten Synagoge von Prag (1260).

Aron ha-kodesch
Hebräisch für »der heilige Schrein«. Schrein in der Synagoge, in dem die Tora-Rollen aufbewahrt werden.

Aschkenasim/Aschkenas/aschkenasisch
Regionale Bezeichnung für die Juden (Aschkenasim) in Mittel- und Osteuropa (Aschkenas), etwa das Gebiet von Nordfrankreich bis Russland umfassend.

Baile General
Amtsträger für die Rechtssprechung und Verwaltung im Königreich Aragón.

Bet Din
Hebräische Bezeichnung des Gerichts in der jüdischen Gemeinde.

Besamim-Behälter
Bei der Hawdala-Zeremonie, mit der der Schabbat »verabschiedet« wird, werden in den Besamim-Behälter wohlriechende Gewürze (Zimt, Nelken, Orangenblüten oder Myrre) gelegt, deren Duft symbolisch den Schabbat von den Werktagen trennt.

Bima
Bezeichnung aus dem Griechischen für das erhöhte Pult in der Synagoge, von dem aus der Tora vorgelesen wird (siehe »Almemor«).

Calatrava-Orden
Spanischer Ritterorden, 1158 zur Bekämpfung der Maurenherrschaft in Spanien gegründet.

Chanukka
Hebräisch für »Einweihung«. Das achttägige Fest erinnert an die erfolgreiche Erhebung der Juden unter der Führung des Juda Makkabi gegen die Seleukiden in Syrien (165 v. u. Z.) und an die anschließende Wiedereinweihung des zerstörten Tempels in Jerusalem. Eine talmudische Legende berichtet, dass im Tempel nur noch ein nicht entweihtes Fläschchen Öl übrig geblieben war, das den Leuchter aber auf wundersame Weise acht Tage lang speiste. So entstand der Brauch, an Chanukka jeden Tag bei Sonnenuntergang ein Licht an einem achtarmigen Leuchter zu entzünden, bis schließlich am letzten Tag des Festes alle Lichter brennen. Deshalb wird Chanukka auch »Lichterfest« genannt.

Chasan
Vorbeter und Sänger in der Synagoge.

Chuppa
Hebräische Bezeichnung des Baldachins, unter dem das jüdische Brautpaar vermählt wird.

Elul
Jüdischer Monatsname, entspricht etwa August/September (siehe »Kalender«).

Eretz Israel
Hebräisch für »Land Israel«. Das von Gott an Abraham als Wohnort für das jüdische Volk verheißene Land (Genesis 13,14).

Eschet Chail
Hebräisch für »die tugendhafte Frau«.

Etrog
Zitrusfrucht im Feststrauß (siehe »Lulav«), der zum Jahresfest Sukkot gebunden wird.

Exilarch
Erblicher Titel des aus dem Geschlecht Davids stammenden säkularen Hauptes der Juden in Babylonien. Nach der arabischen Eroberung Babyloniens residierte der Exilarch eine Zeitlang in Bagdad. Seit dem 12./13. Jahrhundert war er ohne große Machtbefugnisse. Offiziell erlosch der Titel erst 1401.

Fatimiden/fatimidisch
Islamische Dynastie (909–1171), die in Nordafrika herrschte und ihren Ursprung auf Fatima, die jüngste Tochter des Propheten Mohammed, zurückführte.

Frauenbetraum / Frauenschul
Da Frauen und Männer nach halachischem Gesetz getrennt am Gottesdienst teilnehmen mussten, erhielten viele Synagogen des Mittelalters einen Anbau, den so genannten Frauenbetraum (auch Frauenschul genannt), der durch Hörschlitze mit dem Hauptsynagogenraum verbunden war und in dem die jüdischen Frauen dem Gottesdienst beiwohnen konnten. Seit der frühen Neuzeit wurden auch Frauenemporen in den Männerbetraum eingebaut.

Gabbai (Plural: Gabbaim)
Amtsträger der jüdischen Gemeinde, der für ihr Finanzwesen zuständig war.

Gemara
Gemara und Mischna sind die beiden Teile des Talmud. Die Gemara erklärt und erläutert die Mischna und geht dabei unter anderem auf die Halacha und auf Teile der Aggada ein.

Genisa
Als »Genisa« werden Stellen bezeichnet, an denen jüdische Kultgegenstände, die unbrauchbar geworden sind, aufbewahrt werden. Kultgegenstände, die den Namen Gottes tragen, dürfen nach jüdischem Glauben nicht zerstört werden. Die berühmteste Genisa befand sich auf dem Dachboden der Synagoge von Alt-Kairo.

Haddas
Hebräisch für »Myrre«. Im Mittelalter Bezeichnung für Besamim-Behälter, da der Behälter bei der Hawdala-Zeremonie in der Regel mit Myrre gefüllt wurde.

Häresie/häretisch
Lehre, die dem kirchlichen Dogma widerspricht und als Ketzerei verurteilt wird.

Haggada (Plural: Haggadot)
Haggada bedeutet »Erzählung«, ist aber auch der Name einer Sammlung von Erzählungen. Unter anderem enthält sie den biblischen Bericht über die Flucht der Israeliten aus der ägyptischen Sklaverei. Die Haggada wird traditionell am Seder-Abend vorgelesen.

Hagiografen
Die hebräische Bibel enthält 24 kanonische Schriften, die in drei Gruppen unterteilt sind: Tora, prophetische Bücher und Hagiografen. Zu den Hagiografen zählen Psalmen, Iob, Sprüche, Rut, das Hohe

Lied, Klagelieder, Kohelet, Ester, Daniel, Esra und Nehemia sowie das erste und zweite Buch der Chronik.

Halacha/halachisch
Hebräisch für »gehen, wandeln«. Bezeichnet alle schriftlich fixierten und mündlich überlieferten Gesetze und Gebote des Judentums.

Hallel
Hebräisch für »Lobet den Namen des Herren«. Bezeichnung für die liturgische Verwendung der Psalmen 113 bis 118, die an den großen jüdischen Feiertagen mit Ausnahme von Rosch ha-Schana und Jom Kippur gesprochen werden.

Hamsa
Arabisch für »fünf«. Bezeichnung für ein Amulett in Form einer Hand (fünf Finger), das in der persönlichen Religiosität als Schutzbringer dient. Häufig wird die Hamsa auch »Hand der Fatima« oder im jüdischen Zusammenhang »Hand der Miriam« (Schwester des Mose) genannt.

Hawdala
Hebräisch für »Unterscheidung«. Bezeichnung für die Zeremonie am Ende des Schabbat, bei der ein Segen über einem Becher Wein und den Besamim-Behälter gesprochen wird, um den Unterschied zwischen Schabbat und profanem Alltag hervorzuheben.

Hostienfrevel
Christliche Beschuldigung, dass die Juden Hostien schändeten, um ihrem Hass am Christentum Ausdruck zu verleihen. Die Hostien hätten auf wundersame Weise zu bluten angefangen. Die Anklage trat erstmals im Pariser Hostienfrevel-Prozess 1290 auf. Viele Juden, denen verleumderisch ein Hostienfrevel vorgeworfen wurde, bezahlten dies mit dem Leben.

Inwohner
Bezeichnung von regional sehr unterschiedlicher Bedeutung, die sowohl einen Dorfbewohner mit Haus und Hof als auch einen in der Stadt lebenden Hausbesitzer meinen kann.

Jad
Hebräisch für »Hand«, aber auch »Tora-Zeiger«. Er wird zum Lesen der Tora benötigt, da diese nicht mit der bloßen Hand berührt werden darf.

Jeschiwa (Plural: Jeschiwot)
Theologische Hochschule des Judentums, an der sich Studenten intensiv mit dem Talmud und anderen religiösen Schriften auseinander setzen.

Jom Kippur
Hebräisch für »Versöhnungstag«, höchster Feiertag im jüdischen Jahr. Es ist der letzte der zehn Bußtage, die an Rosch ha-Schana beginnen. Die Gläubigen arbeiten an diesem Tag nicht, sondern verbringen ihn mit Fasten und Beten in der Synagoge. Beim abschließenden Gottesdienst wird – wie an Rosch ha-Schana – das Widderhorn geblasen.

Jozer
Hebräisch für »Schöpferhymne«, Bezeichnung für eine Reihe von Pijutim (liturgische Gedichte), die an Festtagen und am Schabbat gesprochen werden.

Judería
Spanischer Ausdruck für ein jüdisches Wohnviertel innerhalb einer Stadt.

Kabbala
Hebräisch für »Überlieferung«, im 12. Jahrhundert entstandene jüdische Mystik- und Geheimlehre. Grundströmungen dieser Bewegung sind bereits in der Antike zu finden.

Kalender
Der heute gültige jüdische Kalender (seit dem 10. Jahrhundert u. Z. unverändert) berechnet die Monate nach dem Mond und die Jahre nach der Sonne. Es besitzt zwölf Monate mit je 29 oder 30 Tagen. Die Monate heißen: Tischri, Cheschwan, Kislew, Tewet, Schewat, Adar, Nissan, Ijar, Sivan, Tammus, Av und Elul. Die jüdische Zeitrechnung bezieht sich auf die Weltschöpfung; um das jüdische Jahr mit der gregorianischen Zeitrechnung gleichzusetzen, muss die Zahl 3760 addiert werden (2004 = 5764/5765).

Karäer
Hebräisch für »Schriftkundige«. Jüdische Sekte, die nur das Alte Testament, nicht aber den Talmud und rabbinische Auslegungen als Gesetz anerkennt.

Ketubba (Plural: Ketubbot)
Jüdische Heiratsurkunde, in der die Vermögensregelungen zwischen dem Brautpaar festgehalten werden.

Kislev
Jüdischer Monatsname, entspricht etwa November/Dezember (siehe »Kalender«).

Kolophon

Schlussformel einer Handschrift, in der Titel, Verfasser, Schreiber, Maler, Auftraggeber, Entstehungsort und -zeit des Werks genannt sein können.

Koscher

Vom Hebräischen »kascher« (rein, passend). Rituelle Reinheit im Bezug auf die vorschriftsmäßige Herstellung von Tora-Rollen sowie auf die Nutzung von Geschirr und den Verzehr von Speisen. Die einzelnen Vorschriften der Speisegesetze sind zusammengefasst im *Schulchan Aruch* (halachisches Kompendium aus dem 16. Jahrhundert).

Lulav

Feststrauß der zum Sukkot-Fest aus einer Zitrusfrucht (Etrog), einem Palmzweig, Myrte und Bachweide gebunden wird.

Machsor (Plural: Machsorim)

Sammlung von Gebeten für bestimmte Festtage.

Maghreb

Arabisch für »Westen«. Der Westteil der arabisch-moslemischen Welt: das heutige Tunesien, Nordalgerien, Marokko.

Männerschul

Hauptsynagogenraum (siehe »Frauenbetraum« und »Frauenschul«).

Mappa (Plural: Mappot)

Auch Torawimpel, eine aus der Beschneidungswindel eines Jungen stammende verzierte Stoffbahn, die als Befestigungsband um die Tora-Rolle gelegt wird.

Marranen

Abgeleitet vom spanischen »marrano«, »Schwein«. Verunglimpfende, umgangssprachliche Bezeichnung für getaufte Juden, gebräuchlich im sephardischen Raum.

Masora/Masoreten/masoretisch

Hebräisch für »Überlieferung«. Bezeichnung für die Überlieferung des Bibeltextes durch die Gelehrten in Palästina und Babylonien (Masoreten) des 7. bis 10. Jahrhunderts. Die Masoreten legten die Punktierung und damit die Aussprache des Bibeltextes fest. Hierbei entstanden als Regelwerk die Masora parva und als deren Erweiterung die Masora magna.

Mazza (Plural: Mazzot)

Ungesäuertes Brot, meist aus Mehl und Wasser ohne Salz, das gemäß dem biblischen Gebot (Exodus 12,34 und Deuteronomium 16,3) zum Andenken an den Auszug der Israeliten aus Ägypten am Seder-Abend gegessen wird (siehe »Pessach« und »Seder-Abend«).

Modell der mittelalterlichen Mikwe von Straßburg
Musée Historique, Straßburg

Mechiza

Räumliche Trennung zwischen Männern und Frauen beim Gottesdienst in der Synagoge in Form einer Wand, Empore oder eines Gitters.

Meil (Plural: Meilim)

Hebräisch für »Mantel«. Tora-Mantel aus meist sehr kostbarem Stoff, der um die Tora-Rollen gelegt wird und zusammen mit Tora-Schild, Rimmonim und Tora-Krone zum Tora-Schmuck gehört.

Menora (Plural: Menorot)

Siebenarmiger Leuchter, der im biblischen Stiftszelt und im Tempel von Jerusalem stand und zu einem der bekanntesten Symbole des Judentums geworden ist. Im Mittelalter galt er als Zeichen der Hoffnung für die Ankunft des Messias.

Midrasch (Plural: Midraschim)

Hebräisch für »Auslegung«, »Deutung«. Gesammelte rabbinische Literatur, die sich an den Bibeltext anschließt und ihn erklärt.

Mikwe

Die Mikwe, das jüdische Ritualbad, ist ein wichtiger Bestandteil jeder jüdischen Gemeinde. Das Eintauchen im Wasserbecken dient sowohl der körperlichen als auch der geistigen Reinigung. Frauen ist der Besuch der Mikwe nach der Menstruation oder der Entbindung und vor der Hochzeit vorgeschrieben. Durch das Eintauchen von Gebrauchsgegenständen können diese koscher gemacht werden. Die Mikwe darf nur mit »lebendigem« Wasser, das heißt mit fließendem Wasser, gefüllt sein.

Brotstempel mit Menora, Schofar und Lulav
4. Jahrhundert
Bronze, 5,7 x 5,4 cm
The Israel Museum, Jerusalem
Schenkung von Leo Mildeberg, Zürich

Minoriten

Auch Franziskaner-Konventualen. Ältester bestehender Ordenszweig in der Nachfolge des heiligen Franz von Assisi (1181/82–1226) neben Franziskanern und Kapuzinern.

Mischna

Die Mischna ist ein Teil des Talmud und enthält religiöse Gesetze und Vorschriften. Sie wurde um 200 u. Z. von Rabbi Jehuda ha-Nasi geordnet und niedergeschrieben. Die Mischna enthält insgesamt sechs Ordnungen, die in Traktate untergliedert sind. Jedes Traktat umfasst seinerseits mehrere Kapitel.

Mozaraber

Arabisch für »Scheinaraber«. Bezeichnung für Christen im mittelalterlichen Spanien, die unter der islamischen Herrschaft die arabische Sprache und Kultur angenommen hatten.

Mudéjar-Stil

Bezeichnung für den spanisch-islamischen Kunststil, der sich nach der Reconquista auch in den christlichen Reichen Spaniens verbreitete.

Mudejaren

Vom arabischen »mudayyan«, »einer, der wohnen bleibt«. Bezeichnung für die Muslime, die nach der Reconquista in den christlichen Teilen der Iberischen Halbinsel wohnen blieben.

Nasi

Hebräisch für »Fürst«, »Patriarch«. In biblischer Zeit Bezeichnung für einen Stammesfürsten; im Mittelalter Ausdruck für den Vorsteher einer jüdischen Gemeinde (siehe »Exilarch«).

Parnass

Der Parnass hatte im Mittelalter das Amt des Verwalters einer jüdischen Gemeinde inne. Neben den Gabbaim bildete er einen Teil der Gruppe, die einer Gemeinde in Aschkenas und Sepharad vorstanden.

Pessach

Hebräisch für »Überschreitung«. Der Ausdruck nimmt darauf Bezug, dass Gott am Vorabend des Auszuges aus Ägypten die Häuser der Israeliten »überschritt«, das heißt verschonte und nur die Erstgeborenen der Ägypter tötete. Pessach erinnert an die Flucht der Israeliten aus der ägyptischen Sklaverei. Das Fest dauert acht Tage und beginnt mit dem Seder-Abend.

Pijut (Plural: Pijutim)

Hebräische Bezeichnung für ein liturgisches Gedicht.

Proselyt

Bezeichnung für einen Nichtjuden, der zum Judentum übergetreten ist. Nach dem Übertritt nimmt der Proselyt einen jüdischen Namen an, um zu zeigen, dass die Verbindung zu den leiblichen Eltern unterbrochen ist.

Purim

Das Fest Purim geht auf die Errettung der Juden des Perserreiches im 5. Jahrhundert v. u. Z. zurück. Haman, ein Günstling des Perserkönigs Xerxes, plante, alle Juden des Reiches zu vernichten. Um den Tag des Anschlags zu bestimmen, warf er ein Pur (Los). Der Angriff wurde durch Ester, die jüdische Gattin des Xerxes, vereitelt. Bis heute wird an Purim der Brauch beibehalten, in der Synagoge bei der Lesung des Buches Ester immer dann mit Rasseln zu lärmen, sobald der Name Haman genannt wird. In Anlehnung an den Karneval entwickelte sich besonders im aschkenasischen Raum die Tradition, sich an Purim zu verkleiden und ausgelassen zu feiern, bevor die ruhigere Vorbereitungszeit auf das Pessach-Fest beginnt.

Reconquista

Spanisch für »Wiedereroberung«. Rückeroberung der ab 711 von den Mauren besetzten Gebiete auf der Iberischen Halbinsel durch christliche Heere bis 1492.

Regal

Vom lateinischen »regalis«, »königlich«. Dem König zustehende Hoheitsrechte wie zum Beispiel Zoll-, Münz- und Marktrecht.

Rimmonim

Hebräisch für »Granatäpfel«. Tora-Aufsätze aus Metall, die auf den beiden Holzstäben der Tora-Rolle sitzen und durch ihre Form an Granatäpfel erinnern.

Rindfleisch-Verfolgungen

Bezeichnung für die gewalttätigen Übergriffe auf die jüdische Bevölkerung in Franken im Jahre 1298, bei denen insgesamt etwa 5.000 Menschen umkamen. Sie gingen von einem Metzgermeister namens Rindfleisch aus, der mit einer Gruppe Gleichgesinnter zunächst gegen die Juden seiner Heimatgemeinde Röttingen vorging. Die Aggressionen breiteten sich weiter aus, sodass auch Städte wie Bamberg, Nürnberg, Würzburg und Rothenburg betroffen waren.

Ritualbad

Siehe »Mikwe«.

Rosch ha-Schana

Hebräisch für »Kopf des Jahres«, jüdisches Neujahr. Das zweitägige Fest kennzeichnet den Beginn der zehn hohen Festtage, die mit Jom Kippur, dem Versöhnungstag, enden. Während dieser Zeit sollen die Gläubigen über ihre Fehler und Unzulänglichkeiten des vergangenen Jahres nachdenken.

Schabbat

Hebräisch für »ruhen«. Schabbat wird gefeiert, um daran zu erinnern, dass sich Gott am siebten Tage nach Erschaffung der Welt ausgeruht hat. Deshalb herrscht während des Schabbat absolutes Arbeitsverbot, was auch beinhaltet, dass weder gekocht noch Licht entzündet oder verreist werden darf. Der Ruhetag am Ende der Woche soll zu Gebet und Erholung dienen. Der Schabbat beginnt am Abend des Freitags mit Einbruch der Dunkelheit und dem Anzünden der Schabbat-Lichter. Vor dem abendlichen Essen spricht der Hausherr den Kiddusch (Segen über Wein und Brot). Der Schabbat endet am Abend des Samstags und klingt mit der Hawdala-Zeremonie aus.

Schamasch/Schammes

Hebräisch für »Diener«. Die neunte Lichtquelle am Chanukka-Leuchter, mit der die acht anderen Lichter angezündet werden. Der Synagogendiener wird ebenfalls Schammes genannt.

Schawuot

Wochenfest, das sieben Wochen nach Pessach gefeiert wird. Es erinnert an die Übergabe der Tora durch Gott an das Volk Israel auf dem Berg Sinai.

Schechita

Hebräisch für »Schächten«. Nach der Halacha einzig erlaubte rituelle Tierschlachtung. Der Schochet (Schächter) durchschneidet dabei mit einem speziellen Messer in einem Zug Halsschlagader, Luft- und Speiseröhre des Tieres und lässt es ausbluten.

Schir ha-Schirim

Das Hohe Lied, Buch der hebräischen Bibel, bestehend aus einer Sammlung von Liebes- und Hochzeitsliedern, die unter anderem als Allegorie auf die Liebe Gottes zum Volk Israel gedeutet werden.

Schoah

Hebräisch für eine »nicht vorstellbare Katastrophe«. Massenvernichtung von Juden durch die Nationalsozialisten.

Schochet

Hebräisch für »Schächter« (siehe »Schechita«).

Schofar

Widderhorn, mit dem das Neue Jahr zu Rosch ha-Schana angeblasen wird. Außerdem erklingt es am Jom Kippur. In biblischer Zeit gehörte der Schofar zum Tempelgerät.

Scholastik

Die in den mittelalterlichen Schulen (besonders Melun, Paris und Chartres) ausgebildete Theologie und philosophische Richtung, die geprägt war von der Betonung des menschlichen Verstandes, allerdings unter der Prämisse des unbedingten Glaubens an die christliche Offenbarung.

Schtetl

Bezeichnung für jüdische Kleinstadtgemeinden in Osteuropa, in denen Juden von den jeweiligen Herrschern Privilegien wie freie Religionsausübung und Selbstverwaltung gewährt wurden.

Schulkuffer

Synagogendiener.

Buchschließe
Um 1500, Synagoge, Speyer
Messingblech, 2,4 x 3,4 cm; Inv.-Nr. E 01/11-002
Leihgabe des Landes Rheinland-Pfalz, Archäologische Denkmalpflege Speyer

SchUM
Abkürzung aus den hebräischen Anfangsbuchstaben der drei mittelalterlichen jüdischen Gemeinden in Speyer, Worms und Mainz. Schin (Sch) steht für Spira (Speyer), Wav (U) für Warmaisa (Worms) und Mem (M) für Magenza (Mainz).

Seder-Abend
Der Seder-Abend bezeichnet die beiden ersten Abende des Pessach-Festes. Der Ablauf dieses Abends folgt einer genau festgelegten Ordnung (Seder). Während des Seder-Mahls wird die Erzählung des Auszuges der Israeliten aus Ägypten vorgelesen. Das Mahl besteht aus typischen Gerichten: Die Mazzot (ungesäuerte Brote) erinnern an den eiligen Aufbruch, ein gekochtes Ei und ein Lammknochen an die dargebrachten Opfergaben. Bittere Kräuter symbolisieren das schreckliche Los der Sklaverei, Salzwasser die Tränen der Israeliten. Charosset, ein Brei aus Früchten, Nüssen, Rosinen, Zucker und Zimt, steht für den Lehm zum Bauen.

Sefer
Hebräisch für »Buch«.

Selichot (Singular: Selicha)
Sammlung synagogaler Poesie für die besonderen Gebete um Vergebung, wie sie zum Beispiel am Jom Kippur (Versöhnungstag) Verwendung finden.

Sephardim/Sepharad/sephardisch
Regionale Bezeichnung für die Juden (Sephardim) auf der Iberischen Halbinsel und Südfrankreich (Sepharad).

Siddur
Hebräisch für »Ordnung«. Jüdisches Gebetbuch für den Alltag und den Schabbat.

Sivan
Jüdischer Monatsname, entspricht etwa Mai/Juni (siehe »Kalender«).

Sukkot
Laubhüttenfest, das im Herbst acht Tage lang gefeiert wird und an die 40 Jahre dauernde Wanderung des jüdischen Volkes durch die Wüste erinnern soll. Zu diesem Fest wird eine Sukka (Laubhütte) aufgestellt.

Synagoge
Name des jüdischen Gotteshauses, in dem der Wortgottesdienst gefeiert wird, in dessen Mittelpunkt die Tora-Lesung steht. Die ersten Synagogen entstanden bereits um das 3. Jahrhundert v. u. Z. zur Zeit des Zweiten Tempels in Jerusalem. Das Synagogengebäude wurde häufig auch als Versammlungshaus und Gericht genutzt.

Talmud
Hebräisch für »Studium«, »Lehre«, »Lernen«. Der Talmud bezeichnet die Sammlung aller religiösen Gesetze und Vorschriften (Mischna) des Judentums und deren Erläuterungen und Auslegungen (Gemara). Da ursprünglich sowohl Palästina als auch Babylonien Zentren jüdischer Gelehrsamkeit waren, gab es auch zwei Formen des anfangs mündlich tradierten Werkes. Im Lauf der Zeit wurde der Talmud aus Palästina von dem in Babylonien entstandenen Talmud verdrängt.

Tanzhaus
Haus einer jüdischen Gemeinde, in dem Festmahle und Hochzeitsfeiern stattfanden. Es diente auch als Herberge und Versammlungsort.

Targum
Aramäisch für »Übersetzung«. Bezeichnung für die Übersetzung der Bibel ins Aramäische.

Tora
Hebräisch für »Lehre«, »Gesetz«. Die Tora umfasst die fünf Bücher Moses (Genesis, Exodus, Leviticus, Numeri, Deuteronomium). Zum Gebrauch in der Synagoge ist der Text der Tora auf eine an zwei Stäben aufgerollte Pergamentbahn geschrieben. Die Tora-Rollen werden im Aron ha-kodesch aufbewahrt.

Festszenen: Sukkot und Purim, *Mishne Tora* des Maimonides (1135–1204), Abschrift um 1450, Oberitalien, Inv.-Nr. Cod. Rossian. 498, fol. 85 verso, Biblioteca Apostolica Vaticana, Vatikanstadt

Drei Juden im Gespräch
Friesfragment von einer Kamineinfassung
Um 1520–1530, Wittevrouwenklooster, Utrecht
Baumberger Kalkstein, Spuren von Polychromie,
33,2 x 37,9 x 7,4 cm
Inv.-Nr. 2637
Centraal Museum, Utrecht

Fragment einer größeren Darstellung mit drei Juden, die möglicherweise über ein religiöses Thema sprechen. Der Fries entstand etwa 75 Jahre nach der Vertreibung der Juden aus Utrecht. Eine Rückkehr wurde ihnen erst nach 1789 gestattet. Das Nonnenkloster, für das der Fries geschaffen wurde, das Wittevrouwen-Kloster, gehörte dem Orden der Schwestern der Hl. Maria Magdalena. Nach der Reformation von 1580 wurden Mönchs- und Nonnenklöster geschlossen oder anderweitig genutzt. Die Gebäude des ehemaligen Wittevrouwen-Klosters wurde nach 1830 abgerissen. Während der Abrissarbeiten fand man dieses Fragment, und seit der Eröffnung des Museums im Jahre 1838 ist es Bestandteil seiner Sammlung. R. E. d. B.

Literatur Zwarts 1925, 39–42; Schuylenburg 1928; Klinckaert 1997

Literatur

Altmann 1931
Adolf Altmann, »Das frühe Vorkommen der Juden in Deutschland. Juden im römischen Trier«, in: *Trierer Zeitschrift,* 6, 1931

Álvarez Delgado/López Álvarez 1987
Yasmina Álvarez Delgado und Ana María López Álvarez, »La Galería de Mujeres de la Sinagoga del Tránsito. Nuevos hallazgos«, in: *Sefarad,* 47, 1987

Amsterdam 1961
Joodse verluchte handschriften, Kat. Joods Historisch Museum Amsterdam, Amsterdam 1961

Angerer 1995
Martin Angerer (Hrsg.), »Regensburg im Mittelalter«, in: *Katalog der Abteilung Mittelalter im Museum der Stadt Regensburg,* Regensburg 1995

Ansbacher 1985
Mordechai Ansbacher, *Zeugnisse Jüdischer Geschichte und Kultur,* Kat. Jüdisches Kulturmuseum, Augsburg 1985

Archäologie in der Pfalz 2001
»Archäologische Grabungen in der mittelalterlichen Synagoge Speyer«, in: *Archäologie in der Pfalz. Jahresbericht 2001,* Rahden 2003

Assis 2000
Yom Tov Assis, »Sefarad: A Definition in the Context of a Cultural Encounter«, in: *Encuentros & Desencuentros. Spanish-Jewish Cultural Interaction throughout History,* Tel Aviv 2000, 29–37

Atienza 1994
Juan García Atienza, *Caminos de Sefarad. Guía judía de España,* Barcelona 1994

Avery 1981
Charles Avery, »Giuseppe de Levis of Verona, Bronze Founder and Sculptor«, in: *Studies in European Sculpture,* London 1981

Ávila 1995
Catálogo de la Exposición Castillo Interior. Teresa de Jesús y el siglo XVI, Ávila 1995

Backhaus 1989
Fritz Backhaus, »Die Einrichtung eines Ghettos für die Frankfurter Juden im Jahre 1462«, in: *Hessisches Jahrbuch für Landesgeschichte,* 39, 1989

Baer 1936
Fritz Baer, *Die Juden im christlichen Spanien. Urkunden und Regesten I/2: Kastilien. Inquisitionsakten,* Berlin 1936

Baer 1982
Yitzhak F. Baer, *Historia de los judíos en la España cristiana,* Madrid 1982

Barag 1994
Dan Barag, »The Dated Jewish Inscription from Binyamina Reconsidered«, in: *Atiqot,* 25, 1994

Bari 1998
Andar per mare. Puglia e Mediterraneo tra mito e storia, Ausst.-Kat. Castello Svevo, Bari 1998

Barnett 1974
Richard David Barnett, *Catalogue of the Permanent and Loan Collections of the Jewish Museum London,* London 1974

Baskin 2001
Judith Baskin, »Dolce of Worms: The Lives and Deaths of an Exemplary Medieval Jewish Women and Her Daughters«, in: Lawrence Fine (Hrsg.), *Judaism in Practice. From the Middle Ages through the Early Modern Period,* Princeton 2001, 429–437

Baumgartner/König 1988
Erwin Baumgartner und Ingeborg König, *Phönix aus Sand und Asche. Glas des Mittelalters,* München 1988

Benito Ruano 2001
Eloy Benito Ruano, *Los orígenes del problema converso,* Madrid 2001

Benjamin 1987
Chaya Benjamin, *The Stieglitz Collection. Masterpieces of Jewish Art,* Kat. The Israel Museum, Jerusalem 1987

Berger 2002
Ludwig Berger, »Ein Fingerring mit jüdischen Symbolen aus Kaiseraugst«, in: *Germania,* 80, 2002

Berger 2005
Ludwig Berger u. a., *Der Menora-Ring von Kaiseraugst. Jüdische Zeugnisse der Antike zwischen Britannien und Pannonien* (Forschungen in Augst, Bd. 36), Augst, vorauss. 2005

Berlin 1991
Andreas Nachama und Gereon Sievernich (Hrsg.), *Jüdische Lebenswelten,* Ausst.-Kat. Berliner Festspiele GmbH im Martin-Gropius-Bau, Berlin 1991

Bernheimer 1960
Carlo Bernheimer, *Catalogo dei manoscritti orientali della Biblioteca Estense di Modena,* Rom 1960

Bernocchi 1974
Mario Bernocchi, *Le monete della Repubblica Fiorentina,* Bd. 1: *Il libro della zecca,* Florenz 1974

Bernocchi 1975
Mario Bernocchi, *Le monete della Repubblica Fiorentina,* Bd. 2: *Corpus nummorum Florentinum,* Florenz 1975

Biale 2001
David Biale, *Cultures of the Jews. A New History,* New York 2002

Birnbaum 1931/32
Salomo Birnbaum, »Umschrift des ältesten datierten jiddischen Schriftstücks«, in: *Theutonista,* 8, 1931/32

Böcher 1960
Otto Böcher, *Die Alte Synagoge zu Worms* (*Der Wormsgau,* Beiheft 18), Worms 1960

Böcher 1992
Otto Böcher, »Der Alte Judenfriedhof zu Worms«, in: *Rheinische Kunststätten,* 148, 1992

Böcher 2001
Otto Böcher, *Die Alte Synagoge in Worms am Rhein* (DKV-Kunstführer, Bd. 181/1), München und Berlin 2001

Böcher/Rapp 1962
Otto Böcher und Eugen Ludwig Rapp, »Die mittelalterlichen hebräischen Epitaphien des Rheingebietes«, in: *Mainzer Zeitschrift,* 56/57, 1961/62

Cahn 1895
Julius Cahn, *Münz- und Geldgeschichte der Stadt Strassburg im Mittelalter,* Straßburg 1895

Callot/Salch 1973
Olivier Callot und Charles-Laurent Salch, »Pfennig au lis de Strasbourg. Decouvertes archéologiques«, in: *Revue numismatique,* 14, 1973

Cantera Burgos 1955
Francisco Cantera Burgos, *Las sinagogas españolas,* Madrid 1955

Cantera Burgos/Millás Vallicrosa 1956
Francisco Cantera Burgos und José M. Millás Vallicrosa, *Las inscripciones hebraicas de España,* Madrid 1956

Cantera Burgos 1984
Francisco Cantera Burgos, *Sinagogas españolas. Con especial estudio de la de Córdoba y la toledana de El Tránsito,* Madrid 1984

Casanovas/Ripoll 1983
Jorge Casanovas und Odile Ripoll, »Catálogo de los materiales aparecidos en la necrópolis judaica de Deza (Soria)«, in: *Celtiberia,* 65, 1983

Christie's 1988
Auktionskatalog von Christie's, Amsterdam, Dezember 1988

Codreanu-Windauer 1995
Silvia Codreanu-Windauer, »Die wiederentdeckte Synagoge von Regensburg – erste Grabungsergebnisse«, in: *Das Archäologische Jahr in Bayern 1995,* Stuttgart 1996

Codreanu-Windauer/Harck 1999
Silvia Codreanu-Windauer und Ole Harck, »Ein jüdischer Goldring aus Regensburg«, in: *Archäologisches Korrespondenzblatt,* 29, 4, Mainz 1999

Cohen 1967
Gershon D. Cohen, *A Critical Edition with a Translation and Notes of the Book of Tradition, Sefer ha-Qabbalah, by Abraham ibn Daud,* Philadelphia 1967

Cohn-Wiener 1996
Ernst Cohn-Wiener, *Die jüdische Kunst,* Frankfurt am Main 1996

Colmar 1999
Le Trésor de Colmar, Ausst-Kat. Musée d'Unterlinden, Colmar 1999

Corbella 1984
Ramon Corbella, *L'Aljama de Jueus de Vic,* Vic 1984

Cuno 1993
Klaus Cuno, »Aspekte der Kölner Aderlaßhandschrift von 1396/97 im Licht neuer Erkenntnisse«, in: *Jiddistik Mitteilungen,* 8, 1993

David 1997
Yonah David (Hrsg.), *A Collection of Liturgical Poetry from Spain and North Africa. A Limited Facsimile Edition Based on Ms. 117-Z-20,* Madrid 1997

Debus 1981
Karl Heinz Debus, »Geschichte der Juden in Speyer bis zum Beginn der Neuzeit«, in: Historischer Verein der Pfalz – Bezirksgruppe Speyer (Hrsg.), *Geschichte der Juden in Speyer* (Beiträge zur Speyerer Stadtgeschichte, Bd. 6), Speyer 1981

Debus 1990
Karl Heinz Debus, »Geschichte der Juden in Speyer bis zum Beginn der Neuzeit«, in: Historischer Verein der Pfalz – Bezirksgruppe Speyer (Hrsg.), *Geschichte der Juden in Speyer* (Beiträge zur Speyerer Stadtgeschichte, Bd. 6), 2. Aufl. Speyer 1990

Debus 2004
Karl Heinz Debus, »Geschichte der Juden in Speyer bis zum Beginn der Neuzeit«, in: Historischer Verein der Pfalz – Bezirksgruppe Speyer (Hrsg.), *Die Juden von Speyer* (Beiträge zur Stadtgeschichte, Bd. 9), 3. Aufl. Speyer 2004

Deneke 1988
Bernward Deneke (Hrsg.), *Siehe der Stein schreit aus der Mauer. Geschichte und Kultur der Juden in Bayern,* Nürnberg 1988

Di Segni 1993
Leah Di Segni, »A Jewish Greek Inscription from the Vicinity of Caesarea Maritima«, in: *Atiqot,* 22, 1993

Dinse 1974
Helmut Dinse, *Die Entwicklung des jiddischen Schrifttums im deutschen Sprachgebiet,* Stuttgart 1974

Dodds 1992
Jerrilynn D. Dodds, »Mudejar Tradition and the Synagogues of Medieval Spain. Cultural Identity and Cultural Hegemony«, in: Vivian B. Mann (Hrsg.), *Convivencia. Jews, Muslims and Christians in Medieval Spain,* New York 1992, 112–131

Dörrlamm 1995
Rolf Dörrlamm, *Magenza. Die Geschichte des jüdischen Mainz,* Mainz 1995

Dräger 1996
Ulf Dräger, »Teile des Schmuckfundes von Weißenfels«, in: Mathias Puhle (Hrsg.), *Hanse – Städte – Bünde. Die sächsischen Städte zwischen Elbe und Weser um 1500,* Ausst.-Kat. Kulturhistorisches Museum Magdeburg und Braunschweigisches Landesmuseum, Bd. 2, Magdeburg 1996

Dräger 2001
Ulf Dräger, »Zeugnisse der Liebe aus dem frühen 14. Jahrhundert«, in: *Schönheit, Macht und Tod. 120 Funde aus 120 Jahren,* Ausst.-Kat. Landesmuseum für Vorgeschichte, Halle 2001

Dünner 1904
Lasar Dünner, »Die hebräischen Handschrift-Fragmente im Archiv der Stadt Cöln«, in: *Zeitschrift für hebraeische Bibliographie,* 8, 1904

EDV-Fundkatalog
EDV-Fundkatalog Mittelalter/Neuzeit der Numismatischen Kommission der Länder in der Bundesrepublik Deutschland

Effenberger 1992
Arne Effenberger, *Das Museum für Spätantike und Byzantinische Kunst,* Kat. Staatliche Museen zu Berlin, Stiftung Preußischer Kulturbesitz, Mainz 1992

Ehrend 1975
Helfried Ehrend (Hrsg.), *Der Münzschatz von Lingenfeld 1969,* Speyer 1975

Ehrend 1978
Helfried Ehrend, *Münzschatzfunde der Pfalz,* Speyer 1978

Eitel 1977
Peter Eitel, »Die spätmittelalterlichen ›Kopfziegel‹ vom Grünen Turm in Ravensburg und ihre Bedeutung«, in: *Schriften des Vereins für Geschichte des Bodensee und seiner Umgebung,* 95, 1977, 135–139

Encyclopedia Judaica 1972
Yitzhak Rischin u. a. (Hrsg.), *Encyclopedia Judaica,* Bd. 11, Jerusalem 1972

Engels 2001
Christoph Engels, »Gedanken zur Baugeschichte der mittelalterlichen Synagoge in Speyer«, in: *Pfälzer Heimat,* 52, 2/3, 2001

Engels 2004
Renate Engels, »Zur Topographie der jüdischen Kult- und Wohngebiete im Mittelalter«, in: Historischer Verein der Pfalz – Bezirksgruppe Speyer (Hrsg.), *Die Juden von Speyer* (Beiträge zur Stadtgeschichte, Bd. 9), Speyer 2004

Essen 1988
Prag um 1600. Kunst und Kultur am Hofe Kaiser Rudolf II., Ausst.-Kat. Villa Hügel, Essen, Freren 1988

Falk 1997
Alfred Falk, »Die mittelalterliche Trippe: Straßenschuhe und Modeartikel«, in: Manfred Gläser (Hrsg.), *geFUNDEn in Lübeck. Archäologie im Weltkulturerbe,* 1997

Felten 1992
Franz J. Felten, »Frauenklöster und -stifte im Rheinland im 12. Jahrhundert. Ein Beitrag zur Geschichte der Frauen in der religiösen Bewegung des hohen Mittelalters«, in: Stefan Weinfurter und Hubertus Seibert (Hrsg.), *Reformidee und Reformpolitik im spätsalisch-frühstaufischen Reich* (Quellen und Abhandlungen zur mittelrheinischen Kirchengeschichte, Bd. 68), Mainz 1992

Fishof 1989
Iris Fishof (Hrsg.), *The Rothschild Miscellany,* Faksimile, London 1989

Frankfurt 1961
Synagoga, Jüdische Altertümer, Handschriften und Kultgeräte, Ausst.-Kat. Historisches Museum, Frankfurt am Main 1961

Fritz 1982
Johann Michael Fritz, *Goldschmiedekunst der Gotik in Mitteleuropa,* München 1982

Fritz 1999
Johann Michael Fritz, »La double coupe du trésor de Colmar et les œuvres analogues«, in: Catherine Leroy (Hrsg.), *Le trésor de Colmar,* Paris und Colmar 1999

Galtiero 1994
Paola Galtiero, »La presenza ebraica a Roma dalle origini all' impero: Iscrizioni«, in: Daniela di Castro (Hrsg.), *Arte ebraica a Roma e nel Lazio,* Rom 1994

Galván Freile 2002
Fernando Galván Freile, »Manuscritos iluminados en Sefarad durante los siglos del medioevo«, in: *Memoria de Sefarad,* Ausst.-Kat. Centro Cultural San Marcos, Toledo 2002

Garel 1991
Michel Garel, *D'une main forte. Manuscits hebreux des collections françaises,* Paris 1991

Germania Judaica 1963
Marcus Brann u. a., »Speyer«, in: *Germania Judaica,* Bd. 1: *Von den ältesten Zeiten bis 1238,* Tübingen 1963

Germania Judaica 1968
Zvi Avneri (Hrsg.), *Germania Judaica,* Bd. 2: *Von 1238 bis zur Mitte des 14. Jahrhunderts,* 1. Halbband: *Aachen – Luzern,* 2. Halbband: *Maastricht – Zwolle,* Tübingen 1968

Germania Judaica 1995
Arye Maimon u. a. (Hrsg.)*, Germania Judaica,* Bd. 3: *1350–1519,* Tübingen 1995

Gidal 1988
Nachum T. Gidal, *Die Juden in Deutschland von der Römerzeit bis zur Weimarer Republik,* Gütersloh 1988

Glaser 1980
Hubert Glaser (Hrsg.), *Quellen und Studien zur Kunstpolitik der Wittelsbacher vom 16. bis zum 18. Jahrhundert,* München 1980

Grossman 2001
Avraham Grossman, *Pious and Rebellious. Jewish Women in Europe in the Middle Ages,* Jerusalem 2001

Grossman/Haut 1992
Susan Grossman und Rivka Haut (Hrsg.), *Daughters of the King. Women and the Synagogue,* Philadelphia und Jerusalem 1992

Gutmann 1978
Joseph Gutmann, *Buchmalerei in hebräischen Handschriften,* München 1978

Gutwirth 1985
Eleazar Gutwirth, »Elementos étnicos e históricos en las relaciones judeo-conversas en Segovia«, in: Y. Kaplan (Hrsg.), *Jews and Conversos,* Jerusalem 1985, 83–101

Haberman 1945
Abraham Haberman, *Sefer Gserot Aschkenas weZarfat,* Jerusalem 1945

Hachlili 1987
Rachel Hachlili, *Ancient Jewish Art and Archaeology in the Land of Israel,* Leiden 1987

Haverkamp 1981
Alfred Haverkamp (Hrsg.), *Zur Geschichte der Juden im Deutschland des späten Mittelalters und der frühen Neuzeit* (Monographien zur Geschichte des Mittelalters, Bd. 24), Stuttgart 1981

Haverkamp 1999
Alfred Haverkamp (Hrsg.), *Juden und Christen zur Zeit der Kreuzzüge* (Konstanzer Arbeitskreis für mittelalterliche Geschichte, Bd. 47), Sigmaringen 1999

Haverkamp 2002
Alfred Haverkamp (Hrsg.), *Geschichte der Juden im Mittelalter von der Nordsee bis zu den Südalpen. Kommentiertes Kartenwerk* (Forschungen zur Geschichte der Juden, Bd. A 14), Hannover 2002

Hayoun 1999
Maurice-Ruben Hayoun, *Maimonides, Arzt und Philosoph im Mittelalter. Eine Biographie,* München 1999

Heimann-Jelinek 2003
Felicitas Heimann-Jelinek, »Zum sogenannten Bilderverbot«, in: *Ein Leben für die jüdische Kunst* (Schriften der Hochschule für Jüdische Studien Heidelberg, Bd. 4) Heidelberg 2003

Helgert/Schmid 2000
Heidrun Helgert und Martin A. Schmid, »Die mittelalterliche Synagoge auf dem Judenplatz in Wien«, in: *Wiener Jahrbuch für jüdische Geschichte, Kultur & Museumswesen,* 4, 1999/2000, 91–110

Herzog 1995
Tamar Herzog, »Comunidad y jurisdicción: Las aljamas judeo-castellanas (siglos XIII–XV)«, in: J. Alvarado Planas (Hrsg.), *Espacios y fueros en Castilla-La Mancha (siglos XI–XV),* Madrid 1995, 451–468

Heuberger 1992
Georg Heuberger (Hrsg.), *Mikwe. Geschichte und Architektur jüdischer Ritualbäder in Deutschland,* Frankfurt am Main 1992

Hilgard 1885
Alfred Hilgard, *Urkunden zur Geschichte der Stadt Speyer,* Straßburg 1885

Hoffman 2001
Lawrence A. Hoffman, »The Role of Women at Rituals of Their Infant Children«, in: Lawrence Fine (Hrsg.), *Judaism in Practice. From the Middle Ages through the Early Modern Period,* Princeton 2001

Jerusalem 1982
The Israel Museum. Jewish Treasures from Paris, Jerusalem 1982

Jordan 1978
William C. Jordan, »Jews on Top. Women and the Availability of Consumption Loans in Northern France in the Mid-Thirteenth Century«, in: *Journal of Jewish Studies,* 29, 1978

Katz 1967
Elias Katz (Hrsg.), *Machsor Lipsiae. 68 Faksimile-Tafeln der mittelalterlichen hebräischen illuminierten Handschrift aus dem Bestand der Universitäts-Bibliothek Leipzig,* Leipzig 1964

Kayser 1979
Werner Kayser, *500 Jahre wissenschaftliche Bibliothek in Hamburg 1479–1979,* Hamburg 1979

Keil 1983
Gundolf Keil, »Chirurg von der Weser«, in: Robert-Henn Bautier (Hrsg.), *Lexikon des Mittelalters,* Bd. 2, 1983, 1859–1860

Keil 2003
Martha Keil, »Geschäftserfolg und Steuerschulden. Jüdische Frauen in österreichischen Städten des Spätmittelalters«, in: Günther Hödl u. a. (Hrsg.), *Frauen in der Stadt* (Beiträge zur Geschichte der Städte Mitteleuropas, Bd. 18), Linz 2003

Kirmeier 1988
Josef Kirmeier, »Toragiebel der Synagoge«, in: *Siehe der Stein schreit aus der Mauer. Geschichte und Kultur der Juden in Bayern,* Ausst.-Kat. Germanisches Nationalmuseum, Nürnberg 1988

Klagsbald 1981
Victor A. Klagsbald, *Catalogue raisonné de la collection juive du musée de Cluny,* Paris 1981

Klagsbald 1982
Victor A. Klagsbald, *Jewish Treasures from Paris, from the Collections of the Cluny Museum and the Consistoire,* Ausst.-Kat. The Israel Museum, Jerusalem 1982

Klinckaert 1997
Jan Klinckaert, *De verzamelingen van het Centraal Museum Utrecht,* Bd. 3: *Beeldhouwkunst tot 1850,* Centraal Museum, Utrecht 1997

Kober 1944
Adolf Kober, *Jewish Monuments of the Middle Ages in Germany,* Bd. 1, New York 1944

Krabath 2001
Stefan Krabath, »Die hoch- und spätmittelalterlichen Buntmetallfunde nördlich der Alpen«, in: *Internationale Archäologie,* 63, 2001

Kracauer 1925
Isidor Kracauer, *Geschichte der Juden in Frankfurt a. M. (1150–1824),* Bd. 1, Frankfurt am Main 1925

Krautheimer 1927
Richard Krautheimer, *Mittelalterliche Synagogen,* Berlin 1927

Kreitner 1998
Thomas Kreitner, »Ein Beitrag zum Fundmaterial der archäologischen Ausgrabungen 1996 bis 1999 in der Kartause Mauerbach«, in: *Kartause Mauerbach. 1314 bis heute,* (*Österreichische Zeitschrift für Kunst und Denkmalpflege* 53, 2–4), Wien 1998

Krems-Stein 1982
800 Jahre Franz von Assisi. Franziskanische Kunst und Kultur des Mittelalters, Ausst.-Kat. Minoritenkirche Krems-Stein, Wien 1982

Kriegel 1996
Maurice Kriegel, »De la ›Question‹ des ›Nouveaux-Chrétiens‹ à l'expulsion des Juifs. La double modernité des procès d' exclusion dans l' Espagne du XVème siècle«, in: *Le Nouveau Monde: Mondes Nouveaux. L'Expérience Américaine,* Kolloquium, Paris, 1992 (Editions de l'École des Hautes Études en Sciences Sociales), 1996, 479–490

Krug 1974
Gerhard Krug, *Die Meißnisch-Sächsischen Groschen 1338–1500,* Berlin 1974

Krüger 2002
Kristina Krüger, *Archäologische Zeugnisse zum mittelalterlichen Buch- und Schriftwesen nordwärts der Mittelgebirge* (Universitätsforschungen zur prähistorischen Archäologie, Bd. 91), Diss. Münster 1997, Bonn 2002

Künzl 1988
Hannelore Künzl, »Der Synagogenbau im Mittelalter«, in: Hans-Peter Schwarz, *Die Architektur der Synagoge,* Frankfurt am Main 1988

Künzl 1992
Hannelore Künzl, »Von den Monumentalanlagen bis zu den einfachen Kellermikwen im Mittelalter«, in: Georg Heuberger (Hrsg.), *Mikwe. Geschichte und Architektur jüdischer Ritualbäder in Deutschland,* Frankfurt am Main 1992

Künzl 1992
Hannelore Künzl, *Jüdische Kunst im Mittelalter. Von der Biblischen Zeit bis in die Gegenwart,* München 1992

Künzl 1999
Hannelore Künzl, *Jüdische Grabkunst von der Antike bis heute,* Darmstadt 1999

Kybalová u. a. 2003
Ludmila Kybalová u. a. (Hrsg.), *Textiles from Bohemian and Moravian Synagogues from the Collections of the Jewish Museum in Prague,* Prag 2003

La Seu de Mallorca 1995
La Seu de Mallorca, Palma de Mallorca 1995

Lacave 1992
José Luis Lacave, *Juderías y sinagogas españolas,* Madrid 1992

Landgraf 1993
Eleonore Landgraf, *Ornamentierte Bodenfliesen des Mittelalters* (Forschungen und Berichte der Archäologie des Mittelalters in Baden-Württemberg, Bd. 14/2), Stuttgart 1993

Leroy 1999
Catherine Leroy, *Le trésor de Colmar,* Paris und Colmar 1999

Litzel 1759
Georg Litzel, *Beschreibung der alten jüdischen Synagoge nebst einer Anzeigung eines römischen Castells bey Speyer, dessen Merkmale man im vorigen Jahr 1758 gefunden,* Speyer 1759

Llamas 1945
José Llamas, »Los manuscritos hebreos de la Universidad de Madrid«, in: *Sefarad,* 5, 1945

Llompart 1970
Gabriel Llompart, »La fecha y circunstancias del arribo de los ›rimmonim‹ de la Catedral de Mallorca«, in: *Sefarad,* 30, 1970

Llop 1998
Irene Llop, *L'economia dels jueus de Vic al segle XIV a través del prèstec. El »Liber ludeorum, 1341–1354«,* Barcelona 1998

López Álvarez 1986
Ana Maria López Álvarez, *Catálogo del Museo Sefardí,* Toledo 1986

López Álvarez 1996
Ana María López Álvarez u. a., *Museo Sefardí,* Toledo 1996

Maddison/Savage-Smith 1997
Francis Maddison und Emilie Savage-Smith, »Science, Tools and Magic. Part One. Body and Spirit. Mapping the Universe«, in: *The Nasser D. Khalili Collection of Islamic Art,* 12, 1, London 1997

Mann 1990
Vivian B. Mann (Hrsg.), *I tal ya '1990 I tal ya'. Due mila anni di arte ebraica in Italia,* Ausst.-Kat. Palazzo di Diamanti, Ferrara 1990

Mann 2000
Vivian B. Mann, *Jewish Texts on the Visual Arts,* Cambridge 2000

Marcus 1996
Ivan Marcus, *Rituals of Childhood. Jewish Acculturation in Medieval Europe,* New York 1996

Mazal 1990
Otto Mazal, *Europäische Einbandkunst aus Mittelalter und Neuzeit,* Graz 1990

Meller 2001
Harald Meller (Hrsg.), *Schönheit, Macht und Tod. 120 Funde aus 120 Jahren,* Landesmuseum für Vorgeschichte, Halle 2001

Mensching/Bos 2001
Guido Mensching und Gerrit Bos, »Zerreibt man sie mit Essig. Hebräische und romanische Medizintexte im Mittelalter«, in: *fundiert,* 2001

Mentgen 1995
Gert Mentgen, »Der Würfelzoll der Juden und andere antijüdische Schikanen in Mittelalter und früher Neuzeit«, in: *Zeitschrift für historische Forschung,* 22, 1995

Metzger 1982
Thérèse und Mendel Metzger, *La vie juive au Moyen Âge,* Fribourg 1982

Metzger 1983
Thérèse und Mendel Metzger, *Jüdisches Leben im Mittelalter,* Würzburg 1983

Mielke 1988
Hans Mielke, »Albrecht Altdorfer. Zeichnungen, Deckfarbenmalerei, Druckgraphik«, in: *Katalog der Ausstellung zum 450. Todestag von Albrecht Altdorfer,* Ausst.-Kat. Preußischer Kulturbesitz, Staatliche Museen zu Berlin, Kupferstichkabinett, Berlin 1988

Migliau/Procaccia 2001
Bice Migliau und Micaela Procaccia, *Lazio. Itinerari Ebraici,* Venedig 2001

Monumenta Judaica 1963
Monumenta Judaica. 2000 Jahre Geschichte und Kultur der Juden am Rhein, Ausst.-Kat. Kölner Stadtmuseum, Köln 1963

Mortara Ottolenghi 1970
Luisa Mortara Ottolenghi, »Il manoscritto Alfa T. 3. 8 della Biblioteca Estense di Modena e la sua decorazione«, in: *La rassegna mensile di Israel* (Scritti in memoria di Attilio Milano), 1970

Müller 1966
Bruno Müller, *Die Titelbilder der illustrierten Renner-Handschriften* (102. Bericht des Historischen Vereins Bamberg), Bamberg 1966

München 2002
Robert-Henri Bautier u. a., *Lexikon des Mittelalters,* Bd. 5, München 2002

Muneles 1965
Otto Muneles, *Prague Ghetto in the Renaissance Period,* Prag 1965

Muschiol 1997
Gisela Muschiol, »Reinheit und Gefährdung? Frauen und Liturgie im Mittelalter«, in: *Heiliger Dienst,* 51, 1997

Narkiss 1939
Mordechai Narkiss, »The Hanukkah Lamps in the Middle Ages and in the Italian Renaissance«, in: *The Hanukkah Lamp,* Jerusalem 1939

Narkiss 1969
Bezalel Narkiss, *Hebrew Illuminated Manuscripts,* Jerusalem 1969

Narkiss 1981
Mordechai Narkiss, »Origins of the Spice Box«, in: *Journal of Jewish Art,* 8, 1981

Narkiss 1982
Bezalel Narkiss, *Hebrew Illuminated Manuscripts in the British Isles,* Jerusalem und London 1982

Narkiss 1983
Bezalel Narkiss, »On the Zoocephalic Phenomenon in Medieval Ashkenazi Manuscripts«, in: *Norms and Variations in Art. Essays in Honour of Moshe Barasch,* Jerusalem 1983

Narkiss 1988
Bezalel Narkiss, »The Gerona Hanukkah Lamp«, in: *Jewish Art,* 14, 1988

Narkiss 1991
Bezalel Narkiss, »Manuscritos iluminados hispanoebreos«, in: *La vida judía en Sefarad,* Ausst.-Kat. Sinagoga del Tránsito, Toledo, Madrid 1991

Narkiss/Cohen-Mushlin 1985
Bezalel Narkiss und Aliza Cohen-Mushlin, *The Kennicott Bible,* London 1985

Narkiss/Sed-Rajna 1983
Bezalel Narkiss und Gabrielle Sed-Rajna, *Index of Jewish Art* (The Rothschild Miscellany), Bd. 3, Jerusalem 1983

Neubert 2000
Hermann Neubert, *Jüdisches Miltenberg. Einladung zu einem Rundgang,* Haigerloch 2000

New York 1990
Garden and Ghettos: The Art of Jewish Life in Italy, Ausst.-Kat. Jewish Museum, New York 1990

Offenberg 1990
Adri K. Offenberg, »Hebrew Incunabula«, in: *Public Collections. A first International Census,* Nieuwkoop 1990

Ortega 2002
Julián Ortega Ortega, *Operis terre turolii. La cerámica bajomedieval en Teroel,* Museo de Teruel, Teruel 2002

Paris/Colmar 1999
Le Trésor de Colmar, Ausst.-Kat. Musée d'Unterlinden, Colmar, Paris und Colmar 1999

Planas 1969
Francisco Planas, *Los rimmonim de la Catedral de Mallorca,* Palma de Mallorca 1969

Platz-Horster 1976
Gertrud Platz-Horster, *Antike Gläser,* Ausst.-Kat. Antikenmuseum, Berlin 1976

Porsche 2001
Monika Porsche, »Archäologische Grabungen in der mittelalterlichen Synagoge Speyer«, in: *Archäologie in der Pfalz. Jahresbericht 2001,* Rahden 2003

Porsche 2002
Monika Porsche, »Die mittelalterliche Synagoge zu Speyer«, in: *Medieval Europe,* Bd. 2, Basel 2002

Rahmani 1981
Leir Y. Rahmani, »Ancient Jerusalem's Funerary Customs and Tombs – Part One«, in: *Biblical Archeologist,* 44, 1981

Rahmani 1994
Leir Y. Rahmani, *A Catalogue of Jewish Ossuaries in the Collections of the State of Israel,* Jerusalem 1994

Raphael/Weyl 1977
Freddy Raphael und Robert Weyl, *Juifs en Alsace. Culture, société, histoire,* Toulouse 1977

Rapp 1960
Eugen Ludwig Rapp, »Beiträge zur Geschichte der Juden Speyers im Mittelalter I. Die hebräischen Steininschriften im Speyerer Museum von 1112–1443«, in: *Mitteilungen des Historischen Vereins der Pfalz, 58*, 1960, 150–188

Rebuzzi 1994
Silvia Rebuzzi, »Le antiche comunitá ebraiche del Lazio«, in: Daniela di Castro, *Arte ebraica a Roma e nel Lazio,* Rom 1994

Reuter 1984
Fritz Reuter, *Warmaisa. 1000 Jahre Juden in Worms* (*Der Wormsgau,* Beiheft 29), Worms 1984

Reuter 1987
Fritz Reuter, *Warmaisa. 1000 Jahre Juden in Worms,* Frankfurt am Main 1987

Romano 1985
David Romano, »Alfonso X y los judíos. Problemática y propuestas de trabajo«, in: *Anuario de Estudios Medievales,* 15, 1985, 151–177

Roth 1961
Ernst Roth, »Das Wormser Machsor«, in: *Festschrift zur Wiedereinweihung der Alten Synagoge zu Worms,* Frankfurt am Main 1961

Róth/Striedl 1984
Ernst Róth und Hans Striedl, *Hebräische Handschriften,* Teil 3: *Die Handschriften an der Staats- und Universitätsbibliothek Hamburg,* Wiesbaden 1984

Rump 1990
Hans-Uwe Rump, *Jüdisches Kulturmuseum Augsburg,* München und Zürich 1990

Sacerdoti/Tedeschi Falco 1993
Annie Sacerdoti und Annamarcella Tedeschi Falco, *Lombardia. Itininerari ebraici,* Venedig 1993

Sánchez Mariana 1996
Manuel Sánchez Mariana, »Los manuscritos hebreos en la Universidad Complutense«, in: *Del candelabro a la encina. Actas Jornadas Extremeñas de Estudios Judáicos,* Mérida 1996

Sandal 2001
Ennio Sandal, *Gershom, Girolamo, Hieronymus. Le edizioni nelle cittá adriatiche 1502–1527,* Soncino 2001

Sauerlandt 1919
Max Sauerlandt, »Ein Schmuckfund aus Weißenfels vom Anfang des 14. Jahrhunderts«, in: *Der Cicerone. Halbmonatsschrift für die Interessen des Kunstforschers & Sammlers,* 11, 16, 1919

Schiedlausky 1975
Günther Schiedlausky, »Ein gotischer Bechersatz«, in: *Pantheon. Internationale Jahreszeitschrift für Kunst,* 33, 1975

Schloss Halbturn 1978
Kulturabteilung des Amtes der Burgenländischen Landesregierung (Hrsg.), *Judentum im Mittelalter,* Ausst.-Kat. Schloss Halbturn, Eisenstadt 1978

Schoeps 1992
Julius H. Schoeps (Hrsg.), *Neues Lexikon des Judentums,* Gütersloh und München 1992

Schubert 1982
Kurt Schubert, in: *1000 Jahre Österreichisches Judentum,* Ausst.-Kat. Österreichisches Jüdisches Museum, Eisenstadt 1982, 310–311

Schubert 1983/1992
Ursula und Kurt Schubert, *Jüdische Buchkunst,* 2 Bde., Graz 1983 und 1992

Schubert 1986/1987
Ursula Schubert, »Zwei Tierszenen am Ende der ersten Kennicott-Bibel – La Coruña, 1476, in Oxford«, in: *Jewish Art,* 1986/87

Schütte 1998
Sven Schütte, »Der Almemor der Kölner Synagoge um 1270/80 – Gotische Kleinarchitektur aus der Kölner Dombauhütte«, in: *Colonia Romanica,* 13, 1998

Schütz 1978
Friedrich Schütz (Bearb.), *Juden in Mainz,* Ausst.-Kat. Stadt Mainz im Rathaus-Foyer, Mainz 1978

Schuylenburg 1928
Willem C. Schuylenburg, *Catalogus van het Historisch Museum der stad,* Kat. Centraal Museum, Utrecht 1928

Schwadorf 2004
Konstanze Schwadorf, *Restaurierungsbericht,* Bayerisches Nationalmuseum, München, 2004

Schwarz 1913
Arthur Zacharias Schwarz, »Eine illuminierte Kremser Kethubah aus dem Jahre 1392«, in: *Archiv für jüdische Familienforschung, Kunstgeschichte und Museumswesen,* 1, 4–6, 1913

Schwierz 1992
Israel Schwierz, *Steinerne Zeugnisse jüdischen Lebens in Bayern. Eine Dokumentation*, München 1992

Scriba 1937
Wilhelm Scriba, »Basis«, in: *Reallexikon der deutschen Kunst,* Bd. 1, Stuttgart 1937

Sed-Rajna 1985
Gabrielle Sed-Rajna, *Que sais-je? L'art juif*, Paris 1985

Septimus 1982
Bernard Septimus, *Hispano-Jewish Culture in Transition: The Career and Controversies of Ramah*, Cambridge, Mass., 1982

Sevilla 1998
Metropolis totivs Hispaniae. 750 Aniversario Incorporación de Sevilla a la Corona Castellana, Ausst.-Kat. Real Alcázar, Sevilla 1998

Shacher 1974
Isaiah Shacher, *The Judensau. A Medieval Anti-Jewish Motive and Its History,* London 1974

Siegelmann 1992
Ariel Siegelmann, »Roman and Byzantine Remains in the Northern Costal Plain«, in: *Atiqot,* 21, 1992

Speyer 1990
Von Constantin zu Karl dem Großen. Denkmäler des Heidentums und Christentums aus der Spätantike, Ausst.-Kat. Historisches Museum der Pfalz Speyer, Mainz 1990

Speyer 1992
Das Reich der Salier 1024–1125, Ausst.-Kat. Historisches Museum der Pfalz Speyer, Sigmaringen 1992

Speyer 1994
Meinrad Maria Grewenig (Hrsg.), *Das Mittelalter,* Ausst.-Kat. Historisches Museum der Pfalz Speyer, Speyer 1994

Spitzer 1967
Moshe Spitzer (Hrsg.), *The Bird's Head Haggadah of the Bezalel National Art Museum in Jerusalem,* Faksimile und Einführung, 2 Bde., Jerusalem 1967

Stein 1969
Günter Stein, »Die Judaica des Historischen Museums der Pfalz«, in: *Mitteilungen des Historischen Vereins der Pfalz,* 67, 1969

Stein 1981
Günter Stein, »Der mittelalterliche Judenhof und seine Bauten«, in: Historischer Verein der Pfalz – Bezirksgruppe Speyer (Hrsg.), *Geschichte der Juden in Speyer* (Beiträge zur Speyerer Stadtgeschichte, Bd. 6), Speyer 1981

Stein 1996
Günter Stein, *Judenhof und Judenbad* (Große Baudenkmäler, Bd. 238), München und Berlin 1996

Stein 2004
Günter Stein, »Der Schatzfund von Lingenfeld«, in: Historischer Verein der Pfalz – Bezirksgruppe Speyer (Hrsg.), *Die Juden von Speyer* (Beiträge zur Stadtgeschichte, Bd. 9), Speyer 2004

Stephan 1993
Hans-Georg Stephan, »Der Chirurg von der Weser (ca. 1200–1265) – ein Glücksfall der Archäologie und Medizingeschichte«, in: *Sudhoffs Archiv,* 77, 1993

Stephan 2000
Hans-Georg Stephan, *Studien zur Siedlungsentwicklung und -struktur von Stadt und Kloster Corvey (800–1670). Eine Synopse auf der Grundlage der archäologischen Quellen* (Göttinger Schriften zur Ur- und Frühgeschichte, Bd. 26), Bd. 1–3, Neumünster 2000

Stern 1995
E. Marianne Stern, *Roman Mould-blown Glass,* Kat. The Toledo Museum of Art, Toledo, Ohio 1995

Stuttgart/Karlsruhe 2001
Spätmittelalter am Oberrhein. Alltag, Handwerk und Handel 1350–1525, Ausst.-Kat. Große Landesausstellung Baden-Württemberg, Stuttgart und Karlsruhe, Stuttgart 2001

Taitz 1992
Emily Taitz, »Women's Voices, Women's Prayers: Women in the European Synagogues of the Middle Ages«, in: Susan Grossman und Rivka Haut (Hrsg.), *Daughters of the King. Women and the Synagogue,* Philadelphia und Jerusalem 1992

Tamani 1988
Giuliano Tamani, *Tipografia ebraica a Soncino 1483–1490,* Soncino 1988

Taracena 1933
Blas Taracena, »Cadáveres atravesados por clavos en el cementerio judío de Deza (Soria)«, in: *Investigación y progreso,* 3, 1933

Tavener-Perry 1910
Julien Tavener-Perry, »Dinanderie, A History and Description of Medieval Art Works«, in: *Copper, Brass, and Bronze,* New York 1910

Terés Navarro 2002
Elias Terés Navarro, »Yacimiento de Soria«, in: *Memoria de Sefarad,* Ausst.-Kat. Centro Cultural San Marcos, 2002

Thoma 1958
Hans Thoma (Hrsg.), *Schatzkammer der Residenz München,* München 1958

Toch 1993
Michael Toch, »Die jüdische Frau im Erwerbsleben des Spätmittelalters«, in: Julius Carlebach (Hrsg.), *Zur Geschichte der jüdischen Frau in Deutschland,* Berlin 1993

Toledo 1991
La vida judía en Sefarad, Ausst.-Kat. Sinagoga del Tránsito, Toledo, Madrid 1991

Toledo 2002
Memoria de Sefarad, Ausst.-Kat. Centro Cultural San Marcos, Toledo 2002

Transier 1996
Werner Transier, *Du sollst ein Segen sein. Zeugnisse jüdischer Religiosität,* Speyer 1996

Transier 1998
Werner Transier, »Der Judenpogrom des Jahres 1349 in Speyer«, in: *Pfälzer Heimat,* 49, 1998

Transier 2004
Werner Transier, »Die Judaica-Sammlung des Historischen Museums der Pfalz«, in: Bezirksgruppe Speyer – Historischer Verein der Pfalz (Hrsg.), *Die Juden von Speyer* (Beiträge zur Speyerer Stadtgeschichte, Bd. 9), Speyer 2004

Treue 1998
Wolfgang Treue, »Lebensbedingungen jüdischer Ärzte in Frankfurt am Main während des Spätmittelalters und der Frühen Neuzeit«, in: *Medizin, Gesellschaft und Geschichte. Jahrbuch des Robert-Bosch-Instituts für Geschichte der Medizin,* 17, 1998

Universidad Pública de Navarra 1998
Universidad Pública de Navarra, Departamento de Geografía e Historia, Área de Historia Medieval (Hrsg.), *Documentos hebreos en los archivos navarros (1287–1486),* Pamplona 1998

Valle Rodriguez 1986
Carlos del Valle Rodriguez, *Catalogo descriptivo de los manuscritos hebreos de la Biblioteca Nacional,* Madrid 1986

Voltmer 1981
Ernst Voltmer, »Zur Geschichte der Juden im mittelalterlichen Speyer. Die Judengemeinde im Spannungsfeld zwischen König, Bischof und Stadt«, in: Alfred Haverkamp (Hrsg.), *Zur Geschichte der Juden im Deutschland des späten Mittelalters und der frühen Neuzeit* (Monographien zur Geschichte des Mittelalters, Bd. 24), Stuttgart 1981

Wamser/Grossbach 2000
Egon Wamers und Markus Grossbach, *Die Judengasse in Frankfurt am Main. Ergebnisse der archäologischen Untersuchung am Börneplatz,* Stuttgart 2000

Weigand 2000
Rudolf Kilian Weigand, *Der »Renner« des Hugo von Trimberg. Überlieferung, Quellenabhängigkeit und Struktur einer spätmittelalterlichen Lehrdichtung,* Wiesbaden 2000

Werber 1983
Eugen Werber, *The Sarajevo Haggadah,* Ljubljana 1983

Wien 1993
Felicitas Heimann-Jelinek (Hrsg.), *Hier hat Teitelbaum gewohnt,* Ausst.-Kat. Jüdisches Museum der Stadt Wien, Wien 1993

Wischnitzer-Bernstein 1935
Rachel Wischnitzer-Bernstein, *Symbole und Gestalten der jüdischen Kunst,* Berlin 1935

Zirlin 1994
Yael Zirlin, »The Problems of Identifying the Origin of a Manuscript: Hamburg, Cod. Hebr. 155«, in: *11th World Congress of Jewish Studies, Division D,* Bd. 2, Jerusalem 1994

Ziwes 1994
Franz-Josef Ziwes, *Studien zur Geschichte der Juden im mittleren Rheingebiet während des hohen und späten Mittelalters* (Forschungen zur Geschichte der Juden, Abt. A: Abhandlungen), Bd. 1, Hannover 1994

Zwarts 1925
J. Zwarts, »De beide 16de-eeuwse jodenreliëfs in het Centraal Museum te Utrecht«, in: *Oudheidkundig Jaarboek. Bulletin van de Nederlandschen Oudheidkundigen,* Bd. 3, 5, 1925, 39–42

Namensregister

Kuratorium und Wissenschaftlicher Beirat

Kuratorium

Tora-Stäbe
Um 1450, Italien
Holz, Knäufe: 9,5 x 5 cm
Inv.-Nr. 54.008.001
William L. Gross Collection, Tel Aviv

Dr. Uwe Rosenbaum, Landessendedirektor des Südwestrundfunks

Werner Schineller, Oberbürgermeister der Stadt Speyer und Vorsitzender des Vorstands der Stiftung Historisches Museum der Pfalz

Joachim Stöckle, Landrat a. D., Mitglied des Bezirkstags Pfalz

Dr. Paul Schädler, Regierungspräsident a. D.

Wissenschaftlicher Beirat

Prof. Dr. Helmut Bernhard, Landesamt für Denkmalpflege Rheinland-Pfalz, Archäologische Denkmalpflege Amt Speyer

Dr. Gerold Bönnen, Leiter des Jüdischen Museums Raschi-Haus, Worms

Dr. Joachim Glatz, Landesamt für Denkmalpflege Rheinland-Pfalz, Mainz

Prof. Dr. Alfred Haverkamp, Arye-Maimon Institut für Jüdische Geschichte, Universität Trier

Assumpció Hosta í Rebés, Direktorin des Museu d'Historia dels Jueus de Catalunya, Girona

Dr. Ulrich Kerkhoff, Landesamt für Denkmalpflege Rheinland-Pfalz, Mainz

Dr. Ana María López Álvarez, Direktorin des Museo Sefardí, Toledo

Monika Preuß, M. A., Hochschule für Jüdische Studien, Heidelberg

Rabbiner Drs. Edward van Voolen, Kurator im Joods Historisch Museum, Amsterdam

Dr. Johannes Wachten, Jüdisches Museum Frankfurt

Leihgeber

Deutschland

Staatliche Museen zu Berlin, Preußischer Kulturbesitz
Antikensammlung
Kunstbibliothek
Kupferstichkabinett
Skulpturensammlung und Museum für Byzantinische Kunst
Staatsbibliothek zu Berlin, Preußischer Kulturbesitz, Orientabteilung
Hessische Landes- und Hochschulbibliothek, Darmstadt
Archäologisches Museum, Frankfurt am Main
Jüdisches Museum Frankfurt, Frankfurt am Main
Museum für Angewandte Kunst, Frankfurt am Main
Stadt- und Universitätsbibliothek, Frankfurt am Main
Seminar für Ur- und Frühgeschichte der Universität Göttingen
Stiftung Moritzburg, Kunstmuseum des Landes Sachsen-Anhalt, Halle
Staats- und Universitätsbibliothek Hamburg
Hochschule für Jüdische Studien, Heidelberg
Universitätsbibliothek Heidelberg
Historisches Archiv der Stadt Köln
Kölnisches Stadtmuseum, Köln
Römisch-Germanisches Museum, Köln
Universitätsbibliothek Leipzig
Gutenberg Museum, Mainz
Landesmuseum Mainz
Römisch-Germanisches Zentralmuseum, Forschungsinstitut für Vor- und Frühgeschichte, Mainz
Museum der Stadt Miltenberg
Bayerisches Nationalmuseum, München
Bayerisches Hauptstaatsarchiv, München
Bayerische Verwaltung der staatlichen Schlösser, Gärten und Seen, Residenz München, Schatzkammer
Bayerische Staatsbibliothek, München
Westfälisches Landesmuseum für Kunst und Kulturgeschichte, Münster
Germanisches Nationalmuseum, Nürnberg
Stadt Regensburg, Amt für Archiv und Denkmalpflege
Museen der Stadt Regensburg, Historisches Museum
Historisches Museum der Pfalz Speyer
Landesamt für Denkmalpflege Rheinland-Pfalz, Archäologische Denkmalpflege, Amt Speyer
Stadtarchiv, Speyer
Württembergische Landesbibliothek, Stuttgart
Rheinisches Landesmuseum Trier
Thüringisches Landesamt für Archäologische Denkmalpflege mit Museum für Ur- und Frühgeschichte Thüringens, Weimar
Jüdisches Museum Raschi-Haus, Worms

Dänemark

Det Kongelige Bibliothek, Kopenhagen

Frankreich

Musée d'Unterlinden, Colmar
Bibliothèque nationale de France, Paris
Musée National du Moyen Âge, Thermes et hôtel de Cluny, Paris
Musée d'art et d'histoire du Judaïsme, Paris
Musée Historique, Straßburg
Musée de l'œuvre Notre-Dame, Straßburg

Großbritannien

Cambridge University Library, Taylor-Schlechter Genizah Research Unit, Cambridge
The British Museum and Library, London
Jewish Museum, London
The Nasser D. Khalili Collection of Islamic Arts, London
Victoria and Albert Museum, London
Bodleian Library, University of Oxford

Israel

The Sir Isaac and Lady Edith Wolfson Museum, Heichal Shlomo, Jerusalem
Israel Antiquities Authority, Jerusalem
The Israel Museum, Jerusalem
The Jewish National- & University Library, Jerusalem
William L. Gross Collection, Tel Aviv

Italien

Biblioteca Estense, Modena
Soprintendenza per i Beni Archeologici di Ostia, Ostia Antica
Biblioteca Palatina, Parma
Comunitá Ebraica, Museo Ebraico di Roma

Niederlande

Rijksmuseum, Amsterdam
Centraal Museum, Utrecht

Österreich

Österreichische Nationalbibliothek, Handschriften-, Autographen- und Nachlass-Sammlung, Wien
Wien Museum
Stadtmuseum Wiener Neustadt

Schweiz

Römermuseum, Augst
Erziehungsdepartement des Kantons Basel-Stadt, Archäologische Bodenforschung, Basel

Spanien

Museo de Burgos
Fundació Lluís Carulla – Museu de la Vida Rural, Catalunya, L'Espluga de Francolí
Patronat Call de Girona, Museu d'Història dels Jueus de Catalunya, Girona
Ministerio de Educación y Cultura, Archivo Histórico Nacional, Madrid
Universidad Complutense, Biblioteca Histórica, Madrid
Biblioteca Nacional, Madrid
Catedral de Mallorca, Palma de Mallorca
Archivo Real y General de Navarra, Pamplona
Cabildo Catedral Metropolitano, Catedral de Sevilla
Museo Arqueológico, Sevilla
Museo Numantino, Soria
Museo de Teruel
Museo Sefardí – Ministerio de Educación, Cultura y Deporte, Toledo
Archivo Municipal de Tudela
Ajuntament de València, Depósito en el Museo Nacional de Cerámica y Artes Suntuarias »González Martí«
Arxiu-Biblioteca Episcopal de Vic

Tschechische Republik

Židovské Muzeum v Praze, Prag

Vatikan

Biblioteca Apostolica Vaticana

Dank

Rosa Aguilar Rivero, Córdoba
Dr. Karl Albrecht-Weinberger, Wien
Yehuda Levy Aldema, Jerusalem
Prof. Dr. Hein-Thomas Altcappenberg, Berlin
Rosilene Victoria Alvarez, Speyer
Dr. Martin Angerer, Regensburg
Elisabeth Antoine, Paris
Margot Attenkofer, München
Dr. Fritz Backhaus, Frankfurt am Main
José Antonio Bas, Mannheim
Eva Maria Bas, Mannheim
Dr. Chaya Benjamin, Jerusalem
Hans Berkessel, Bad Kreuznach
Dr. Anna Ascarelli Blayer Corcos, Rom
Mauro Bodini, Soncino
Margaretha Boockmann, Heidelberg
Graf Detlof von Borries, Kirchheimbolanden
Yaalom Bovette, Jerusalem
Prof. Dr. Wolfgang Brönner, Mainz
Michal Broshi, Jerusalem
Rickie Burman, London
Reginald P. Carr, Oxford
Luis Casado Oliver, Tudela
Romà Casanova, Vic
Belén Castillo Iglesias, Burgos
Dr. Christoph Cluse, Trier
Dr. Silva Codreanu-Windauer
Monique Cohen, Paris
Jaume Coll Conessa, Valencia
María Luisa Cuenca, Madrid
Frank Däberitz, Berlin
Ursula Daigger, Darmstadt
Prof. Dr. Falko Daim, Mainz
Prof. R. de Leeuw, Amsterdam
Dr. Daniela di Castro, Rom
Birgit Dittmar, Frankfurt am Main
Hans-Michael Dolle, Palma de Mallorca
Shuka Dorfman, Jerusalem
Dr. Ulf Dräger, Halle an der Saale
Natalie Dubois, Utrecht
Berndt Dugall, Frankfurt am Main
Cécile Dupeux, Straßburg
John Eatwell of Stratton St. Margaret, London
Prof. Dr. Arne Effenberger, Berlin
Dr. Renate Eikelmann, München
Peter Eisenlohr, Ludwigshafen
Peter Ellis, London
Dr. Heinz-Josef Engels, Speyer
Renate Engels, Speyer
Prof. Dr. Siegfried Englert, Heidelberg
Dr. Ralph Erbar, Mainz
Dr. Johannes Erichsen, München
Carmen Escriche Jaime, Teruel
Iris Esseln, Trier
Prof. Dr. Bernd Evers, Berlin
Drs. K. M. T. Ex, Utrecht
Don Raffaele Farina, Vatikanstadt
Dr. Leonardo Farinelli, Parma
Dr. Isabella Fehle, Mainz
Dr. Hartmut-Ortwin Feistel, Berlin
Peter Fox, Cambridge
Dr. Erich Franz, Münster
Dr. Wolfgang Frosch, Ludwigshafen
Monique Fuchs, Straßburg
Sylvia Fünfschilling, Augst
Prof. Dr. Ernst Gamillscheg, Wien
Michel Garel, Paris
Dr. Helmut Gembries, Speyer
Nicole Gentz, Berlin
Dr. Peter Germann-Bauer, Regensburg
Dr. Johannes Gerster, Jerusalem
Dr. Gabriele Gierlich, Neustadt an der Weinstraße
Dr. Nina Gockerell, München
Dr. Karin Goethert, Trier
Fernando Fernández Gómez, Sevilla
Marc Grellert, Darmstadt
Dr. Rolf Griebel, München
M.-S. Gros Pujal, Vic
William L. Gross, Tel Aviv
Prof. Dr. G. Ullrich Großmann, Nürnberg
Dr. Eva Hanebutt-Benz, Mainz
Hans-Carsten Hansen, Ludwigshafen
Robert Hartmann, Mainz
Dr. Reinold Hartmann, Mainz
Prof. Dr. Friedrich-Wilhelm von Hase, Mannheim
Dr. Maria Aurora von Hase-Salto, Rom
Gerd Hatje, Ostfildern-Ruit
Heike Häußler, Speyer
Dr. Birgit Heide, Mainz
Dr. Felicitas Heimann-Jelinek, Wien
Prof. Dr. Hansgerd Hellenkemper, Köln
Egon Heller, Darmstadt
Dr. Ekkehard Henschke, Leipzig
Fabrice Hergott, Straßburg
Georg Heuberger, Frankfurt am Main
Dr. Sabine Heym, München
Dr. Marlene Hiller, Leinfelden-Echterdingen
Dr. Wolfgang Hissnauer, Mainz
Ilona Hoffmann, Speyer
Ingeborg Hoffstadt, Mainz

Louise Hofman, London
Mira Hofmann, Speyer
Dr. Eva Horváth, Hamburg
Dr. Viviane Huchard, Paris
Dr. Huiskes, Köln
Ute-Ena Iaconis, Speyer
Dr. Peter Ilisch, Münster
Jean-Noel Jeannenay, Paris
Dr. Mark Jones, London
Hava Katz, Jerusalem
Dr. Uri Kaufmann, Dossenheim
Shamai Keinau, Jerusalem
Dr. Nasser D. Khalili, London
Dr. Everhard Kleinertz, Köln
Peter Kleinhempel, Berlin
Klemens Kluge, Landau
Michael Klühs, Berlin
Prof. Manfred Koob, Darmstadt
Norbert Koppensteiner, Wiener Neustadt
Katharina Krause, Berlin
Peter Krecek, Ostfildern-Ruit
Dr. Dieter Kudorfer, München
Annette Kulenkampff, Ostfildern-Ruit
José Luis La Torre Merino, Madrid
Teresa Laguna, Sevilla
Michael Landgraf, Neustadt
Kristina Lange, Berlin
Christian Larisika, Siefersheim/Rheinhessen
Guido Lassau, Basel
Sylvie Lecoq-Ramond, Colmar
Prof. Dr. Klaus-Dieter Lehmann, Berlin
Dr. Martin Liepach, Frankfurt am Main
Pere-Joan Llabrés Martorell, Palma de Mallorca
Martina Lüdicke, Berlin
Dr. Christoph Mackert, Leipzig
Dr. Malisch, München
Claudia Mannsbart, München
Jennifer Marin, London
Juan José Martinena Ruiz, Pamplona
Gisela Märtz, Berlin
Christoph P. Matt, Basel
Beth McKillop, London
Josef Meller, Speyer
Dorothee Menrath, Speyer
Hans-Georg Merkel, Landau
Vicky Meroz, Jerusalem
Hans-Georg Meyer, Mainz
Prof. Dr. Ernesto Milano, Modena
Gerhard Milchram, Wien
Dr. Lenelotte Möller, Speyer
Dr. Jörg Müller, Trier
Hermann Neubert, Miltenberg
Peter Nisius, Mainz
Dr. Hans-Georg Nolte-Fischer, Darmstadt
Barbara O'Connor, London
Prof. Dr. Manfred Oeming, Heidelberg
Dr. Sven Ostritz, Weimar
Dr. Ottwilm Ottweiler, Bad Kreuznach
Anna Pagans Gruartmoner, Girona
Santiago Palomero Plaza, Toledo
Leo Pavlát, Prag
María Paz Soler, Valencia
Roxeanne Peters, London
Isabel Pfeiffer-Poensgen, Berlin
Silvia Planas, Girona
Dr. Gertrud Platz-Horster, Berlin
Dr. Reinhard Pohanka, Wien
Iris Pollatschek, Frankfurt am Main
Daisy Raccah-Djivre, Jerusalem
Dr. Johanna Rachinger, Wien
Kirstin von Randow, Berlin
Prof. Dr. Peter Rau, Hamburg
Thomas Rauth, Kelsterbach
Prof. Stefan C. Reif, Cambridge
Renate Ries, Heidelberg
Prof. J. M. Rogers, London
Ramon Rosich i Trullols, L'Espluga de Francolí
Dr. Michael Roth, Berlin
Dr. Silvia Rozenberg, Jerusalem
Dr. Beat Rütti, Augst
Gabriele Sabolewski, Ostfildern-Ruit
Manuel Sánchez Mariana, Madrid
Ana Santos Aramburo, Madrid
Pedro José Sanz, Berlin
Prof. Dr. Hermann Schäfer, Bonn
Dr. Werner Schäfke, Köln
Dr. Günther Schauerte, Berlin
Dr. Armin Schlechter, Heidelberg
Prof. Dr. Ulrich Schneider, Frankfurt am Main
Dr. Katja Schneider, Halle an der Saale
Hans-Ewald Schneider, Köln-Frechen
Prof. Dr. Andreas Scholl, Berlin
Dr. Mechthild Schulze-Dörrlamm, Mainz
Prof. Dr. Peter-Klaus Schuster, Berlin
Dr. Silvia Scipioni, Parma
Orly Segal, Jerusalem
Julio Segura Moneo, Tudela
Dr. Klaus Seif, Ludwigshafen
Laurence Sigal, Paris
Dr. J. P. Sigmond, Amsterdam
James S. Snyder, Jerusalem
Kardinal Angelo Sodano, Vatikanstadt
Beate Spiegel, Heidelberg
Dr. Irene Spille, Worms
Dr. Rafaella Spizzichino, Rom
Prof. Roberto Staindler, Rom
Prof. Dr. H.-G. Stephan, Göttingen
Dr. Hans-Walter Stork, Hamburg
Ilana Tahan, London
Elías Terés Navarro, Soria
Monika Thiel, Berlin
Dr. Bernhard Tönnies, Frankfurt am Main
Prof. Yoram Tsafrir, Jerusalem
Dr. Silvia Uhlemann, Darmstadt
Judith Vajda, Ostfildern-Ruit
Dana Veselská, Prag
Colin Wakefield, Oxford
Dr. Diethard Walter, Weimar
Dr. Egon Wamers, Frankfurt am Main
Dr. Heinrich Wanderwitz, Regensburg
Prof. Dr. Karin von Welck, Hamburg
Prof. Dr. Joachim Wild, München
Nicholas Yantian, Berlin
Rainer Zeimentz, Berlin
Dr. Anna Gallina Zevi, Ostia Antica
Dr. Annete Zimmermann, Berlin
Philipp Zschommler, Heidelberg
Dr. Eberhard Zwink, Stuttgart

Impressum

Ausstellung Speyer

Historisches Museum der Pfalz
Stiftung des öffentlichen Rechts
Domplatz
D-67346 Speyer
Internet: www.museum.speyer.de
Email: info@museum.speyer.de

Gesamtleitung
Cornelia Ewigleben

Projektleitung
Karin Birk

Wissenschaftliche Leitung
Werner Transier

Wissenschaftlicher Mitarbeiter
Markus Wener

Ausstellungsgestaltung
Wolfgang Leitmeyer

Kommunikation
Margit Langer, Heike Scholz

Junges Museum und
pädagogisches Begleitprogramm
Cathérine Biasini, Karin Birk, Ina Müller,
Almut Neef

Rahmenprogramm
Cathérine Biasini, Karin Birk, Ina Müller,
Werner Transier, Markus Wener

Direktionssekretariat
Beate von Fleischbein-Mohn

Verwaltung
Leitung: Gerhard Bossert
Nicole Butteweg, Martina D'Angelo, Lena Däuwel, Barbara Grünig, Karoline Kälber, Elvira Mayer, Anita Rock, Pia Scherb, Alexandra Schreiber, Elke Schuller, Julius Wlassow

Ausstellungsbüro
Leitung: Colette Neufurth
Heike Eberhard, Christa Holdermann, Irina Resnik

Bibliothek
Sybille Pirrung-Stickl

Homepage und Multimedia
Dieter Becker

Ausstellungslogistik und Leihverkehr
Lucius Alsen, Ina Müller, Markus Wener

Restauratorische Betreuung
Leitung: Martin Spies
Lucius Alsen, Anja Schäfer, Sigrun Thiel,
Elisabeth Ziegler

Technik
Leitung: Winfried Grundhöfer
Michael Beck, Igor Illnitzky, Eric Lutz, Walter Maschner, Wolfgang Völlmann, Hubert Wilhelm

Übersetzungen
Rosilene Victoria Alvares, Nicholas Yantian,
Maria Aurora von Hase-Salto

Ausstellungsgrafik
Scantech
Kartographie Peh und Schefcik, Eppelheim

3-D-CAD Rekonstruktion
Architectura Virtualis, Kooperationspartner
der TU Darmstadt

Audioguide
soundgarden audioguidance GmbH, Eching

Filmausschnitte
JOLI TV/ZDF

Ausstellung Berlin

Deutsches Historisches Museum
Unter den Linden 2
10117 Berlin
Internet: www.dhm.de
Email: webadmin@dhm.de

Leitung
Hans Ottomeyer

Ausstellungsorganisation
Ulrike Kretzschmar

Leihverkehr
Catherine Amé, Edith Michelsen

Öffentlichkeitsarbeit
Katrin Kahlefeld, Sonja Trautmann

Konservatorische Betreuung
Die Restaurierungswerkstätten des Deutschen Historischen Museums unter der Leitung von Martina Homolka

Aus konservatorischen Gründen können nicht alle abgebildeten Handschriften sowohl in Speyer als auch in Berlin präsentiert werden.

Katalog

Herausgeber
Historisches Museum der Pfalz Speyer

Redaktion
Karin Birk, Werner Transier, Markus Wener

Redaktionelle Mitarbeit
Steffi Blinn, Andrea Burghard, Silke Eggensperger, Christoph Schineller, Verena Türck

Übersetzungen
Rosilene Victoria Alvares, Peter Kleinhempel, Translationes, Berlin

Verlagslektorat
Regina Dorneich, Holger Steinemann, Judith Vajda

Umschlaggestaltung
Lange + Pflanz, Gabriele Sabolewski

Grafische Gestaltung
Gabriele Sabolewski

Satz
Weyhing digital, Ostfildern-Ruit

Gesetzt aus der
Berthold Akzidenz Grotesk

Reproduktion
Pallino Media Integration, Ostfildern-Ruit

Papier
Perigord matt

Gesamtherstellung
Dr. Cantz'sche Druckerei, Ostfildern-Ruit

Umschlagabbildungen
Vorderseite
Rabbi Salomo ben Isaak von Troyes, genannt Raschi (1040–1105)
Bibelkommentar
Bayerische Staatsbibliothek München
(siehe S. 160)

Rückseite
Sarajevo-Haggada, Tempeleingang von Jerusalem
Zemaljski Muzej, Sarajevo

Vor- und Nachsatz
Hebräisches medizinisches Herbarium
Um 1500, Italien
Bibliothèque nationale de France, Paris
(siehe S. 240)

Erschienen im
Hatje Cantz Verlag
Senefelderstraße 12
73760 Ostfildern-Ruit
Tel. 0711/4 40 50
Fax 0711/4 40 52 20
Internet: www.hatjecantz.de

ISBN 3-7757-9190-6

Printed in Germany

Die Autoren der Objekttexte

C. A.	Cristiana Aresti
F. B.	Fritz Backhaus
I. B.	Ingolf Bauer
C. B.	Chaya Benjamin
L. B.	Ludwig Berger
H. B.	Helmut Bernhard
K. B.	Karin Birk
R. E. d. B.	Renger E. de Bruin
M. C. M.	Mercedes Cabello Martin
B. C. I.	Belén Castillo Iglesias
S. C.-W.	Silvia Codreanu-Windauer
H.-M. D.	Hans-Michael Dolle
A. E.	Arne Effenberger
S. E.	Silke Eggensperger
C. E. J.	Carmen Escriche Jaime
T. E.	Thomas Eser
M. S. G. P.	Miguel S. Gros Pujol
M. H.	Manfred Huiskes
N. K.	Norbert Koppensteiner
A. M. L. A	Ana María López Álvarez
C. M.	Christoph Mackert
H. N.	Hermann Neubert
K.-G. P.	Karl-Georg Pfändtner
S. P. M.	Sílvia Planas Marcé
G. P. H.	Gertrud Platz-Horster
R. P.	Reinhard Pohanka
M. P.	Monika Porsche
M. R.	Michael Rogers
S. R.	Silvia Rozenberg
A. S.	Alegre Savariego
C. S.	Christoph Schineller
M. S.	Mario Schlapke
B. S.	Benigna Schönhagen
N. S.	Naomi Sidi
I. S.	Irene Spille
T. S.	Tobias Springer
H.-G. S.	Hans-Georg Stephan
H.-W. S.	Hans-Walter Stork
M. St.	Maria Stürzebecher
E. T. N.	Elías Terés Navarro
W. T.	Werner Transier
D. V.	Dana Veselská
E. v. V.	Edward van Voolen
J. W.	Johannes Wachten
M. W.	Markus Wener
P. W.	Petra Werner
E. Z.	Eberhard Zwink

Ipericon

ognia cauallina

Abbildungsnachweis

Römermuseum Augst, Foto: Ursi Schild: 121
akg-images / Erich Lessing, Berlin: 62, 99
© Bildarchiv Preußischer Kulturbesitz, Berlin 2003, Foto: J. Liepe: 113
© Bildarchiv Preußischer Kulturbesitz, Berlin 2003: 8
Jüdisches Museum Berlin, Foto: Jens Ziehe Berlin: 201
Staatliche Museen zu Berlin, Kunstbibliothek, Foto: Dietmar Katz, 2004: 250
Staatliche Museen zu Berlin, Kupferstichkabinett, Foto: Jörg P. Anders: 79
Staatsbibliothek zu Berlin, Orientabteilung, Foto: Schacht: 96, 167 unten, 176, 177, 243 oben, 245
© Musée d'Unterlinden, Colmar, Foto: O. Zimmermann: 28, 224
Architectura Virtualis GmbH, Kooperationspartner der TU Darmstadt: 12, 78, 81 125, 131, 133, 135
© The Trustees of the National Museums of Scotland, Edinburgh: 21
Jüdisches Museum Frankfurt, Foto: Ulrike Schubert: 256
Museu d'Historia dels Jueus, Patronat Municipal Call de Girona, Foto: Josep Maria Oliveras: 30, 158
Stiftung Moritzburg Halle, Kunstmuseum des Landes Sachsen-Anhalt, Foto: Reinhard Hentze: 194
Courtesy of the Israel Antiquities Authority, Jerusalem, Photographic Archives: 112, 119, 123
© The Israel Museum, Jerusalem, Foto: Avi Ganor: 196, 247
© The Israel Museum, Jerusalem, Foto: Avshalom Avital: 185 unten, 199
© The Israel Museum, Jerusalem, Foto: Moshe Caine: 171 oben
© The Israel Museum, Jerusalem, Foto: Pierre Alain Ferrazzini: 167 oben
© The Israel Museum, Jerusalem: 105, 119 rechts unten, 265
© The Jewish National and University Library, Jerusalem: 58, 101, 84, 172, 173
© Kölnisches Stadtmuseum, Foto: Wolfgang F. Meier: 137
© Rheinisches Bildarchiv Köln, Foto: Wolfgang F. Meier: 100
© Jewish Museum London: 183, 185 oben
© The British Library, London: 26, 32, 36, 45, 48, 57, 87, 88, 98, 151 unten, 169,189
© The Nasser D Khalili Collection of Islamic Art, London: 243 unten
© V&A Picture Library, London: 193 links
© V&A Picture Library, London, Foto: Mr D. P. P. Naish: 193 rechts
Landesamt für Denkmalpflege Rheinland-Pfalz, Mainz: 77
© Landesmuseum Mainz, Ursula Rudischer: 60
© Landesmuseum Mainz: 128
Römisch-Germanisches Zentralmuseum, Mainz, Foto: Volker Iserhardt: 116
© Museum der Stadt Miltenberg, Foto: Konrad Rainer: 133
Biblioteca Estense Universitaria Modena, Ufficio Manoscritti Moderni (CA), Foto: Roncaglia, Modena: 162, 163
Roncaglia, Modena: 33, 93, 94
Bayerisches Hauptstaatsarchiv München: 138
Westfälisches Landesmuseum für Kunst und Kulturgeschichte, Münster, Foto: Tomase Samek, Münster: 27
Soprintendenza per i beni Archeologici di Ostia, Archivo Fotografico: 110, 114, 115
Bibliothèque nationale de France, Paris: 64, 92, 103, 240, 241
Musée du judaisme, Paris © Foto: RMN – J.G. Berizzi: 147 rechts, 192
Musée du Moyen-Age – Cluny, Paris, © Foto: RMN – J.G. Berizzi: 200, 219 oben
Musée du Moyen-Age – Cluny, Paris, © Foto: RMN – Gérard Blot: 198
Musée du Moyen-Age – Cluny, Paris, © Foto: RMN – F. Raux: 219 Mitte
© Jewish Museum in Prague: 144,145
© Museum der Stadt Regensburg: 86, 138, 139
Catedral de Sevilla, Foto: Luis Arenas: 205
Museo Arqueológico de Sevilla, Foto: Antonio de Nebrija, 1: 49
Museo della Stampa Soncino: 249
Heinz-Joseph und Renate Engels, Speyer, moderner Stadtplan: Stadtverwaltung Speyer: 68
Renate Engels, Speyer: 71, 74
Historisches Museum der Pfalz Speyer, Foto: Hans-Georg Merkel: 152
Historisches Museum der Pfalz Speyer, Foto: Kurt Diehl: 199, 252
Historisches Museum der Pfalz Speyer, Foto: Peter Haag-Kirchner: 43, 51, 67, 69, 82, 85, 89, 131, 153, 155, 157, 168, 178, 179 oben, 225 unten, 257
Stadtarchiv Speyer, Foto: Peter Haag-Kirchner: 65, 75, 215, 227, 249
Landesamt für Denkmalpflege, Archäologische Denkmalpflege, Amt Speyer, Foto: Monika Porsche 61, 80, 130, 132, 216, 266
Landesamt für Denkmalpflege, Archäologische Denkmalpflege, Amt Speyer, Foto: Jutta Winkelmann: 81, 135, 217
Musée Historique Straßburg, Foto M. Bertola: 264
Musée de l'Œuvre Notre Dame, Straßburg, Foto N. Fussler: 259
Musée de l'Œuvre Notre Dame, Straßburg, Foto: A. Plisson: 219 unten
Museo de Teruel, Foto: J. Escudero: 104, 182, 211, 212
Rheinisches Landesmuseum Trier, Foto: Th. Zühner: 121
© Collectie Centraal Museum, Utrecht: 268
© Biblioteca Apostolica Vaticana: 35, 90, 102, 149, 151 oben, 267
Bildarchiv, Österreichische Nationalbibliothek Wien: 197, 253
Referat Stadtarchäologie Wien, MA 7 – Kulturelles Erbe, M. Schmidt, J. Lindiger, I. Maden: 141 unten
Wien Museum, Foto: Fotostudio Otto: 141 oben, 143, 232, 233, 235 unten
Stadtmuseum Wiener Neustadt, Foto: Holoubek GmbH: 255 oben
Stadtarchiv Worms: 66, 128, 129, 158

Die übrigen Abbildungen wurden freundlicherweise von den Leihgebern zur Verfügung gestellt